U0127780

广视角·全方位·多品种

权威·前沿·原创

河南蓝皮书

BLUE BOOK
OF HENAN PROVINCE

河南经济发展报告
（2011）

转变发展方式与河南经济增长

Transforming the Pattern of Development
and Economic Growth of Henan

主　编／张　锐　谷建全

副主编／完世伟

ANNUAL REPORT ON ECONOMY
OF HENAN(2011)

社会科学文献出版社
SOCIAL SCIENCES ACADEMIC PRESS (CHINA)

法律声明

　　"皮书系列"（含蓝皮书、绿皮书、黄皮书）为社会科学文献出版社按年份出版的品牌图书。社会科学文献出版社拥有该系列图书的专有出版权和网络传播权，其LOGO（　）与"经济蓝皮书"、"社会蓝皮书"等皮书名称已在中华人民共和国工商行政管理总局商标局登记注册，社会科学文献出版社合法拥有其商标专用权，任何复制、模仿或以其他方式侵害（　）和"经济蓝皮书"、"社会蓝皮书"等皮书名称商标专有权及其外观设计的行为均属于侵权行为，社会科学文献出版社将采取法律手段追究其法律责任，维护合法权益。

　　欢迎社会各界人士对侵犯社会科学文献出版社上述权利的违法行为进行举报。电话：010－59367121。

社会科学文献出版社
法律顾问：北京市大成律师事务所

盘点年度资讯 预测时代前程

社会科学文献出版社

2011年版皮书

权威·前沿·原创

社会科学文献出版社

SOCIAL SCIENCES ACADEMIC PRESS (CHINA)

权威分析　专家解读　机构预测

社会科学文献出版社 "皮书系列"

"皮书系列"是社会科学文献出版社近十几年来连续推出的大型系列图书，由一系列权威研究报告组成，年出版百余种，在每年的岁末年初对年度有关中国与世界的经济、社会、文化、国际形势、行业等各个领域以及各区域的发展现状和趋势进行分析和预测。

"皮书系列"的作者以中国社会科学院的专家为主，多为国内一流研究机构的一流专家，他们的看法和观点体现和反映了对中国与世界的现实和未来最高水平的解读与分析，具有不容置疑的权威性。

自2010年起，"皮书系列"随书附赠产品从原先的电子光盘改为更具价值的皮书数据库阅读卡。读者可以凭借附赠的阅读卡获得皮书数据库高价值的免费阅读服务。

皮书是非常珍贵实用的资讯，对社会各阶层、各行业的人士都能提供有益的帮助，适合各级党政部门决策人员、科研机构研究人员、企事业单位领导、管理者、媒体记者、国外驻华商社和使领事馆工作人员，以及关注中国和世界经济、社会形势的各界人士阅读使用。

法 律 声 明

"皮书系列"（含蓝皮书、绿皮书、黄皮书）为社会科学文献出版社按年份出版的品牌图书。社会科学文献出版社拥有该系列图书的专有出版权和网络传播权，其LOGO（▩）与"经济蓝皮书"、"社会蓝皮书"等皮书名称已在中华人民共和国工商行政管理总局商标局登记注册，社会科学文献出版社合法拥有其商标专用权，任何复制、摹仿或以其他方式侵害（▩）和"经济蓝皮书"、"社会蓝皮书"等皮书名称商标专有权的行为均属于侵权行为，社会科学文献出版社将采取法律手段追究其法律责任，维护合法权益。

欢迎社会各界人士对侵犯社会科学文献出版社上述权利的违法行为进行举报。电话：010-59367121。

社会科学文献出版社

法律顾问：北京市大成律师事务所

1. 经济蓝皮书

2011年中国经济形势分析与预测

陈佳贵 李 扬/主编 2010年12月出版 49.00元（估）

◆ 本书为"总理基金项目"，由中国社会科学院学部主席团代主席、经济学部主任陈佳贵及中国社会科学院副院长李扬担任主编，中国社会科学院经济学部副主任刘树成、数量经济与技术经济研究所所长汪同三任副主编，联合了国内权威机构的专家学者共同编写，本书聚焦2010年中国经济发展中的热点和难点，并对2011年中国经济的发展及走向作出科学的预测。

2. 社会蓝皮书

2011年中国社会形势分析与预测

汝 信 陆学艺 李培林/主编 2010年12月出版 49.00元（估）

◆ 本书为中国社会科学院核心学术品牌之一。本书从社会学的视角来分析2010年中国社会发展的热点和难点问题，对未来可能出现的社会热点和发展趋势作出科学的预测，并提供相应的对策建议，其前瞻性的观点代表着中国社会发展的风向标，是关注中国社会问题的各阶层人士必看的年度报告。

3. 文化蓝皮书

2011年中国文化产业发展报告

张晓明 胡惠林 章建刚/主编 2011年4月出版 59.00元（估）

◆ 本书是由中国社会科学院文化研究中心和文化部、上海交通大学国家文化产业创新与发展研究基地合作共同编写的第9本中国文化产业年度报告。内容涵盖了我国文化产业分析及政策分析，对2010年文化产业发展形势的评估，及对2011年发展趋势的预测。

4. 经济信息绿皮书

2011年中国与世界经济发展报告

王长胜/主编 2010年12月出版 65.00元(估)

◆ 本书由国家信息中心主编，从宏观角度及全球经济一体化的背景剖析2010年我国经济发展的定位、战略目标、战略重点、战略对策等深层次问题，并对2011年国内外经济发展环境、宏观调控政策的取向、宏观经济发展趋势、产业经济和区域经济热点进行系统分析和预测。

5. 世界经济黄皮书

2011年世界经济形势分析与预测

王洛林　张宇燕 / 主编　　2010年12月出版　　49.00元(估)

◆　本书是由中国社会科学院世界经济与政治研究所精心打造的有关世界经济的年度报告，对2010年的世界经济形势进行回顾与总结，并对2011年世界经济的发展态势作出预测。其延续了历年世界经济黄皮书的风格，是关注国际经济形势的各阶层人士必备的案头书。

6. 国际形势黄皮书

2011年全球政治与安全报告

李慎明　王逸舟 / 主编　　2010年12月出版　　49.00元(估)

◆　本书是由中国社会科学院世界经济与政治研究所主编的有关全球政治与安全的年度报告。其着眼于国际关系发展的全局，点评2010年令人印象深刻的国际关系发展中的热点事件，剖析其全局性的后果和长期影响，关注时下国际关系发展动向里隐藏的中长期趋势，预测并展望全球政治与安全格局下的国际形势最新动向及对中国发展的影响。

7. 欧洲蓝皮书

2011年欧洲发展报告

周弘 / 主编　　2011年3月出版　　49.00元(估)

◆　本书由研究欧洲问题的权威机构中国社会科学院欧洲研究所及中国欧洲学会联合编写，从政治、经济、法治进程、社会文化和国际关系等角度，深度剖析2010年欧洲各国的政治经济发展现状，并对2011年欧洲的经济社会发展趋势进行预测与展望。

8. 亚太蓝皮书

2011年亚太地区发展报告

李向阳 / 主编　　2011年1月出版　　69.00元(估)

◆　本书由中国社会科学院亚洲太平洋研究所的专家学者编写，从政治、经济、社会、国际关系等角度系统论述2010年亚太地区各国的政治经济发展情况，探讨国际经济新形势下亚太经济政治新格局与我国的对策，并对2011年亚太各国政治经济发展趋势进行预测与展望。

9. 农村经济绿皮书

2010~2011中国农村经济形势分析与预测

中国社会科学院农村发展研究所、国家统计局农村社会经济调查司/著

2011年4月出版　　49.00元(估)

◆　本书依托于研究中国农村和农村经济问题的两大权威机构，剖析金融危机背景下，2010年中国农业农村经济发展的特点及粮食总产量、城乡居民收入差等一系列主要指标的变化，对2011年中国农业农村经济形势作出展望和预测。

10. 人口与劳动绿皮书

中国人口与劳动问题报告No.12

蔡　昉/主编　　2011年7月出版　　49.00元(估)

◆　本书由中国社会科学院人口与劳动经济研究所联合国家统计局、农业部农村经济研究中心、人力资源和社会保障部等权威研究机构的专家学者共同编写，关注中国当前人口的总量与增量情况，在人口学预测的基础上，研究我国就业和劳动力市场形势，力图反映更加广泛的研究成果和不同观点。

11. 环境绿皮书

2011年中国环境发展报告

杨东平/主编　　2011年3月出版　　59.00元(估)

◆　本书由民间环境保护组织"自然之友"组织编写，汇集了学者、记者、环保人上等众多视角，考察中国的年度环境发展态势，附加经典环境案例分析，用深刻的思考、科学的数据、鲜活的语言分析2010年的环境热点事件，展望2011年中国环境与发展领域的全局态势，为中国走向可持续发展的历史性转型留下真实写照和民间记录。

12. 旅游绿皮书

2011年中国旅游发展分析与预测

张广瑞　刘德谦　宋瑞/主编　　2011年4月出版　　59.00元(估)

◆　本书由中国社会科学院旅游研究中心组织编写，从2010年国内外发展环境入手，深度剖析2010年我国旅游业的跌宕起伏以及背后错综复杂的影响因素，聚焦旅游相关行业的运行特征以及相关政策实施，对旅游发展的热点问题，给出颇具见地的分析，并提出促进我国旅游业发展的对策建议。

13. 教育蓝皮书

2011年中国教育发展报告

杨东平 / 主编　　2011年3月出版　　55.00元(估)

◆　本书由著名教育学家杨东平担任主编，大胆直面当前教育改革中出现的应试教育、"择校热"等社会热点问题以及高校招生腐败、学术腐败、学术失范与学风不正等难点问题，通过对国内多个城市的调查，反映中国教育发展中的改革亮点和难点，并提出有价值的对策和建议。

14. 法治蓝皮书

2011年中国法治发展报告

李　林 / 主编　　2011年4月出版　　65.00元(估)

◆　本书由中国社会科学院法学研究所组织编写，对中国年度法治现状和法治进程进行深度分析、评价和预测，回顾总结 2010 年我国法治发展所取得的一系列进步和成就，并展望 2011 年我国的法治发展走向，是对中国年度法治现状和法治进程的客观记述、评价和预测。

15. 就业蓝皮书

2011年中国大学生就业报告

麦可思研究院 / 编著　　王伯庆 / 主审　　2011年6月出版　　98.00元(估)

◆　本书是在麦可思人力资源信息管理咨询公司"中国2010届大学毕业生求职与工作能力调查"的基础上，由麦可思公司与西南财经大学共同完成的大学生就业暨重点产业人才分析报告。从就业水平、薪资、工作能力、求职等各个方面，分析大学生就业状况，并提出相应的政策建议。

16. 区域蓝皮书

2010～2011中国区域经济发展报告

戚本超　景体华 / 主编　　2011年3月出版　　69.00元(估)

◆　本书由北京、上海、广东、河北等省、市社会科学院的专家学者联合编写，从国家经济战略甚至世界经济发展的宏观视角，分别在理论和操作层面对 2010 年长三角、珠三角和京津冀地区三大经济圈经济、社会发展的分工协作、产业结构、空间分布、劳动力布局等方面，进行分析和比较研究，并对 2011 年区域经济发展走势作出分析判断。

17. 长三角蓝皮书

2011年科学发展长三角

宋林飞 / 主编　　2011年8月出版　　59.00元(估)

◆　本书由上海、江苏、浙江三地社会科学院专家学者共同发布，每年确定不同的主题，对2011年长三角地区的经济、社会发展进行全面解读与预测，探讨长三角地区在促进经济社会协调发展、促进产业结构优化升级以及统筹城乡协调发展、加快区域一体化进程等方面的成就和经验。

18. 东北蓝皮书

2011年中国东北地区发展报告

鲍振东　曹晓峰 / 主编　　2011年8月出版　　69.00元(估)

◆　本书由吉林、辽宁、黑龙江、内蒙古四省社会科学院强强联手，汇集东北地区社会科学界的研究成果。每年根据东北地区发展的热点问题确定不同主题，回顾和总结2010年东北地区在经济、政治、文化、社会等方面所取得的成就，聚焦发展中存在的困难和问题，对2011年东北地区面临的机遇和挑战、经济社会形势发展趋势进行分析和预测，并提出颇具价值的政策建议。

19. 中部蓝皮书

2011年中国中部地区发展报告

汪玉奇 / 主编　　2010年10月出版　　69.00元

◆　本书由中部地区六省 (山西、安徽、江西、河南、湖北、湖南) 二市 (武汉、郑州) 社会科学院的专家学者共同研究完成。他们的报告客观、中立，既有民间学者所无法涉及的领域，也有更为客观、翔实的数据。

20. 西部蓝皮书

2011年中国西部地区发展报告

姚慧琴　任宗哲 / 主编　　2011年7月出版　　79.00元(估)

◆　本书的编撰单位西北大学中国西部经济发展研究中心，是研究西部经济的权威机构。本书汇集了源自西部本土以及国内研究西部问题的权威专家的第一手资料，对国家实施西部大开发战略进行年度动态跟踪，并对2011年西部经济发展进行预测和展望。

21. 城市竞争力蓝皮书

中国城市竞争力报告No.9

倪鹏飞/主编　　2011年4月出版　　65.00元(估)

◆　本书由中国社会科学院城市与竞争力研究中心主任倪鹏飞博士主持编写，汇集了侯庆虎、江明清、刘彦平等众多专家关于城市竞争力研究的最新成果。本报告构建了一套科学的城市竞争力评价指标体系，采用第一手数据材料，对国内重点城市年度竞争力格局变化进行客观分析和综合比较、排名，对研究城市经济及城市竞争力极具参考价值。

22. 中国省域竞争力蓝皮书

2010～2011中国省域经济综合竞争力发展报告

李建平/主编　　2011年3月出版　　258.00元(估)

◆　本书对2010～2011年中国31个省级区域和香港、澳门、台湾3个地区的经济综合竞争力，进行全面深入、科学的比较分析和评价，深刻揭示不同类型和发展水平的省域经济综合竞争力的特点及其相对差异性，明确各自内部的竞争优势和薄弱环节，追踪研究省域经济综合竞争力的演化轨迹和提升路径。

23. 金融蓝皮书

2011年中国金融发展报告

李　扬　王国刚/主编　　2011年4月出版　　79.00元(估)

◆　本书由中国社会科学院副院长李扬担任主编，对过去一年中国金融业总体发展状况进行回顾和分析，聚焦国际及国内金融形势的新变化，对一些主要金融事件进行研讨和评论，解析中国金融政策及银行业、保险业和证券期货业等的发展状况，预测中国金融发展中的最新动态，包括投资基金、保险业发展、住宅金融和金融监管等。

24. 房地产蓝皮书

中国房地产发展报告No.8

潘家华　李景国/主编　　2011年5月出版　　55.00元(估)

◆　本书由中国社会科学院城市发展与环境研究中心主编，深度解析2010年中国房地产发展的形势和存在的主要矛盾，并预测2011年中国商品房价格走势及房地产市场的发展大势。

经 济 类

经济蓝皮书
2011年中国经济形势分析与预测
著(编)者: 陈佳贵 李 扬 2010年12月出版/估价: 49.00元

经济蓝皮书春季号
中国经济前景分析——2011年春季报告
著(编)者: 陈佳贵 李 扬 2011年4月出版/估价: 49.00元

经济信息绿皮书
2011年中国与世界经济发展报告
著(编)者: 王长胜 2010年12月出版/估价: 65.00元

宏观经济蓝皮书
中国经济增长报告(2011)
著(编)者: 张 平 刘霞辉 2011年12月出版/估价: 69.00元

农村经济绿皮书
中国农村经济形势分析与预测(2010~2011)
著(编)者: 中国社会科学院农村发展研究所
国家统计局农村社会经济调查司
2011年4月出版/估价: 49.00元

人口与劳动绿皮书
中国人口与劳动问题报告No.12
著(编)者: 蔡 昉 2011年7月出版/估价: 49.00元

国家竞争力蓝皮书
中国国家竞争力报告No.2
著(编)者: 倪鹏飞 2011年10月出版/估价: 98.00元

民营经济蓝皮书
中国民营经济发展报告(2010~2011)
著(编)者: 黄孟复 2011年9月出版/估价: 69.00元

发展和改革蓝皮书
中国经济发展和体制改革报告No.4
著(编)者: 邹东涛 2011年11月出版/估价: 98.00元

金融蓝皮书
中国商业银行竞争力报告(2011)
著(编)者: 王松奇 2011年11月出版/估价: 49.00元

金融蓝皮书
2011年中国金融发展报告
著(编)者: 李 扬 王国刚 2011年4月出版/估价: 79.00元

金融蓝皮书
中国金融法治报告(2011)
著(编)者: 胡 滨 2011年4月出版/估价: 59.00元

金融蓝皮书
中国金融服务外包发展报告(2011)
著(编)者: 王 力 2011年11月出版/估价: 59.00元

中小城市绿皮书
中国中小城市发展报告(2011)
著(编)者: 中国城市经济学会中小城市经济发展委员会
《中国中小城市发展报告》编纂委员会
2011年11月出版/估价: 59.00元

城乡统筹蓝皮书
中国城乡统筹发展报告(2011)
著(编)者: 潘晨光 2011年3月出版/估价: 59.00元

城乡创新发展蓝皮书
中国城乡一体化发展报告 (2011)
著 (编)者: 傅崇兰 2011年12月出版/估价: 59.00元

中国总部经济蓝皮书
中国总部经济发展报告(2010~2011)
著(编)者: 赵 弘 2011年10月出版/估价: 55.00元

企业蓝皮书
中国企业竞争力报告(2011)
著(编)者: 金 碚 2011年12月出版/估价: 69.00元

低碳经济绿皮书
中国低碳经济发展报告(2011)
著(编)者: 薛进军 2011年11月出版/估价: 49.00元

会展经济蓝皮书
中国会展经济发展报告(2011)
著(编)者: 王方华 过聚荣 2011年7月出版/估价: 55.00元

社 会 类

社会蓝皮书
2011年中国社会形势分析与预测
著(编)者: 汝 信 陆学艺 李培林 2010年12月出版/估价: 49.00元

人权蓝皮书
中国人权发展报告(2011)
著(编)者: 罗豪才 2011年3月出版/估价: 59.00元

法治蓝皮书
中国法治发展报告No.9(2011)
著(编)者: 李 林 2011年4月出版/估价: 65.00元

气候变化绿皮书
应对气候变化报告(2011)
著(编)者: 王伟光 郑国光 2011年11月出版/估价: 68.00元

环境绿皮书
中国环境发展报告(2011)
著(编)者: 杨东平 2011年3月出版/估价: 59.00元

环境竞争力绿皮书
中国环境竞争力发展报告(2005~2009)
著(编)者: 李建平 2011年9月出版/估价: 59.00元

生态文明绿皮书
中国省域生态文明建设评价报告(2011)
著(编)者: 严 耕 2011年6月出版/估价: 69.00元

生态城市绿皮书
中国城市生态文明建设评价报告(2011)
著(编)者: 李景源 2011年10月出版/估价: 59.00元

教育蓝皮书
中国教育发展报告(2011)
著(编)者：杨东平 2011年3月出版 / 估价：55.00元

医疗卫生绿皮书
中国医疗卫生发展报告（2011）
著(编)者：杜乐勋 张文鸣 2011年12月出版/估价：68.00元

就业蓝皮书
2011年中国大学生就业报告
著(编)者：麦可思研究院 2011年6月出版/估价：98.00元

人才蓝皮书
中国人才发展报告(2011)
著(编)者：潘晨光 2011年5月出版 / 估价：79.00元

青少年蓝皮书
中国未成年人互联网运用报告（2010～2011）
著(编)者：李文革 沈 杰 2011年6月出版/估价：59.00元

妇女绿皮书
中国性别平等与妇女发展报告(2010～2011)
著(编)者：谭 琳 2011年12月出版/估价：79.00元

妇女发展蓝皮书
中国妇女发展报告 No.4(2011)
著(编)者：王金玲 2011年8月出版/估价：59.00元

女性生活蓝皮书
2010～2011年：中国女性生活状况报告
主编：韩湘景 2011年7月出版/估价：49.00元

女性教育蓝皮书
中国妇女教育发展报告(2010～2011)
著(编)者：莫文秀 2011年10月出版/估价：68.00元

老年蓝皮书
中国老年问题研究报告（2011）
著（编）者：田雪原 2011年10月出版 / 估价：49.00元

科普蓝皮书
中国科普基础设施发展报告(2011)
著(编)者：任福君 2011年4月出版/估价：69.00元

科学传播蓝皮书
中国科学传播报告(2011)
著(编)者：詹正茂 靳一 2011年9月出版/估价：69.00元

民族蓝皮书
中国民族区域自治发展报告(2011)
著(编)者：郝时远 2011年8月出版/估价：59.00元

华侨华人蓝皮书
华侨华人发展报告(2011)
著(编)者：丘 进 2011年2月出版/估价：59.00元

宗教蓝皮书
中国宗教报告(2011)
著(编)者：金 泽 邱永辉 2011年6月出版/估价：59.00元

社会工作蓝皮书
中国社会工作发展报告(2010～2011)
著(编)者：蒋昆生 戚学森 2011年7月出版/估价：59.00元

社会建设蓝皮书
2011年北京社会建设分析报告
著(编)者：陆学艺 张 荆 唐 军 2011年7月出版/估价：59.00元

北京律师蓝皮书
北京律师发展报告(2011)
著(编)者：王 隽 2011年2月出版/估价：59.00元

中国养老金蓝皮书
中国养老金发展报告(2011)
著(编)者：郑秉文 2011年3月出版/估价：59.00元

殡葬绿皮书
中国殡葬事业发展报告(2011)
著(编)者：朱 勇 2011年3月出版/估价：59.00元

中国政府创新蓝皮书
(待定)
著(编)者：俞可平 2011年11月出版/估价：78.00元

47.危机管理蓝皮书
(待定)
著(编)者：文学国 2011年5月出版/估价：59.00元

慈善蓝皮书
中国慈善发展报告(2011)
著(编)者：杨 团 2011年9月出版/估价：59.00元

民间组织蓝皮书
中国民间组织报告(2010～2011)
著(编)者：黄晓勇 2011年12月出版/估价：59.00元

企业公民蓝皮书
中国企业公民报告(2011)
著(编)者：邹东涛 2011年4月出版/估价：58.00元

企业社会责任蓝皮书
中国企业社会责任研究报告(2011)
著(编)者：陈佳贵 黄群慧等 2011年10月出版/估价：55.00元

医疗卫生绿皮书
中国医疗卫生发展报告(2011)
著(编)者：杜乐勋 张文鸣 2011年12月出版/估价：68.00元

文化传媒类

文化蓝皮书
2011年中国文化产业发展报告
著(编)者：张晓明 胡惠林 章建刚 2011年4月出版/估价：59.00元

文化蓝皮书
中国文化消费需求景气评价报告(2011)
著(编)者：王亚南 2011年6月出版/估价：59.00元

文化蓝皮书
中国公共文化服务发展报告(2011)
著(编)者：李景源 2011年9月出版/估价：59.00元

文化遗产蓝皮书
中国文化遗产事业发展报告(2011)
著(编)者：刘世锦 2011年12月出版/估价：79.00元

文化软实力蓝皮书
中国文化软实力研究报告(2011)
著(编)者：张国祚　2011年4月出版 / 估价：59.00元

传媒蓝皮书
2011年：中国传媒产业发展报告
著(编)者：崔保国　2011年4月出版 / 估价：79.00元

全球传媒蓝皮书
全球传媒产业发展报告(2011)
著(编)者：胡正荣　2011年2月出版 / 估价：59.00元

新媒体蓝皮书
中国新媒体发展报告(2011)
著(编)者：尹韵公　2011年7月出版 / 估价：69.00元

动漫蓝皮书
中国动漫发展报告(2011)
著(编)者：卢　斌　2011年4月出版 / 估价：59.00元

广告主蓝皮书
中国广告主营销推广趋势报告No.4
著(编)者：黄升民　2011年9月出版 / 估价：68.00元

区 域 类

区域蓝皮书
2010~2011中国区域经济发展报告
著(编)者：戚本超　景体华　2011年3月出版 / 估价：69.00元

省域竞争力蓝皮书
2010~2011中国省域经济综合竞争力发展报告
著(编)者：李建平　2011年3月出版 / 估价：258.00元

城市蓝皮书
中国城市发展报告No.4
著(编)者：潘家华　魏后凯　2011年7月出版 / 估价：78.00元

城市竞争力蓝皮书
中国城市竞争力报告No.9(2011)
著(编)者：倪鹏飞　2011年4月出版 / 估价：65.00元

西部蓝皮书
中国西部经济发展报告(2011)
著(编)者：姚慧琴　任宗哲　2011年7月出版 / 估价：79.00元

中部蓝皮书
中国中部地区发展报告(2012)
著(编)者：张　锐　林宪斋　2012年1月出版 / 估价：59.00元

东北蓝皮书
中国东北地区发展报告(2011)
著(编)者：鲍振东　曹晓峰　2011年8月出版 / 估价：69.00元

长三角蓝皮书
2011年科学发展长三角
著(编)者：宋林飞　2011年8月出版 / 估价：59.00元

环渤海蓝皮书
环渤海区域经济发展报告(2011)
著(编)者：周立群　2011年4月出版 / 估价：59.00元

中国省会经济圈蓝皮书
合肥经济圈发展报告No.3(2010~2011)
著(编)者：董召礼　王开珏　2011年4月出版 / 估价：59.00元

长株潭城市群蓝皮书
长株潭城市群发展报告(2011)
著(编)者：张　萍　2011年8月出版 / 估价：69.00元

海峡西岸蓝皮书
海峡西岸经济区发展报告(2011)
著(编)者：叶飞文　2011年5月出版 / 估价：49.00元

中原蓝皮书
中原经济区发展报告(2011)
著(编)者：欧继中　2011年6月出版 / 估价：59.00元

武汉城市圈蓝皮书
武汉城市圈经济社会发展报告(2010~2011)
著(编)者：肖安民　2011年6月出版 / 估价：69.00元

武汉城市圈蓝皮书
武汉城市圈房地产发展报告(2010~2011)
著(编)者：王　涛　2011年6月出版 / 估价：69.00元

关中—天水经济区蓝皮书
中国关中—天水经济区发展报告(2011)
著(编)者：李忠民　2011年11月出版 / 估价：49.00元

北部湾蓝皮书
泛北部湾合作发展报告(2011)
著(编)者：古小松　2011年5月出版 / 估价：65.00元

广西北部湾经济区蓝皮书
广西北部湾经济区开放开发报告(2011)
著(编)者，北部湾(广西)经济区规划建设管理委员会办公室
　　　　广西社会科学院、广西北部湾发展研究院
2011年5月出版 / 估价：89.00元

大湄公河次区域蓝皮书
大湄公河次区域合作与发展研究报告(2011)
著(编)者：刘　稚　2011年10月出版 / 估价：59.00元

边疆发展蓝皮书
当代中国边疆社会经济发展与边疆研究前沿报告(2011)
著(编)者：厉　声　2011年5月出版 / 估价：59.00元

澳门蓝皮书
澳门经济社会发展报告(2011)
著(编)者：郝雨凡　吴志良　2011年3月出版 / 估价：59.00元

北京蓝皮书
北京经济发展报告(2010~2011)
著(编)者：梅　松　2011年3月出版 / 估价：49.00元

北京蓝皮书
北京社会发展报告(2010~2011)
著(编)者：戴建中　2011年9月出版 / 估价：49.00元

北京蓝皮书
北京文化发展报告(2010~2011)
著(编)者：张　泉　2011年4月出版 / 估价：49.00元

北京蓝皮书
中国社区发展报告(2010~2011)
著(编)者: 刘牧雨 2011年4月出版 / 估价: 59.00元

北京蓝皮书
北京城乡发展报告(2010~2011)
著(编)者: 黄 序 2011年4月出版 / 估价: 49.00元

北京蓝皮书
北京公共服务发展报告(2010~2011)
著(编)者: 张 耘 2011年1月出版 / 估价: 58.00元

北京人才发展蓝皮书
北京人才发展报告(2011)
著(编)者: 吕锡文 张志伟 2011年3月出版 / 估价: 59.00元

上海蓝皮书
上海经济发展报告(2011)
著(编)者: 屠启宇 沈开艳 2011年1月出版 / 估价: 59.00元

上海蓝皮书
上海社会发展报告(2011)
著(编)者: 卢汉龙 2011年1月出版 / 估价: 69.00元

上海蓝皮书
上海文化发展报告(2011)
著(编)者: 叶 辛 蒯大申 2011年1月出版 / 估价: 49.00元

上海蓝皮书
上海资源环境发展报告(2011)
著(编)者: 周冯琦 2011年1月出版 / 估价: 69.00元

上海社会保障绿皮书
上海社会保障改革与发展报告(2010~2011)
著(编)者: 汪泓 2011年7月出版 / 估价: 65.00元

河南经济蓝皮书
2011年河南经济形势分析与预测
著(编)者: 刘永奇 2011年3月出版 / 估价: 49.00元

河南蓝皮书
河南经济发展报告(2011)
著(编)者: 张 锐 2011年12月出版 / 估价: 49.00元

河南蓝皮书
2011年河南社会形势分析与预测
著(编)者: 林宪斋 赵保佑 2011年1月出版 / 估价: 59.00元

河南蓝皮书
河南文化发展报告(2011)
著(编)者: 张 锐 2011年1月出版 / 估价: 49.00元

河南蓝皮书
河南城市发展报告(2011)
著(编)者: 林宪斋 喻新安 王建国 2011年1月出版 / 估价: 49.00元

山西蓝皮书
山西资源型经济转型发展报告(2011)
著(编)者: 李志强 2011年4月出版 / 估价: 49.00元

陕西蓝皮书
陕西经济发展报告(2011)
著(编)者: 杨尚勤 石 英 裴成荣 2011年4月出版 / 估价: 49.00元

陕西蓝皮书
陕西社会发展报告(2011)
著(编)者: 杨尚勤 石 英 江 波 2011年4月出版 / 估价: 65.00元

陕西蓝皮书
陕西文化发展报告(2011)
著(编)者: 杨尚勤 石 英 王长寿 2011年4月出版 / 估价: 55.00元

陕西蓝皮书
陕西人力资源和社会保障发展报告(2011)
著(编)者: 杨尚勤 鬲向前 2011年7月出版 / 估价: 49.00元

陕西蓝皮书
榆林经济社会发展报告(2011)
著(编)者: 胡志强 杨尚勤 石 英 2011年8月出版 / 估价: 69.00元

辽宁蓝皮书
2011年辽宁经济社会形势分析与预测
著(编)者: 曹晓峰 张 晶 张卓民 2011年1月出版 / 估价: 69.00元

贵州蓝皮书
贵州社会发展报告(2011)
著(编)者: 王兴骥 2011年9月出版 / 估价: 49.00元

广州蓝皮书
中国广州经济发展报告(2011)
著(编)者: 李江涛 刘江华 2011年9月出版 / 估价: 59.00元

广州蓝皮书
中国广州社会发展报告(2011)
著(编)者: 汤应武 李江涛 2011年9月出版 / 估价: 49.00元

广州蓝皮书
中国广州创意产业发展报告(2011)
著(编)者: 卢一先 范 旭等 2011年9月出版 / 估价: 49.00元

广州蓝皮书
中国广州文化发展报告(2011)
著(编)者: 王晓玲 2011年10月出版 / 估价: 59.00元

广州蓝皮书
中国广州科技发展报告(2011)
著(编)者: 李江涛 谢学宁 2011年12月出版 / 估价: 49.00元

广州蓝皮书
中国广州城市建设发展报告(2011)
著(编)者: 李江涛 简文豪 2011年12月出版 / 估价: 49.00元

广州蓝皮书
中国广州汽车产业发展报告(2011)
著(编)者: 李江涛 朱名宏 2011年9月出版 / 估价: 49.00元

广州蓝皮书
中国广州农村发展报告(2011)
著(编)者: 李江涛 汤锦华 2011年7月出版 / 估价: 49.00元

经济特区蓝皮书
中国经济特区发展报告(2011)
著(编)者: 钟 坚 2011年4月出版 / 估价: 85.00元

深圳蓝皮书
深圳经济发展报告(2011)
著(编)者: 乐 正 2011年3月出版 / 估价: 59.00元

深圳蓝皮书
深圳社会发展报告(2011)
著(编)者: 乐 正 祖玉琴 2011年5月出版 / 估价: 69.00元

深圳蓝皮书
深圳劳动关系发展报告(2011)
著(编)者: 汤庭芬 2011年5月出版 / 估价: 69.00元

深圳蓝皮书
深圳与香港文化创意产业发展报告(2011)
著(编)者：乐 正 2011年5月出版 / 估价：55.00元

武汉蓝皮书
武汉经济社会发展报告(2011)
著(编)者：刘志辉 2011年4月出版 / 估价：49.00元

郑州蓝皮书
2011年郑州文化发展报告
著(编)者：丁世显 2011年11月出版 / 估价：49.00元

温州蓝皮书
2011年温州经济社会形势分析与预测
著(编)者：金 浩 王春光 2011年3月出版 / 估价：69.00元

扬州蓝皮书
扬州经济社会发展报告(2011)
著(编)者：董 雷 2011年3月出版 / 估价：59.00元

行 业 类

产业蓝皮书
中国产业竞争力报告(2011)
著(编)者：张其仔 2011年8月出版 / 估价：69.00元

住房绿皮书
中国住房发展报告(2010~2011)
著(编)者：倪鹏飞 2011年11月出版 / 估价：69.00元

房地产蓝皮书
中国房地产发展报告No.8
著(编)者：潘家华 李景国 2011年5月出版 / 估价：55.00元

汽车蓝皮书
中国汽车产业发展报告(2011)
著(编)者：国务院发展研究中心产业经济研究部
中国汽车工程学会 大众汽车集团(中国)
2011年7月出版 / 估价：59.00元

商业蓝皮书
中国商业发展报告(2010~2011)
著 (编)者：荆林波 2011年4月出版 / 估价：85.00元

服务业蓝皮书
中国服务业发展报告No.9
著(编)者：荆林波 2011年12月出版 / 估价：59.00元

信息化蓝皮书
中国信息化形势分析与预测(2011)
著(编)者：周宏仁 2011年8月出版 / 估价：98.00元

电子政务蓝皮书
中国电子政务发展报告(2011)
著(编)者：王长胜 许晓平 2011年6月出版 / 估价：59.00元

电子商务服务业蓝皮书
中国电子商务服务业发展报告(2011)
著(编)者：荆林波 2011年3月出版 / 估价：49.00元

金融蓝皮书
中国银行业风险管理报告(2011)
著(编)者：王 力 2001年4月出版 / 估价：59.00元

金融蓝皮书
中国金融生态发展报告(2011)
著(编)者：刘煜辉 2011年11月出版 / 估价：49.00元

金融中心蓝皮书
中国金融中心发展报告(2011)
著(编)者：王力 2011年4月出版 / 估价：49.00元

西部金融蓝皮书
中国西部金融发展报告(2011)
著(编)者：李忠民 2011年11月出版 / 估价：49.00元

商会蓝皮书
中国商会发展报告NO.3
著(编)者：黄孟复 2011年4月出版 / 估价：98.00元

中国商品市场蓝皮书
中国商品市场竞争力报告(2011)
著(编)者：商品市场竞争力报告课题组
2011年3月出版 / 估价：59.00元

产权市场蓝皮书
中国产权市场发展报告(2010~2011)
著(编)者：曹和平 2011年10月出版 / 估价：59.00元

资本市场蓝皮书
中国场外交易市场发展报告(2011)
著(编)者：高 峦 2011年12月出版 / 估价：69.00元

私募市场蓝皮书
中国私募股权市场发展报告(2011)
著(编)者：曹和平 2011年10月出版 / 估价：59.00元

中国农业竞争力蓝皮书
中国农业竞争力发展报告(2010~2011)
著(编)者：郑传芳 2011年8月出版 / 估价：89.00元

中国林业竞争力蓝皮书
中国省林业竞争力发展报告(2010~2011)
著(编)者：郑传芳 2011年9月出版 / 估价：89.00元

珠三角流通业蓝皮书
珠三角流通业发展报告(2010~2011)
著(编)者：王先庆 2011年6月出版 / 估价：59.00元

旅游绿皮书
2011年中国旅游发展分析与预测
著(编)者：张广瑞 刘德谦 宋 瑞 2011年4月出版 / 估价：59.00元

中国旅游安全蓝皮书
(待定)
著(编)者：郑向敏 2011年7月出版 / 估价：59.00元

休闲绿皮书
2011年中国休闲发展报告
著(编)者：刘德谦 高舜礼 宋 瑞 2011年5月出版 / 估价：69.00元

食品药品蓝皮书
食品药品安全与监管政策研究报告(2011)
著(编)者：唐民皓 2011年5月出版 / 估价：69.00元

餐饮产业蓝皮书
中国餐饮产业发展报告(2011)
著(编)者：杨 柳 2011年5月出版 / 估价：59.00元

交通运输蓝皮书
中国交通运输业发展报告(2011)
著(编)者：民生银行交通金融事业部课题组
2011年5月出版 / 估价：59.00元

体育蓝皮书
中国体育产业发展报告(2011)
著(编)者：江和平 张海潮 2009年12月出版 / 估价：69.00元

茶叶产业蓝皮书
中国茶叶产业研究报告(2011)
著(编)者：荆林波 2011年3月出版 / 估价：59.00元

茶业蓝皮书
中国茶产业研究报告(2011)
著(编)者：杨江帆 2011年11月出版 / 估价：49.00元

能源蓝皮书
中国能源发展报告(2011)
著 (编) 者：崔民选 2011年3月出版 / 估价：80.00元

煤炭蓝皮书
中国煤炭工业发展报告(2011)
著 (编) 者：岳福斌 2011年11月出版 / 估价：50.00元

测绘蓝皮书
中国测绘发展研究报告(2011)
著(编)者：徐德明 2011年12月出版 / 估价：58.00元

产业安全蓝皮书
中国产业安全报告(2011)
著(编)者：张国祚 2011年4月出版 / 估价：59.00元

国 际 类

国际形势黄皮书
全球政治与安全报告(2011)
著(编)者：李慎明 王逸舟 2010年12月出版 / 估价：49.00元

世界经济黄皮书
2011年世界经济形势分析与预测
著(编)者：王洛林 张宇燕 2010年12月出版 / 估价：49.00元

世界社会主义黄皮书
世界社会主义跟踪研究报告(2010～2011)
著(编)者：李慎明 2011年3月出版 / 估价：49.00元

新兴国家经济蓝皮书
金砖四国经济社会发展报告 (2011)
著 (编) 者：林跃勤 2011年4月出版 / 估价：49.00元

上海合作组织黄皮书
上海合作组织发展报告(2011)
著(编)者：吴恩远 2011年6月出版 / 估价：49.00元

拉美黄皮书
拉丁美洲和加勒比发展报告(2010～2011)
著(编)者：苏振兴 2011年3月出版 / 估价：69.00元

美国蓝皮书
美国发展报告(2011)
著(编)者：黄 平 2011年3月出版 / 估价：79.00元

欧洲蓝皮书
欧洲发展报告(2011)
著(编)者：周 弘 2011年3月出版 / 估价：49.00元

德国蓝皮书
德国发展报告(2011)
著(编)者：李乐曾 2011年3月出版 / 估价：49.00元

俄罗斯东欧中亚黄皮书
俄罗斯东欧中亚国家发展报告(2011)
著(编)者：吴恩远 2011年3月出版 / 估价：59.00元

中东非洲黄皮书
中东非洲发展报告NO.13(2010～2011)
著(编)者：杨 光 2011年3月出版 / 估价：49.00元

亚太蓝皮书
亚太地区发展报告(2011)
著(编)者：李向阳 2011年1月出版 / 估价：69.00元

日本蓝皮书
日本发展报告(2011)
著(编)者：李 薇 2011年3月出版 / 估价：69.00元

日本经济蓝皮书
日本经济与中日经贸关系发展报告(2011)
著(编)者：王洛林 2011年3月出版 / 估价：69.00元

韩国蓝皮书
韩国发展报告(2011)
著(编)者：牛林杰 2011年3月出版 / 估价：59.00元

越南蓝皮书
越南国情报告(2011)
著(编)者：古小松 2011年5月出版 / 估价：49.00元

注：2011年起，每册皮书将附赠100元的皮书数据库阅读卡。

创社科经典　　出传世文献

社会科学文献出版社
SOCIAL SCIENCES ACADEMIC PRESS(CHINA)

社会科学文献出版社成立于1985年，是直属于中国社会科学院的人文社会科学专业学术出版机构。

自成立以来，特别是1998年实施第二次创业以来，社会科学文献出版社依托中国社会科学院丰富的学术出版和专家学者两大资源，坚持"创社科经典，出传世文献"的出版理念和"权威、前沿、原创"的产品定位，走学术产品的系列化、规模化、市场化经营道路，取得了令人瞩目的成绩，销售收入等主要效益指标实现了年均20%以上的增长速度。著名图书品牌"皮书系列"、《列国志》、获得国家图书奖和"五个一工程奖"的《甲骨学100年》、《二十世纪中国民俗学经典》以及"社科文献精品译库"、"全球化译丛"、"经济研究文库"等一大批既有学术影响又有市场价值的系列图书，使社会科学文献出版社的知名度和美誉度日益提高，确立了人文社会科学学术出版的权威地位。

为顺应数字出版的潮流，2007年7月，皮书数据库建成并发布，该数据库下设中国经济数据库、中国社会数据库等六个子库。2009年7月，皮书数据库被评为"2008～2009年度数字出版知名品牌"，谢寿光社长被评为"2008～2009年度数字出版先进人物"。在新的发展时期，社会科学文献出版社又提出了新的目标：精心打造人文社会科学成果推广平台，发展成为一家集图书、期刊、音像电子和网络出版物为一体，面向高端读者和用户，具备独特竞争力的人文社会科学内容资源供应商和国内外知名的专业学术出版机构。

规划皮书行业标准，引领皮书出版潮流
发布皮书重要资讯，打造皮书服务平台

中国皮书网（全新改版　内容更新　功能更强）
www.pishu.cn

皮书博客（精彩观点　一网打尽）
blog.sina.com.cn/pishu

皮书微博（权威资讯　精华浓缩）
t.sina.com.cn/pishu

请到各地书店皮书专架/专柜购买，也可办理邮购

咨询/邮购电话：010-59367028　邮箱：duzhe@ssap.cn
邮购地址：北京市西城区北三环中路甲29号院3号楼华龙大厦13层读者服务中心
邮　　编：100029
银行户名：社会科学文献出版社发行部
开户银行：工商银行北京东四南支行
账　　号：0200001009066109151
网上书店　电话：010-59367070　QQ：1265056568
网　　址：www.ssap.com.cn
　　　　　www.pishu.cn

主要编撰者简介

张锐 女，河南省方城县人，历任河南省委外宣办（河南省政府新闻办）主任、河南省委宣传部副部长、河南省社会科学界联合会主席，现任河南省社会科学院院长、研究员。长期从事新闻出版和社科理论研究工作，著有《河南走向现代化》、《河南改革开放30年》、《河南文化发展与繁荣》等多部学术著作，主编《河南经济蓝皮书》、《河南文化蓝皮书》、《崛起的中原丛书》等，在《光明日报》、《中国社会科学报》等国内报刊发表论文和调研报告多篇。主持或参与完成省部级项目10多项，主持完成的多项应用对策研究成果被省委、省政府采纳。《河南改革开放30年》、《崛起的中原丛书》等多项成果获得河南省优秀社科成果一等奖。

谷建全 男，河南省唐河人，河南省社会科学院副院长、研究员，经济学博士。河南省优秀专家、河南省学术技术带头人，河南省科技创新"十大杰出人物"、郑州市科技创新领军人才。2000年以来，主持承担国家级、省级重大研究课题30余项；公开发表理论文章100余篇；获得省部级以上科研成果奖15余项。主持编制区域发展规划80余项。

完世伟 男，河南省鹿邑人，经济学硕士，管理学博士，河南省社会科学院经济研究所副所长、研究员。中国工业经济学会理事，河南省学术技术带头人、河南省"555人才工程"学术技术带头人。长期从事宏观经济、区域经济、技术经济及管理等方面研究。主持或参与完成国家、省部级项目20余项，获各种优秀成果奖10余项，主编或参与撰写出版专著10多部，发表论文60多篇。

中文摘要

本书由河南省社会科学院主持编纂，以转变发展方式与河南经济增长为主题，深入全面地分析了当前河南经济发展的主要特点以及明年的走势，全方位、多角度研究和探讨了河南转变经济发展方式的举措及成效，并对河南经济保持平稳较快增长提出了对策建议。

本书总论篇之一，由河南省社会科学院"河南省经济形势分析与预测"课题组撰写，代表了本书对河南经济形势分析与预测的基本观点。报告认为，2010年，河南认真贯彻国家宏观调控政策，积极克服国内外多重不利因素影响，全省经济运行保持平稳较快发展态势。预计全年全省生产总值增长 11%，增速比 2009 年提高 0.3 个百分点，其中第一、二、三次产业分别增长 4.3%、14%、11%；规模以上工业增加值增长 20%；城镇固定资产投资增长 22%；社会消费品零售总额增长 19%；居民消费价格上涨 3%；出口预计增长 40%，进口预计增长 13%。预计 2011 年全省生产总值增长 11.5%，增速比 2010 年提高 0.5 个百分点，其中一、二、三次产业分别增长 4.5%、16%、14%；规模以上工业增加值增长 23%；城镇固定资产投资增长 26%；社会消费品零售总额增长 19.5%；居民消费价格上涨 4%；出口预计增加 40%，进口预计增加 15%。

本书总论篇之二，由河南省社会科学院"中原崛起研究中心"课题组撰写，代表了本书对河南转变经济发展方式的基本观点。报告认为，加快转变经济发展方式是河南顺应国际国内经济社会发展新形势新要求、在后危机时代创造发展新优势的必然选择，在深入分析河南加快转变经济发展方式中面临的突出问题和主要矛盾的基础上，以推动三个转变为主导思路、以实现五个突破为发展路径、以落实六个着力为战略重点，全面系统地对河南加快转变经济发展方式的路径进行了规划。

针对各部门、各行业转变经济发展方式的不同要求，本书邀请省内科研院所、高等学校和政府部门的知名专家学者，研究和分析了河南各部门、各行业、各领域转变经济发展方式的重点和难点，并从不同角度提出了加快转变经济发展方式的对策建议。

序

河南省政府常务副省长　李　克

2010 年是全面完成"十一五"规划的关键一年，也是谋划建设中原经济区的起始之年。面对复杂多变的国内外经济环境，在党中央、国务院的正确领导下，河南省委、省政府带领全省人民，深入贯彻落实科学发展观，积极转变经济发展方式，坚持"四个重在"的实践要领，大力推进"一个载体、三个体系"建设，经济总体呈现平稳较快发展态势，各项工作都取得了显著成效。农业生产形势向好，粮食生产再获丰收；工业增速回落趋缓，运行质量逐步改善；固定资产投资回稳趋升，投资结构逐步优化；消费市场稳定增长，热点商品持续旺销；居民消费价格涨势加快，生产价格波动趋涨；对外贸易增长较快，利用外资大幅增加；财政收支稳中趋升，金融运行总体平稳；城乡居民收入稳步增长，消费信心逐步回升；保障和改善民生工作成效明显，重点领域改革取得新的进展。总体上看，经济形势总体向好，中原崛起、河南振兴继续保持好的趋势、好的态势和好的气势。与此同时，也要清醒地看到，自年初以来我省经济增长逐季回调，当前经济运行中还存在着一些突出的矛盾和问题：经济结构性矛盾仍然突出，支撑经济增长内生动力不强；生产成本上升较快，企业困难增加，淘汰落后产能任务艰巨；资源环境约束强化，节能减排压力加大，土地、资金供求矛盾加剧；农业稳定发展和农民持续增收难度较大；财政收支矛盾突出，物价上涨压力加大，经济运行的不确定因素依然较多，影响社会稳定的因素依然不容忽视。

当前，我省经济发展虽然面临不少困难和问题，但推动经济平稳较快发展的基本条件依然向好。一是后金融危机时期将迎来新一轮产业升级和科技创新大潮，国外和沿海发达地区产业向中西部转移的步伐加快，有利于我省调整产业结构和加快科技进步；二是我省正处于工业化、城镇化加快推进和消费结构加快升级阶段，投资和消费需求旺盛，有利于进一步释放内在发展潜力；三是国家促进中部崛起战略深入实施，为我省发挥区位、市场、人口、资源等优势，承接产业转移、拓展发展空间创造了条件；四是中原经济区建设全面展开，一大批基础设施和结构升级项目将相继投产并产生效益，经济又好又快发展的后劲将进一步增强；五是全省上下形成了思想统一、精神振奋、团结奋斗、干事创业的良好精神状态和风貌，为全省经济保持平稳较快发展奠定了坚实的思想基础。

当前，河南经济发展正处在由回升向好向稳定增长转变的关键时期，通货膨胀和经济下行两种风险并存，机遇和挑战同在，关键在于我们如何应对。要全面、正确判断形势，既要充分肯定成绩，看到经济社会发展的积极变化和有利条件，进一步增强信心；也要充分估计形势的复杂性和不确定性，切实增强忧患意识，把各方面困难考虑得更充分一些，把应对各种挑战的工作做得更扎实一些，增强工作的预见性和主动性。

2011年是"十二五"规划的开局之年，也是建设中原经济区的展开之年。要深入贯彻落实科学发展观，认真学习贯彻党的十七届五中全会精神，把思想和行动统一到中央和省委、省政府确定的目标任务上来，坚持持续发展、协调发展、创新发展、开放发展、绿色发展、和谐发展，确保经济保持平稳较快发展的良好态势。希望省社科院和广大作者，突出针对性，切实研究把握经济社会发展的趋势和规律，摸清找准明年经济社会发展中可能出现的新情况新问题，更好地为省委、省政府决策服务，为保持我省经济平稳较快发展，为实现中原崛起、河南振兴提供强有力的智力支持。

二○一○年十二月一日

目录

BⅢ 专题篇

皮书数据库阅读使用指南

总 论 篇

B.1
2010～2011 年河南经济发展分析与预测

河南省社会科学院"河南省经济形势分析与预测"课题组*

摘 要：2010 年，河南认真贯彻落实国家宏观调控政策，积极克服国内外多重不利因素影响，着力解决经济运行中的突出矛盾和问题，全省经济运行保持平稳较快发展态势。预计全年全省生产总值增长 11%，增速比 2009 年提高 0.3 个百分点，其中第一、二、三产业分别增长 4.3%、14%、11%；规模以上工业增加值增长 20%；城镇固定资产投资增长 22%；社会消费品零售总额增长 19%；居民消费价格上涨 3%；出口预计增长 40%，进口预计增长 13%。预计 2011 年全省生产总值增长 11.5%，增速比 2010 年提高 0.5 个百分点，其中第一、二、三产业分别增长 4.5%、16%、14%；规模以上工业增加值增长 23%；城镇固定资产投资增长 26%；社会消费品零售总额增长 19.5%；居民消费价格上涨 4%；出口预计增长 40%，进口预

---

* 课题负责人：谷建全、完世伟；课题组成员：唐晓旺、袁金星、王芳、林园春、王玲杰、杜明军、侯红昌。

计增长 15%。

关键词：转变经济发展方式　河南经济　分析与预测

2010 年，河南全面贯彻科学发展观，积极转变经济发展方式，各项工作都取得了积极成效，经济运行开始回归正常增长轨道。2011 年，河南仍然面临着极其复杂的形势，通货膨胀和经济下行两种风险并存，增长压力空前增大。我们必须坚定信心，科学谋划，多策并举，真抓实干，促进河南经济平稳较快发展。

一　2010 年河南经济发展的主要特点

2010 年，河南省委、省政府认真贯彻执行国家各项宏观调控政策，坚持"四个重在"，以开放招商、产业集聚区、项目建设三项重点工作带动全局，以加快城乡建设扩大内需，以改革创新破解发展难题，多策并举，奋力拼搏，全省经济总体保持平稳较快发展态势。初步核算，2010 年 1~9 月份，全省实现地区生产总值 16937.95 亿元，同比增长 12.3%，比同期全国国内生产总值增幅高 1.7 个百分点；其中，第一产业、第二产业和第三产业生产总值分别达到 2828.90 亿元、9437.68 亿元和 4671.37 亿元，同比增速分别为 4.2%、15.7% 和 9.8%，比同期全国平均水平分别高 0.2 个、3.1 个和 0.3 个百分点。

（一）农业生产形势向好，粮食生产再获丰收

河南省委、省政府始终把确保国家粮食安全作为义不容辞的责任，积极贯彻落实中央的一系列强农惠农政策，坚持农业基础地位不动摇，着力打造粮食生产核心区，坚持"三化"发展不以牺牲农业和粮食生产为代价，千方百计调动农民种粮积极性，不断提高粮食综合生产能力。2010 年，全省有效灌溉面积达到 7580 万亩，其中恢复改善灌溉面积 580 万亩、新增灌溉面积 50 万亩；完成 186 万亩标准粮田建设，改造中低产田 105 万亩，建设高标准农田 25 万亩，建成一批高标准农田示范工程；全省 77.8 亿元粮食直补和农资综合直补资金及时全部兑现到位，17.65 亿元小麦、玉米、水稻等主要粮食作物良种补贴继续实行普惠制，6300 万元小麦促弱转壮补贴全部用于麦田后期病虫害防治和"一喷三防"，

各项补贴资金累计落实超过 105 亿元；农业科技支撑作用进一步发挥，加大了配套技术的推广应用力度，深入开展"万名科技人员包万村"活动，组织专家和科技人员分赴田间地头全程督导粮食生产；粮食优质率不断提高，小麦、玉米、水稻等主要粮食作物的良种覆盖率达到 100%；农业耕、种、收综合机械化率水平预计年底提高到 69%，比全国平均水平高 15 个百分点。

全省夏粮种植面积达到 7960 万亩，较上年增加 25 万亩，夏粮总产量达到618.14 亿斤，较上年增加 5.14 亿斤，增长 0.8%；平均亩产 776.6 斤，较上年增长 0.5%；夏粮总产量实现连续八年增产，连续七年创历史最高水平。秋粮种植面积达到 6702 万亩，比上年增加 112 万亩，特别是高产作物玉米、水稻面积增加较多，品种结构进一步优化，浚单 20、郑单 958 等品种种植面积达 2600 多万亩，秋粮丰收已成定局，全年粮食总量将连续五年稳定在 1000 亿斤以上，第一粮食大省的地位进一步巩固。

（二）工业生产回落趋缓，运行质量逐步改善

如图 1 所示，2010 年 9 月份，全省规模以上工业增加值比上年同期增长12.8%，增速比 8 月份放缓 0.5 个百分点，比上年同月放缓 3.7 个百分点。1～9月份，全省规模以上工业增加值比上年同期增长 20.0%，较上年同期提高 9.5个百分点。从环比角度看，2010 年，河南省规模以上工业增加值增速从 2 月份的 24.8% 上升到 3 月份的 27.8%，后由于世界范围内货币流动性过剩导致的大宗商品价格飙升，使企业的生产要素价格上涨较快，成本大幅上升，工业生产开始逐月回落，到 9 月份增速降到 12.8%，平均每月回落 2.2 个百分点，其中上半年平均每月回落 2.7 个百分点，7、8、9 月份平均每月回落 1.5 个百分点，增幅

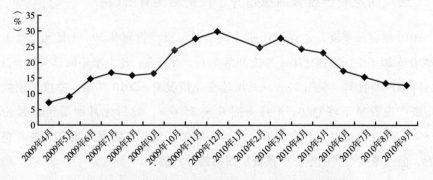

图1　2009～2010 年河南省规模以上工业增加值增速

下滑呈明显的减缓态势。

从企业效益看，2010 年 1～8 月份全省规模以上工业实现主营业务收入 22248.7 亿元，比上年同期增长 32.6%，增幅达到 27.3 个百分点，盈亏相抵后实现利润 1828.1 亿元，同比增长 37.6%，增幅达到 41.9 个百分点；实现利税 2818.3 亿元，同比增长 31.6%，增幅达到 38.1 个百分点；亏损企业个数减少了 142 家，整体情况与上年同期相比，取得了长足进步。不过从图 2 可以发现，2010 年以来，全省工业经济利润总额增速呈逐月递减态势，但 1～8 月份工业产品销售率为 98.2%，比上半年提高 0.5 个百分点，与此同时，统计资料显示，3 月份以来，全省规模以上亏损企业数、亏损企业亏损额均逐月递减，这说明全省工业企业经营仍面临着许多困难，但企业经济效益下滑势头正在好转，工业生产运行质量正在逐步改善。

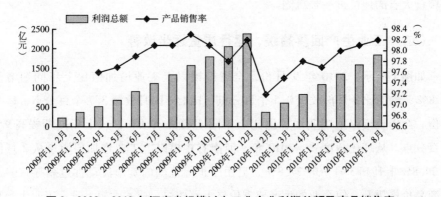

图 2　2009～2010 年河南省规模以上工业企业利润总额及产品销售率

（三）固定资产投资回稳趋升，投资结构有所改善

2010 年前三季度，全省累计完成城镇固定资产投资 9339.49 亿元，比上年同期增长 20.6%，增速比第一季度回落 5.1 个百分点，比上半年回落 1.7 个百分点，降幅逐渐收窄（见图 3）。从月增速变化情况看，2010 年第一季度河南城镇固定资产投资呈下降趋势，4 月份回升至 25.6%，此后逐月回落至 7 月份的 10.8%，8、9 月份增速再度回升，但增幅减缓，到 9 月底回升至 22.0%。整体上看，前三季度全省固定资产投资呈回稳趋升趋势。

2010 年 1～9 月份，河南省国有及国有控股累计完成投资额 257.13 亿元，比

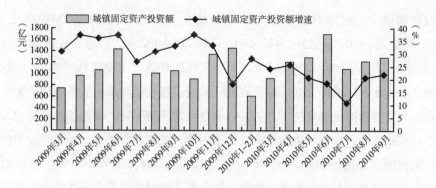

图3 2009～2010 年河南省城镇固定资产投资及其增速

上年同期增长 10.1%，比第一季度增速高出 1.3 个百分点，比上半年增速高出 0.1 个百分点，总体呈现波动回升趋势。1～9 月份全省民间投资完成投资额 7195.96 亿元，同比增长 23.7%；民间投资占城镇固定资产投资的比重达到 77%，与上年同期相比增长 2.4 个百分点，比第一季度增长 1 个百分点，比上半 年增长 0.1 个百分点。如图 4 所示，前三季度民间投资增速除 9 月份以外均高于 国有及国有控股投资增速，民间投资在全省国民经济运行中发挥了主导作用，但 受国家政策影响，整体上呈回落趋稳态势，而国有投资在国家加大调控过程中逆 势上扬，尤其是第三季度，环比增幅分别达到 9.9 个和 1.3 个百分点，最终增速 超过民间投资，达到 24.5%。

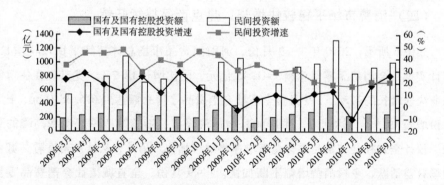

图4 2009～2010 年河南国有及国有控股投资、民间投资及增速

分行业看全省城镇固定资产投资情况，如图 5 所示，2010 年 1～9 月投资额 居前五位的行业依次为工业、房地产业、水利环境和公共设施管理业、交通运输

仓储和邮政业、农林牧渔业，到第三季度末投资额分别达到 5009.09 亿元、1958.69 亿元、693.20 亿元、423.45 亿元和 234.60 亿元，占总投资的比重分别达到 58%、22%、8%、5% 和 3%，与上年同期相比，工业降低了 2 个百分点，房地产业、水利环境和公共设施管理业、交通运输仓储和邮政业各增加了 1 个百分点，而农林牧渔业基本持平。从各行业投资增速情况看，增速较快的是交通运输仓储和邮政业、水利环境和公共设施管理业、文体和娱乐业、房地产业和教育业，同比增长分别达到 44.0%、33.6%、30.0%、28.8% 和 27.1%，可见前三季度全省投资增长较快的行业主要集中在公共基础设施建设和公共事业领域，投资结构有所改善。

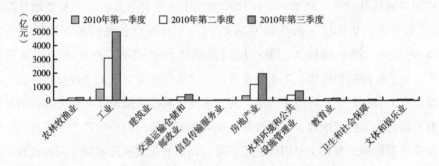

图 5　2010 年前三季度河南城镇固定资产投资构成

（四）消费市场平稳较快增长，热点商品持续旺销

如图 6 所示，2010 年 1～9 月份，河南消费品市场总体持续平稳较快增长，累计实现社会消费品零售总额 5541.45 亿元，同比增长 18.7%。尤其是在住宿餐饮业快速增长的带动下，9 月份全省社会消费品零售总额达到 675.38 亿元，比 8 月份增长 19.5%，达到前三季度的月增速最高点，随着第四季度消费高峰的到来，预计全省社会消费品零售总额增速将继续加快。另外，从城乡角度看，城乡市场日益活跃，乡村消费增幅不断加快。1～9 月份，全省城镇社会消费品零售总额同比增长 19.3%，乡村社会消费品零售总额增长 15.5%；乡村市场增速逐季加快，第一季度增长 14.3%，第二季度增长 14.7%，第三季度增幅达到 17.9%。从消费结构看，基本生活用品销售稳定增长，家电及反映消费升级商品增销幅度大，全省 26 类消费品中 24 类销售增加，其中食品类增长 20.9%，服装

鞋帽针纺织品类增长 19.9%，日用品类增长 23.5%；主要商品中，家用电器及音响器材类增长 27.9%，石油及制品类增长 30.1%，建筑及装潢材料类增长 31.1%；汽车类零售增长尤为突出，前三季度同比增长达到 33.6%。

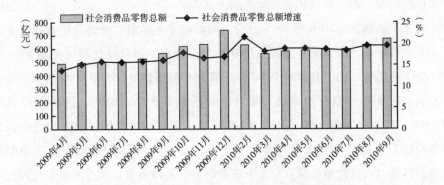

图6　2009～2010 年河南省社会消费品零售总额及增速

（五）居民消费价格涨势加快，生产价格波动趋涨

2010 年 1～9 月份，全省居民消费价格总指数比上年同期上涨 2.8%，而第一季度、第二季度与上年同期相比分别上涨 2.0% 和 2.3%，涨幅呈逐季扩大趋势。从月度环比数据看，如图7 所示，进入第三季度以来，居民消费价格总指数涨势明显加快，到 9 月份达到 100.9%，与上年同期相比增长 4.2%。八大类商品中，食品类价格同比上涨 6.8%，其中粮食上涨 9.6%，肉禽及制品上涨 1.7%，鲜菜上涨 19.8%；居住类价格上涨 2.8%；医疗保健和个人用品价格上涨 2.9%；烟酒及用品价格上涨 1.1%；娱乐、教育文化用品及服务价格上涨

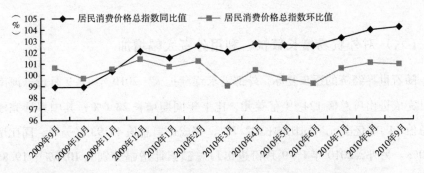

图7　2009～2010 年河南省居民销售价格总指数同比及环比变化曲线

0.5%；衣着类价格上涨0.5%；家庭设备用品及维修服务价格下降0.7%；交通和通信价格下降0.7%。目前来看，市场流动性较为充裕、资源产品价格改革不断推进、原材料价格持续攀升、劳动力成本刚性上涨，推动居民消费价格上涨的因素依然较多，第四季度仍有可能延续上涨态势。

从生产领域看，2010年1～9月份，河南省工业品出厂价格总指数同比上升了7.5个百分点，比上半年涨幅收窄0.6个百分点，但从环比看（见图8），上半年呈下降趋势，由1月份的101.7%下降到6月份的99.5%，降幅达到2.2个百分点，但从7月份开始回升，每月涨幅达到0.5个百分点，到9月份达到101.0%，比上年同期上涨6.3%。1～9月份，全省原材料燃料动力购进价格总指数同比上升了9.7%，比上半年涨幅下降了0.4%，但从环比看，前三季度原材料燃料动力购进价格总指数呈上下波动趋势。总体看来，随着国家宏观调控效应的显现，全省以能源原材料占较大比重为主要特征的工业生产形势仍旧不稳定。

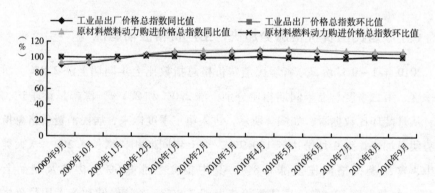

图8　2009～2010年河南省工业品出厂价格总指数、原材料燃料
动力购进价格总指数同比及环比变化曲线

（六）对外贸易增长较快，利用外资大幅增加

随着世界经济的逐步复苏，外部需求逐渐扩大。2010年1～9月份，河南省累计完成进出口总额124.01亿美元，比上年同期增长28.0%；其中累计完成出口总值74.08亿美元，同比增长42.7%，完成进口总值49.93亿美元，同比增长11.0%。另外，2010年1～9月份进出口总额累计增幅分别为10.5%、19.8%、17.4%、22.4%、26.2%、28.2%、27.8%和28.0%（见图9），增幅表现出逐

季升高的趋势，9 月当月，进出口总值达到 15.55 亿美元，其中出口、进口分别为 9.1 亿美元、6.45 亿美元，增速均超过 20%，对外贸易持续活跃。

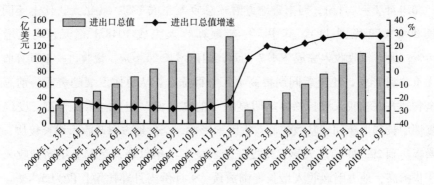

图 9　2009～2010 年河南省进出口总值及增速

2010 年，河南强力推行大招商活动，取得了显著成效。富士康、百事可乐、华润集团等一批重大项目相继落地，战略投资者继续加大在河南省增资扩股力度。1～9 月份，全省新批外商投资企业 253 家，同比增长 38%；实际利用外资累计达到 43.51 亿美元，同比增长 28.9%（见图 10）；实际到位 1000 万美元以上项目 143 个，到位金额总计 36.7 亿美元，占全省总额的 84.4%。与此同时，利用省外资金也实现高速增长。1～9 月份，全省新增省外资金项目 3818 个，同比增长 6.8%；合同利用省外资金 5135 亿元，增长 48.4%；实际到位省外资金 2028.2 亿元，增长 23.2%，主要集中在轻工纺织、机械电子、冶金、食品加工等行业，为全省经济保持持续平稳较快发展注入了新的动力。

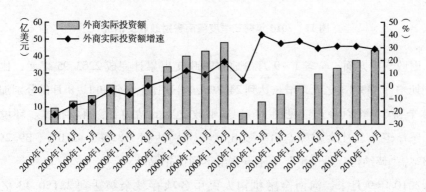

图 10　2009～2010 年河南省外商实际投资额及增速

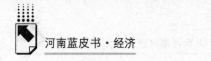
（七）财政收支稳中趋升，金融运行总体平稳

2010年1～9月份，河南省地方财政总收入完成1759.66亿元，比上年同期增长20.4%（见图11）。其中，一般预算收入完成1048.1亿元，同比增长21.8%；地方税收收入完成764.7亿元，同比增长24.6%，税收占一般预算收入的比重达到73%，比上年同期提高1.7个百分点。从总体发展趋势看，前三季度全省地方财政收入增长总体呈明显的"前高后低"走势。第一季度，受经济恢复性增长和上年同期基数较低双重因素影响，全省地方财政收入增长较快，同比增幅达到29.9%；进入第二季度，尤其是下半年以来，随着上年同期收入基数逐步抬高，地方财政收入增长逐渐放缓，9月份当月环比增长仅为5.8%。分区域看，全省18个省辖市中有17个一般预算收入实现两位数增长，其中，郑州、新乡和信阳分别增长31.1%、29.2%和27.4%。从主要收入项目看，全省增值税增长13.6%，营业税增长28.8%，企业所得税增长20.2%，个人所得税增长20.1%，城市建设维护税增长18.5%，房产税增长9.0%。

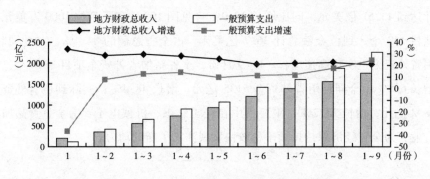

图11　2010年前三季度河南省财政收支情况

财政支出方面，全省1～9月份地方财政支出累计完成2263.95亿元，比上年同期增加443.13亿元，增长达到24.3%，增速比上半年和1～8月份分别加快12.4个和6.9个百分点（见图11）。从财政支出的结构看，科学技术、环境保护、医疗卫生、社会保障与就业支出增长分别达到51.9%、43.0%、39.2%、36.8%，"调结构、惠民生"等重点支出得到优先保障。

2010年9月末，河南金融机构人民币各项存款余额达到23150.43亿元（见图12），同比增长22.6%，较上月增加227.9亿元，较年初增加3975.37

亿元。其中，储蓄存款余额为 12961.53 亿元，同比增长 15.9%，较年初增加 1754.12 亿元；企业存款余额达到 5505.05 亿元，同比增长 21.6%，较年初增加 836.94 亿元。9 月末，全省金融机构各项贷款余额为 15339.01 亿元（见图 12），同比增长 18.3%，较上月增加 220.11 亿元，较年初增加 1901.59 亿元。分期限看，9 月末，短期贷款余额为 6801.06 亿元，同比增长 13.1%，较上月增加 99.37 亿元，较年初增加 781.50 亿元；中长期贷款余额为 7546.87 亿元，同比增长 30.2%，较上月增加 121.69 亿元，较年初增加 1484.21 亿元。综合全省金融机构存贷款余额情况，前三季度，全省金融整体运行平稳，同时，中长期贷款同比增长较明显，表明信贷资金更多流向了实体经济。

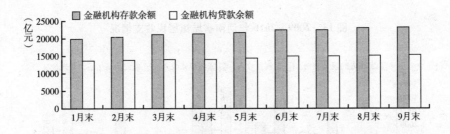

图 12　2010 年前三季度河南省金融机构存贷款余额情况

（八）城乡居民收入稳步增长，消费信心有待提升

受最低工资标准上调、企业效益好转、农产品价格上涨和外出务工人员持续增长等因素影响，全省城乡居民收入稳定增加。1~9 月份，河南省城镇居民人均可支配收入达到 11894.41 元（见图 13），同比增长 9.6%，增幅比上半年提高 0.7 个百分点，扣除价格因素，实际增长 6.5%。其中，城镇居民人均工资性收入 8065.85 元，同比增长 8.0%。另外随着居民收入的增加，房屋出租、股票证券、投资担保等投资活动日益活跃，城镇居民财产性收入快速增长，前三季度，城镇居民人均财产性收入 169.67 元，同比增长 25.7%。其中，出租房屋收入和股息红利收入增速最快，分别达到 70.2% 和 40.5%。1~9 月份，全省农民人均现金收入达到 4275.75 元（见图 14），同比增长 11.6%，比上半年增幅提高 1.1 个百分点，扣除价格因素，实际增长 8.7%，高出城镇居民人均可支配收入增幅

2.2 个百分点。其中，工资性收入达到 1754.64 元，同比增长 14.9%，占现金总收入的比重达到 36.8%，比上年同期提高了 1 个百分点；家庭经营收入达到 2411.79 元，同比增长 8.8%。

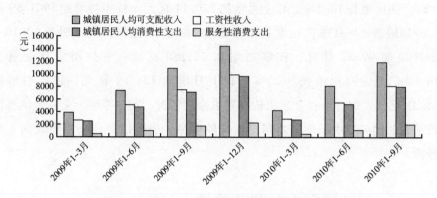

图 13　2009～2010 年河南省城镇居民收支情况

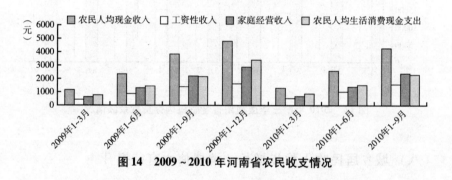

图 14　2009～2010 年河南省农民收支情况

从居民消费情况看，1～9 月份，全省城镇居民人均消费性支出达到 8052.62 元（见图 13），同比增长 13.4%，而第一季度和上半年同比增速分别是 11.1% 和 12.6%，增幅出现收窄趋势；其中，服务性消费支出达到 1953.95 元，同比增长 10.8%，增幅比上半年降低 0.4 个百分点，说明在当前物价指数上升时期，城镇居民消费更加谨慎。1～9 月份，全省农民人均生活消费现金支出达到 2293.83 元（见图 14），同比增长 6.4%，但从季度数据看，2010 年全省农民人均生活消费现金支出同比增速呈逐季下降态势，与城镇居民人均消费性支出同比增速逐季上升形成了鲜明对比，进一步说明，农民增收任务还很艰巨，农村居民消费信心有待提升。

二　当前经济运行中存在的突出矛盾和问题

2010 年，河南经济总体呈现平稳较快发展势头，但是必须清醒地看到，我省经济持续发展的基础还不稳固，发展中又出现了不少新的矛盾和问题，有的问题还在进一步积累，实现快速发展面临的压力依然较大。

（一）经济结构性矛盾依然突出

金融危机对河南经济发展带来了严重冲击，也使结构性矛盾暴露无遗。一是能源、原材料产业比重偏大，产业结构层次偏低。河南的产业结构主要以资源型产业为主导，经济增长相对更倚重于资源、原材料工业（煤炭、电力、建材、有色、化工、钢铁），重工业实现增加值占到工业增加值的 70% 以上，电解铝产量占全国的 1/4 左右。多年来河南工业的快速增长一直靠资源型工业支撑。危机之后原材料价格的大幅下跌，使得这些行业直接受到严重冲击。二是河南的优势产业大都集中在国民经济产业链的前端和价值链的低端，其效益与资源价格关联度很高，国内外需求紧缩所带来的冲击更容易对河南经济产生乘数效应。三是河南主要支柱产业的企业规模相对较小，产业集中度低，抵御风险能力、自我恢复能力都较弱，对市场的掌控能力差。如占河南工业经济总量 10% 以上的非金属矿物制品业产业集中度仅为 8.0%，化工行业为 12.6%，纺织业为 7.9%。四是企业技术层次普遍偏低，自主创新能力不强，技术创新不够，产品技术含量低，缺乏市场竞争力。

（二）支撑经济增长内生动力不强

2010 年初以来，政府投资下降导致了经济增长逐季下滑，到 10 月份河南 GDP 增速在中部六省排名倒数第一，支撑河南省经济增长的内生动力明显不足。一方面，民间投资动能不足，投资增长动力未能实现市场接替。我省经济能迅速扭转增速下滑势头，主要得益于一揽子经济刺激计划，其中，政府主导的投资快速扩张发挥了关键作用。但是，随着投资的快速增长和投资规模的扩大，这种发展方式的不可持续性也逐渐显现出来，尤其是对资源、环境等方面造成的压力越来越大。2009 年第四季度以来，我省政府投资开始下降，从 2009 年 9 月份的

28.7%下降到 2010 年 7 月份的 - 10.5%。与此同时，民间投资增幅从 2009 年 9 月份的 35.4%下降到 2010 年 7 月份的 17.8%。由于投资增长动力未能实现市场接替，政府投资的下降直接导致了我省经济增幅逐季下滑。另一方面，居民消费能力不足，强劲消费需求难以支撑。当前的消费增长主要靠政策引导和鼓励，在国民收入分配体制没有根本性改变的情况下，稳定的消费增长内生机制尚难形成。2009 年下半年以来，城乡居民实际收入增速有所回调，消费刺激政策效应减弱，民生性财政支出增速回落，消费实际增速也开始下降。2010 年 1 ~ 9 月份，城镇居民收入仅增长 9.6%，比 2008 年 1 ~ 9 月份下降了 5.7 个百分点。同期，农民人均现金收入增幅也比危机前下降了 10.7 个百分点。城乡居民收入增长乏力无疑对居民消费增长形成硬约束，使得强劲消费需求难以为继，成为我省经济增幅逐季下滑的另一个动因。

（三）经济增长质量不高

当前，我省经济的快速增长主要是货币注入型的增长，经济效益不高，难以持续发展。一是经济发展方式仍然粗放，竞争实力不强。在工业领域，经济增长主要依靠燃料和原料部门以及食品工业来实现，主要依靠物质资本投入，生产方式粗放，而新兴产业特别是高科技产业所占比重较小，经济效益较低。二是产能过剩问题突出，有些行业仍在重复建设。我省工业经济的结构性矛盾依然突出，部分行业的落后产能比重仍然较高，特别是一些地方不顾资源和环境容量限制，还在盲目发展产能严重过剩行业和承接省外高能耗、高污染产业转移，推进产业升级转型、加快转变发展方式、保持跨越式发展态势的任务十分艰巨。三是科技投入不足，自主创新能力较弱。2009 年，河南科技投入占 GDP 的比重为 0.69%，低于全国平均水平。研发投入偏低成为制约我省提高科技水平、增强自主创新能力的瓶颈。四是教育经费投入偏低，人力资本开发落后。2009 年，河南财政性教育经费占 GDP 的比重为 2.71%，低于全国平均水平 0.77 个百分点，初中后教育发展普遍低于全国水平，已成为人力资源开发的短板，高素质人才很难满足经济发展的需要。五是环境污染严重。长期以来，我省经济的快速增长没有把环境污染问题放在重要的位置，而是延续了发达地区发展初期所走的道路，先发展经济，后对环境污染进行治理。工业排放废气、废渣、废水，直接危害人们的身体健康，也不利于经济可持续发展。

（四）物价上涨压力加大

2010年7月以来，我省价格总水平逐月攀升，以农产品为主的生活必需品价格上涨较快。10月份全省居民消费价格指数（CPI）同比上涨5.5%，涨幅较上月扩大1.3个百分点，创两年来新高，连续三个月超过全国水平。其中，食品类价格上涨11.6%，居住类价格上涨7.7%，成为本轮价格上涨的主要推手。除了成本推动和流动性比较充足之外，10月份我省物价上涨主要归因于两大因素：一是输入型物价上涨动力增强。世界经济复苏导致国际大宗商品价格暴涨，国际价格对我省物价的传导影响逐步加深。美国启动新一轮的量化宽松货币政策，进一步推动了原材料和农产品价格，这些新的情况对我省经济发展包括价格走势会产生一定的影响。二是目前较高的生产资料与原材料购入价格将向下游传导。10月份，我省原材料、燃料、动力购进价格上涨11%，工业品出厂价格涨幅达7.5%，特别是煤炭、炼焦、钢铁行业成为带动我省工业品出厂价格不断走高的主要力量。原材料及主导行业工业品出厂价格的上涨对下游行业产生的价格传导压力逐步增大。此外，运输和劳务费用的快速上涨也加大了流通环节成本。生产与流通成本的双重上升使相关消费品价格上升的压力不断加大。民以食为天，价格上涨已实实在在触及群众基本生活，影响到社会预期，也必将影响到社会的方方面面。基于此，2011年我省应对物价上升过快的任务也十分艰巨。

（五）土地、资金供求矛盾加剧

随着国家宏观政策的调整和变化，河南土地、资金等生产要素供给出现了日益趋紧的局面。土地方面，供给明显不足，缓解难度较大。国际金融危机使地区间产业转移速度加快，全省各市、县紧抓机遇，项目引进不断增加，土地需求日益强烈，而在国家土地紧缩的政策下，土地报批控制得越来越严格，造成土地指标供给与建设用地需求无法平衡；同时，作为国家粮食生产核心区，国家对河南基本农田的保护力度加大，加剧了建设用地供给紧张程度，致使出现大量"有项目无土地"现象，严重制约了全省经济快速增长。1～9月份，全省城镇新开工项目累计21017个，比上年同期减少了4115个，同比降幅达到16.4%。其次是资金保障困难重重。2009年我国采取了积极的财政政策和适度宽松的货币政策，为抵制经济下滑发挥了重要支撑作用。2010 年我国财政赤字将高达10500 亿元，但财政赤字率为 2.8% 左右，普遍认为这是一个可控的、能承受的范围，政策的力度小于上年；特别是鉴于第一季度增速高达 11.9%，国家明显放缓了公共支出下达任务节奏。同时，前三季度央行不仅连续三次提高存款准备金率，加大正回购力度，并且运用窗口指导，加大对银行信贷规模的限制，9 月末，全省金融机构各项存款余额比年初增加 3975.37 亿元，同比多增加354.39 亿元；贷款余额比年初增加 1901.59 亿元，同比少增加 700.49 亿元，降幅达到 26.9%，一定程度上降低了资金的流动性，抑制了企业融资，加大了企业经营的困难。

（六）节能降耗形势依然严峻

1~9 月份，全省规模以上工业综合能源消费量同比增长 8.9%，增幅虽比上半年回落 5.3 个百分点，但仍在较快增长区间运行，工业节能降耗的压力依然严峻。首先，高耗能行业节能降耗压力较大。1~9 月份，全省高耗能行业中，除非金属行业和化工行业外，电力、煤炭、黑色金属行业万元工业增加值能耗分别下降 2.34%、3.25% 和 8.37%，降幅分别低于规模以上工业 6.9 个、6.0 个和0.9 个百分点；有色金属行业万元工业增加值能耗上升 2.05%，石油加工及炼焦行业上升 4.0%。其次，高耗能行业电力消费增速依然较快。前三季度，全省用电量同比增长 18.4%，仍处于高位运行区间；六大高耗能工业用电量 1092.2 亿千瓦时，同比增长 18.8%，占全社会用电量的 61.3%，拉动全社会用电量增长11.5 个百分点，其中有色行业受电解铝产量同比增长 33.8%、氧化铝产量同比增长 23.8% 影响，电力消费增速高达 21.8%，高出工业电力消费 2.3 个百分点。再次，5 个省辖市万元工业增加值能耗降幅低于全省平均水平。前三季度，全省18 个省辖市中，郑州、平顶山、三门峡、濮阳、济源和洛阳 6 市万元工业增加值能耗分别下降 6.31%、6.31%、7.58%、8.55%、9.05% 和 9.24%，分别低于全省平均水平 2.94 个、2.94 个、1.67 个、0.70 个、0.20 个和 0.01 个百分点，虽然低于全省平均水平的省辖市个数较少，但其综合能源消费量占全省的42.2%，对全省工业增加值能耗下降幅度影响较大。

（七）农业生产和农民持续增收难度加大

2010 年的农业生产再夺丰收，但要实现农业稳定发展和农民持续增收，仍面临着许多矛盾和问题。一是农资价格上升增加了农民生产成本。1～9 月份，农业生产资料价格总指数分月同比增长 100%、101.1%、100.7%、101.1%、102.1%、103.5%、104.5%、105.2%，增幅基本上呈逐月上涨趋势，农资价格上涨使得国家的各项惠农政策部分程度上打了折扣，农民持续收入阻力重重。二是农业生产人口老龄化使新技术推广难度增加。随着农村劳动力外出务工人数的不断增加，留守在家从事农业生产的高素质人数不断减少，且多数是五六十岁年龄段人群，由于他们文化素质较低，直接影响了对农业新技术的应用，使一些科技含量高的种植模式推广受阻。三是农业的经营规模较小，经济效益不高。全省种植业发展仍是以传统模式为主，而且整合难度大，农业产业化经营仍处在初级阶段，靠耕种土地只能维持农村居民温饱，很难提高生活质量，这在一定程度上限制了农民对土地的投入，制约了农业生产力的进一步提高。四是养殖业抗风险能力仍旧不高。养殖户与农产品加工企业的利益联结机制和利益关系还不够紧密，龙头企业拉动作用不明显，养殖业中介组织和经纪人对市场变化把握困难，再加上畜产品市场价格的波动影响、饲料价格的不断上扬、动物疫情的复杂多变，使得广大中小养殖户畏首畏尾，多数处于观望状态，不敢扩大生产规模。五是农村金融发展严重滞后。全省农村金融体系仍不健全，农村信用社改革滞后，新型农村金融机构发展缓慢，农民融资方式少、成本高，很难满足扩大生产及创业的资金需要。

三 2011 年河南经济发展走势及主要指标预测

2010 年以来，随着一系列宏观经济政策的实施，物价涨幅趋稳，资产泡沫化风险降低，经济增长逐季回调，但仍处于高位，经济运行开始回归正常增长轨道。受益于独特的区位、资源和劳动力优势，立足于良好的经济基础，2011 年河南经济仍将延续平稳较快的发展态势，全年有望实现 11.5% 左右的经济增长。

（一）2011 年需要注意的几个新变化

眼下，随着国际金融危机的逐步缓解，宏观经济政策基调正在从"保增长"向"调结构"转变，区域经济发展呈现一些新的变化。鉴于河南在全国区域格局中所处的位置以及自身的经济结构特征，我们认为，2011 年河南经济发展需

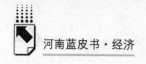

要注意以下几个问题。

1. 货币政策或临紧缩周期

为应对国际金融危机的冲击，从 2008 年下半年开始，中央实施适度宽松的货币政策，在发挥刺激经济作用的同时，累积的副作用也开始显现，通货膨胀压力不断加大。10 月份我国居民消费价格（CPI）同比上涨 4.4%，创下 25 个月来新高。为减轻日益严重的通货压力，1 月 18 日，央行首次上调存款准备金率，随后又三次上调存款准备金率；10 月 20 日央行实行 3 年来的首度加息。这一信号表明为应对危机实行的适度宽松货币政策开始转向，货币政策或临紧缩周期。基于抑制通货膨胀和扩大内需的考虑，预计 2011 年国家宏观政策将采取紧缩货币政策与积极财政政策的组合。

2. 宏观政策基调从"保增长"转向"调结构"

为应对金融危机，中央提出了"保增长、调结构"的战略方针，实施了 4 万亿投资计划，我国经济增速下滑势头得到迅速扭转。自 2009 年第四季度以来，政府主导的投资增长逐步下降，市场驱动的投资成为增长的主要动力，经济运行开始回归正常增长轨道。在此背景下，"保增长"的压力有所减轻，2011 年宏观经济政策的第一任务将转向"调结构"，更加注重通过转变经济发展方式来保持可持续发展。预计 2011 年，国家抑制过剩产能、淘汰落后产能的力度将会加大，对高污染、高耗能行业调控措施也将增加，我省工业发展将面临新一轮考验。

3. 扩大内需上升为国家战略

十七届五中全会审议通过的"十二五"规划建议，把扩大内需特别是消费需求作为今后五年我国经济工作的战略任务，标志着我国开始了从外向经济向内需经济的战略转型。可以预测未来一段时期国家的发展模式将由外向型转向内需型，发展重点将由东部转向中西部，发展动力将由投资转向消费。作为中西部加快发展的桥头堡，河南也将由"配角"转变为"主角"，由"后方"转变为"前沿"，河南人口劣势也将转变为市场优势，有望成为中国下一个 30 年经济发展的领头雁。

4. 中原经济区建设开始破题

为了克服国际金融危机，国家结合增加投资，积极优化整个国家的经济布局。各地纷纷抓住这一机遇，积极申报改革发展试验区，把本地的区域规划上升到国家战略，如海西经济区、关中—天水经济区、成渝经济区、皖江城市带、武汉城市圈和北部湾经济区等。在此背景下，河南开始谋划中原经济区建设，目前，已基本成型，并上报国家发改委。2010 年，中原经济区有可能上升为国家战略并纳入国家"十二五"规划，从而成为河南参与区域竞争的平台，成为先行先试的一个重要载体。

（二）2011 年河南经济发展预测

当前，河南经济正面临着极其复杂的形势，通货膨胀和经济下行两种风险并存，宏观经济政策的难度空前增加。2011 年是"十二五"的开局之年，外部发展环境总体上略好于 2010 年，消费继续保持较快增长，投资有望实现恢复性增长。

1. 固定资产投资增速持续回升，增长后劲较大

基于 2010 年一季度来我省主要经济指标大幅下滑的压力和企业困难增加的考虑，从 8 月份开始，河南重新加大经济刺激力度，政府投资迅速增长，河南固定资产投资增幅开始触底回升。预计 2011 年河南固定资产投资将继续呈现持续回升势头。第一，经济复苏助推下的工业投资继续增长。2011 年是河南"十二五"规划的开局之年，我省将进一步加快发展方式转变，推进经济结构战略性调整，节能环保、信息技术、装备制造、新能源、新材料等战略性新兴产业发展规划将全面启动，各地重大规划项目陆续开工建设，对工业投资增长将形成重要支撑。第二，中原经济区建设推动基础设施投资继续增长。2011 年，中原经济区建设开始破题，政府加快推动区域基础设施建设，推进铁路网、公路网和机场建设，必将带动现代农业、能源原材料、装备制造业和交通运输等领域的投资，形成河南投资增长的重要支撑。第三，承接国外及沿海发达地区产业转移规模继续扩大。2010 年 1～9 月份，河南省新批外商投资企业 253 家，同比增长 38%；实际利用外资 43.51 亿美元，同比增长 28.9%；同期，新落地省外资金项目 3818 个，实际到位省外资金 2028.2 亿元。这些项目的引进成为 2011 年河南投资增长的重要支撑。

影响 2011 年投资增长的最大不确定因素在于房地产投资。随着房地产市场调控措施的逐步落实，投资性需求明显回落，房价过快上涨和资产泡沫化倾向得到有效遏制，有利于房地产市场的长期健康发展。但房地产成交量的持续负增

长，意味着开发商从市场销售中获得的资金减少，对房地产开发投资将产生一定的负面影响。打击房地产开发企业圈地行为和严格控制开、竣工时间，又会刺激房地产开发企业加快开发进度。保障性住房建设力度加大，也会部分弥补房地产开发投资规模收缩对房地产投资增长的负面影响。综合看，2011年房地产投资增长将有所回落，但不会出现深度滑坡。

总体而言，推动2011年投资增长的因素依然比较多，固定资产投资将继续较快增长，预计2011年投资增长将呈现前低后高走势，全年投资增长将达到26%以上，略高于2010年。

2. 扩大消费政策继续发力，社会消费品零售总额快速增长

十七届五中全会审议通过的"十二五"规划建议，把扩大内需特别是消费需求作为今后五年我国经济工作的战略任务。2011年是"十二五"规划的开局之年，国家扩大内需政策将会密集出台。受此影响，预计2011年河南消费需求将继续增长。一是收入分配政策或将出台，居民收入将会有较大增长。按照"十二五"规划建议的要求，改革收入分配政策，将会提高劳动者报酬在初次分配中的比重，确立均衡共享模式，提升居民消费能力。二是经济运行态势良好，消费者信心增强。2010年1～9月份，河南经济主要指标表现良好，全省生产总值、规模以上工业增加值、财政一般预算收入等主要指标增速均比上年同期显著上升。这种整体经济形势的迅速变化，好于人们的预期。同时，随着社会保障的逐步完善，医保、社保覆盖范围将会扩大，我省居民的消费信心也将增强。三是支持消费政策持续发酵，居民消费需求持续回升。国家鼓励汽车"以旧换新"、扩大汽车下乡的补贴范围等汽车消费政策不断完善，将促进2011年汽车消费继续升温。随着家电下乡产品种类扩大和品质提高，农村家电销售量将以更快的速度增长。综合预计，2011年河南社会消费品零售总额增长19.5%左右。

3. 外部环境不确定性增加，外贸出口增长乏力

在外需回暖、政策显效、价格回升、汇率稳定等因素影响下，2010年我省外贸出口呈现恢复性增长。但是，国内外经济环境的变化对2011年的出口增长形成了威胁。第一，债务危机拖累全球经济增长，世界经济下行风险急剧增加。2010年2月份以来，发端于希腊主权债务危机的欧洲债务危机开始蔓延，世界经济下行风险急剧增加。短期来说，资金紧张局面加剧和扩散范围增加是"主要风险"，可能产生的后果包括借贷成本进一步增加、银行资产状况恶化、企业和消费者信心受到打击、汇率剧烈变动，最终导致国际需求大幅减少。在此背景下，河南 2011 年出口增长将遇到重大挑战。第二，大范围取消出口退税，出口增长受到考验。自 2010 年 7 月 15 日起，取消 406 项商品出口退税，包括部分钢材和有色金属加工材、玉米淀粉及部分塑料及制品等，钢铁、有色金属等资源性产品出口或受抑制。鉴于我省资源性产品出口比重较大，这一政策对我省 2011 年出口形势形成重大考验。第三，人民币汇率持续升值，出口增长压力增大。2010 年 6 月 19 日，中国人民银行决定进一步推进人民币汇率形成机制改革，增强人民币汇率弹性。人民币汇改重启之后，如果人民币继续对美元保持强势，而美元继续对欧元保持强势的话，人民币有效汇率仍将出现较快升值。无疑，本币有效汇率升值将对河南出口造成不利影响。综合判断，2011 年我省外贸出口增长回升，全年预计增长 40% 左右。

4. 政策约束趋紧，工业生产增长压力增大

由于多重不利因素的影响，第一季度以来我省工业生产及其效益增长均呈下滑态势。为应对此种不利局面，我省从 8 月份开始加大政府投资力度，固定资产开始回升，这部分投资可部分形成生产能力，形成对 2011 年工业生产的支撑。同时，由于我省原材料工业比重较大，随着市场回暖，原材料价格上升，也推动着我省工业效益的增长，进而提高了企业投资能力。我省制造业采购经理人指数（PMI）自第一季度以来持续上升，各月均处于冷热分割线即 50% 之上，反映企业投资的意愿较强。这两种因素相加，对 2011 年我省工业增长无疑是一种利好。

但是，我省资源性工业突出，高耗能产业比重较大，受国家宏观调控政策的影响较大，使得我省 2011 年工业增加值增长受到一定程度抑制。一是取消高耗能企业优惠电价。2010 年 5 月，国家发改委等三部委《关于清理对高耗能企业优惠电价等问题的通知》，取消了对电解铝等高耗能企业的优惠电价，使得我省支柱产业之一的电解铝出现全行业亏损，不利于 2011 年工业增加值的增长。二是淘汰落后产能。长期以来，我省工业领域存在着突出的落后产能问题，39 个工业行业中，有 15 个行业存在严重的落后生产能力。《国务院关于进一步加强淘汰落后产能工作的通知》的出台，给小火电、小煤矿、小水泥、小钢铁、小造纸、小黏土砖等行业带来了毁灭性的打击，客观上也限制了我省 2011 年工业增加值的快速提升。综合分析，预计 2011 年全年河南规模以上工业增加值将增长 23% 左右。

5. CPI 上升较快，通货膨胀压力凸显

2010 年 1~9 月份全省居民消费价格指数同比上涨 2.8%，其中 9 月份居民消费价格（CPI）同比上涨 4.2%。预计 2010 年物价涨幅在达到一个高点后将趋稳，并有所回落。2011 年，抑制和推动物价上涨的因素同时存在，物价走势存在较大不确定性。从抑制物价上涨的因素看：消费实际增速回调、货币供给回归适度增长区间，需求拉动因素趋于弱化；2010 年粮食、蔬菜、水果价格涨幅较高，部分农产品价格已高于国际市场价格，2011 年再度大幅度上涨的空间不大；未来人民币升值压力加大，在一定程度上减轻了输入型通胀压力；货币政策或临紧缩周期，形成了制约物价上涨的因素。从推动物价上涨的因素看：前期积累的大量流动性的消化仍需一个过程；目前肉、蛋产品价格已呈恢复性上涨，2011 年有可能继续保持上涨态势，成为食品价格上涨的主要推动力量；工资上涨将逐步从制造业向服务业传导，以及资源类产品价格改革等，成本推动型物价上涨压力加大；全球经济温和复苏，美元等主要货币汇率存在贬值的可能，将推动国际市场初级产品价格再度上涨，输入型通胀因素不可忽视。总体看，2011 年推动物价上涨的因素较多，特别是第一季度以后经济增长企稳回升，物价上涨压力可能加大。初步预计 2011 年全年全省居民消费价格指数同比上涨 4% 左右。

基于以上判断，通过河南省宏观经济数量预测模型并结合各类影响变量的定性评估，预计 2010 年全省生产总值增长 11%，增速比上年提高 0.3 个百分点，其中第一、二、三产业分别增长 4.3%、14%、11%；规模以上工业增加值增长 20%；城镇固定资产投资增长 22%；社会消费品零售总额增长 19%；居民消费价格指数为 103；出口预计增长 40%，进口预计增长 13%。

预计 2011 年全年全省生产总值增长 11.5%，增速比 2010 年增长 1 个百分点，其中第一、二、三产业分别增长 4.5%、16%、14%；规模以上工业增加值增长 23%；城镇固定资产投资增长 26%；社会消费品零售总额增长 19.5%；居民消费价格指数为 104；出口预计增长 40%，进口预计增长 15%。2010~2011年河南主要经济指标预测见表 1。

表1　2010～2011 年河南主要经济指标预测

单位：%

指标　　　　　年份	2009	2010（预测）	2011（预测）
1. 地区生产总值增长率	10.7	11	11.5
其中：第一产业增长率	4.2	4.3	4.5
第二产业增长率	12.2	14	16
第三产业增长率	10.9	11	14
2. 规模以上工业增加值增长率	14.6	20	23
3. 城镇固定资产投资增长率	31.3	22	26
4. 社会消费品零售总额增长率	16.0	19	19.5
5. 居民消费价格指数（以上年为100）	99.4	103	104
6. 出口增长率	-31.5	40	40
7. 进口增长率	-9.9	13	15

四　2011 年河南经济发展的政策建议

2010 年以来，受国内外经济形势变化以及中央宏观调控政策的影响，我省经济发展面临的挑战和困难增大，制约经济发展的深层次矛盾和问题日益凸显。2011 年，应紧紧围绕转变经济发展方式这一中心目标，以加快中原经济区发展为契机，密切关注国内外经济形势以及中央宏观调控政策的变化，着力深化若干重点领域改革，切实加强经济结构调整和发展方式转变，促进经济社会的快速协调和可持续发展。

1. 密切关注经济运行环境，积极应对外部不确定因素

面对复杂多变的经济形势，我们需要更加密切地关注世界经济和国内经济运行的趋势，未雨绸缪，采取积极有效措施应对外部不确定因素给全省经济发展带来的不利影响，努力将不利影响最小化。一要加强对经济工作的组织领导。充分认识当前经济形势的复杂性和严峻性，避免盲目乐观，坚持把大力转变经济发展方式作为经济运行的主攻方向，集中力量调整结构，确保经济平稳快速运行。二要更加准确、全面地把握国家宏观调控政策。鉴于当前在全国统一的宏观调控政策下，各地发展的政策空间存在着客观差异，因此河南应立足自身实际，充分发挥主观能动性，研究政策，用好政策，争取各种有效资源，争取更大的发展空

间。三要加强经济运行监测。要密切关注宏观调控政策对我省的传导影响，重点监测国家强化落实节能减排措施对工业经济的影响，国家为防止经济过热可能采取的措施对投资的影响，人民币升值预期和调整出口退税政策对进出口的影响，市场物价推高消费水平对居民生活的影响以及紧缩货币流动性对资金供给的影响，特别是可能加剧工业企业资金紧张状况等。要采取针对性措施尽早化解，防止出现大的波动，保持经济平稳快速发展的好势头。

2. 加快郑汴新区建设，培育中原经济区核心增长极

郑汴新区承载着河南经济社会发展全面跨越的使命和希望，也是中原经济区经济社会发展的强力引擎。必须从一切有利于新区发展的角度出发，举全省之力支持郑汴新区建设，着力打造中原经济区核心增长极。一要继续完善郑汴新区组织管理机构，提高办事效率。按照《郑汴新区建设总体方案》的规划要求，在体制上，按照决策、组织协调和实施三个层面，建立郑汴新区省、市、区三级组织管理机构；成立省郑汴新区规划建设领导小组，领导小组下设办公室，办公室设在省发展改革委，由郑州、开封两市政府和省政府有关部门负责同志参加。二要加快"五区一中心"建设，构筑全省产业高地。进一步深化对外开放，加大招商引资力度，重点发展汽车、电子、装备制造等先进制造业、高新技术产业及现代农业，积极发展现代物流、金融保险、科技研发、商务服务等生产性服务业，引领全省现代产业体系建设，使之成为中西部最大的产业集聚区；按照"复合城市"理念和紧凑型城市模式进行开发，推动组团式发展，建设既有城市又有农村，第一、二、三产业复合，经济、人居、生态功能复合的现代复合新区。三要加强基础设施建设，打造中原地区最大的交通枢纽。要加快完善交通、水利、电力、通信等基础设施建设。继续推进高速公路路网建设，完善其功能配置，努力建设全国最大、功能最强、要素流动最畅的公路交通枢纽；借助国家规划建设"大"字形高速铁路系统的机遇，规划建设以郑汴新区为核心的省内快速轨道交通系统，尽快形成直通中原城市群诸城市和外围各省辖市，连接全国各大经济区的快速轨道交通枢纽。四要搞好规划，做好全方位对接。要在全区之间建立合作、交流的长效机制，相互借鉴彼此发展中采用的新方法、新思路，力求在彼此紧密合作的基础上，依据省委、省政府关于郑汴一体化建设的发展思路，推进两者相关事宜的同城化建设。

3. 保持投资增长的持续性，加快推动民间投资增长

在我省经济增长内生动力还不强的情况下，政府投资难以保持长期高速增长，要保持经济增长动力、增强投资活力，必须实现由政府投资向社会投资的转换，加快推动民间资金成为投资接力棒的承接者。一要尽快制定符合我省实情和发展需要的民间投资促进法规。要从法律的角度规定民间投资能够进入的领域和民间投资的方式、比例、规模等一系列内容，使民间投资有法可依，从根本上保障民间投资的合法地位和权益，消除民间投资的后顾之忧。二要进一步明确并细化促进民间投资的相关扶持政策。尽快出台更加灵活、开放的鼓励和促进民间投资的发展政策，对于民间投资的经营性基础设施、公用事业项目，政府可以相应安排部分资金，以资本金注入方式参与建设，在一定时期内不参与收益分配；对于民间投资的农业开发、技术创新和技术改造、资源节约和环境保护、社会福利、文化产业等项目，政府可以以贷款贴息、以奖代补等方式给予支持，并明确各项税收优惠政策和实施细节，从政府的角度给予民间投资以更多的关心和更优质的服务。三要不断拓宽民间投资融资渠道。要加快建立和完善为民间投资服务的金融组织体系，建立针对中小企业的信贷专营机构，加快村镇银行、农村合作银行组建工作，鼓励各种协会、商会组织以建立中小企业互助基金、互助担保基金等方式实现企业间帮扶济急、互助协作；加快小企业信用担保公司等融资担保平台建设，不断完善中小企业融资担保体系。四要加强政府对民间投资的推动和引导。加强对民间投资领域的引导，做好相关产业的信息服务工作，为企业投资提供更有前瞻性的信息，在民间资本与政府性项目之间搭好"桥梁"；要通过政府投资带给社会强烈的信心和信号，刺激和推动民间资本的投入，形成"政府投资带动＋民间投资跟进"的良好格局。

4. 强力开拓市场，切实扩大消费需求

消费需求是拉动经济增长、促进经济发展方式加快转变最稳定、最长久的力量。在进一步鼓励和促进民间投资增长的同时，要落实好国家鼓励消费的各项政策，积极培育新的消费热点，着力促进消费结构升级，不断改善消费环境和条件，逐步增强消费对经济增长的拉动力。一要进一步拓展消费空间，巩固扩大传统消费，大力培育新兴消费热点。要进一步加大产品结构调整力度，大力开发适应市场需求的新产品，不断提高产品性能、档次、质量和技术含量；顺应消费结构升级的需要，积极培育信息、教育培训、家政服务、文化娱乐、体育健身等消费热点，大力发展社区服务等面向民生的服务业，加快发展休闲旅游业，积极拓展新型服务领域，促进消费结构优化升级。二要强力开拓农村消费市场，充分挖掘农村居民消费潜力。一方面要继续实施和完善鼓励消费的各项政策措施：继续实施"家电下乡"政策，大幅度提高家电下乡产品最高限价，增加品种和型号，扩大补贴范围，完善补贴标准和办法；加强对中标企业的管理和考核，提高产品质量和服务水平；继续实行农机具购置补贴政策，支持农民购买农机具，提高耕种收综合机械化水平，促进农业增效和农民增收。另一方面要改善农村供电、供水等生活条件，增加农村文化娱乐设施，向农村集镇延伸发展连锁店，加强对农村购买耐用消费品的售后服务，重视和支持为农村生产生活服务的流通设施的建设，从而降低流通成本，方便农民购物。三要加强市场管理，促进安全消费。应进一步加强监管，完善法规，改善市场运营环境，引导零售企业规范促销行为，严厉打击制售假冒伪劣产品的违法犯罪行为，为消费者创造一个良好的市场秩序和交易环境，提振消费信心。

5. 强化自主创新，促进产业结构优化升级

推动我省产业结构优化升级，构建现代产业体系，关键要注重自主创新，以提高自主创新能力和增强三次产业协调性为重点，加大自主创新投入力度，全面提升产业技术水平和国际竞争力。一要积极运用高新技术加快改造传统产业，大幅度提高传统产业的科技含量。以装备制造、汽车、有色冶金、钢铁、建材、化工、食品、纺织服装为重点，引导企业通过技术改造、设备更新、链条延伸等手段改造提升传统优势产业，大力发展优势产业集群，带动全省产业布局优化、结构升级。二要加快发展战略性新兴产业，抢占未来发展制高点。要瞄准国际科技和产业前沿，以电子信息、生物及新医药、新材料和新能源为重点，加大产业链前端产品研发和后端推广应用支持力度，争取在节能环保、新型电池、创新药物、非金属功能材料等产业化上实现突破。三要着力发展现代服务业，完善产业结构优化升级服务体系。大力推进现代物流业、科技服务业、金融服务业、信息服务业、商务服务业等生产性服务业发展，加强物流资源整合，推进物流信息化，培育壮大一批有竞争力的现代物流企业集团；健全金融体系，加快地方金融机构发展，积极吸引金融保险机构在我省设立区域性总部及分支机构，积极推动企业上市、发行债券，加快完善多层次资本市场。四要进一步完善鼓励自主创新的政策和社会环境。加快构建以企业为主体、市场为导向、产学研相结合的技术创新体系，引导企业加大技术改造力度，鼓励企业应用新技术、新工艺、新材料、新设备；抓住国际金融危机以来出现的新机遇，通过企业并购、技术合作、建立海外研发机构、吸纳科技等各类人才等一系列举措，广泛而多渠道地吸收全球创新资源和最新成果，增强自身自主创新能力；坚持市场导向，强化科技成果转化机制，完善科技成果权益保护机制。

6. 提高城镇综合承载能力，推动农村人口城镇化进程

目前，城镇化水平低已经成为我省经济社会发展各种矛盾的聚焦点，严重影响了经济社会的持续协调发展。要紧紧围绕提高城镇综合承载能力，大力推进城乡建设，推动农村人口向城镇聚集，加快城镇化进程。为此，应着重做好以下几个方面的工作。一是优化城乡空间布局，加快构建现代城镇体系。要按照"向心布局、集群发展、两规衔接、五个层次"的要求大力实施现代城镇体系建设工程。着力提升郑州全国区域性中心城市地位，不断增强其对中部地区的区域中心服务功能和对中原经济区的辐射带动能力；推动省域中心城市加快发展，搞好城市建设，提升城市品位，强化中心市区的综合服务功能；加快中小城市和县城的发展，提升规划建设标准，提高综合承载能力，促进农村人口就近转移。二是强化产业支撑，实现产城融合发展。根据资源组合条件和经济发展基础，把加快特色主导产业发展与促进人口向城镇转移更好地结合起来，衔接好专业园区发展与中心镇、新型农村社区建设，突出园区特色，壮大特色优势产业，推进周边农民就近转移就业。三是加强基础设施建设，不断提升城镇功能。要按照城市现代化要求，突出抓好城市道路、供排水、供电供热供气、信息化等基础设施建设；推动现有建成区内城中村、旧住宅小区、棚户区和传统商业中心街区改造；加快中心城市、县城污水和垃圾处理设施建设，搞好居民居住区、工业区、城镇道路、广场绿化，合理设置街心花园、休闲绿地、公园等城镇绿色保护区，建设宜居城镇。四是着力消除体制性障碍，使进城农民同享城市文明成果。加快户籍制度改革，探索建立既有利于人口合理有序流动，又兼顾城市承载能力的户籍管理制度；完善相关政策，着力解决好进城务工人员的就业、安居、子女就学、社会保障等突出问题，加大医疗保险、养老保险、失业保险等社会保障体系建设，逐步使进城落户农民真正变成市民，享有平等权益。

7. 完善提升产业集聚区功能，切实承接产业转移

产业集聚区是承接产业转移的重要平台和载体，面对国际国内产业转移浪潮所带来的机遇，完善产业集聚区配套设施，提升产业集聚区功能，切实承接产业转移。一要着力完善基础设施和配套功能。围绕增强产业集聚区产业承载能力，突出抓好基础设施的项目实施、资金保障和融资平台建设。项目实施方面，把产业集聚区的近期发展区作为开发重点，加快推进道路、供排水和污水管网、供电、供热、供气、通信等基础设施建设，实现城市现有设施与产业集聚区的衔接和共享；加快土地整理储备，推进多层标准厂房、生产性物流配送、商务办公和企业后勤、生活保障等基本生产生活性服务设施建设，满足产业发展和项目落地需要。资金保障方面，继续采取"四优先"政策。融资平台建设方面，进一步加大国有资产整合力度，积极引进国内外产业基金、投资公司等战略投资者，壮大融资平台资产规模，加快小额贷款公司试点。二要着力提高招商引资质量和水平。围绕发展产业集群和培育龙头企业，依托集聚区现有产业基础，大力开展集群招商、区域招商和专业对口招商，引进上下游产品和配套企业，推动产业集群发展。三要着力完善促进产业集聚的政策体系。尽快出台异地投资税收分享、金融扶持等具体实施细则，建立省直部门对口联系产业集聚区制度，加强对市、县部门的业务指导，确保政策落实到位。尽快理顺管理体制，完善集聚区管理机构及各项职能。制定集聚区"直通车"实施办法，全面落实规划、项目审批、国土资源、环境保护、工商、统计等县级经济管理权限。

8. 夯实"三农"发展基础，千方百计促进农业增收

河南是农业大省，面对粮食生产连续丰收的喜人形势，必须克服麻痹思想和松懈意识，充分认识到目前农业生产还存在诸多不确定性因素，如气候极端异常、农业灾害多发重发、农田水利基础薄弱、抗灾减灾能力不强等问题。必须采取有力措施解决好"三农"问题，千方百计促进农业稳定发展，这也是稳价格、保市场、促发展的重要基础和前提。一要持续增加农业基础设施投入，巩固提高粮食生产能力。一方面要落实好各项惠农补贴政策，保护和调动农民种粮积极性，稳定播种面积，优化品种结构，提高单产水平；另一方面要集中力量在高标准农田、农田水利、流通基础设施、生态环境等方面办成几件大事，特别是要把加快推进农业机械化作为建设现代农业、扩大内需的重要工作来抓。二要加快推动农业产业化进程，提升现代农业经营水平。在粮食产量增加、质量提高的基础上，发展粮食深加工，培育和壮大龙头企业，拉长产业链，增加附加值，带动农民增收；积极推进优势农产品产业带和特色农产品基地建设，不断提高农业科技

创新和科技成果转化能力；积极发展休闲农业、乡村旅游和农村服务业。三要积极发展公共事业，改善农村民生。加快农村饮水安全工程、电力基础设施、公路、沼气和安居建设；引导企业开拓农村市场，改善农村消费环境，提升农民消费水平；加快发展农村社会事业，扎实推进重点文化惠民工程，进一步完善农村义务教育经费保障机制，巩固和发展新型农村合作医疗、新型农村社会养老保险，较大幅度提高农村低保标准和补助水平。四要继续深化农村改革，增添发展活力。稳定和完善农村基本经营制度，加强土地承包经营权流转管理和服务，健全流转市场，在依法自愿有偿流转的基础上发展多种形式的适度规模经营；大力发展农民专业合作社，积极发展农业农村各种社会化服务组织，不断提高农业生产经营组织化程度；加快农村金融体制创新，着力推进农村信用社改革，积极培育村镇银行、贷款公司、农村资金互助社和小额贷款组织。

9. 着力改善民生，确保全省经济社会和谐稳定

保障和改善民生是维护社会稳定大局的重要举措，切实改善民生，可以为全省经济社会的和谐稳定发展创造良好环境。要切实把"全民共享"作为改善民生的重要目标，把发展经济与改善民生统一起来，始终坚持为民发展，认真落实各项惠民政策，使发展成果更多地给人民群众带来实惠。一要切实做好就业再就业工作。把就业作为民生之首，坚持更加积极的就业政策，发挥政府投资和重大项目带动就业的作用，提高中小企业、劳动密集型产业、民营经济和服务业吸纳就业的能力；强化就业培训、指导工作，改善农民工就业服务，高度关注并解决好城镇零就业家庭、农村零转移贫困家庭等困难群体的就业；设立并多渠道筹集创业投资引导基金，支持创业孵化基地建设，鼓励支持劳动者自主创业和自谋职业。二要进一步完善社会保障体系。扩大企业养老、医疗、失业、工伤和生育保险覆盖面，完善养老保险省级统筹，基本实现工伤保险市级统筹；制定完善养老保险关系转移接续办法，继续抓好新型农村社会养老保险试点；完善城乡社会救助体系，继续做好优抚保障工作，加大对低收入群众的帮扶救助力度；落实被征地农民补偿机制和社会保障制度，切实解决好失地农民的生活保障问题；加快推进保障性住房建设，加强廉租房及经济适用房建设与管理，着力解决城市低收入家庭住房困难。三要优先发展教育事业，统筹发展各级各类教育，提高教育质量，推进公共教育资源向农村和薄弱学校倾斜，促进城乡教育公平。四要积极化解社会矛盾，维护社会和谐稳定。要切实加强和改进信访工作，坚决纠正损害群众利益的突出问题，妥善处理土地征用、拆迁安置、企业改制、环境污染、劳资纠纷、涉法涉诉等方面的矛盾和问题；完善应急管理机制，积极预防和妥善处置群体性事件和突发公共安全事件；健全社会治安综合防控体系，严厉打击各类违法犯罪活动，确保社会平安和谐。

参考文献

国家统计局：《中国统计年鉴（2010）》，2010。

国家统计局网，http：//www. stats. gov. cn/。

河南省统计局：《河南统计年鉴（2010）》，2010。

河南省统计局、国家统计局河南调查总队：《河南统计月报》2010年第1~9期。

河南省财政厅：《河南省财政收支月报》2010年第9期。

河南省商务厅：《河南省商务运行分析报告》2010年第9期。

B.2
河南加快转变经济发展方式
形势分析与展望

河南省社会科学院"中原崛起研究中心"课题组*

摘　要：加快转变经济发展方式是河南顺应国际国内经济社会发展新形势新要求，在后危机时代创造发展新优势的必然选择，对于河南实现科学发展、转型发展、和谐发展、创新发展、开放发展、绿色发展等目标具有重要意义。在深入分析河南加快转变经济发展方式中面临的突出问题和主要矛盾的基础上，以推动三个转变为主导思路、以实现五个突破为发展路径、以落实六个着力为战略重点，全面系统地对河南加快转变经济发展方式的路径进行规划。

关键词：河南　转变经济发展方式　形势　展望

改革开放 30 多年来，河南经济持续快速增长，综合实力不断增强，人民生活不断改善，经济发展取得了巨大成效。在河南经济总量迅速扩大的同时，经济结构也在不断调整和优化，进入加快转变经济发展方式的关键阶段。深刻认识国际国内形势新变化新特点，切实把握转变经济发展方式中面临的突出问题和矛盾，明确转变经济发展方式的路径选择，对加快推进经济发展方式转变具有十分重要的意义。

一　河南加快转变经济发展方式的环境分析

（一）国际环境分析

2008 年爆发的国际金融危机导致全球金融体系和世界经济格局的重大调整，

---

* 课题负责人：谷建全、完世伟；课题组成员：王玲杰、杜明军、侯红昌、唐晓旺、袁金星、王芳、林园春。

同时世界经济发展面临的资源环境约束也在不断增强，各种全球性问题更加突出，国际竞争日趋激烈，国际环境更趋复杂。

1. 国际金融危机影响并未消除

国际金融危机自 2008 年下半年爆发以来其影响至今仍未消除，世界金融体系和经济体系活力减弱，世界各国尤其是发达国家对经济的干预趋于强化，外需市场明显萎缩，国际贸易竞争加剧。随着全球性经济调整和再平衡进程继续推进，国际市场需求总量及结构均发生变化，出口导向模式尤其是依靠优惠政策支持的出口导向模式正面临日益突出的需求约束，不主动进行调整将面临越来越严峻的内在问题和外部挑战，金融危机的冲击凸显了中国加快转变经济发展方式的必要性和紧迫性。只有适应未来世界经济格局的重大变化，加快转变包括外贸增长方式在内的经济发展方式，才能提升中国在国际经济、金融体系中的地位，减少在纠正世界经济失衡过程中可能受到的损害。对河南而言，深入推进扩大开放战略、适应全球需求结构重大变化、增强抵御国际市场风险能力，加快转变经济发展方式至关重要。

2. 经济全球化进程加快

随着 20 世纪 90 年代信息网络技术迅猛发展，经济全球化进入加速推进期，尤其在中国加入世界贸易组织后，河南承接国际性产业转移和资本流动都在以前所未有的速度增长，取得了利用全球化发展自身经济的显著成果，外向型经济得到快速发展。后危机时期，在河南更加深入地参与全球化进程、应对全球性挑战、分享发展机遇的过程中，各种新的风险与威胁相互交织，只有把握时机，深入贯彻落实科学发展观、坚定不移调结构、脚踏实地促转变，才能够显著增强河南的综合实力和国际竞争力，争取在新一轮国际经济拓展中赢得先机和主动。在加速全球化进程中，如何通过加快转变经济发展方式来抢占制高点、争创新优势是摆在河南面前的一项重要战略任务。

3. 新一轮科技革命孕育着新兴产业

后危机时代，全球进入新一轮产业结构调整期，国际分工形态出现新的调整，发展理念也出现新的转变，世界各国都在积极推进科技创新以摆脱危机影响，拉动经济发展重新恢复平衡并提升到更高的水平，以应对更加严峻的挑战。伴随着新一轮科技革命，新技术、新产业和新经济形态不断涌现，节能环保、新一代信息技术、新材料、新能源、生物等战略性新兴产业将决定下一轮经济增长周期的产业发展方向，成为各国探索和创新发展模式、构建新的增长引擎的热点选择，全球正在进入空前的创新密集和产业振兴时代。河南只有"主动转"、"加快转"，以科学发展方式替代传统发展方式，全面增强科技创新发展实力，结合自身发展优势，积极培育新能源、新材料、高端装备制造、新能源汽车等战略新兴产业，牢牢把握发展的主动权，才能更好地应对新一轮科技竞争和各种风险挑战，也才能从根本上有利于河南实现跨越式发展目标。

（二）国内环境分析

1. 经济社会呈现又好又快发展态势

党的十七届五中全会提出要实现经济社会又好又快发展，坚持在发展中促转变、在转变中谋发展，必须将加快转变经济发展方式贯穿经济社会发展全过程和各领域，通过这场深刻变革提高发展的全面性、协调性、可持续性。20世纪90年代开始，河南经济进入了一个快速增长期。在连续7年国民经济增长速度略高于全国平均水平后，2005年河南GDP总量达到10535亿元，成为全国第五个经济总量超万亿元的省份。但是同时，虽然速度上去了，由于主要依靠增加要素投入和物质消耗来推动经济增长，高消耗、高增长、低效益的粗放发展方式下，不仅生产的产品缺乏竞争力，也给河南的资源环境带来难以承受的巨大压力。又好又快的发展要求好字当头，是由好而快、由发展而增长的经济发展方式。河南作为全国人口大省、经济大省和新兴工业大省，经济发展求"好"、求"快"的任务都很艰巨，只有在转变发展方式上取得突破，发展空间才能拓展，发展活力才能增强，发展速度才能持续，发展质量才能提高，又好又快的发展目标才能实现。

2. 调结构促转型政策调控力度加大

随着后危机时代全球经济深度调整，中国及时果断调整宏观经济政策，连续出台了一系列调结构促转型政策推动经济平稳较快发展。其中如2009年制订四万亿刺激经济增长的投资计划全面扩大内需，增强消费需求对经济增长的拉动力，推动由出口需求、投资需求拉动的经济增长动力系统，向以内需为主导的经济增长的动力转型。2010年确定了七大战略性新兴产业，积极培育新的经济增长点，提升我国自主创新发展能力和国际竞争力，向经济发展的多元化支撑转变。连续出台了节能减排、应对气候变化目标措施，推动从过度依靠资源消耗和环境代价的粗放型增长方式，向低碳、绿色、集约的增长方式转变。随着国家调控力度不断深入、加大，河南也进入加速推进产业结构升级和经济发展方式转变的关键时期，面临的调整阻力和转变难度也都更加深刻复杂。

3. 区域竞相发展

2009 年以来，国务院先后批复了近 20 个区域经济振兴规划，将这些地区经济发展战略上升到国家战略层面。其中，继中央在 2006 年出台《关于中部崛起的若干意见》后，2009 年又出台了《促进中部崛起规划》，明确提出要加快形成沿长江、陇海、京广和京九"两横两纵"经济带。然而在中部崛起"两横两纵"经济带上，皖江城市带、武汉城市群、长株潭经济圈、环鄱阳湖生态经济区等都已上升为国家战略，但河南尚无国家层面的战略规划。为此，河南省委、省政府提出构建中原经济区，将河南的发展放在全国发展的大局，以新的视野谋划经济社会发展重大战略部署。随着国内区域性发展战略不断提出并竞相加快发展，在新一轮发展高峰期中，如何提升中原经济区在实现中原崛起中的引领作用是摆在河南面前的首要问题。显然，加快转变经济发展方式是河南提升区域经济综合竞争力特别是省域经济综合竞争力，为今后持续发展构筑强力支撑的必然选择。

4. 资源环境瓶颈制约更趋强化

我国的资源人均储量明显低于世界平均水平，长期以来随着国民经济持续较快增长，我国资源消耗量大幅增加，同时，粗放型的经济增长方式下受先污染、后治理的影响，生态环境也遭到了极大的破坏。我国不仅要面临来自国际社会要求节能减排的压力，也要面对自身实现可持续发展的压力，环境保护、节能降耗的瓶颈制约日趋强化。靠牺牲环境、过度消耗物质资源来实现高增长的发展模式已经走到尽头，不加快由资源粗放利用向资源集约利用发展模式转变，资源难以为继、环境难以为继、民生难以为继、发展难以为继。由于河南的工业以重工业为主导，以大量消耗资源能源为特征，经济发展一直没有摆脱高消耗、高排放、高污染的三高增长模式，单位 GDP 能耗、单位工业增加值能耗均高于全国平均水平，面临巨大的资源环境压力，已经成为制约河南经济保持持续平稳较快发展的瓶颈。

二　河南加快转变经济发展方式的战略意义

加快转变经济发展方式是中国积极应对国际金融危机的经验总结，是后危机时期创造发展新优势的必然要求，是解决中国经济发展长期存在的不全面、不平衡、不协调、不可持续等深层次矛盾和问题，保持经济社会又好又快发展的迫切需要。河南必须把加快经济发展方式转变作为今后经济工作的重要目标和战略举措，不断提高经济发展的质量和效益，不断增强河南的综合竞争力和抗风险能力，加快转变经济发展方式对保持河南经济社会平稳较快发展具有重大的理论和实践意义。

（一）河南实现科学发展的必然要求

科学发展观的第一要义是发展，但这种发展绝不仅仅是经济总量的增加。传统"高投入、高消耗、高排放、不协调、难循环、低效率"的经济增长方式在21世纪已走到难以为继的地步，随着支撑经济增长的生产要素低成本优势开始减弱、资源环境能力接近极限、投资高增长矛盾越来越尖锐，河南在经济发展中面临的不稳定、不协调、不全面、不可持续的问题也日益紧迫。贯彻落实科学发展观，全面领会科学发展的思想内涵、精神实质，首要任务就是要加快转变经济发展方式，彻底摒弃单纯追求增长速度、以资源环境为代价、不讲求增长质量和效益的旧的模式，以科学发展观指引经济效益的提高、经济结构的优化、资源消耗的降低、生态环境的改善和发展成果的合理分配，通过创新发展模式，提高发展质量，推动河南在科学发展道路上加快前进。

（二）河南实现转型发展的必然要求

国际金融危机的冲击，将河南长期以来积存的结构性和深层次矛盾进一步暴露：经济增长过度依赖投资拉动，经济增长的内生动力不足；重化工业成为拉动经济增长的主动力，服务业发展明显滞后；由于过度依赖能源资源的高消耗和高投入，产业结构、产品结构层次低，自主创新能力弱；河南在经济发展方式转变上的滞后性和经济结构调整的紧迫性都更加凸显，这些问题如果不能得到扭转，经济的较快增长将无法持续。加快经济发展方式转变，即从粗放经营模式向集约经营模式转变、从外延发展模式向内涵发展模式转变、从资源依赖模式向创新驱动模式转变、从依赖投资模式向扩大消费模式转变、从单向直线的传统经济模式向循环经济模式转变，是河南实现转型发展的必然要求。

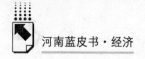

（三）河南实现创新发展的必然要求

加快经济发展方式转变无疑是一场深刻变革，是适应新一轮科技革命、在后危机时期国际竞争中抢占制高点、争创新优势的关键所在。为了适应世界科技进步日新月异以及经济可持续发展的要求，为了缓解日益加大的资源约束和生态环境压力，为了改变工业竞争力不强的局面，推动高新技术产业发展，实施创新驱动，建设创新型河南的政策措施日益明晰。河南实现创新发展，必然要求通过加快转变经济发展方式，从过度依赖要素驱动的方式，向创新驱动内生增长的方式转变；通过提高自主创新能力，培育战略新兴产业，塑造竞争新优势；通过科教兴豫和人才强省战略来打造创新型河南，进而提高经济整体素质和综合实力，把握发展的战略主动权。

（四）河南实现开放发展的必然要求

作为内陆不发达省份，河南长期以来经济增长主要是依靠投资拉动，出口和消费一样成为发展"短腿"。扩大开放作为破解发展难题、增强发展动力活力的有效手段，开放发展已经成为河南的重要发展导向。扭转河南低水平开放现状，必然要求通过转变经济发展方式，以加快推动河南进出口产品结构的调整和升级，加快外贸产品结构、市场结构、贸易结构的优化提升，扭转河南出口产品结构长期存在上游产品比重过大、初级产品过多、精深加工产品过少、技术层次不高等结构性缺陷，着力提高对外贸易的竞争力和综合效益。同时通过充分利用好"两个市场、两种资源"，发挥利用外资、技术和人才在推动科技创新、产业升级、区域协调发展等方面的积极作用，以开放促发展、以开放促转变。

（五）河南实现绿色发展的必然要求

由于受发展基础、发展阶段等多种因素制约，河南经济发展方式总体上仍然粗放。尤其河南工业主要是资源、原材料产业，轻工业比重偏低且主要依赖农产品原料，重工业比重偏大且主要集中在采掘业和原料工业，这些产业存在着严重的资源依赖性，其相对优势主要来自对资源的消耗和环境的损害。同时河南正处于工业化和城镇化加速发展阶段，对资源和环境的压力将会进一步加大，随着经济社会的发展，生产要素的有限性逐步显现，规模扩张与资源消耗、环境污染、劳动力成本上升之间的矛盾凸显，不但严重制约了河南经济发展速度和质量，也带来了一系列生态环境问题。加快转变经济发展方式正是新形势下河南贯彻落实科学发展观，实现绿色发展的内在要求，从资源消耗型、环境污染型的增长方式向资源节约型、环境友好型的增长方式转变成为摆在河南面前的重大课题。

（六） 河南实现和谐发展的必然要求

河南作为人口大省，就业形势比较严峻；居民收入持续增长难度较大，保障和改善民生的要求更为紧迫，任务更为艰巨。随着经济社会快速发展，广大人民群众对过上更加富裕、更有尊严生活的要求越来越强烈，城乡居民要求提高生活水平和质量的呼声越来越迫切。河南实现和谐发展就是要以实现人的全面发展为目标，从人民群众的根本利益出发谋发展、促转变，不断满足人民群众日益增长的物质文化需要，切实保障人民群众的经济、政治和文化权益。实现这一目标必然要求通过经济发展方式的不断优化以提高财富结余的真实价值和社会福利水平，统筹经济发展和民生改善，进而逐步缩小城乡发展差距和收入分配差距，重民意保民生，让人民群众更多更好地享受发展成果，也只有这样，加快转变经济发展方式才能获得根本动力与保障，构建和谐社会才能真正落到实处。

三 河南加快转变经济发展方式面临的突出问题和矛盾

改革开放 30 多年来，河南经济发展方式发生了深刻变化，调结构促转型取得了显著成效，但必须看到，全省加快经济发展方式转变的基础还不稳固，发展中又出现了不少新的矛盾和问题，有的问题还在进一步积累，实现加快转变面临的压力依然较大。

（一） 产业层次低

农业比重高、服务业比重低的三次产业结构特征十分明显。2009 年 1～9 月份，河南三次产业产值依次为 2828.9 亿元、9437.68 亿元（其中工业 8570.8 亿元）和 4671.37 亿元，三次产业结构为 16.70:55.72:27.58。2009 年，三次产业结构为 14.3:56.6:29.1，其中：第一产业比重高于全国平均水平 3.7 个百分点，分别比广东、山东、江苏和浙江高 9.2 个、4.8 个、7.9 个和 9.2 个百分点；在中部六省中分别比湖北、湖南、江西和安徽高 0.6 个、0.9 个、0.2 个和 0.6 个百分点。三产比重低于全国平均水平 13.5 个百分点，分别比广东、山东、江苏和浙江低 16.5 个、5 个、10.4 个和 13.9 个百分点，在中部六省中，分别比湖北、湖南、江西和安徽低 11.4 个、11.7 个、5.2 个和 7.2 个百分点。

工业竞争力不强，产品结构等次低。河南工业门类齐全，39 个行业大类中有 38 个，192 个工业门类中有 183 个，是全国工业门类最全的省份之一。工业增加值和实现利润总量已分别占据全国第 5 位和第 4 位。但从竞争力看，工业发展突出表现为："一高两低"和"三多三少"。"一高两低"，即资源性工业占比高，高新技术产业占比低、装备制造业占比低。"三多三少"，即企业数量多、优势企业少；原字号产品多、终端产品少；技术含量低的大路产品多、具有自主知识产权的拳头产品少。河南的主要重工业产品大多属于基础性上游生产资料产品，终端产品比重较少，使得河南产品的名牌较少，市场竞争力不强。

第三产业内部结构层次偏低。传统第三产业占较大比重，新兴第三产业发展不足。交通运输仓储及邮政业、批发零售贸易和住宿餐饮业等传统行业和其他非营利性服务业占第三产业的比重大，而金融保险、信息咨询、房地产等与市场经济联系密切的、高附加值的新兴行业发展相对不足。最具优势的文化旅游业在第三产业中的"龙头"作用发挥不够，具有现代服务业特征的现代物流、现代综合技术服务、中介咨询、商务服务和大型连锁配送企业发展明显缺乏。

（二）消费需求低

从经济增长的拉动力来看，河南投资需求对经济增长的贡献份额比全国平均水平要高，而消费需求的贡献份额却在很多时间内低于全国平均水平。通过河南与全国兄弟省份消费需求贡献份额比较可以发现：河南在全国的位次靠后。河南消费需求对 GDP 的贡献份额，2003 年为 56.4%，在全国排名第 15 位；2006 年为 49.7%，全国排名第 17 位；2008 年为 42%，全国排名第 25 位；2003～2008 年河南消费需求对 GDP 的贡献份额在全国的地位有所下降，消费需求对 GDP 的贡献份额减少，位次降低（见表 1、表 2）。

表1 消费需求贡献份额位次变动比较

年　　份	2003	2006	2008	2009
河南消费需求对 GDP 的贡献份额(%)	56.4	49.7	42	44.9
河南在全国的位次(位)	15	17	25	23

表2 河南消费需求贡献份额位次中部六省变动比较

中部六省	河南消费需求对 GDP 的贡献份额(%)		河南在全国的位次(位)	
	2008 年	2009 年	2008 年全国排名	2009 年中部排名
河南	49.7	44.9	25	6
湖南	53.6	50.9	10	2
安徽	52.7	51.5	11	1
湖北	50.2	47.8	19	3
山西	42.9	45.5	24	5
江西	50.5	46.3	16	4

从居民消费与政府消费的关系来看，居民消费比重较低，且呈递减趋势。从居民消费与政府消费的关系来看，与全国平均水平相比，居民消费比重较低。2009 年，河南居民消费支出与政府消费支出的比例为 71.5∶28.5，而全国这一比例为 73.2∶26.8。从农村居民与城镇居民消费的关系来看，河南城镇居民消费居主导地位，涨幅高于农村居民，并且占居民消费支出的比重呈逐年上升趋势，而农村居民消费严重不足。2009 年，河南省城镇居民消费支出为 4142.02 亿元，农村居民消费支出为 2106.90 亿元，前者是后者的 1.97 倍。此外，2001～2009 年，河南城镇居民消费占居民消费支出的比重由 43.8% 上升到 66.3%，而农村居民消费占居民消费支出的比重由 56.9% 下降到 33.7%。

（三）城镇化水平低

河南作为农业大省和农业人口大省，城镇化水平偏低一直是制约河南经济发展的问题之一。2009 年河南城镇化率为 37.7%，全国倒数第 5、中部地区倒数第 1，比全国平均水平低 8.9 个百分点，与沿海省份相比，分别比广东、浙江、江苏和山东低 27.4 个、21.6 个、18.3 个和 11.6 个百分点；分别比湖北、山西、湖南、江西和安徽低 9.2 个、9.1 个、6.1 个、5.3 个和 4.5 个百分点。由于城镇化水平低，城市规模小，城市经济实力弱，综合承载力不强，既难以吸纳和支撑大量的农村人口向城市转移，也难以形成对农村发展的有效辐射带动。

2009 年河南人均 GDP 接近 3000 美元，以世界相近发展水平国家（地区）的城镇化水平作为参照，人均 GDP 3000 美元时，城镇化率一般达到 65% 以上，而 2009 年河南城镇化率仅为 37.7%，与其应达到的国际参照水平相差 20 多个百分点，河南城镇化发展水平绝对值偏低。同时，河南城镇化率由 1978 年的 13.6% 增加到 2008 年的 36.0%，30 年时间内增长了 22.4 个百分点，年均增长 0.75 个百分点，发展速度相对较慢。

河南人口基数大，城镇化发展任务艰巨。2010 年 7 月河南常住人口突破 1 亿，位列国内省、自治区和直辖市之首。在总人口不变的情况下，河南城镇化率每提高一个百分点需转移 100 万乡村人口。河南城镇化处于加速发展期，发展任务十分艰巨。

（四）经济外向度低

河南外向型经济发展滞后，表现为外贸依存度低、出口总量低、出口商品层次低等"三低"。2009 年河南外贸依存度仅为 4.7%，低于全国平均水平 40.1 个百分点，与中部的江西、安徽和湖北比，也分别低 6.6 个、5.9 个和 4.4 个百分点。2010 年 1~9 月份外贸依存度约为 3.06%。2009 年河南出口总值为 73.46 亿美元，尚不足江苏昆山市的 1/6，居全国第 18 位，占全国的比重仅有 0.6%，而且这一比重近年来仍在逐年下降；在中部地区中居第 4 位，分别比湖北、安徽、江西低 26.34 亿美元、15.44 亿美元和 0.18 亿美元。2010 年 1~9 月份出口总值 74.08 亿美元。近年来，河南资源性大宗商品占出口总额的 35%，出口额前 20 位的商品中，14 种为原材料产品，位居前 5 位的分别是人发制品、橡胶轮胎、未锻造银、精炼铜管、毛皮制品，而安徽出口额前 5 位商品分别是汽车、服装、钢材、轮胎、空调，出口商品层次上的差距显而易见。目前河南机电产品占出口总额的 27.3%，低于全国平均水平 32%，分别比湖北、重庆、山东低 23.2 个、41.2 个和 16.7 个百分点；高新技术产品出口占比为 5.7%，低于全国平均水平 25.7%，分别比湖北、江西和山东低 14.7 个、13.1 个和 11.5 个百分点。利用外资和进出口与全国水平差距巨大，与兄弟省份差距明显，经济外向度低，一直是制约河南经济结构提升和经济发展的重要因素，也是严重制约经济社会发展的一条短腿。

（五）自主创新能力低

近年来，河南省创新成果数量持续增长，高新技术产业迅速发展，自主创新能力不断增强，但也应该看到，河南省创新基础总体还比较薄弱，缺乏核心技术和自主知识产权，自主创新能力不强。首先，河南高技术制造业比重过低。而且，高科技产业技术含量不高，市场竞争力不强。许多高技术企业仍然只具有高技术产品加工功能，缺少核心技术。其次，河南企业缺乏自主创新意识，创新投入、创新产出等指标与先进省份都存在较大差距。2009 年，河南大中型工业企业研究与试验发展（R&D）经费 122.18 亿元，仅占全国的 3.8%，分别为广东、江苏、山东的 24.4%、27.0% 和 29.7%；大中型工业企业新产品销售收入 1631.30 亿元，仅占全国的 2.8%，分别为广东、江苏、山东的 20.8%、22.4% 和 23.9%。河南在知识产权方面也存在巨大差距。2009 年，河南申请专利 19589 项，仅占全国受理数的 2.2%；获得授权专利 11425 项，其中发明专利 1129 件，占全国的比重分别为 2.3% 和 1.7%，远低于河南省地区生产总值占全国 5.7% 的比重。

（六）"三农"问题突出

河南省是我国有着悠久传统的农业大区，也是中国最重要的粮食生产核心区。全省耕地面积约 1.9 亿亩，占全国耕地资源的 1/10 以上，是全国土地耕种强度最大、农副产品供给能力最高的地区，无论粮食生产还是肉蛋奶产量在全国都具有举足轻重的地位。但与此对应，由于长期以农业这个弱势产业为主，这一区域的"三农"问题比全国其他地方都显得更加突出，城乡二元结构的矛盾比全国其他任何地方也要大得多。2009 年的城镇化仅为 37.7%，农村人口占 62.3%，农村人口非农化和城镇化进程缓慢，农民比重过大，导致农业相对劳动生产率过低，"三农"问题突出。从农业问题来看，全省还有 6000 多万亩中低产田，占耕地面积的 55% 以上；旱涝保收田和有效灌溉面积仅分别占耕地面积的 54.3% 和 68.3%，农业生产的基础还比较脆弱；从农村问题看，河南有 158 个县（市、区），1892 个乡镇，4.75 万个行政村，农村在水电路气等基础设施和教育、卫生、文化等公共服务设施方面，与城市还存在着相当大的差距。2008 年，河南农村初中的生均预算内教育事业费全国倒数第 3 位，农村小学的生均预算内教育事业费全国倒数第 1 位。从农民问题来看，河南省 2009 年农民人均纯收入 4807 元，比全国平均水平低 346 元，2000～2009 年，河南城乡居民收入的绝对差距由 2780 元扩大到 9525 元，城乡居民收入之比由 2.4∶1 扩大到 3∶1。城乡差距过大，必然引发种种社会问题，导致不稳定因素增加，只有农村社会稳定，才有和谐社会的建设。同时，农村的贫困和落后，也直接影响到资源和环境问题。

四　河南加快转变经济发展方式的路径选择

河南具有人口多、底子薄、基础弱以及发展不平衡的基本省情。改革开放三十多年来，河南成功实现了由传统农业大省向全国重要经济大省、新兴工业大省的历史性转变，经济总量稳居全国第五，走出了一条不以牺牲农业为代价的工业化、城镇化路子，积累了一些比较成功的经验，发展的基础和环境不断优化。但是，河南经济实力显著增强的同时也暴露出很多不足，投资消费关系失衡，产业结构不合理，城乡发展不协调，资源环境约束强化等问题突出，尤其是国际金融危机的冲击，经济运行中的新老矛盾和问题相互交织，凸显了河南经济发展中的不全面、不协调、不平衡、不可持续问题。河南在加快经济发展方式转变路径选择上面临的形势更为复杂，任务更加艰巨。

（一）主导思路：推动三个转变

党的十七届五中全会提出坚持把经济结构战略性调整作为加快转变经济发展方式的主攻方向，促进经济增长向依靠消费、投资、出口协调拉动转变，向依靠第一、二、三产业协同带动转变。坚持把科技进步和创新作为加快转变经济发展方式的重要支撑，推动发展向主要依靠科技进步、劳动者素质提高、管理创新转变。河南加快转变经济发展方式正是要以这三大转变作为主导思路，坚持在发展中促转变、在转变中谋发展，以实现河南科学发展、转型发展目标。

1. 需求结构上的转变

多年来，投资的快速增长成为推动河南经济快速增长的主要动力。2000～2009 年，河南省投资对经济增长的贡献率从 33.7% 上升到 85.9%，保持了连年快速增长。而消费对经济增长的贡献率则从 81.9% 下降到 22.7%。2009 年，河南城镇居民人均可支配收入只相当于全国平均水平的 83.7%，居全国第 16 位；农民人均纯收入只相当于全国平均水平的 93.3%，居全国第 17 位；人均消费额仅为 6768 元，居全国第 18 位，比全国平均水平低 2000 多元，居民生活没有随着经济快速增长而同步提高，消费率偏低，消费拉动明显不足。与此同时，河南外贸出口严重滞后。2009 年，河南省出口总值为 73.46 亿美元，居全国第 18 位，占全国的比重仅有 0.6%。并且河南出口所占比重近年来仍在逐年下降，2002 年河南出口占地区生产总值的比重为 2.9%，2009 年则降至 2.6%，出口对经济的拉动作用微弱。新形势新挑战下，河南靠高投资拉动经济增长已经难以为继，需求结构转变刻不容缓。

结合河南省情实际，需求结构上的转变主要是指促进河南经济增长由主要依靠投资拉动向依靠消费、投资、出口协调拉动转变，通过对经济发展内生动力机制的优化与培育，解决河南在内需与外需、投资与消费方面存在的明显失衡问题。在当前及今后一个相当长时期内，河南消费和出口需求还难以成为保持经济平稳较快增长的主导力量，投资需求还有很大空间，仍必须持续保持相当的投资规模。但同时必须高度重视优化投资结构，进一步提高投资质量和效益。以民生项目为重点，着力提高民生建设投资规模和投资速度。投资主体向多元化转变，鼓励和引导民间投资进入基础设施、市政公用事业、保障性住房、商贸流通产业和社会事业项目建设。坚持三大投资方向，即向弱势群体和落后地区倾斜，均衡提高公共服务能力和水平；向战略性新兴产业培育、自主创新等领域倾斜，加速推动产业优化升级；向资源节约、环境友好项目倾斜，提升河南绿色发展、转型发展能力。同时，以扩大消费需求作为加快转变经济发展方式的首要任务和着力点，完善收入分配政策，缩小收入差距。不断提高居民收入在国民收入分配中的比重和劳动报酬在初次分配中的比重。进一步优化消费环境，大力开拓农村消费市场。以基本养老、基本医疗、最低生活保障制度为重点，加快构建合理、健全和覆盖城乡居民的社会保障体系，稳定居民的消费预期和增强消费信心。在进一步扩大内需的同时，大力发展开放型经济，加大招商引资力度，积极承接产业转移。千方百计扩大出口，强化传统产品出口优势。推动加工贸易转型升级，优化出口产品结构，提高出口产品附加值。扩大出口市场覆盖面，提高国际市场占有率。统筹利用国内国外两个市场、两种资源，为加快需求结构调整不断注入新的动力和活力，加快形成消费、投资、出口协调拉动经济增长新局面。

2. 产业结构上的转变

河南产业结构失衡的矛盾突出，主要表现为三大产业之间的比例不协调，农业大而不优、工业全而不强、服务业明显滞后。2009年，河南省三次产业结构为14.3：56.6：29.1，其中，第一产业比重高于全国平均水平3.7个百分点；第三产业比重低于全国平均水平13.5个百分点，在中部六省中，比湖北、湖南、江西和安徽分别低11.4个、11.7个、5.2个和7.2个百分点。河南经济增长对第二产业特别是工业的高度依赖，必然导致产业结构的发展失衡。从第一产业发展来看，河南是全国第一农业大省，粮食产量连年稳居全国第一，但农业发展方式还比较粗放，种植业占农业的比重高、粮食占种植业的比重高，同时农业劳动生产率低、农民收入低，"两高两低"使得河南农业大而不优的特征明显。作为新兴工业大省，2009年河南工业增加值和实现利润总量已分别占据全国第5位和第4位，同时河南还是全国工业门类最全的省份之一。但从竞争力看，河南工业结构表现为资源性工业占比高、高新技术产业占比低，重化工业占比高、消费品工业占比低，先进制造业和战略新兴产业发展滞后。主导行业集中于生产链前端和价值链后端的资源依赖型工业结构，不利于河南工业持续发展和核心竞争力提高，工业全而不强的特征明显。近年来，河南服务业发展不断提速，但总体发展依然明显滞后，不仅表现为服务业占比低，连续多年居全国末位，而且结构低端化特征明显，2009年交通运输、批发零售、住宿餐饮等传统服务业占服务业增加值的比重达到47%，高于全国平均水平9.4个百分点；金融、信息服务、科技服务、商务与租赁服务等现代服务业增加值占比仅为15.7%，低于全国平均水平7.6个百分点。

产业结构失衡不仅影响经济整体素质和效益的提高，加大了资源环境的压力，也不利于缓解就业压力，影响经济社会的健康稳定发展，同时三次产业间的不协调，也制约着第二产业本身的持续发展。因此，必须把产业结构调整作为加快转变经济发展方式的主攻方向，促进河南经济发展由主要依靠第二产业带动向依靠第一、二、三产业协同带动转变。农业要继续认真实施粮食生产核心区规划，稳定提高粮食生产能力，保障国家粮食安全。以优化品种、提高质量、增加效益为中心，合理调整农业生产结构，发展现代农业。工业坚持做大总量与提高核心竞争力并重，大力推进信息化与工业化融合，进一步加快工业化进程，用高新技术改造传统产业，推动传统产业转型升级。加快发展高新技术产业，有序发展资源效率高、规模效益好的信息、生物、新能源、新材料等战略新兴产业。以产业化、市场化和社会化为导向,加快推动服务业发展,积极培育新的经济增长点。坚持提升传统服务业与发展现代服务业并重、做大生产性服务业和拓展消费性服务业并重,加快发展金融、保险、物流、信息和法律服务等现代服务业,积极发展文化、旅游、社区服务等需求潜力大的产业,提升服务业对转型升级和经济增长的贡献率。

3. 要素结构上的转变

河南多数资源的人均占有量低于全国平均水平,同时河南正处于工业化和城镇化加速发展阶段,产业构成中轻工业比重偏低且主要依赖农产品原料,重工业比重偏大且主要集中在采掘业和原料工业,资源依赖型产业特征使得生产要素的有限性日益显现,而且河南单位 GDP 能耗、单位工业增加值能耗均高于全国平均水平,同时化学需氧量(COD)年排放量居全国第 5 位,二氧化硫年排放量居全国第 2 位,生态环境承载能力不断下降而压力不断增加。由于河南自主创新能力偏弱,要素投入结构上主要依靠增加物质资源和简单劳动的投入。河南高技术产业增加值只占 3.8%;研究与试验发展经费支出占生产总值的比重只有 0.8%,低于全国 1.62% 的平均水平;企业研发投入占产品销售收入的比重仅为 0.83%,低于全国平均水平 0.39 个百分点。人口总量大但是人力资源水平低,2009 年河南专业技术人才占全省总人口的 2.5%,低于全国 3.4% 的平均水平。由于缺乏自主创新能力,缺乏核心技术,缺乏自主知识产权和世界知名品牌,很难避免陷入依靠廉价劳动力和大量消耗资源获得发展的低端循环,付出了高额资源、能源、环境代价,经济发展与资源消耗、环境污染、劳动力成本上升之间的矛盾更趋激烈,迫切要求由高投入、高消耗、高污染、低产出的传统发展模式向科技先导型、资源节约型和生态环保型的现代发展模式转变,进而缓解日益严峻的资源约束和环境压力。

需求结构上的转变是指由主要依靠增加物质资源消耗向主要依靠科技进步、劳动者素质提高、管理创新转变。坚持把科技进步和创新作为加快转变经济发展方式的重要支撑,大力实施科教兴豫、人才强省和自主创新跨越发展战略,全面提高自主创新能力,逐步形成以科技进步和创新为基础的竞争新优势。加强人才队伍建设,充分发挥科技第一生产力和人才第一资源作用,加快实现由人口大省向人力资源大省的转变。积极推进管理创新,引进学习先进管理经验,充分发挥科技进步和人力资源对经济发展方式转变的促进支撑作用。

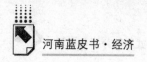

（二）发展路径：实现五个突破

加快转变经济发展方式是我国经济社会领域的一场深刻变革，必须贯穿经济社会发展全过程和各领域。紧密结合河南实际，在三个转变指导下通过五个突破来提高发展的全面性、协调性、可持续性，推动河南实现保持经济社会又好又快发展的目标。

1. 从数量速度型发展向速度与质效统筹协调型发展的突破

科学发展是好与快的协调统一，较快增长速度本身就是较好发展质量和效益的重要基础。尤其河南作为欠发达省份，目前经济发展水平依然较低，加快发展的任务依然十分艰巨。只有以发展促转变、以发展惠民生，保持较快的增长，才能抓住机遇，不断增强经济实力，顺应人民群众新期待，更好地解决发展中存在的各种矛盾和问题。河南加快经济发展方式转变，关键是要实现从过去那种单纯追求速度、盲目扩大数量的增长方式向数量和质量、速度和效益统筹协调型发展方式的突破，把经济增长的质量放在重要位置，以"好"为先，又"好"又"快"。把经济发展的重点放到提高国民经济的整体素质和竞争力上，更加注重质量提高和结构优化。通过加快经济结构战略性调整，积极建设资源节约型、环境友好型社会，使经济增长建立在经济结构优化、科技含量高、国民素质强、质量效益高的基础上，在效益和质量上缩小发展差距，实现河南由大省向强省的跨越。

2. 从经济主导型发展向人口经济社会全面协调型发展的突破

2010 年河南人均生产总值已经达到 3000 美元，进入社会矛盾凸显期和黄金发展期并存的阶段，面临更加严峻的风险挑战。人口多是河南加快转变经济发展方式过程中面临的一个重要问题，作为全国第一个过亿人口大省，也是欠发达大省，保障和改善民生的要求更为紧迫，任务更为艰巨。随着经济社会快速发展，城乡居民要求提高生活水平和质量的要求越来越强烈。坚持民本民生必然要求从战略高度把握好人口发展问题，统筹解决人口数量与素质、结构问题，促进人口与经济、社会、资源、环境协调发展，在持续推进河南经济发展、社会进步的同时，建设人口均衡型、资源节约型、环境友好型的"三型"社会。只有实现从经济主导型发展向人口、经济、社会全面协调型发展的突破，从根本上提高经济增长的质量和效益，为经济社会、资源环境协调发展提供雄厚的物质保障、技术支撑，才能有效促进社会事业的发展和人的全面进步。围绕民富、民享，把人民群众的切身利益和经济发展联系起来，让人民群众从发展中得到更多实惠，不断满足人民群众日益增长的物质文化生活需求，才能适应新时期新阶段加快转变经济发展方式的要求，才能实现人民群众的新期待。

3. 从高投入粗放型发展向高效率创新型发展的突破

在长期实行旧的粗放型增长模式背景下，随着河南工业化和城镇化进程进一步加快，河南的资源能源优势、劳动力优势等低成本优势逐渐被削弱，高投入、高消耗的利用模式面临日益强化的资源环境瓶颈制约，区域竞争、环境压力更加严峻。面对资源环境日益增大的压力和国际科技日趋激烈的竞争以及劳动力供给呈现的新状况，破解河南面临的各种深层次矛盾和问题，坚持长期发展、持续发展，必须加快实现由高投入粗放型发展向高效率创新型发展的突破。以科技创新作为加快转变经济发展方式的根本驱动力，以增强自主创新能力作为战略基点，扭转核心技术过度依赖引进、关键设备过度依赖进口、技术研发过度模仿追赶的局面，大力增强集成创新能力和引进消化吸收再创新能力，把构建自主创新体系作为加快转变经济发展方式的重点环节来抓，全面提升河南加快发展的核心竞争力。

4. 从让利扩张型开放发展向互利共赢型开放发展的突破

开放带动是加快河南经济发展方式转变的重要驱动力之一。新时期新阶段，全球经济一体化进一步推进，河南在对外开放中需要转变最初暂时牺牲短期经济利益，充分利用资源优势、劳动力优势，依靠高投入，以让利来打破封闭、开拓国际市场的发展路径。长期让利式的发展不仅河南的资源不允许、环境不允许、劳动力供应不允许，也不符合国际经济长期交往的要求。随着国际贸易条件恶化、贸易摩擦增多、对外技术依存度过高、资源环境压力过大等深层次矛盾和问题凸显，必须实施新的开放战略，以互利共赢作为扩大开放的基础，既有利于资源配置效率提升，也有利于各方的协调发展。

实现从让利扩张型开放发展向互利共赢型开放发展的突破是河南坚持开放战略、扩大开放的必然要求。从过去的"让利性"开放转向"互利性"开放，从数量扩张逐步转向质量提升，从过于重视"引进来"转变为"引进来"和"走出去"相结合，加快转变河南外贸增长方式，不断提高对外开放的水平，随着参与国际竞争与合作的深度与广度不断拓展，不断提升河南的国际竞争力。

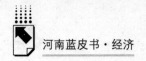

5. 从资源高耗型、环境污染型发展向资源节约型、环境友好型发展的突破

河南经济快速增长的同时，经济效益偏低问题突出，高投入、高污染、低产出，不可持续的利用方式造成资源极大浪费、环境严重污染。2005 年以来，河南单位 GDP 能耗均高于全国平均水平 10% 以上；2009 年，河南单位 GDP 能耗达到 1.158 吨标准煤/万元；河南工业总量居全国第 5 位，但二氧化碳排放量却居全国第 2 位；河南建设用地是广东省的近两倍，但创造的 GDP 却仅为广东的 1/2，效益仅仅是广东的 1/3。河南重化工业尤其是资源消耗工业的过快增长，一方面导致对资源的过度使用和低效利用，另一方面则对生态环境造成严重的破坏。集约节约利用资源、保护生态环境，既是加快转变经济发展方式的重要着力点，又是拉动经济增长的重要途径。

实现从资源高耗型、环境污染型发展向资源节约型、环境友好型发展的突破是河南实现科学发展、可持续发展的必然要求，从牺牲环境发展经济转向力争经济与环保双赢，从一次性和单一性利用资源转向循环利用和集约利用资源，把节能增效和生态环保作为加快经济发展方式转变的重要抓手，大力发展循环经济、低碳经济，努力实现河南绿色发展目标。

（三）战略重点：落实六个着力

河南加快转变经济发展方式的步伐，保持经济社会发展的稳定性和可持续性，需要从着力扩大消费，着力加快新型工业化进程，着力发展第三产业，着力加快农业发展方式转变，着力增强自主创新能力，着力深化改革开放这六个方面着手，不断提高河南经济发展的质量和效益，不断提高河南经济的综合实力和抗风险能力，为保持经济又好又快发展提供坚强保障。

1. 着力扩大省内消费

加速推进城镇化，加快构建现代城镇体系。坚持中心城市带动战略，按照统筹城乡发展的要求，充分发挥大城市吸纳就业能力强、集聚效益高的优势，吸引人口和产业加速集聚，加快形成国家区域性中心城市、地区中心城市、中小城市、小城镇、农村社区层次分明、结构合理、功能互补、协调发展的现代城镇体系。加强中小城市和小城镇基础设施和公共服务体系建设，改善生产生活条件，吸引农民就地就近转移，加快城市户籍制度改革，增强对农村转移人口的吸纳能力。

积极解决就业和收入分配问题，增强消费能力。把促进经济发展、扩大内需与千方百计扩大就业相结合，大力发展服务业、劳动密集型产业，充分发挥政府投资和重大项目带动就业的作用，支持中小企业和非公有制经济发展，广开就业渠道，创造更多的就业岗位。加强农村劳动力技能培训，引导富余劳动力向非农产业和城镇有序转移。鼓励劳动者自主创业和自谋职业，以创业带动就业，重点鼓励和支持返乡农民工、高校毕业生积极创业。加快收入分配制度改革，合理调整国民收入分配格局，着力提高城乡中低收入居民收入，增强居民消费能力。

提高公共服务能力和水平，提升消费预期。把发展社会事业和改善民生作为转变经济发展方式的重要内容和途径，按照"广覆盖、保基本、多层次、可持续"方针，加大公共财政投入，加快推进覆盖城乡居民的社会保障体系建设。全面扩大城镇职工基本养老保险、基本医疗保险、失业及工伤等保险和城镇居民基本医疗保险覆盖面，切实解决好失地农民生活保障问题，着力解决进城农民工的就业、安居、子女就学、社会保障问题，做好新型农村社会养老保险试点各项工作，加大对低收入群众帮扶救助力度。

2. 着力加快新型工业化进程

坚持走新型工业化道路，围绕科技含量高、经济效益好、资源消耗低、环境污染少、人力资源优势得到充分发挥，加快构建结构优化、技术先进、清洁安全、附加值高、吸纳就业能力强的现代产业体系。推动信息化和工业化深度融合，充分利用现代信息技术，围绕工业产品研发设计、流程控制、企业管理、市场营销、人力资源开发等环节提升自动化、智能化和管理现代化水平，加快用高新技术和先进适用技术改造提升钢材、建材、化工等传统产业，淘汰落后产能。加强政策支持和规划引导，积极有序发展新一代信息技术、高端装备制造、新材料、新能源、生物、节能环保、新能源汽车等新兴产业，切实提高产业核心竞争力和经济效益，促进产业结构调整和改造升级。

加快产业集聚区建设，坚持企业（项目）集中布局、产业集群发展、资源集约利用、功能集合构建，把握发展优势、发挥发展基础，按照竞争力最强、成长性最好、关联度最高的原则，做强做优特色鲜明的主导产业，培育壮大龙头骨干企业，带动产业集群发展、链式发展，促进产业集聚区快速健康有序发展。

进一步推进节能减排，加快建立资源节约型技术体系和生产体系，完善淘汰落后产能的约束机制、补偿机制和激励机制，严禁高耗能、高污染项目盲目投资和低水平重复建设。严格落实节能减排目标责任考核制度，明确重点行业节能降耗目标。加快环境基础设施建设，加大污染物排放控制力度。坚持资源节约和污染治理并举，大力发展循环经济，全面推行清洁生产，积极探索循环经济发展新领域，创新循环经济发展模式，优化循环经济发展环境，拓展循环经济发展空间。大力发展低碳经济，推广低碳技术，积极应对气候变化，提升可持续发展能力和水平。

3. 着力发展第三产业

把推动服务业大发展作为产业结构优化升级的战略重点，拓展服务业新领域，发展新业态，培育新热点。

大力发展生产性服务业。着力发展高增值生产性服务业，加快推动产业转型升级，重点发展制造服务业和农业服务业。推动服务业与制造业均衡发展、融合发展，提升生产性服务业市场化、专业化、社会化水平，大力扶持中小型生产性服务企业的壮大，加快提升河南物流、金融、交通、信息等服务业的发展水平，重点推进研发、设计、营销、物流和售后服务等生产性服务业发展。优化政策环境，创新服务业聚集区功能和制度设计，加大生产性服务业开放程度，着力引进跨国公司总部、研发中心、设计中心、营销中心等，加大承接国际服务业转移和服务业外包的力度。加快服务农业的生产性服务业发展，重点推动农业科技研发和推广、农产品和农业生产资料流通以及服务农业农村的服务业发展，助推现代农业加快发展。

大力发展消费性服务业，加快实施批发零售、住宿餐饮等传统服务业优化升级，推进规模化、品牌化、网络化经营，提高居民生活水平和生活质量，扩大居民消费。拓展服务业发展范围，积极发展旅游、教育、卫生、体育等服务业，满足人的全面发展要求。充分发挥河南文化资源大省优势，大力发展文化产业，加快培育高增长性的文化领域战略性新兴产业，促进文化与经济、产业和产品的融合，积极发展主导文化产业、新兴文化产业、社会文化产业，推动文化产业的集聚发展，加快推进文化体制改革，推动文化发展繁荣，不断提升软实力，加快河南文化强省建设步伐。

4. 着力加快农业发展方式转变

着力发展现代农业，促进粮食稳定生产、农业可持续发展、农民持续增收。围绕国家粮食战略工程河南核心区建设，以推进中低产田改造为重点，以巩固提升高产田为支撑，以打造吨粮田为方向，强化抗灾减灾，通过稳定面积、主攻单产、改善品质、增加总产，巩固提高粮食综合生产能力。强化规划引领和政策导向，促进农业布局集中和资源配置优化，提高农业规模化、集约化水平。在保持家庭承包责任制稳定的基础上，扩大农户外部规模，进行专业化规模化生产，解决农户经营规模狭小与发展现代农业要求的适度规模之间的矛盾，提高劳动生产率、土地生产率、资源利用率和农产品商品率。以各类农民专业合作社为载体，将一家一户的生产组织起来，解决分户经营与统一市场的对接问题，使各环节参与主体真正形成风险共担、利益均沾、同兴衰、共命运的共同体，以组织化经营增强农业生产抵御市场风险能力。进一步深化农业结构调整，强化社会服务，开发特色农副产品，完善企业和农户利益联结机制，推动农业产业化经营向更高层次发展。着力引进培育农业产业化龙头企业，坚持分类指导、重点扶持、加快发展，积极引进具有市场开拓、科技创新、资金融通、资产整合和现代管理能力的龙头企业，扶优扶强规模实力大、经济效益高、带动能力强的龙头企业集群。提升农业科技发展水平，建立健全农业科技创新体系、农业技术推广体系和农民教育培训体系，切实提高河南现代农业的创新发展能力和发展水平。

5. 着力增强自主创新能力

着力构建自主创新体系，为加快经济发展方式转变提供强力科技支撑。

加强创新体系建设。加快建立以企业为主体、市场为导向、产学研相结合的创新体系，重点引导和支持创新要素向企业集聚，着力培育一批拥有自主知识产权核心技术和持续创新能力的创新型企业。鼓励大型企业加大研发投入，建立中小企业创新基金，激发中小企业创新活力。积极探索利益共享、风险共担的产学研合作机制，鼓励企业、高校和科研院所围绕市场需求开展各种形式的创新研发合作攻关。

完善创新平台。进一步加强现有重点实验室、工程中心、企业技术中心、高新技术孵化器、科技园区等研究基地的建设，完善全省各级生产力促进中心、科技信息中心、科技评估中心、科技创业服务中心等的服务功能，发挥产业集聚区、城市新区以及各类开发区对于创新资源的集聚优势，着力打造不同层级、不同层次的创新平台。

把握创新关键领域。把科技进步与产业结构优化升级、改善民生紧密结合起来，发挥比较优势以及科技研发、技术应用上的后发优势，加快推进国家重大科技专项，增强原始创新、集成创新和引进消化吸收再创新能力，集中引进和突破一批共性技术、关键技术，促进科技成果向现实生产力转化，加快高新技术产业发展，改造提升传统产业，加速产业结构优化升级，推动经济增长走上创新驱动的发展轨道。

加大创新投入。加大政府对基础研究的投入，强化支持企业创新和科研成果产业化的财税金融政策，建立健全科技创新投融资机制，充分发挥政府各类投融资平台的作用，促进科技和金融相结合，优先支持创新型企业上市融资，建立、完善创业风险投资和技术产权交易市场，多渠道增加创新投入。

加强人才建设。大力实施科教兴豫战略和人才强省战略，充分发挥河南人口大省优势，加快发展教育事业，尤其是大力发展职业教育，重点建设一批骨干职业教育培训机构，形成覆盖城乡、布局合理、灵活开放的职业培训组织体系，提高劳动者素质。重点做好大学毕业生、进城农民工和城镇下岗失业人员为对象的职业培训和就业安置工作，使全省人力资源得到充分利用。依托重大科研项目、重点学科和科研基地建设，培养造就一批拔尖人才、创新团队，进一步落实培养、引进、使用高层次人才和海外人才的有关政策，以及技术要素参与分配等激励政策，充分集聚高端创新人才。

6. 着力深化改革开放

进一步深化改革。明确改革优先顺序和重点任务，着力推进财税金融体制、收入分配体制、资源性产品价格形成机制等重点领域的改革创新，着力创造公平竞争的体制环境；深化行政管理体制改革，以政府职能转变为核心和关键，推动政府管理创新，加强公共服务和社会管理，加快建设法治政府和服务型政府。完善政府绩效评估制度，建立健全符合科学发展观要求的干部考核体系。深化投资体制改革，健全公共投资决策机制，逐步建立和完善决策责任追究制度。通过财政转移支付等方式，支持落后地区社会事业发展，逐步消除城乡间、地区间和不同收入群体间基本公共服务的差距。积极稳妥推进政治体制改革，加快推进文化体制改革，继续推进科技、教育、文化、卫生、体育等事业单位分类改革，为加快经济发展方式转变提供制度保障。

扩大对外开放。坚持互利共赢的开放战略，加大招商引资工作力度。创新招商引资方式，构建市场化、专业化、社会化的招商体系。以盘活改造为招商方向，紧紧围绕产业转型升级，积极承接国际和国内沿海地区产业转移，在高端制造业、现代服务业、现代农业、新能源和节能环保等方面加大引进力度，推动能源、交通、环保、物流、旅游等领域国际合作。鼓励企业拓展合作范围，努力引进一批新技术、新工艺、新装备，提升产业层次。创新利用外资方式，积极引导外资投向，鼓励外资从一般性生产领域逐步向基础设施、基础产业和服务业转移。不断优化投资环境，规范审批行为，简化审批程序，制定完善的引资政策，保障重大招商项目落地。

提升对外经贸发展水平。着重优化进出口产品结构。扩大传统优势产品出口，鼓励高附加值产品、服务产品出口，大力支持自主品牌和自主知识产权产品出口。充分利用国家鼓励进口的政策措施，推动成套设备、关键零部件、资源和原材料等急需商品进口。

深化外经贸体制改革，推进外贸出口主体多元化。鼓励企业通过自建、合作、并购等方式，建立海外营销网络。加快外贸基础设施建设，推动对外进出口贸易发展。继续实施出口多元化和以质取胜战略，巩固发展传统市场，大力开拓新兴市场，扩大出口规模。

加快企业走出去步伐。鼓励和规范各类有条件的企业开展对外投资与合作，在海外建立生产加工基地、营销网络和研发中心。鼓励对外工程承包，大力发展对外劳务合作，探索职业技术教育与外派劳务相结合的途径。

参考文献

王一鸣：《转变经济发展方式的现实意义和实现途径》，《中国特色社会主义研究》2008 年第 1 期。

喻新安等：《工农业协调发展的河南模式》，河南人民出版社，2009。

孙建生：《推进强省建设关键在于加快经济发展方式转变》，《理论学刊》2009 年第 12 期。

王安孜等：《努力实现经济发展方式由主要依靠投资拉动向消费、投资、出口协调拉动的根本性转变》，《山东经济战略研究》2008 年第 4 期。

河南省统计局综合处：《加快河南产业结构优化升级研究》，河南省统计网，2010 年 7 月 16 日。

顾钰民：《论经济发展方式的三大转变》，《福建论坛》2008 年第 8 期。

陈继勇等：《迈向互利共赢的开放之路——中国对外开放三十年的回顾与展望》，《广东外语外贸大学学报》2009 年第 1 期。

行　业·篇

B.3

河南加快转变工业经济发展方式
形势分析与思考

龚绍东　刘晓萍*

摘　要：从分析河南转变工业经济发展方式的现状入手，重点分析了新阶段河南工业经济发展面临的环境变化及其对转变工业发展方式的影响，由此，提出新阶段河南加快转变工业经济发展方式的战略任务，并有针对性的提出促进河南加快转变工业经济发展方式的对策建议。

关键词：河南　转变工业经济发展方式　战略任务

加快转变工业经济发展方式，是河南工业经历30年迅猛发展后急需调整的

---

* 龚绍东，河南省社会科学院工业经济研究所所长，研究员；刘晓萍，河南省社会科学院研究人员。

迫切选择，更是保证未来 30 年河南工业持续快速发展的必然要求。在金融危机席卷全球的大背景下，加快转变河南工业经济发展方式是顺势而为。在转变中谋发展，在发展中求转变，既要谋求传统产业在稳步发展中的科学转变，又要追求新兴产业在发展方式转变中的快速发展。在国际金融危机影响和经济发展方式转变的双重压力下，河南要加快工业经济发展方式转变，不断提升在国内价值链重构中的位置等级，在未来区域竞争中占据有利地位。

一 河南转变工业经济发展方式的现状分析

"十一五"时期以来，河南工业对于河南省整体经济的支撑和引领作用日趋明显，工业经济发展整体上取得了重大成就。工业总量再创新高，2009 年全省工业增加值实现 9858.40 亿元（见图 1），其中规模以上工业增加值 7764.45 亿元，较 2005 年分别增长了 101.4%、142.6%。全部工业增加值占全省 GDP 的比重为 50.9%，对全省经济增长的贡献率为 55.1%。工业结构进一步优化，2009 年轻、重工业之比达到 31.8∶68.2，相比 2005 年的 29.0∶71.0 的比例有所改善。非公有制对工业的支撑作用逐渐增强，2009 年非公有制工业增加值占全省的比重达到 68.5%，对全省工业增长的贡献率达到 85.8%，分别比 2005 年提高 24 个、22 个百分点。节能减排工作进展顺利，工业能耗持续下降。2009 年单位工业增加值能耗为 2.708 吨标准煤/万元，相比 2005 年的 4.02 吨标准煤/万元，明显下降。但是与加快转变河南工业发展方式的要求来比，工业发展存在的问题还比较严重，尤其在经历了 2008 年世界金融危机冲击之后，以结构调整和产业升

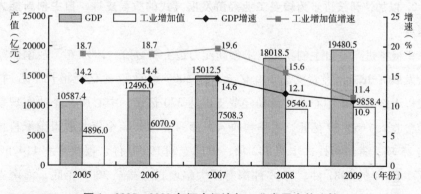

图 1　2005～2009 年河南经济与工业发展走势比较

级推动工业经济发展方式转变的任务仍然十分艰巨，工业结构需要新的战略性调整。

（一）"十一五"以来河南转变工业经济发展方式成效显著

1. 以推进产业结构调整为转变工业经济发展方式的主攻方向，工业转型升级步伐明显加快

"十一五"期间，河南始终坚持把加快产业结构调整作为推进工业经济发展方式转变的重点工作来抓，以产业集群建设为载体，继续做强优势产业，积极培育战略新兴产业，大力发展生产性服务业，培养优势企业群体，推进节能降耗，产业结构调整步伐明显加快，产业竞争优势持续增强。2010 年前三季度，六大高耗能行业占规模以上工业比重由年初的 45.6% 下降至 42.2%。六大优势产业竞争力持续增强，产业增长速度总体上高于整个工业，其中装备制造业及消费品工业发展较好，占比从第一季度的 45.3% 上升至 47.6%，增加值也分别同比增长 29%、18.7%。高技术产业持续快速增长，前三季度产业增加值同比增长 29.3%，增幅高于规模以上工业平均水平 9.3 个百分点。

同时，从投资规模上引导产业结构调整，加大对优势产业的投资规模，进一步抑制高耗能行业投资。2010 年 1～9 月，电子、纺织、机械等行业投资保持较快增长，与同期相比分别增长了 52.3%、29.6%、21.9%。高技术产业投资增速也持续加快，同期相比增长了 29.3%，高于全省城镇投资 8.7 个百分点。全省六大高耗能行业投资比上年同期增长 8.3%，低于城镇投资增速 12.3 个百分点，增速比上半年回落 5.0 个百分点。

2. 以加快科技进步为转变工业经济发展方式的重要支撑，自主创新能力有所提高

积极推进产业自主创新，技术创新能力迈上新台阶。2009 年，河南研究与试验发展（R&D）经费支出 149 亿元，比 2005 年的 52.4 亿元增长了近两倍；省级以上企业技术中心科技活动经费支出达 270 亿元，中心所在企业实现新产品销售收入 2166.89 亿元，占销售收入总额的 24.1%。全年共取得国家科技进步奖 25 项，省级科技进步奖 342 项；申请专利 19590 件，授权专利 11428 件，相比 2005 年的 8981 件、3748 件都有了大幅增长。截至 2009 年底，河南省拥有国家级企业技术中心 40 个，省级企业技术中心 521 个，国家级重点实验室 5

个，省级重点实验室 62 个。国家级创新型试点企业 14 家，省级创新型试点企业 140 家。

技术进步推动结构调整升级的作用逐步显现。一是高技术产业继续领跑全省工业增长。2010 年 1 ~ 9 月份，高技术产业规模以上工业增加值增长 29.3%，高出全省平均水平 9.3 个百分点。二是应用信息技术改造提升传统产业不断取得新的进展。双汇、长城铝业、许继、平煤等骨干企业信息化走在了全国前列。三是在节能减排中技术进步发挥了重要作用，工业发展能耗逐年降低。2010 年河南省重点在钢铁、有色等高耗能行业推广 55 项先进适用节能技术，1 ~ 8 月份，全省规模以上工业单位增加值能耗同比下降 8.69%。其中，非金属、化工和黑色行业的单位工业增加值能耗分别下降 17.64%、16.75% 和 9.27%，超过全省平均水平。2005 ~ 2009 年河南规模以上工业增加值增长见图 2。

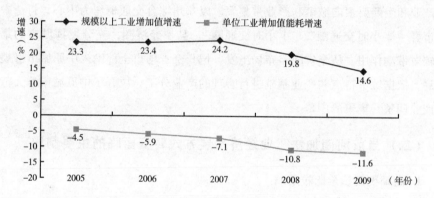

图 2　2005 ~ 2009 年河南规模以上工业增加值增长及能耗增长走势

3. 以优化产业组织结构为转变工业经济发展方式的主要着力点，企业核心竞争力进一步提高

积极推进产业组织结构优化，进一步增强龙头企业竞争力，更大程度地发挥品牌带动效应。从 2004 年起，河南着力培育百户重点企业和 50 户高成长企业，通过支持加快企业自主创新、兼并重组、产业升级、实施节能减排等，实现要素资源优先向重点企业配置，龙头企业竞争力明显提高。2009 年河南煤业化工集团和中国平煤神马能源化工集团双双进入中国企业 500 强的前 100 位，实现河南省企业历史性突破。同时，纺织、汽车、装备制造、食品等具有较大外部规模经济的行业，在市场和政府的双重推动下，围绕龙头企业进行配套生产的专业化中小企业增多，已经形成链式产业集群板块，分工效应显现。大企业更大、小企业更多，集群发展推动大小企业变得更强，有效地推动经济发展方式的转变。

4. 以产业集聚区建设为转变工业经济发展方式的主要抓手，工业集约发展水平明显提升

"十一五"期间，河南大力发展食品、装备制造等六大优势产业，以产业集聚区为依托，促使资源和生产要素向优势产业集中，推动主导产业的链式发展。2009年以来，河南大力支持180个产业集聚区发展，在布局、用地、资金方面给予优惠政策。2010年前三季度，全省产业集聚区完成固定资产投资3934.3亿元，占全省城镇固定资产投资总额的42.1%；工业投资2683.8亿元，占全省的68.2%。富士康等一批高技术大项目的相继开工，进一步增强了产业集聚区的承载能力。同时以实施中心城市带动产业集聚区建设为依托，围绕集聚调结构，推进产业和生产要素向城镇和产业带集聚。以郑州综合交通枢纽为中心，打造中原城市群"半小时交通圈"、"1小时交通圈"、县乡经济圈，充分发挥城市的集聚和辐射带动作用。从全省战略布局出发，把8个省辖市全部纳入中原城市群规划布局，依据城市特点和产业基础进行合理的产业分工，拉开了中原城市群大范围内产业调整、集聚的序幕。

（二）当前河南加快工业经济发展方式转变面临的主要制约

1. 高端要素积累比较薄弱

在当今的全球经济背景下，只有掌握技术、信息、管理、品牌和人文资源等高端生产要素才能在全球价值链竞争中取得主动权。由于受路径依赖、体制环境等因素的影响，河南工业长期以来走的是粗放型、资源驱动型的发展模式，专注于发展能源原材料行业及与行业装备相关的重型制造业，高新技术产业比重明显偏低。传统产业的企业在技术、信息及品牌等高端生产要素积累方面比较薄弱，集中表现为高端人才相对不足，装备更新速度慢，高新技术应用程度不高，新产品比重低，高附加值产品比重不高。在河南工业结构调整升级特别是战略性新兴产业的培育过程中，高端生产要素积累薄弱将直接导致经济发展后劲不足。

2. 传统产业转型步伐缓慢

传统制造业的转型升级要基于自主创新和技术成果的转换，在工艺升级

（技术提升）、产品升级（新产品开发）、功能升级（品牌塑造）上下工夫，提高技术水平及产品附加值。"十一五"期间，河南加大了推进传统产业转型的力度，但是转型步伐仍比较缓慢。一方面，由于河南长期的重化工业结构及产业发展的路径依赖，产业发展尚未培养出新的支点，严重制约了传统产业转型的步伐。另一方面，企业在向先进制造业转化的过程中，由于创新的成本以及创新成本带来的经济效益无法得到保证，大大降低了产业转型的内在动力。同时，政府在这个方面没有市场化的手段来给予支持，那么产业转型就会显得缓慢。内在发展动力缺乏，外源保障不足，最终导致传统产业转型步伐缓慢。

3. 资源与环境约束日趋强化

河南工业发展在相当程度上依赖于高耗能、高污染及产能过剩产业，能源资源消耗较大、环境污染问题严重。从数据上看，2010年上半年，全省高耗能行业增加值增长25.2%，高出规模以上工业0.4个百分点。截至第三季度，六大高耗能行业占规模以上工业比重仍为42.2%。从政府指导政策看，2009年底颁布的《河南省十大产业调整振兴规划》，六大高耗能产业占据了三个席位。在"化石类"能源仍占主导地位的时代，伴随着资源储采量下降及开采成本上升，河南固有资源优势减弱，且资源与环境约束日益强化，河南传统产业转型的内在压力越来越大。此外，在发展"两型"工业的大环境下，2010年8月，国家工信部公告了18个工业行业淘汰落后产能的2087家企业名单中，河南涉及15个行业230家企业，涉及企业数占全国总数的1/9，列全国第一，河南转变工业发展方式迫在眉睫。

4. 生产性服务业的支撑力相对较弱

现代生产性服务业发展明显滞后，第二、三产业协同效果不优。制造业与生产性服务业融合是全球经济发展的重要趋势，河南工业结构的优化升级必须顺应这一趋势。2009年河南第三产业比重仅占29.1%，低于全国平均水平13.5个百分点。2010年前三季度，全省第三产业增加值仅增长9.8%，与年度目标相差较大。在第三产业内部，商贸、住宿、餐饮、交通等传统产业比重高，金融保险、信息传输、科研、计算机服务和软件业等现代生产性服务业发展滞后，远未形成生产性服务业和制造业协同发展的良性机制。

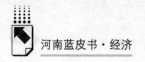

二 新阶段河南加快转变工业经济发展方式的形势分析

（一）新阶段河南工业发展面临的环境变化

1. 全球经济增长模式酝酿重大调整，新的产业增长点尚未形成

在国际金融危机的影响下，全球经济受到了重创。受部分欧洲国家债务危机深化蔓延的影响，世界经济复苏进程从 2010 年第二季度再次走入低谷。发达国家受高失业率、家庭净资产急剧下降等因素影响，消费增长乏力，经济复苏乏力。美国环比增长率 2010 年第一季度为 3.7%，第二季度下滑为 1.6%。日本 2010 年第一季度环比增长 1.2%，第二季度又下滑为 0.4%，世界经济运行在底部震荡盘整的局面仍将持续。全球资源领域竞争加剧，国际市场初级产品价格震荡上扬。国际贸易保护主义再现抬头趋势，人民币持续升值，中国出口难度增加。同时，被发达国家寄予厚望的新兴产业，虽然掀起了一轮新增长，但是成为拉动世界新一轮经济增长的动力源还有一个过程，世界范围内新的产业增长点尚未形成。在未来一段时间内，经济危机的影响在全球范围内仍然存在，加之全球复杂的经济环境和经济发展的不确定因素，世界经济缺乏足够的复苏动力。

2. 中国经济社会发展面临深度转型，加快转变经济发展方式进入攻坚时期

中国经济在经过了三十年的快速发展后，由高增长带来的资源短缺、环境破坏、经济发展不平衡、贫富差距过大等问题日益严峻，中国经济发展处在历史性转折时期，迫切需要经济发展方式和市场体制的双重转型。同时，随着政策激励的实效递减性，我国经济由迅速回升转入平稳增长状态，政策推动经济增长效应减弱。为拉动内需作出较大贡献的汽车、家电摩托下乡政策效应逐步递减，新的刺激政策出台与否、实施力度等都尚不明确，消费市场扩张潜能不大。同时，在终端市场活力尚没有根本改观的形势下，民间投资热情未得到持续有效激发，投资拉动前景不明朗。因此，当前是经济社会发展的转型期、经济结构的调整期，新阶段经济发展方式转变能否成功将直接影响今后三十年的经济发展。

3. 中原经济区建设全面展开，河南经济社会发展迈入新阶段

2010 年，河南省委、省政府提出了建设中原经济区的重大发展规划，提出以加快转变经济发展方式为主线，以建设中原经济区为总体战略，以持续探索不以牺牲农业和粮食为代价的"三化"协调科学发展的路子为基本途径，以构建"一个载体、三个体系"为基本任务，着力调整结构，着力扩大内需，着力改革开放，着力改善民生，形成区域上的新经济增长点。在此基础上，河南积极谋划新的崛起和跨越之路，加快转变经济发展方式。进一步加快产业集聚区建设；着力实施"转型升级双千工程"，在结构调整中解决产量过剩问题，为新型工业化腾出发展空间；积极发展战略性新兴产业，通过现代产业体系的构建为今后的长远健康发展奠定基础；按照"一极两圈三层"城镇体系加快城镇化进程；等等。

（二）新阶段河南加快转变工业经济发展方式面临的机遇与挑战

1. 主要机遇

国内外产业分工深化，产业梯次转移提速，河南承接新一轮国内外产业转移和参与要素分工仍有一定优势。国际分工的方式由产业间分工向产业内部产品分工和要素分工延伸，制造业和服务业领域的国际分工不断深化带动了世界范围内生产性服务业快速发展，沿海地区在承接国际服务业的同时，传统产业特别是劳动密集型产业受要素成本上涨的压力，加快向中西部转移。河南应抓住这一历史性机遇，着力解决制约承接产业转移的深层次问题。

战略性新兴产业迎来突破性发展机遇，新能源、新材料、生物医药、电动汽车等新兴产业的兴起，以及河南在电动汽车、生物医药等产业领域的优势将为河南抢占市场赢得先机。消费结构转型升级加快，内需拉动效应进一步增强。中央出台的"家电下乡"、"汽车摩托下乡"等多项政策，对扩大农村消费、推动农村消费结构转型升级起到了明显的促进作用，尤其是农村消费市场的拉动和示范效应将给作为农业人口大省的河南带来更多的机会。

2. 关键挑战

沿海地区"再重工业化"将削弱河南传统工业的竞争力。为降低运输成本，新一轮重工业化体现为靠近沿海、靠近终端市场的趋势，这对河南原来具有优势的化工、钢铁等产业形成了竞争压力。

国家区域发展新规划布局将制约高层次产业往河南转移。"十一五"以来，十多个区域规划获得中央批准，而河南至今尚没有国家获批的区域规划，当然也相对缺乏吸引企业投资的优惠政策，导致河南吸引高层次产业的难度比较大。

河南工业布局与区域优势不协调，空间结构调整任务艰巨。区域之间产业同构现象严重，没有发挥各自的比较优势，中原城市群之间也没有形成协调发展的产业分工体系。正在推进的产业集聚区建设同样在区域特色上强调不够，对生态问题重视不够，各地区争资金、争项目的情况时有发生。全省范围内空间布局的调整和优化在现实中受政绩等多重因素的制约，发展十分缓慢。

三　新阶段河南加快转变工业经济发展方式的战略任务

（一）加快产业转型升级步伐，推进工业经济发展方式由传统产业体系支撑向现代产业体系支撑转变

积极推进传统产业改造提升，以产业内升级为方向，用高新技术和先进适用技术改造提升传统产业，通过工艺升级、产品升级、功能升级等路径，提高技术水平与产业层次，延伸产业链条，深入推进传统产业信息化进程，在具有比较优势的产业上增加链条竞争力。跨越式发展战略性新兴产业，以产业间升级为重点，坚持以产品为纽带，因"行"制宜，制定符合每一行业的发展方式。对新能源、新材料等具有比较优势的领域要提升新竞争力，培育新增长点；对新医药、节能环保等尚处于起始阶段、发展薄弱的新兴产业则应加快培育，提供政策支持。大力发展生产性服务业，加快生产性服务业与制造业的融合、互动，以知识、技术、信息密集型的生产性服务业发展改造传统工业，提高生产性服务业在服务业中的比重，提高服务业在三次产业结构中的比重。

（二）加快自主创新体系建设，推进工业经济发展方式由资源驱动向创新驱动转变

传统的经济发展模式主要通过扩大投资规模、依靠各种要素资源的大量消耗实现经济的快速增长，由此导致效率不高、效益相对低下和环境压力明显加大，以及经济发展本身的不可持续性。面对全球原材料价格不断上涨及资源短缺的限制，要保证河南工业经济的科学发展，就要以提高创新能力为核心，以节能减排和生态环保为抓手，促进经济增长方式从资源驱动型向创新驱动型转变。一要创新发展思路，突破工业发展的路径依赖，转变发展理念，创新发展模式。二要创新体制机制，深化财税、金融、行政体制改革，深入推进资源性产品价格和环保收费改革，形成有利于促进可持续发展的价格机制。三要加强产业创新，加快用

高新技术改造传统产业，积极发展新型支柱产业，推动产业结构优化升级，加快建设以企业为主体、市场为导向、产学研相结合的技术创新体系。

（三）加快产业集聚区建设，推进工业经济发展方式由粗放型向集约型转变

加快产业集聚区建设，发挥产业集聚效应，完善产业链，提高资源利用度，大力发展生态经济、循环经济。坚持"大基地、大项目、大品牌"建设，以集聚区重点项目建设为抓手，以大企业集团为龙头，以产业链的构建为核心，围绕把规模做大，把水平做高，把成本、消耗、污染做低，提升产业的国际竞争力，促进产业聚集。突出特色主导产业，逐步形成能够体现和发挥自己优势的产业集群，形成特色园区和后发优势。发挥产业集聚区的集聚效应和规模效应，依托现有的产业基础和比较优势，强力推动集聚区装备制造、有色、化工、食品、纺织服装等战略支撑产业技术改造升级，积极发展电子信息、新能源、生物医药、新材料等战略先导产业，强化相同产业的空间整合，加快集中度高、关联度大、竞争力强的支柱产业群。

（四）加快产业组织结构优化，推进工业经济发展方式由主要靠企业个体竞争力向主要靠产业链竞争力转变

推进龙头企业在全国、全世界范围的战略布局，发展一批具有核心竞争力的大型企业集团，形成产业链核心增长带。抓好重点企业的科技创新，大力促进企业战略性重组，推进龙头企业产能整合，以购并引领企业超常规成长，培育更多"蜂王型"企业。强化中小企业与大型企业集团的配套合作能力，培育一批产业内的隐形冠军，丰富产业链构成，增强产业链竞争力。积极发挥龙头企业的技术和产业溢出效应，强化产业链衔接，促进大中小企业协作配套，给中小企业创造共同抗御风险、成长壮大的平台。放宽中小企业设立条件，规范使用中央财政中的小企业发展资金，建立起多层次的中小企业信用担保机构，完善与中小企业发展相适应的金融机构体系。

（五）加快"两型"工业发展步伐，推进工业经济发展方式由高碳型向低碳型转变

突出抓好节能降耗，全面推行清洁生产，积极发展工业循环经济，加快建设

"两型"工业体系。把"两型"企业创建试点作为推进"两型"工业发展的载体，制订并组织实施工作方案，选择钢铁、有色、化工、建材等传统行业开展"两型"企业创建试点，研究提出"两型"示范企业建设标准，开展分行业"两型"企业评价指标体系和政策研究。在政策环境方面，政府要从优势产业扶持和衰退产业援助两个方面，强化对老工业基地的改造扶持机制，加大对国企改革的支持力度。在科研体制方面，着力培育和提升"两型"产业的科技支撑能力，加快推动产学研战略联盟，组建共性技术研究平台，联合攻克产业关键技术。把节能增效和生态环保作为重要抓手，加快发展绿色经济、循环经济和低碳经济，推进工业经济发展方式由高碳型向低碳型转变。

四 河南加快转变工业经济发展方式的对策建议

（一） 实施以市场为基础的产业政策

推动工业经济发展方式转变，必须立足于充分发挥市场机制的作用。产业政策的制定要坚持以市场为基础、企业为主体，在市场自身调节功能充分发挥作用下，通过运用技术政策、竞争政策、人力资源政策，完善法律手段、强制性规范和激励机制，以弥补市场机制的不足，促进产业升级：一是充分利用市场在资源配置中的基础性作用，引导社会资本流向有发展前景的高技术产业，推动高新技术的产业化；二是充分利用市场的竞争机制，让竞争压力成为促进企业产品和技术升级的持续动力，引导企业主动进行产品结构调整和技术升级；三是充分利用市场的优胜劣汰机制，推动竞争力强的企业兼并重组，迫使落后企业、落后技术、落后产能退出市场，让优势企业能迅速做强做大，促进产业组织结构的调整。通过实施以市场为基础的产业政策，合理发挥政策的引导作用，避免损害市场机制。

（二） 贯彻落实国家产业调整与振兴规划

科学贯彻落实国家重点产业调整振兴规划，深刻领会国家振兴规划出台的重大意义，规划调整振兴的主要任务和政策措施，充分掌握国家振兴规划的最新精神、最新思路。只有把国家政策"吃精摸透"，才能紧跟国家政策指挥发展好工业，才能更好地利用政策资源，进而加快工业经济发展方式转变。同时，要以国家重点产业调整和振兴规划为基础，紧密结合各行业发展规划和河南实际，在对河南工业产业发展现状及未来发展趋势进行充分调研和分析论证的基础上，编制河南工业振兴规划，以指导和推动产业加快发展。此外，在政策落实的工程中，要强化落实工作责任，严格工作进度要求，确保各项政策措施落到实处。

（三）提高承接产业转移的规模与层次

甄别产业转移项目，结合河南自身工业基础，主动承接适合河南工业发展实际条件、有发展前景和具备竞争力的先进制造产业和先进技术转移。尤其要积极承接产业链带动能力强、产业集群效应大的产业转移，通过外来品牌带动河南本土相关领域及产业链上下游企业的发展，形成新的优势产业。必须避免"过剩转移"，即从东部地区淘汰的高耗能、过剩产业的转移。在政策导向上，省政府及相关部门要出台具体规则，明确河南承接产业转移的方向、重点、产业准入标准和项目准入门槛。在承接沿海企业整体搬迁时，鼓励企业同时更新技术、更新设备，实现产品升级换代。同时，在民间要创造良好的外围承接环境，建立集聚区专业招商队伍，大力开展承接产业转移活动。

（四）培育推动产业转型升级的新驱动力

加快形成河南工业的动态比较优势，推进从适应比较优势转向创造比较优势，利用传统比较优势产业所创造积累的资金、技术、人才和管理经验，通过扶植资本和技术密集型产业发展，实现比较优势的动态转换。积极培育技术、信息、管理、品牌和人文资源等生产软要素，通过软要素增量带动有形要素存量，创造新的区域经济增长点。努力构建循环经济产业链，开展循环经济园区试点，鼓励企业积极发展循环经济，改进设备、工艺和生产流程，推行清洁生产，搞好关联企业之间的资源链、加工链和产品链的对接延伸。全面提高自主创新能力，建设创新体系，集聚创新资源，加大先进技术和关键技术的研究力度，大力推进产学研联合，建立面向产业、服务于企业的行业技术平台，支持企业进行工艺技术和装备的研究开发，形成拥有自主知识产权的主导产品和专有技术。

（五）立足内需提高工业产品市场占有率

立足扩大内需，大力开拓国内市场。把握中央以扩大内需、开拓农村消费市场作为宏观调控着力点的历史机遇，充分享受中央出台的"家电下乡"、"汽车摩托下乡"多项惠农政策，"以农促工，以农带工"，大力发展惠农产业链经济。加快培育以技术、品牌、质量、服务为核心竞争力的竞争优势，加大自主创新掌握研发设计环节，建立分销体系掌握供应链服务，向价值链上游发展，占据"微笑曲线"两端，增加产品利润率，提高产品的国外市场占有率。根据不同产品的特点，通过创造价格优势、质量优势、品牌优势、服务优势、产品个性化和差异化优势，在买方市场中再创卖方市场。注重大力发展网络营销，利用优势企业、优势产品在开拓国内市场上狠下工夫，开创"河南制造"品牌，扩大河南产品的市场份额。

参考文献

中国社会科学院工业经济研究所：《"十二五"时期工业结构调整和优化升级研究》，《中国工业经济》2010 年第 1 期。

安增军、刘琳：《中国产业梯度转移与区域产业结构调整的互动关系研究》，《华东经济管理》2009 年第 12 期。

赵继荣：《论地区工业结构调整与地方政府作用》，《江西社会科学》2001 年第 5 期。

王君美：《市场导向下的产业结构调整》，《经济问题探索》2009 年第 8 期。

河南省统计局：相关年度《河南省统计年鉴》和《河南省经济社会发展统计公报》。

"十二五"时期河南加快农业发展方式转变研究

陈明星*

摘　要：转变农业发展方式是转变经济发展方式的重要内容，关系到新形势下经济发展的全局。作为一项系统工程，"十二五"时期河南农业发展方式转变要寻求新突破、取得新成效，必须着力于转变农业发展方式以寻求高起点上的农业稳定发展、强约束下的农业持续发展、新格局中的农业跨越发展，抓住关键环节，巩固提高粮食综合生产能力，加快构建现代农业产业体系，加快农业科技创新和推广能力建设，加快推进资源要素向农村配置，加快农业经营体制机制创新。

关键词："十二五"　农业发展方式　转变

尽管近年来河南省在转变农业发展方式上取得了明显成效，但必须看到，农业发展仍然面临着一些深层次矛盾和问题，尤其是当前河南农业发展已进入只有转变发展方式才能促进持续发展的关键时期，不加快农业发展方式转变，农业发展就难以为继。

一　当前河南农业转型态势分析

近年来，河南省围绕加快农业发展方式转变，千方百计稳定粮食生产，以加快构建现代农业产业体系为支撑，着力统筹工农业发展，大力深化体制机制创

＊　陈明星（1979～），男，河南固始人，河南省社会科学院副研究员。

新，取得了显著成效，尤其在应对国际金融危机冲击和严重自然灾害中，保持了农业农村发展的良好态势，为经济平稳较快发展提供了基础支撑。

（一）近年来河南转变农业发展方式的实践与成效

以稳定粮食生产为基础，增强农业供给能力。2006年以来，河南粮食总产量首次突破并连续保持在1000亿斤以上。2009年，在遭遇特大自然灾害的背景下，全省粮食总产量仍达1078亿斤，实现连续6年增产，连续10年居全国首位（见图1）。2010年，全省夏粮总产量达到618.14亿斤，比上年增长5.14亿斤，实现连续8年增产，连续7年创历史新高。河南用占全国1/16的耕地生产出占全国1/10的粮食，成为全国最大的粮食生产基地，不仅确保了一亿人口的吃饭问题，每年还向省外调出商品粮和粮食制成品300多亿斤，为国家粮食安全作出了贡献。与此同时，2009年，全省油料、棉花、水果产量分别达到532.98万吨、51.75万吨、755.9万吨，分别居全国第1位、第4位、第6位，全省肉、蛋、奶产量也分别达到615.01万吨、382.85万吨和301.28万吨，分别居全国第3位、第1位和第4位；花卉、食用菌、茶叶、中药材等特色农产品进一步发展，创出了一大批有市场竞争力的品牌。

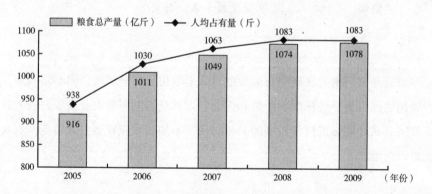

图1　2005～2009年河南粮食总产量与人均占有量变动情况

以构建现代农业产业体系为支撑，提高农业竞争力。加快推进农业科技创新和农业产业化经营，大力发展农业生物育种创新、资源节约型和环境友好型科技创新及其推广应用体系。2009年，全省规模以上龙头企业达6000多家，421家企业销售收入超亿元，食品工业销售收入达到3800多亿元，居全省工业行业之首,居全国同行业第 2 位,成为全省战危机、保增长的一大亮点。粮食、肉类、乳品精深加工能力分别达到 3500 万吨、807 万吨、370 万吨,肉制品、味精、面粉、方便面、挂面、面制速冻食品等产量均居全国首位,成为全国第一粮食加工转化大省、全国第一肉制品大省,以及全国最大的面粉及面制品、肉类和调味品的生产基地,形成了粮食制品、肉制品、乳制品、果蔬、油脂和休闲食品等六大农产品加工业体系,农产品加工业增加值已占工业增加值的 1/4,成为全省第一大支柱产业。

以统筹工农业发展为重点,提升对农业的反哺能力。自 20 世纪 90 年代初开始,河南坚持工农业互动协调,把加快工业化、城镇化,推进农业现代化作为加快发展的基本途径,探索"以农兴工、以工促农"的有效方式,在坚持以工业化为核心,促进产业素质和竞争力明显提升的同时,毫不动摇地坚持农业的基础地位,抓紧抓好粮食生产,大力发展现代农业,实现了由传统农业大省向经济大省和新兴工业大省的历史性跨越,实现了工农业两大产业的双跃升,走出了不以削弱农业基础地位为代价的现代化路子,基本形成了工农业互动协调发展的新格局,提升了工业对农业的反哺能力,并有力地带动了农民增收(见表 1)。

表 1　2005～2009 年河南农业农村发展情况

年份	粮食总产量		农业增加值		农民人均纯收入	
	总量(亿斤)	占全国比重(%)	总值(亿元)	占 GDP 比重(%)	收入(元)	与城镇居民可支配收入之比
2005	916.4	9.5	1892	17.9	2871	1∶3.02
2006	1011	10.2	1917	15.5	3261	1∶3.01
2007	1049	10.5	2218	14.8	3852	1∶2.98
2008	1074	10.2	2659	14.4	4454	1∶2.97
2009	1078	10.2	2769	14.3	4807	1∶2.99

资料来源:《河南统计年鉴(2010)》。

以深化改革创新为保障,增强农业发展方式转变的内生动力和能力。加快推进农业经营体制机制创新,稳步推进农村金融体制改革,积极发展各种类型的农民专业合作组织,加快建设覆盖全程、综合配套、便捷高效的农业社会化服务体系。成立了全国第一只农业产业投资基金——河南农业开发产业投资基金，专用于农业产业化发展；建立了省、市、县三级中小企业担保服务机构，担保体系得到明显加强；全省农民专业合作社目前已发展到10970家，覆盖了农、林、牧、渔、农机等各个领域；在信阳市、新乡市设立了省农村改革发展综合试验区和省统筹城乡发展试验区进行探索，取得了初步成效。

（二）当前河南农业发展方式中存在的突出矛盾和问题

尽管目前河南省在转变农业发展方式上取得了明显成效，但必须看到，农业发展中存在着一些深层次矛盾和问题，仍未从根本上得到解决。

一是农业生产的耕作方式比较粗放，规模化标准化水平不高，市场竞争力不强。全省农业基础设施依然薄弱，抗御自然灾害的能力不强，全省仍有5000多万亩中低产田需要改造。农业自然风险加大，极端天气事件明显增多，各种自然灾害尤其是水旱灾害呈现不确定性。

二是农产品精深加工发展任务艰巨。2009年，全省规模以上龙头企业达6000多家，421家企业销售收入超亿元，食品工业销售收入达到3800多亿元，居全省工业行业之首，居全国同行业第二位，成为全省战危机、保增长的一大亮点。但同时，全省龙头企业数量少、规模小、产业链条短、知名品牌少，竞争力和带动能力不强，与山东相比，仍有较大差距。从龙头企业数量看，河南的国家级农业产业化龙头企业有39家，山东为45家；从企业规模看，河南年销售收入亿元以上的龙头企业为421家，山东达900多家；从农业的外向度来看，河南农产品出口额为6亿多美元，山东达130亿美元。

三是农民组织化程度低。近年来，全省农民专业合作社有了一定发展，覆盖了农、林、牧、渔、农机等各个领域。但从总体看，农民合作组织的覆盖面窄、层次较低、服务内容单一，农民的组织化程度不高，应对市场和自然风险能力较弱。

四是粮食比较效益低下。由于农资价格不断上涨和生产用工成本不断提高，2009年全省种粮纯收益每亩仅575元（见表2），农业对地方财政的直接贡献小，"粮食大县、财政穷县"的现状比较普遍。2008年全省粮食产量在10亿斤以上的52个县（市、区）人均财政支出水平平均为655元，是全省平均水平的44.7%。

表2 2009 年河南粮食、蔬菜、水果亩均生产成本及收益情况

单位：元，%

指 标	粮食	构成	露地蔬菜	构成	大棚蔬菜	构成	水果	构成
总成本	1114.2	100	3383.8	100	4862.6	100	2513.5	100
生产成本	841.3	75.5	2929.1	86.6	4371.4	89.9	2311.4	92.0
物质费用	320.2	38.1	1111.2	37.9	2016.8	46.1	718.8	31.1
生产服务支出	154.5	18.4	185.5	6.3	333.8	7.6	59.2	2.6
人工成本	366.6	43.6	1632.4	55.7	2020.7	46.2	1533.4	66.3
土地成本	272.9	24.5	454.7	13.4	491.3	10.1	202.1	8.0
总产值	1340.4		5153.7		9556.3		4538.9	
纯收益	302.1		1770.0		4693.7		2025.4	
生产收益	575		2224.6		5185		2227.5	

资料来源：地调队农产量与农村住户处《河南省粮食、蔬菜、水果生产成本及收益比较分析》，河南统计网，2010 年 8 月 10 日。

二 "十二五"时期河南加快转变农业发展方式的新要求

作为一项系统工程，"十二五"时期河南农业发展方式转变要寻求新突破、取得新成效，必须着力于转变农业发展方式以寻求高起点上的农业稳定发展、强约束下的农业持续发展、新格局中的农业跨越发展。

（一）高起点上实现农业稳定发展

目前，河南粮食产量已处于高位，2006 年以来已连续 4 年超千亿斤，连续 6 年创新高，2010 年仍将保持在 1000 亿斤以上。但由于全省农业基础设施依然薄弱，抗御自然灾害的能力不强，在高起点上实现稳定发展的难度更大，全省中低产田占全部耕地面积的一半左右，高标准基本农田不足 30%，有效灌溉面积占全部耕地面积的比重只有 60% 多，还有近 40% 的耕地"靠天收"。与此同时，全球粮食供求关系偏紧，粮食库存不断下降，总体粮价持续上涨。特别是国际石油价格不断攀升，不仅刺激了粮食的能源化利用，而且增加了粮食运输成本，全球粮食贸易地理格局正在改变，局部地区粮食供求失衡状况逐步加剧。这决定了河南必须克服困难，努力在高起点上实现农业稳定发展。

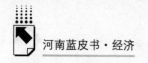

（二）强约束下实现农业持续发展

农业资源环境压力越来越大，人增、地减、水缺的趋势难以逆转，全省人均耕地只有 1.08 亩，为全国的 80% 左右，人均水资源量只有 395.2 立方米，不到全国的 20%。同时，极端天气气候明显增多，加大了农业防灾减灾、灾后恢复生产的难度，全球气候变暖还明显增加了病虫害发生频度、重度和防治难度。这就决定了河南必须加大耕地保护力度，依靠科技进步促进节约农业、集约农业发展，加大农业面源污染防治力度，杜绝伴随产业梯度转移向农村可能带来的"污染转移"，着力形成城乡一体的节能减排格局，努力实现资源环境强约束下实现农业持续发展。

（三）新格局中实现农业跨越发展

国际金融危机加速了世界经济格局的重构，推动了产业梯度转移和经济结构战略性调整，"十二五"时期将是形成区域发展新格局和城乡经济社会发展一体化新格局的关键时期。作为全国第一农业大省、第一粮食生产大省、第一粮食转化加工大省，河南应从农业基地的传统定位中解脱出来，突破传统的农业发展惯性思维和路径模式，以"中心"代"基地"谋划超常规跨越式发展，着力建设全国现代农业中心，在现代农业基地的基础上，形成融农产品生产、加工、流通全过程于一体，并充分发挥对周边乃至全国农产品生产、加工的辐射和带动作用，以进一步彰显农区特色优势，提升农区竞争力。

三　"十二五"时期河南加快转变农业发展方式的路径选择

"十二五"时期，河南加快转变农业发展方式既面临一系列新挑战，也面临前所未有的难得机遇，必须谋划新思路、寻求新突破。

（一）"十二五"时期河南加快农业发展方式转变面临新挑战

由于河南工业化、城镇化水平还不高，财力有限，投入水平与农业农村发展的要求还很不适应，还存在一些城乡二元分割的体制机制性障碍，受市场属性、制度惯性、思维习性等因素的影响，资金、人才等要素不断向工业和城镇集聚，农业农村发展"失血"现象还比较严重。"十二五"期间，随着工业化、城镇化的推进和农民进城规模的扩大，农业兼业化、农村空心化、农民老龄化等"三化"趋势将更加突出，一些地方农业生产缺人手、新农村建设缺人才、抗灾救灾缺人力等"三缺"现象将更加凸显，加之农业生产成本和劳动力成本的不断攀升，转变农业发展方式面临基础性制约。

同时，国际金融危机加剧了世界经济发展的复杂性和不确定性，未来世界经济的复苏很可能是一个缓慢而又充满波动的过程，同时国际金融危机也倒逼经济发展方式和农业发展方式转变，而推进产业结构优化升级和增长方式、发展模式的转变，也将可能因导致经济增长对劳动力素质的要求不断提高，加之城镇新成长劳动力较多、农民工技能与岗位需求矛盾加剧，而会形成对农民就业和非农收入增长的抑制效应。此外，影响农产品价格的因素日益复杂，农产品价格走势的不确定增强，农业面临着较大的市场风险，这些都增加了转变农业发展方式的难度。

（二）"十二五"时期河南加快农业发展方式转变迎来难得机遇

"十二五"时期，河南农业发展方式转变也将迎来前所未有的难得机遇。

一是国家对农业发展的高度重视，提出粮食安全的警钟要始终长鸣，巩固农业基础的弦要始终绷紧，解决好"三农"问题作为全党工作重中之重的要求要始终坚持，并已初步建立起强农惠农的政策框架，农业支持保护水平不断提高，尤其是国家粮食最低收购价进一步提高，粮食直补等各项涉农补贴力度进一步加大，农村医疗、教育、保险等体系逐步健全，惠农力度不断加大，这些都为转变农业发展方式奠定了良好基础。

二是国家粮食战略工程河南核心区建设的深入推进，农业综合开发和农业基础设施建设投入力度将不断加大，贷款贴息和补助等财政扶持方式将更加完善，这必将进一步巩固河南农业基础地位。加上《促进中部地区崛起规划》的发布，以及中原经济区建设的展开，意味着中原崛起迎来新的发展阶段，随着国家对中部地区投入的进一步加大，政策支持将更加直接，发展环境将更加优化，为转变农业发展方式提供了坚实的物质和政策保障。

三是随着应对国际金融危机各项政策措施的落实，一系列涉农基础设施的建设将极大改善农业基础薄弱的状况，同时随着经济结构战略性调整的逐步深入，产业梯度转移的趋势越来越明显，沿海发达省份民营资本、工商资本向内地劳动密集型、资源密集型产业投资的数量越来越大、流速越来越快，这种趋势将有利于河南农业龙头企业实施引进来、走出去战略，利用外部资源、先进科技和管理模式，在加快自身发展的同时，也促进农业发展方式转变。

四是转变经济发展方式将成为"十二五"时期经济社会发展的主线，贯穿于经济社会发展全过程和各领域，作为转变经济发展方式的重要内容，农业发展方式转变也必将从整个国家政策层面得到更有力的关注和支持，从而为加快农业发展方式转变提供了有利的政策环境。

（三）"十二五"时期河南加快农业发展方式转变的路径选择

加快转变农业发展方式既是整个经济社会发展在现阶段对农业的要求，也是农业自身面临的一个重大挑战。河南作为农业大省，"十二五"时期要在提高农业综合生产能力上取得新进展、在转变农业发展方式上取得新突破、在发展现代农业上取得新成效，必须着力加快"五个转变"。

一是导向转变。促进农产品供给由注重数量增长向总量平衡、结构优化和质量安全并重转变，坚持推进产业结构、产品结构、区域结构调整，不断提升农产品质量安全与竞争能力。

二是内涵转变。促进农业发展由主要依靠资源消耗向资源节约型、环境友好型转变，切实加大农业资源和生态环境保护力度，深入推进农业生态文明建设，促进资源永续利用和农业永续发展。

三是手段转变。促进农业生产条件由主要"靠天吃饭"向提高物质技术装备水平转变，用现代物质条件装备农业，用现代科学技术改造农业，强化农业防灾减灾体系建设，提高农业科技进步贡献率，增强农业抵御自然风险的能力。

四是主体转变。促进农业劳动者由传统农民向新型农民转变，大力发展农村职业教育，积极开展农民培训，切实加强农村实用人才开发，培养一大批有文化、懂技术、善经营、会管理的新型农民。

五是组织方式转变。促进农业经营方式由一家一户分散经营向提高组织化程度转变，形成多元化、多层次、多形式的经营方式，切实提高农业组织化程度，把农户引领到农业商品化、专业化、社会化的发展轨道上来。

四 加快转变河南农业发展方式的对策建议

转变农业发展方式是转变经济发展方式的重要内容，关系到新形势下经济发展的全局。作为一项系统工程，转变农业发展方式要寻求新突破、取得新成效，必须巩固提高粮食综合生产能力，加快构建现代农业产业体系，加快农业科技创新和推广能力建设，加快推进资源要素向农村配置，加快农业经营体制机制创新。

（一）巩固提高粮食综合生产能力

要以粮食核心区建设为契机，加强农业农村基础建设和科技创新，突破农业资源环境约束。要全面落实强农惠农政策，加强农业基础设施建设，基于比较优势，抓好优势农产品产业带建设，不断夯实农业基础，增强新型工业化发展动力。大力发展农业科技，进一步加强农业科技投入力度，提高粮食稳产、高产的综合生产能力。支持新型农用工业的发展，扶持开发新型肥料、低毒高效农药、多功能农业机械及可降解农膜等新型农业投入品，提高土地生产率和资源利用率，为改造传统农业提供质优价廉的现代生产要素。积极发展各类农民专业合作组织，健全农村社会化服务体系，开拓农产品市场；引导农民充分利用自然、生态资源优势，发展休闲农业和高效农业。要着力培育农业品牌，提高农产品的品牌知名度和在国内外市场的竞争力，将更多的农产品推向国际市场。

（二）加快构建现代农业产业体系

要依托龙头企业发展农产品加工，着力扶持国家和省级龙头企业，延伸农业产业链条，促进农产品加工转化增值。加大对农产品加工业的财政支持，设立农产品加工业发展专项资金，加强对重点优势农产品加工业的基础设施建设，关键技术研发、引进和推广的扶持，加强对农产品加工业创业的扶持，加强对农产品加工综合利用的扶持，促进农民就业创业。以当前税制改革为契机，对农产品加工企业开展综合利用、建设加工专用原料基地实行税收优惠政策。积极协调金融部门推行积极的金融政策，通过探索仓单质押等办法，不断扩大对企业流动资金的支持；加大政策性银行对农产品加工业的支持力度，增加中长期贷款；争取扩大农业政策性保险的试点范围。以重点工程建设为带动，建立和完善技术创新服务、质量标准服务、信息服务、人才培训服务、指导行业协会服务等社会化服务体系，健全农产品质量监管体系，实施全程监控，加大监管力度，切实落实各环节质量安全监管责任，全面提升农产品质量安全和监管水平。要围绕农产品优势产业带建设，建立一批产业关联度大、精深加工能力强、规模集约水平高、辐射带动面广的龙头企业集群，进一步提升现有企业的规模和技术水平，完善产业链条，形成发展合力。

（三）加快农业科技创新和推广能力建设

农业已不仅仅是"吃饭产业"，更不必然地与"落后"、"低效率"、"负担"等连在一起，也不再是传统意义上的一个狭小的产业范畴。事实上，农业和农村除了提供国家需要的农产品，确保国家粮食安全外，还有其他价值和贡献，在原料供给、就业增收、生态保护、观光休闲、文化传承等方面发挥重要功能。要适应降低能源消耗和发展生态农业的要求，依托区位优势和环境优势，积极拓展农业，大力发展以"农家乐"为主的休闲旅游业，特别是要把特色文化与旅游业融合起来，把产业做大、做强。要适时推进农业和农村结构调整，采取贷款贴息、投资参股等措施，重点扶持粮食加工企业、畜牧企业和农户。要按照建设资源节约型、环境友好型社会的要求，以切实转变农业发展方式为重点，大力开展节地、节水、节种、节肥、节药活动，发展循环农业。要发展保护性耕作，建立和完善森林生态效益补偿机制。大力推广节本增效技术，积极发展节约型农业，提高投入品利用率，降低农业生产成本，努力控制和减轻农业面源污染。大力推进农村生态循环经济，加快发展生态农业和生物质产业。要围绕主导产品，因地制宜拓展农业的多功能性，构建产业之间相互依存、产品和中间产品及废弃物交换利用的产业循环体系，并积极引导构建企业内部循环体系、农业内部循环体系以及农户家庭循环体系，促进农业可持续发展，打造功能多样、资源节约、环境友好的可持续发展的现代农业。

（四）加快推进资源要素向农村配置

近年来，农业兼业化和农民老龄化的趋势已现端倪。必须下大力气培育有文化、懂技术、会经营的新型农民，造就现代化的农业经营主体。要切实加大投入和扶持力度，多渠道、多层次、多形式加强农村劳动力知识、技能培训，普遍开展农业生产技能培训，扩大新型农民科技培训工程和科普惠农兴村计划规模，组织实施新农村实用人才培训工程，积极培育有文化、懂技术、会经营的新型农民，全面提升农民的自我发展能力，把更多的农民培养成现代农业经营主体。要积极探索建立政府扶助、面向市场、多元办学的教育培训机制。要整合农业职业教育资源，充分发挥职业学校、农广校、农函大等农民技术教育培训主渠道作用，广泛运用现代媒体和远程教育手段，扩大农民科技培训的覆盖面。要按照"以需定培、长短结合"的思路，加大农村劳动力技能培训力度，开放培训市场，鼓励各类培训机构和用人单位开展"定向培训"、"订单培训"，力争培养出一批种养专业大户、科技示范大户，为现代农业发展提供智力支持。要大力发展农村第二、三产业，带动和引导农村劳动力就地就近转移。积极引导和支持农民发展各类专业合作经济组织，落实财政扶持、信贷服务等优惠政策，扶持一批服务功能强、内部运作规范的农民专业合作经济组织，提高农民的组织化程度。

（五）加快农业经营体制机制创新

要以农村改革发展综合试验区、农业多功能试验区等各类试验区建设为纽带，树立现代大农业产业理念，在农业稳定增产和农民持续增收基础上加快工业化、城镇化进程，决不因农业形势稍有好转就忽视农业和粮食生产。要加大体制机制创新扶持力度，深化农村土地承包经营、基层管理体制等创新，激活农民专业合作经济组织、回乡创业者、农村经纪人等农村经济发展主体，盘活土地、资金、劳动力等资源。健全农村金融体系、市场体系。充分发挥市场配置资源的基础性作用，推进征地、户籍等制度改革，逐步形成城乡统一的要素市场。大力引导人才、智力和资金等资源流向农村、支持农业、服务农民。继续深化以乡镇机构改革、农村义务教育体制改革、县乡财政管理体制改革为主要内容的农村综合改革，增强农村经济发展活力，促进农村和谐发展。要以建设现代农业、加快新型工业化统筹工农业发展，转变农业、工业发展方式，创新"以工补农、以城带乡"的途径和模式，完善对工农业协调发展及农业发展方式转变的综合评价体系。

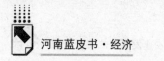

参考文献

国务院发展研究中心课题组:《"十二五"时期我国农村改革发展的政策框架与基本思路》,《改革》2010年第8期。

韩长赋:《夯实农业基础,促进城乡统筹,努力开创农业农村经济发展新局面》,《农村工作通信》2010年第1期,第6~11页。

韩长赋:《加快推进农业发展方式转变》,2010年10月18日《经济日报》。

姜长云:《"十二五"期间中国农民收入增长的难点与前景》,《新视野》2010年第1期,第12~14页。

姜长云:《"十二五"期间中国农业发展面临的制约与挑战》,《中国发展观察》2010年第1期,第19~22页。

金辉:《"十二五"农业农村发展任务更加艰巨》,2010年5月28日《经济参考报》。

农业部农村经济研究中心分析研究小组:《"十二五"时期农业和农村发展面临的挑战与选择》,《中国农村经济》2010年第8期。

河南投资对转变经济发展方式的
作用分析及政策建议

李鸿昌*

一　河南投资的历史回顾：成就与问题

新中国成立 61 年来，河南省固定资产投资硕果累累，取得了辉煌的成就。从 1950 年到 2009 年，全社会固定资产投资完成了 61667.46 亿元，年均增长约 24%。其中，1979～2009 年完成全社会固定资产投资 61357.18 亿元，占 61 年完成固定资产投资的 99.5%，年均递增约 22%。

从各个历史阶段看，"六五"时期完成 376.05 亿元，年均增长 40.4%；"七五"时期完成 903.21 亿元，年均增长 12.0%；"八五"时期完成 2458.78 亿元，年均增长 30.5%；"九五"时期完成 6220.92 亿元，年均增长 14.9%；"十五"时期完成 13237.05 亿元，年均增长 20.2%；"十一五"前四年完成 38092.07 亿元，年均增长 33.6%。1978 年全省投资总量仅 24.79 亿元，1994 年突破 500 亿元，1996 年突破 1000 亿元，2003 年突破 2000 亿元后，每年跨越一个千亿元的新台阶，2004 年突破 3000 亿元，2005 年突破 4000 亿元，2006 年接近 6000 亿元，2007 年突破 8000 亿元，2008 年突破万亿，达到 1.05 万亿元，2009 年完成 13704.65 亿元。2010 年前三季度全省城镇固定资产投资完成 9339.49 亿元。投资建设发展之快、规模之大令人瞩目。61 年来，尤其是改革开放 32 年来，投资成为推动经济增长的主导力量。

61 年来，一批批骨干工程和重点建设项目的建成投产，增强了全省经济实力，形成了现有比较齐全的经济结构，提高了国民经济各部门的技术水平，工业

---

* 李鸿昌，河南财经学院原副院长、教授。

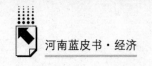
迅速发展，农业生产能力显著提高，交通邮电突飞猛进，教育科学文化及住宅和城市建设都有很大发展，为全省经济保持稳定快速发展奠定了坚实的基础。

在充分肯定投资在全省经济发展中的重大作用的同时，也应该看到经济发展中与投资密切相关的一些问题。

（一）投资与消费比例失调问题

投资、消费、出口构成拉动经济增长的三驾马车。在这三驾马车中，出口（尤其是净出口）的多少依赖的是外在因素，投资和消费才是中国经济发展的内在动力。因此，正确处理二者之间的关系是经济发展中必须面对的重要问题。在这一关系的处理上，河南省与全国一样存在着投资占比过大，消费拉动相对不足的问题。2006 年，我国固定资产投资占 GDP 的比重高达 52.44%，比上年增长了 3.84 个百分点；河南省的这一数字为 47.4%，比上年增长了 5.83 个百分点。2007 年，我国固定资产投资占 GDP 的比重高达 55.65%，比上年又增长了 3.21 个百分点；河南省的这一数字为 53.19%，比上年增长了 5.79 个百分点。2008 年，全国为 57.3%，河南为 56.87%；2009 年，全国为 67.05%，河南为 70.76%。投资占比如此之大，消费显然不足。这样一种经济发展方式是不可持续的，必须加以调整。

（二）投资与产业结构比例失调

转变经济发展方式在很大程度上就是要按照科学的发展观调整投资结构，进而改善产业结构。在过去的经济增长方式中，GDP 的增长是唯一的衡量指标。由于投资对经济增长的强大推动作用，各级政府尤其是地方政府都高度重视投资总量的增长，在大力挖掘辖区内资金的同时积极引进辖区外的"外资"。当然，快速增长的投资是我国经济高速发展的强大推动力，功不可没。但是，由于对投资结构重视不够，其负面影响也日益凸显，产业结构不合理，生态环境恶化，经济的可持续发展遇到了问题。

从三次产业结构来看：2009 年全国三产结构为 10.6∶46.8∶42.6，河南为 14.3∶56.6∶29.1。河南省的第三产业占比大大低于全国平均水平，第一、二产业明显高于全国平均水平。河南是农业大省，第一产业占比偏大有其历史原因。在第二产业中，资源开发型产业占有很大比重，比如煤炭开采、铝矾土开采、钢铁的冶炼以及水泥等。这些都是高污染、高耗能的产业。第三产业是广泛吸纳劳动力的产业，有利于农村劳动力的转移，是解决河南隐性失业问题的重要途径，污染、耗能又较轻，反而发展不充分。

投资的技术结构也是值得高度重视的。河南省的高科技企业比较少，用于高科技的研发与转化方面的投资也比较少。强化这方面的投资，对于转变经济发展方式，改善生态环境，走可持续发展的道路是极其重要的。情况表明，河南的工业化还没有摆脱发达国家所走过的模式，还没有走上新型工业化的道路。

（三）可持续发展遇到了难题

从世界范围来看，工业化的过程都伴随有环境的污染。我国的环境污染如今也已经到了非常严重的程度。随着中国经济的高速发展，中国已和美国一起成为世界上最大的两个能源消费国，二氧化碳排放量过大已导致全球气温升高，水患、旱灾频频发生，我们的地球已不堪负重。河南省是全国的缩影，既是能源生产大省又是能源消耗大省，重工业尤其是高能耗的重工业比重过大，产业结构不合理。在这种发展方式下，经济发展不可持续。"为了保护环境宁可放慢发展速度"也已经成为有识之士的呐喊与建议，中央政府和省政府都高度重视这一问题。

二 投资在加快转变经济发展方式中的作用分析

（一）只有正确处理投资拉动与消费拉动的关系、实现由投资拉动为主向消费拉动为主的转变，才能坚持做到"把保障和改善民生作为加快转变经济发展方式的根本出发点和落脚点"

以人为本是我们追求的经济发展方式的内涵。经济发展的方方面面都要围绕人的生活质量、人的全面发展和人的幸福。因此十七届五中全会明确提出："坚持把保障和改善民生作为加快转变经济发展方式的根本出发点和落脚点。"不符合这一要求的投资，即使对 GDP 的增长有很大推动，我们也要废止。

前面已经提到，河南省与全国一样，近些年出现了投资比重过高、消费相对不足的问题。这一问题在"十一五"期间表现得尤为突出。这种投资率过高的经济发展方式问题较多、不可持续，应该加以改变。而只有逐步把投资拉动为主的经济发展方式转变为消费拉动为主的经济发展方式，立足于扩大内需，通过提高人民群众的物质文化生活水平，建立扩大消费需求的长效机制，进而用消费需求拉动投资以促进经济发展才是良性发展的道路。

（二）只有紧紧抓住投资结构的战略性调整，才能坚持做到"把经济结构的战略性调整作为加快转变经济发展方式的主攻方向"

投资拉动与经济结构调整是密切相连的因果关系。稍作分析就会发现，投资拉动和经济结构调整根本无法分开，反映的是同一个事物发展过程中的上一阶段和下一阶段的问题。今天的经济结构是以往的投资形成的，而今天的投资将会改变现有的经济结构并形成新的经济结构。因此，要"把经济结构的战略性调整作为加快转变经济发展方式的主攻方向"，必须从投资结构的战略性调整做起。如果说现行的经济结构不合理，要想改变它，就要进行投资。空喊经济结构调整是没有意义的。离开投资结构的战略性调整，根本谈不上经济结构的战略性调整。只有在加大投资力度的同时，认真研究和调整今天的投资结构，才能促进经济结构的合理化，发挥"投资拉动"的积极作用。

经济结构调整中的重头戏是产业结构调整。国务院不久前出台了包括新能源、新能源汽车、节能环保、新材料、生物产业、新兴信息产业、高端装备制造业这七大产业的振兴规划。十七届五中全会强调加快经济发展方式转变时提出，为完成未来五年经济社会发展的目标，其中一条即为"改造提升制造业，培育发展战略性新兴产业"。十七届五中全会公报再次"点名"战略性新兴产业，既意味着这一产业未来发展的重大机遇，同时也表明我国经济发展战略转型的迫切性。改革开放32年来河南经济与全国一样取得高速发展，但这一发展建立在高能耗、高污染、高排放的基础上，社会发展为此付出巨大代价。七大产业的振兴规划，是立足于让国家赶上世界科技革命的步伐，为经济的可持续发展增添后劲，更多的是着眼于未来。河南省要有战略眼光，抓住这次经济结构战略调整的机遇，加大对七大产业的投资力度，在全国一盘棋下，建立有河南特色的新型产业结构。

这一次经济结构的战略性调整事关重大。河南搞得好就有可能走在全国乃至世界前列，搞不好就会把经济结构弄得更糟，拖全国的后腿。因此，政府和企业都要高度重视，抓住这次机遇，调整好投资结构，把握住投资方向，选择好投资项目，塑造河南省新型的经济结构。值得提出的是，经济结构的调整离不开市场，也离不开政府的政策导向。在调整经济结构的时候，要更多地依靠市场；在市场失灵的时候，政府的政策必须到位。"看得见的手"要紧密配合"看不见的手"，接受以往的经验教训，争取少走弯路或不走弯路。

（三）只有不断进行新的投资，把科技进步和创新物化为代表生产力水平的固定资产，才能形成"加快转变经济发展方式的重要支撑"

科学技术是第一生产力，这是小平同志的英明论断。十七届五中全会提出要"坚持把科技进步和创新作为加快转变经济发展方式的重要支撑"，是小平同志这一伟大思想的体现。我们的任务是把小平同志的这一思想和十七届五中全会的这一精神落到实处。当然，重视科研人才、加大科研投入力度无疑是不可缺少的。而从投资角度来看，就是要通过投资把科学技术变为实实在在的生产能力。固定资产尤其是生产性固定资产，是科学技术成为生产能力和服务能力的载体。因此，只有通过投资，把科学技术物化在固定资产这一载体之上，才能最终形成生产能力，也才能把科学技术变为"加快转变经济发展方式的重要支撑"。

（四）只有选准投资方向，把握好加快转变经济发展方式的着力点，才能"建设资源节约型，环境友好型社会"

按照国际方法折算，2009年中国能源消费折合成标准油为21.46亿吨，人均消费能源1.61吨标准油。据美国能源信息署网站7月末发布的数据，2009年美国能源消费总量23.82亿吨标准油。根据中美官方公布的数据，2009年中国能源消费总量比美国少2亿多吨标准油，人均消费约为美国的1/5。从总量上看，中国已成为与美国旗鼓相当的能源消耗大国。但是，我国能源消耗是不经济的。如2009年，我国生产粗钢5.68亿吨，水泥16.5亿吨，分别约占世界总产量的43%和52%，绝大部分由我国自己消费掉了；一次能源消耗达31亿吨标准煤，是世界能源消费总量的17.5%。而同期我国的GDP只有34万亿元，占世界GDP的比重仅8.7%。业内专家也为此忧虑，认为这种依靠大量消耗资源支撑发展的方式难以为继。河南是煤炭生产和消耗大省，也是发电和耗电大省。河南工业结构更加不合理，能源消耗更不经济，更应该高度重视这一问题。

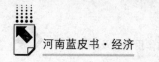

高耗能与环境污染密切相关。从河南省的实际情况看，近些年投资增速很高，经济发展很快，环境污染也非常严重。但是，环境污染严重这一结果不能武断地归因于投资增速过高、经济增长过快。我们应该从过去的粗放型经济增长方式上找原因，并在寻找符合科学发展观的经济发展方式上找出路。

应当看到，"投资——工业化——环境污染"有其内在联系的一面，而且已为世界发达国家走过的道路所证实。发展中国家应该接受发达国家的这一历史教训。同时我们还应该看到，发达国家所走过的道路并不是唯一的。按照科学的发展观，我们还可以选择另一条道路，这就是"投资——经济发展——环境友好"的道路。这一条道路也正在为后现代化的经济发展所印证。从国土面积具有可比性的角度看，美国、欧盟都和中国差不多，但其投资总量都比中国多。即使是日本，其投资总量也一度比我们多，尽管其国土面积比我们小得多。然而，他们的环境保护都比我们好得多。从国内看，投资数量大、增速高的省份也不一定就是环境保护差的省份。因此，这里的关键是投资结构及其所形成的经济结构问题。一定要遵循科学的发展观、选择良性循环的经济发展方式、走环境友好型的发展道路。

从投资角度来说，按照加快转变经济发展方式的要求，从战略上调整投资结构，把握好投资方向，遵循低碳经济的发展要求，做好每个投资项目的环境保护评价，逐步实现经济结构的战略性调整，才能实现"建设资源节约型，环境友好型社会"的宏伟目标。

三 对河南投资的几点政策性思考

（一）关于"三驾马车"内在关系引发的投资政策性思考

十七届五中全会提出，"要坚持扩大内需战略，保持经济平稳较快发展，加强和改善宏观调控，建立扩大消费需求的长效机制，调整优化投资结构，加快形成消费、投资、出口协调拉动经济增长新局面"。这一重要精神是指导我们正确处理"三驾马车"内在关系的准绳。

1. 先分析一下投资与消费的关系

在投资与消费拉动经济增长的过程中，二者是此消彼长的关系。从以一年为经济核算期的静态角度看，当年一定量的 GDP（扣除净出口）要么用于投资，要么用于消费，非此即彼，此消彼长。但是，如果我们把经济的发展看成是年复一年的循环过程，二者将呈现对立统一的关系。一定意义上的此消彼长，是更深层次上的互相依赖和互相支持。从一方面看，如果不是为了满足人民群众日益增长的消费需求，何必去追加更多的投资？从另一方面看，如果不是年复一年的追加投资，何来更多的生产能力，何来更多的就业？没有新增生产能力增长和就业的增加，商品供应如何增加，收入如何增加？消费又如何增加？投资产生新的消费，新增消费又拉动投资的追加，二者的互动关系是显而易见的。

当然，在高投资率的形成过程中，有非理性因素的推波助澜。其中有两点非常重要。其一，粗放的经济发展模式及地方官员对 GDP 高增长的追求，不断推动投资的高速增长。这些投资没有把保障和改善民生作为出发点和落脚点，瞄准的只是 GDP 的增长，有时甚至是为完成投资指标而进行投资，重复建设、效益不高是常见的现象。其二，分配环节的不合理导致贫富差距拉大并且出现了"国富民穷"的现象，一方面是人民群众因收入水平低而消费不足，另一方面是富裕阶层的余钱堆积而大量存入银行。在我国已经出现了 20% 的富人掌握着银行 80% 的存款，而 80% 的普通民众只拥有银行存款的 20% 现象。与此同时，各级地方政府通过垄断土地经营筹集大量资金并把它转向投资。这种推动投资非理性增长的不合理因素，应引起我们的高度重视，并加以避免。

但是，我们也应该看到，经济的发展是以投资拉动为主还是以消费拉动为主有其客观规律。这一规律是不以人的意志为转移的。投资与消费的关系是国民经济分配中最重要的比例关系之一，也就是马克思所说的生产与消费的关系。首先，消费为投资提供投资方向和市场需求。其次，投资为消费提供实现的可能并且还会激发新的消费欲望。因此，全面、正确处理二者之间的关系，使之处在适当的比例之中，对于经济的良性发展至关重要。应该认识到，投资占 GDP 的比重连年增长，是发展中国家经济起飞时期的必然现象。当然，中国投资占 GDP 的比重如此之高（河南省也一样），除了像新加坡这样的城市型小国家之外，在世界发达国家的发展历程中是没有的。支撑这一高投资率的因素除了上面所讲的非理性因素之外，也有合理因素：其一，我国是最大的发展中国家，有 13 亿多人口，农村中隐性失业劳动力大量存在，而且正在向城镇转移。这是一个相当漫长的过程。要装备这些劳动力，没有大量的长期的积累和投资是不可能的。与发达国家的经济起飞过程相比，这是中国所独有的现象。其二，中国的经济起飞具有跨越性，在实现工业化的过程中，还要实现信息化，等于在跨越发达国家所经历的工业化和后工业化两个时期。在这一过程中，层出不穷的高科技在助推我们的经济起飞。我们不能再走发达国家的老路，必须实施跨越式发展。在我国经济起飞的今天，用现代技术装备一个劳动力要比发达国家经济起飞时需要更多的资本积累，要求更多的投资。由此可见，在上述两大合理因素的支撑下，我国的高积累或者说高投资率将会持续相当长时间。只有当农村人口向城镇转移基本结束，很少再有新的劳动力加入劳动大军，劳动力供需基本平衡，我国的高投资率才会逐步下降到发达国家的水平，才会真正过渡到以消费拉动为主的经济发展模式。

如果这种思考是正确的，我们就不能单纯为了降低投资在 GDP 分配中的比例而盲目地出台抑制投资的政策。正确政策应该是：限制非理性因素助推的盲目投资，积极鼓励合理因素所支持的有效投资。不追求高投资率的快速下降，而期盼投资率有规律的理性回归。

2. 再分析一下"出口拉动"与投资、消费的关系

关于出口拉动经济增长的问题，河南与全国有很大差别。如果说全国外向型经济比重过大，那么，河南的这一比重反而过小。2009 年河南出口仅占 GDP 的 2.6%。全国的这一数字为 24.5%。因此，扩大出口以开拓国外市场需求应是河南改善经济结构的重要方面。外向型经济的发展必然会增加河南的就业，人民群众的收入会因此而增加，消费自然会得到提升。

在这一思考下，加大对河南省外向型经济成分的投资必然成为投资政策的选择。因此，河南要加大对外向型经济成分的投资力度，大力发展出口企业和出口产品，除鼓励本地资金投资于外向型经济成分之外，要大力引进外资，包括境外资金和省外资金两个方面，尤其要抓住沿海资金向内地转移这一发展机遇，大力提高外向型经济成分的比重。

（二）关于"三次产业"内在关系引发的投资政策性思考

河南的"三次产业"在比例上是失调的。最突出的问题表现为第三产业比重过低，2009 年比全国低 13.5 个百分点。相应来看，第一产业比全国高 3.7 个百分点，第二产业高 9.8 个百分点。河南是农业大省，粮食产量占全国 1/10，小麦产量占全国1/4，第一产业比重高一点是可以理解的，也是正常的。但是，第二产业高出全国9.8个百分点并不能说明河南工业发展高于全国平均水平，是因为第三产业水平太低而在相对指标上推高了第二产业的比重。

河南省三次产业发展的趋势应该如下。

1. 第一产业稳步发展

农业与工业和服务业不同，它的发展受自然因素制约，尽管科技进步等因素的作用在加强，但无论如何也摆脱不了自然因素的制约。因此，其增长不可能像第二、三产业那样快，必将随着经济的全面发展而逐步降低比重，尽管绝对量在上升。

2. 第二产业快速发展

河南是工业大省，但还不是工业强省。在全国"十二五"规划指导下，河南工业将会迎来新的发展阶段。河南工业发展的空间很大，尤其是"战略性新兴产业"将会提供很多发展机会。因此，第二产业必将呈现快速发展的态势。但是，这并不意味着第二产业的比重会进一步提高，将会被第三产业更快速的发展所平衡。

3. 第三产业高速发展

河南第三产业太过落后，与全国差距如此之大让人不可思议。主要原因是农业人口过多、中小城市多而缺少服务功能齐全的大城市。服务业上不去是必然的。但是，这种落后恰恰为服务业的发展提供了巨大的空间。今后，河南农村人口向城镇的转移无论从绝对量来说还是从相对量来说都会大大高于全国平均水平，中小城市会逐步变大且服务功能更加齐全，第三产业的比重会大大提高。如果说第一产业是在普通公路上发展，第二产业是在快速公路上发展，那么，第三产业将会在高速公路上发展。

根据上述的思考，三次产业的发展趋势是带有规律性的，因此，在三大产业发展中的投资政策选择也必须遵循这个规律。这就是：稳步推进第一产业投资，积极进行第二产业投资，大力发展第三产业投资。

（三）关于传统产业与新兴产业的投资政策性思考

战略性新兴产业，包括新能源、新能源汽车、节能环保、新材料、生物产业、新兴信息产业、高端装备制造业这七大产业，无疑应该成为河南省投资选择的重点。这七大产业对于河南来说，也不可能是齐头并进的。这里面不仅有资源约束、技术约束、人才约束，还有资金约束和市场约束等。在全国一盘棋的格局下，河南有可能出现各产业发展快慢不等的状况，有的快些，有的慢些，有的甚至没什么进展。这里的投资选择主要是企业行为，政府的作用是引导，是制定相关促进或抑制投资的政策。这些产业哪些在河南发展得好一些，哪些发展的还不够理想，最终要由市场做出选择。

重点投资发展战略性新兴产业，并不是不要传统产业。上述战略性新兴产业的发展也有一个过程。目前占我国 GDP 比重不到 2% 的战略性新兴产业的发展目标是：2010 年占 GDP 的比重为 3%，2015 年达到 8%，2020 年达到 15%，2030年达到 30%。"这意味着新兴产业的发展速度要比 GDP 发展速度高 60% 以上。"这一方面让我们看到，新兴产业发展速度很快，另一方面我们也会看到，新兴产业取代传统产业的地位是需要相当长的时间的，不可能一蹴而就。传统产业是已经成熟的产业，要不要投资和发展，也不是一件简单的事。对传统产业的投资发展也不能一概抑制。以河南的煤炭开采和火力发电这一传统的能源产业为例，当前仍是不可缺少的。当然，煤炭是不可再生能源，不必急于开发，可以放缓这方面的投资。而对于可再生能源，比如对太阳能、风能的研究、开发与利用应该给予更多的投资。这些能源不仅是清洁的而且是取之不尽用之不竭的。不要因为我们有煤炭就忽略了太阳能、风能这些最有开发前景的能源。但是就相当一段时期来看，新能源仍无力取代煤炭及火力发电的位置。况且，通过新技术对传统产业进行改造，也可能使传统产业焕发新生。比如，煤化工就很有发展潜力。因此，不能轻易就放弃对传统产业的投资。传统产业是否需要投资发展，要以市场是否需求为准绳。

根据上述思考，我们的政策选择应该是：政府要出台积极推进对战略性新兴产业的投资政策，包括财政政策、信贷政策、引资政策、用地政策等；对于传统产业的投资政策，也要根据市场是否需求来决定。

（四）投资是中原经济区建设的根本动力

中原经济区建设是河南省委、省政府经济发展的战略性思考，也是全国区域经济协调发展的重要组成部分。从投资的角度来看，中原经济区建设是投资的载体，而投资是中原经济区建设的根本动力。应该说，没有大量的投资，中原经济区的建设几乎是不可能的。在中原经济区的建设方面，积极的投资政策是发展的关键。前面所讲到的很多关系和相应的投资政策都会在中原经济区的建设中得到体现。我们的任务是，在中央十七届五中全会精神的指引下，遵循国家的"十二五"发展规划，制定好河南省的"十二五"发展规划，以中原经济区建设为载体，在充分发掘区内资金的同时，大力引进外资，调整好投资结构，把握好投资方向，选择好投资项目，出台积极的投资政策，又好又快地发展和建设中原经济区，为国家全面建设小康社会作出贡献。

B.6
河南加快转变外贸发展方式
形势分析与对策建议

梁 丹*

摘 要: 2009 年前三季度,河南对外贸易保持明显的恢复性增长,但是固有的结构性矛盾对外贸出口产生的消极影响依然十分严重,转变对外贸易发展方式面临的任务依然十分艰巨。依据 2010 年前三季度河南对外贸易的实际运行情况,分析对外贸易的发展走势,并从培育动态比较优势、完善河南自主创新体系、树立科学的产业升级理念、实现产业转移与河南产业升级目标紧密对接、实现五外互动等方面提出了加快转变对外贸易发展方式,实现对外贸易持续稳定增长的对策建议。

关键词: 河南 转变外贸发展方式 形势 对策

为了遏制对外贸易大幅度下滑的趋势,河南省委、省政府及有关部门在加快产业结构调整和产业升级,转变对外贸易发展方式,提高出口商品竞争力方面采取了许多措施,并进一步加大商务促进的力度,加大招商引资力度等。从 2009 年前三季度对外贸易运行的实际情况看,有关措施已经收到了明显的效果,但是,固有的结构性矛盾依然突出,其对贸易发展产生的消极影响仍然比较明显。因此,如何更加有效地转变对外贸易发展方式是今后一个时期河南实现对外贸易持续稳定发展要解决的重要问题。

一 2009 年前三季度河南对外贸易运行态势

根据海关提供的统计资料,2009 年前三季度,全省进出口完成 124.01 亿美

---

* 梁丹(1963~),女,中共河南省委党校经济管理教研部教授,副主任,主要研究外经贸理论与河南开放性发展问题。

元，同比增长 28.0%。其中：出口 74.08 亿美元，同比增长 42.7%，完成省定目标的 90.8%；进口 49.93 亿美元，同比增长 11.0%，完成省定目标的 73.4%。从 9 月份当月的情况看，进出口总额为 15.55 亿美元，同比增长 29.4%。其中：出口 9.1 亿美元，增长 36.8%，进口 6.45 亿美元，增长 20.3%。从总体上看，全省对外贸易保持平稳较快增长势头。下面分别从不同的角度对前三季度的贸易运行情况做具体分析。

1. 进出口增长态势及其与全国平均水平和中部六省的比较

2010 年前三季度，河南出口累计增长 42.7%。从出口增幅的变化看，1～9 月的当月出口均为增长，当月出口增幅分别 19.1%、37.6%、44.8%、39.3%、71.9%、62.1%、36.7%、41.9% 和 36.8%。2～9 月份累计增幅分别为 26.8%、32.9%、34.3%、41.9%、45.5%、43.9%、43.6% 和 42.7%。当月增幅和累计增幅整体上都保持上升态势。

2010 年前三季度，河南进口累计增长 11.0%，但各月之间变化较大，2 月和 5 月进口出现大幅下降，降幅分别为 31.0% 和 14.1%，其他几个月进口均表现为增长，增幅依次为 34.2%、29.7%、11.4%、21.4%、38.9%、6.4% 和 20.3%。总体上看，进口增长不如出口强劲。1～9 月累计增长幅度大约只有出口增长幅度的 1/4。

从比较分析的角度看，2010 年 1～9 月河南出口增幅比全国平均增幅 37.9% 高出 8.7 个百分点，出口额及其增长幅度分别排全国第 17 位和第 16 位，在中部六省范围内两项指标均排第 4 位，出口规模大于山西和湖南，增幅大于安徽和湖南。从进口方面看，2010 年 1～9 月，河南进口增幅比全国增幅 42.4% 低 31.4 个百分点，大约只相当于全国平均水平的 1/4，进口增长乏力的现象是比较突出的（见表1）。

表1　2010 年 1～9 月河南进出口与全国比较

金额单位：亿美元，%

项　目	河　　南		全　　国	
	绝对值	同　比	绝对值	同　比
进出口总值	124.01	28.0	21486.8	37.9
出口总值	74.08	42.7	11346.4	34.0
进口总值	49.93	11.0	10140.4	42.4

资料来源：海关统计资料。

2. 民营企业已经成为河南外贸出口的主力，国有企业、重点出口企业的出口增幅均低于全省平均水平

2010 年前三季度，民营企业出口 34.41 亿美元，同比增长 56.9%，占全省出口总额的 46.4%；外商投资企业出口 18.49 亿美元，同比增长 44.1%，占全省出口总额的 25.0%；国有企业出口总额为 21.19 亿美元，同比增长 23.5%，占全省出口总额的 28.6%。在各类所有制性质的企业中，民营企业出口规模最大，出口增长速度也最快，已经成为河南外贸出口名副其实的主力军（见图 1）。

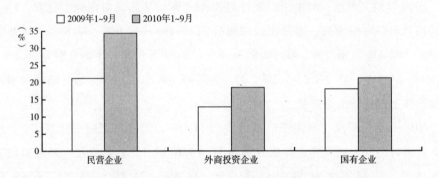

图 1　民营企业、外商投资企业和国有企业出口增长比较

以往年份，重点出口企业是全省外贸出口的核心力量，对全省外贸出口保持增长态势发挥主要作用。但是，继 2009 年全省重点出口企业出口降幅大于全省平均水平，其中 1~9 月出口降幅大于全省平均降幅 10.3 个百分点之后，2010 年 1~9 月，全省重点出口企业的出口形势依然保持低迷，95 家重点出口企业累计完成出口 39.045 亿美元，同比增长 28.8%，低于全省平均增幅 13.9 个百分点。

3. 一般贸易出口累计增幅稳步上升，加工贸易出口累计增幅回落趋势明显

2010 年前三季度，全省一般贸易和加工贸易出口总额分别为 55.75 亿美元和 14.94 亿美元。2010 年 2~9 月，一般贸易和加工贸易累计出口额占出口总额的比重都比较稳定，前者稳定在 75.1%~75.7% 之间，后者稳定在 20.2%~21% 之间（2 月份例外，加工贸易累计出口额只占出口总额的 18.5%），但是，一般贸易和加工贸易出口累计增幅的变化态势却大不相同。2010 年 2~9 月份一般贸易出口累计增幅分别为 23.4%、30.0%、33.7%、42.6%，48.0%、47.5%、45.6% 和 44.6%，保持稳步上升态势，加工贸易出口的情况则相反，累计增幅分别为 59.6%、60.8%、53.5%、52.2%、46.8%、43.5%、43.1% 和 40.1%，出口增幅下降态势明显（见图2）。

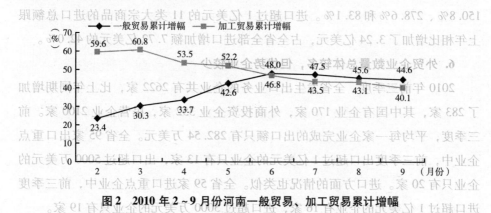

图2　2010 年 2～9 月份河南一般贸易、加工贸易累计增幅

4. 机电产品出口累计增幅持续扩大，高新技术产品出口累计增幅在较大区间内变动

2010 年前三季度，全省机电产品和高新技术产品（按新口径统计的数据）出口总额分别为 18.50 亿美元和 16.83 亿美元。2010 年 2～9 月，机电产品出口累计增幅分别为 4.0%、16.0%、23.1%、26.0%、29.6%、24.9%、29.3% 和 30.2%，增长幅度呈现持续扩大趋势。同期，高新技术产品出口累计增幅分别为 30.1%、35.7%、34.9%、37.8%、32.1%、25.5%、27.4% 和 28.5%，最高增幅与最低增幅之间相差 12.3 个百分点，变动幅度较大。

5. 大宗商品对拉动进出口贡献较大

从出口方面看，2010 年前三季度，农产品和纺织品出口分别增长 56.1% 和 42.4%。出口超过 1 亿美元的 14 类大宗商品中，除银及银制品的出口额出现下降外，其余产品的出口额均有大幅度增长，特别是其中的钢材、未锻造的铝及铝材、蔬菜、二极管及类似半导体器件、人造刚玉 5 大类大宗产品的出口额增长幅度都超过 100%，增幅分别为 105.0%、240.1%、154.6%、155.4% 和 219.8%。前三季度，出口超过 1 亿美元的 14 类大宗商品的出口总额跟上年相比增加了 11.88 亿美元，占全省全部出口增加额 22.17 亿美元的 53.6%。从进口方面看，2010 年前三季度，全省进口额超过 1 亿美元的 11 大类大宗产品中，除了铅矿砂和大豆的进口出现下降，同比分别减少了 6.1% 和 9.9% 外，其余产品均有增长，增幅比较大的产品主要有橡胶及其制品、绵羊或羔羊生皮、成品油、二极管及类似半导体器件、初级现状的塑料 5 大类产品，增幅分别为 123.3%、90.6%、150.8%、278.6% 和 83.1%。进口超过 1 亿美元的 11 类大宗商品的进口总额跟上年相比增加了 3.24 亿美元，占全省全部进口增加额 7.72 亿美元的 42.0%。

6. 外贸企业数量总体较多，但优势企业较少

2010 年前三季度，全省发生出口业务的企业共有 2622 家，比上年同期增加了 283 家，其中国有企业 170 家，外商投资企业 352 家，民营企业 2100 家。前三季度，平均每一家企业完成的出口额只有 282.54 万美元。全省 95 家出口重点企业中，前三季度出口超过 1 亿美元的企业只有 13 家，出口超过 5000 万美元的企业只有 20 家。进口方面的情况也类似。全省 59 家进口重点企业中，前三季度进口超过 1 亿美元的企业有 16 家，进口超过 5000 万美元的企业只有 19 家。

二　2010 年河南对外贸易年度目标
完成情况预测及存在问题分析

综合分析 2010 年前三季度河南对外贸易运行情况可以看出，总体发展态势是比较好的，超额完成年度目标应该已成定局。出口方面，前三季度累计完成出口 74.08 亿美元，已经达到年度目标 81.61 亿美元的 90.8%。从进口方面看，前三季度累计完成进口 49.93 亿美元，占到年度进口目标 67.99 亿美元的 73.4%。依据前三季度全省进出口的运行态势，预计全年出口总额会达到 101 亿~102 亿美元，进口总额会达到 68 亿~69 亿美元，全年完成 170 亿美元的进出口是有可能的。2011 年，全省进出口超过 200 亿美元也有良好的基础。但是，从转变对外贸易发展方式，提高对外贸易运行质量的角度来看，在河南对外贸易运行过程中存在的问题仍然是比较严重的，主要表现在以下方面。

1. 全省 18 个省辖市对外贸易发展水平严重不平衡

从出口方面看，2010 年前三季度，郑州市已经完成出口 22.41 亿美元，同比增长 58.1%，出口规模排 18 个省辖市第一名。出口额排 18 个省辖市最后一名的信阳市只完成出口 4976 万美元，同比增长 19.1%。从完成年度目标的情况看，郑州市、洛阳市、安阳市和鹤壁市已经提前完成全年出口任务，完成年度目标 75% 以上的省辖市有 15 个，还有 3 个省辖市低于 75%，甚至有一个省辖市只完成了年度目标的 50.1%，剩余 50% 的任务预计很难在第四季度完成。从进口方面看，前三季度，郑州市已经完成进口 8.14 亿美元，同比增长 23.2%，进口规模排 18 个省辖市第一名。进口额排 18 个省辖市最后一名的鹤壁市只完成进口 1261 万美元，同比增长 84.4%。从完成年度目标的情况看，安阳市、焦作市、南阳市、驻马店市和鹤壁市已经提前完成全年进口任务，完成年度目标 75% 以上的省辖市有 9 个，还有 9 个省辖市低于 75%，有一个省辖市只完成了年度目标的 23.2%。18 个省辖市在完成进出口规模及进度方面都存在比较大的差距，不平衡的情况十分严重。究其原因，是因为有一部分省辖市还缺乏出口支柱产业和有竞争力的出口产品。

2. 出口持续增长的产业基础不牢

前三季度对外贸易的快速增长是以上年对外贸易基数较低为基础的，主要属于恢复性增长。产业结构调整与产业升级对提高出口商品竞争力发挥了一些作用，但作用还很有限，河南偏重型、资源型的工业结构对外贸出口的严重制约依然十分严重。主要表现在三个方面。一是机电产品和高新技术产品占全省出口总额的比重依然偏低。前三季度，机电产品和高新技术产品出口占全省出口的比重分别只有 25.0% 和 22.7%，与 2008 年全年 26.2%、20.4% 以及 2009 年全年 27.8%、24.5% 的占比水平相比并没有向好的变化趋势。二是重点出口企业中一般资源类企业和劳动密集类产品生产企业占比较大。属于初级资源类产品如钢材、铝、铅、铜、镁、纸等生产的企业有 19 家；属于典型劳动密集型产品生产企业，如生产发制品、纺织、服装、制鞋类的企业共有 11 家；一般农产品加工及贸易类企业 6 家；产品技术含量和附加值比较高的企业也就 20 家左右。三是大宗出口产品中技术含量和附加值比较低的资源类产品和一般劳动密集类产品仍然比较多。前三季度出口额超过 3000 万美元的商品共有 33 种，其中资源类产品如钢材、未锻造的铜及铜材、未锻造的铝及铝材、钛白粉、纸及纸板、碳化物、电线及电缆等共有 11 大类，一般劳动密集类产品如人发制品、服装及衣着附加、蔬菜、毛皮制品、鞋、家具、棉机织物、旅行用品及箱包、低碳等 10 大类，典型的机电产品和高新技术产品只有二极管及类似半导体器件、汽车及汽车底盘、汽车零件、医药品、摩托车及自行车零件、冷藏箱及冷冻箱等制冷设备 6 大类。

三 加快转变河南对外贸易发展方式，实现对外贸易持续稳定增长的对策建议

转变河南对外贸易发展方式是一个系统工程，不仅涉及外经贸部门，还涉及各个相关产业部门以及政府各个职能管理部门、科研院所等。转变河南对外贸易发展方式不仅要求在贸易管理政策、进出口渠道拓展等方面要采取更加有效的措施，同时还必须从河南整个经济发展方式转变、经贸发展战略调整的大局着眼。转变河南对外贸易发展方式，绝不仅仅是一个贸易问题，根本上是一个产业发展方向优化和产业结构调整、产业升级问题。因此，建议从以下几个方面采取切实措施。

1. 加紧培育河南产业发展的动态比较优势

比较优势包含两个概念。一是静态比较优势，即现时已经存在的比较优势，如资源优势和劳动力优势。二是动态比较优势，即经过有意识地培育在未来某一时点有可能形成的比较优势。实践证明，在开放型经济发展过程中，如果一味强调发挥静态比较优势，就会导致产业低端化，长期陷入低附加值环节。而且由于土地、矿产、水资源已经由比较充裕变为稀缺，一般加工制造业产能过剩，劳动成本呈上升趋势，环境监管趋严，环境成本内部化已成大势所趋，河南拥有的静态比较优势正在逐步弱化。因此，培育动态比较优势已经迫在眉睫。我们在发展资源密集、劳动密集类产业的同时，要有危机感，要以技术进步和制度创新为动力，提高企业的研发能力和自主创新能力，培育知识型、智力型、技能型人力资本优势，推进产业链条的延伸和产业升级，提升河南主导产业在产业链中的位置，并不断培育出新的优势产业和优势产品，以具有竞争优势的产品参与市场竞争，从而在国际国内分工中获得更多的主动权，在利益分配方面也争取获得更多的份额。

2. 完善河南的自主创新体系，培育省内企业的自主创新能力

推动技术进步的途径很多，比如积极承接产业转移，引进先进技术也是一条重要途径。但是，寄希望于通过承接产业转移解决河南实现产业升级、提升产业竞争力方面临的所有问题，是不现实的。相比较而言，完善河南的自主创新体系，强化技术进步的内生动力，培育省内企业的自主创新能力是一项更重要、更具战

略性的工作。核心技术、创新能力是引不来的，在核心技术受制于人的情况下搞大规模的产业投资无异于在沙滩上建立宫殿。一旦技术实现升级，庞大的产业很快就会沦为不良资产。因此，政府部门应由特别青睐外资、过度依赖技术引进转向更多地关注本土企业的技术进步和产业升级，要把完善区域自主创新体系，培育省内企业的自主创新能力作为推进河南产业升级的最根本的措施。当前尤其要在加大科技投入、鼓励企业成为研发投入的主体、强化产学研联合攻关等几个方面尽快采取有效的措施。

3. 树立科学的产业升级理念

要推进产业升级，首先要由 GDP 导向转向创新导向。产业升级包括两层含义：一是产品的换代升级；二是在产业链上由低端制造向高附加值的研发及现代服务业的爬坡。要实现这两个层次的产业升级，首先都要培育企业的创新能力。其次，要注重提高产品的技术含量和附加值。没有不好的产业，只有不合理的产品结构。没有夕阳产业，只有夕阳产品。对劳动密集、资源密集、资金密集和技术密集型产业的评价不能一概而论。劳动密集型产业不等于技术上的不先进，也不一定没有市场。特别是随着科学技术的发展，传统产业与现代产业、劳动密集型与资本技术密集型产业之间越来越难以做出严格区分。因此，不管是哪个产业，要长远发展，都必须不断提高产品的技术含量和附加值。无论多么先进的产业，如果忽视了技术进步和产品创新，都必然要被市场淘汰。再次，依据产业价值链对企业进行分类指导。研发、设计属于价值链上游环节，它是提高一个企业竞争力的关键。取得竞争优势的企业可以获得技术上的领先，率先进入市场，甚至决定该行业的技术标准，并在一定时期内形成行业上的垄断。由于对知识产权的保护和模仿本身的难度，产品的附加价值可以在一定时期内处于较高水平，因此，有利于企业提升抗风险能力。另一方面是要加强客户导向，重点提升市场营销策划、物流运输、客户服务水平。市场营销策划、物流运输、客户服务是价值链的下游，企业要赢得竞争优势，必须加强客户导向，研究市场需求，迎合消费者的喜好，从而才能迅速建立销售渠道，率先取得市场占有率，从而获得较高的利润水平。特别是随着产业竞争的加剧、技术的扩散和标准化，同业产品的差别越来越小。这时，企业之间的竞争已经不再是单纯产品本身的竞争，而逐渐转变为服务的竞争、品牌的竞争。一些企业之所以能够在金融危机严重影响下仍然保持出口的持续增长，主要就是靠着长期建立起的良好企业形象，以优质的产品和优质的服务赢得了客户的信任，从而成功地化解了危机的冲击。

4. 实现产业转移与河南产业升级目标的紧密对接

调研中发现，由于河南产业转移与产业升级对接机制不完善，通过产业转移推进产业升级的效果还不理想。主要表现为引进项目与本地产业升级目标结合不紧密；部分引进项目不仅没能有效地推进产业升级，反而成为产业升级的障碍；对专业化招商、产业链招商、集群式招商、园区招商等新型招商方式应用不够；在优势项目引进方面找不到与客商的利益共同点，在利用与被利用、控制与被控制的博弈中基本上处于被动的一方；现行考核指标在项目质量、项目关联性和产业升级实际效果方面注重的不够。由于存在以上问题，延误了产业升级的时机，延缓了产业升级的进程，对提高相关产业的出口竞争力造成了严重的负面影响。为此，今后要有针对性地做好以下几项工作：一是要围绕河南十大产业调整振兴规划精心谋划项目，推进省内企业与目标企业的定点定向对接，形成现有企业与引进企业之间的协作性竞争机制。二是要在产业集聚区、产业转移园区重点实施产业链招商，有针对性地引进缺失链条，补强薄弱链条，提升关键链条，促进产业集群形成，培育产业配套协作体系。三是要形成省内各部门、各地市及各个产业集聚区之间互动协调的工作机制，重点是要通过完善利益分享机制，共享招商信息，推动跨市的特色组合和层次链接，形成意向性项目在省内合理流动的机制和平台。同时鼓励发展"飞地工业"，支持招商条件好的市、开发区、工业园区或产业集聚区在区外"借地"招商。四是要创新考核评价体系。考核招商引资工作不仅要考核各个地区包括产业集聚区在内的项目落地数量、招商引资规模、总投资规模、融资规模、GDP、主营业务收入等指标，还要考核能够反映产业转移与产业升级对接程度的相关指标，如招商项目的辐射带动能力指标、招商项目的关联性及主导产业集中度指标、产业链完备程度指标等。同时，还应正视各地区客观存在的发展差距，实行分层次的考核。通过以上措施有效地促进产业转移与产业升级目标的紧密对接，促进省内产业增强出口产品竞争力。

5. 实现外资、外经、外包、外智与外贸"五外"之间的互动

外资、外经、外包、外智与外贸这"五外"之间不是相互分割的，而是可以相互促进、相互带动的关系。企业在发展对外贸易的过程中可以寻找到引进外资、对外投资和工程承包的机会，引进外资、对外投资和工程承包也有利于带动对外贸易的发展，特别是对外投资可以有效地避开国外的贸易壁垒，改善贸易环境,可以缓解资源约束,保障省内外贸企业的原材料供应,可以带动机器设备的出口。对外工程承包也有利于带动机器设备的出口,同时帮助出口企业寻找到新的商机。对国外高科技人才以及管理人才的引进,也有利于推进省内的产业升级并形成本土的优势企业,进一步为扩大出口奠定基础。

参考文献

梁丹:《中西部要承接好新一轮产业转移》,2010 年 8 月 30 日《中国改革报》。

《河南省商务运行分析报告》2010 年第 1~9 期。

B.7
河南旅游业转型升级重点、难点及对策研究

杜书云　饶品样*

摘　要： 河南旅游业转型升级是全省经济发展的客观要求，是旅游业做大做强的必然选择。针对河南旅游业转型升级面临的突出矛盾和问题，从市场、企业、产品、产业四个方面对旅游业转型升级的主要内容进行了探讨，并提出了相应的对策建议。

关键词： 河南旅游业　转型升级　重点难点　对策

一　河南旅游业转型升级的必要性及意义

（一）推进旅游业转型升级是经济发展的客观要求

从经济发展的历史进程看，人类社会在经历了农业经济时代、工业经济时代之后，目前正迈向服务经济时代。服务经济时代是人类社会发展的必经阶段，任何国家或地区都难以违背客观规律而超越。从这个意义上看，旅游业被当做现代服务业。河南旅游业经过多年的发展，已具备一定的发展规模和基础，截至 2010 年 6 月 30 日，全省累计接待海内外游客 1.33 亿人次，实现旅游总收入 1159.04 亿元人民币，同比分别增长 21.6% 和 20.7%。其中，接待入境游客 70.2 万人次，同比增长 18.2%。"十一"期间，全省共接待游

---

* 杜书云（1964~），女，郑州大学旅游管理学院院长，硕士生导师，研究方向主要为旅游地产及产业经济学；饶品样（1980~），男，郑州大学旅游管理学院教师，博士，研究方向主要为区域旅游与旅游产业聚集。

客 2226.21 万人次,同比增长 15.6%,实现旅游收入 118.44 亿元,同比增长 17.4%。为了提高旅游接待能力,全省加快旅游资源的开发与整合,2009 年末共有 A 级旅游景区 185 处,其中 4A 级以上景区 72 处,星级酒店 529 家,国内旅行社 1045 家,基本形成了优势突出、结构合理、协调配套的产业体系。但是,河南省旅游产业的集中度偏低,旅游企业普遍存在着"小、散、弱、差"的情况,企业资产关系分散,处于分散经营的状态,缺乏有较强竞争力的骨干龙头企业和高素质的管理人才队伍。因此,通过推进旅游转型升级,进一步提升旅游产业素质,充分发挥旅游业对全省服务业和整个经济的带动作用,不仅符合现代经济发展的客观规律,也是加快全省经济社会发展的客观要求。

(二) 推进旅游转型升级符合产业结构演进的规律性

现代经济发展理论指出:经济发展过程是经济总量增长和产业结构转换相互作用、相互推动的结果。当经济总量迅速增加的时候,要求对产业结构做出相应调整,以适应经济增长的需要;而当产业结构进行调整后,又会为经济总量的进一步快速增长提供条件。河南旅游自改革开放以来,经过 30 年的发展,现在每年接待游客的数量、旅游收入都位居中部地区首位,进入了全国旅游大省的行列。2005~2010 年,5 年内旅游业保持高速增长的态势,增长速度高于本省 GDP 和第三产业的增长速度(2008 年除外),特别是 2009 年,旅游业的增长速度高达 21.10%,远远高于同年全省 GDP 的增长速度,全省的旅游业在 GDP 中占的比重为 10.25%,远远高于国家的平均水平 4%。因此,加速推进旅游业转型升级,是旅游业适应全省加速现代化、城镇化、市场化、国际化发展的必然趋势,也是加速实现产业现代化的必然要求。通过推进旅游转型提升,加快旅游业和服务经济的发展步伐,不论从理论还是实践看,都符合产业结构演进的规律性,也是发挥河南旅游资源比较优势,加快全市经济社会发展,大步迈向服务经济时代的客观要求。

(三) 推进旅游转型升级是加快全省旅游发展的客观要求

国家旅游局已发布的《旅游服务质量提升纲要(2009~2015)》,纲要就紧紧围绕旅游产业转型升级的要求,借鉴其他现代服务业的成功经验,以满足旅游者需求为导向，以提升服务质量为核心，不断提升旅游产业素质，不断提升旅游产业在我国经济社会发展中的地位和国际竞争力。目前，在传统的经济增长理论和增长方式的影响下的旅游业，河南旅游开发建立在对生态环境破坏的基础之上，在对旅游资源的开发过程中过度重视经济利益和游客数量上的增加，而忽略了旅游给当地环境带来的负面影响。因游人大量拥挤于景区，或者因决策者的旅游开发战略不当、缺乏系统规划等原因，导致对自然生态和社会环境的破坏。因此，推进旅游转型提升，加快旅游产品开发和建设，不断提高旅游服务的质量和水平，既是旅游消费发展变化的客观要求，也符合旅游业自身健康持续发展的趋势，是加快全省旅游发展的客观要求，推进旅游转型升级是实现全省可持续发展的客观要求。

二 河南旅游业转型升级面临的突出矛盾

（一）旅游业规模化、集中度低

河南省旅游产业的集中度偏低，旅游企业普遍存在着"小、散、弱、差"的情况，众多企业为了争夺市场份额，不得不进行恶性价格竞争，导致整个行业在总收入不断增加的同时，利润率却不断下降。在旅游产业中，旅游企业经营集约化程度低，企业规模小、实力弱、效益差，缺乏占有较大市场份额的大型企业；企业资产关系分散，处于分散经营的状态，缺乏有较强竞争力的骨干龙头企业和高素质的管理人才队伍。这种旅游产业规模不经济，先导行业不够突出，导致了整个行业经济效益不佳。

（二）旅游产品结构单一，产品体系尚未形成

河南省许多地方都只在旅游吸引物上下工夫，靠景点来吸引顾客，导致旅游产品结构单一。河南众多的旅游产品还仅仅停留在观光的表面上，观光旅游几乎占了70%左右，未形成集观光旅游、会议旅游、商务旅游、休闲度假旅游等为一体的综合性旅游产业。专项型旅游地开发还未真正起步，缺乏富有创意的大型主题公园。大多数老旅游地产品结构单一而不成体系，产品组合缺乏深度、广度及长度。

（三）旅游产业关联度带动作用不明显

旅游产业综合性强、关联带动作用大，直接涉及 14 个产业，间接影响 47 个行业，是一个地方实力的综合反映。郑州、开封、洛阳作为重要旅游产业集群链的发展战略，曾对河南旅游业的发展，产生了较强的带动作用，但对于旅游资源丰富的豫西、豫西南、豫东南、豫北边缘区域的带动作用不明显。同时，河南旅游产业关联度低，与发达的长江三角洲城市群旅游业相比差距更大。

（四）旅游人力资本缺乏，产业科技含量较低

随着旅游发展方式的转变，对旅游人力资本和自主创新能力要求不断提高。虽然河南高等院校旅游管理专业及职业培训机构为当地旅游业培养了大量的人才，但是从目前状况来看，旅游人才仍然不能满足快速发展的旅游业的需要，主要表现为旅游企业的人力资源充足但是人才资源不足，低素质的基层员工供过于求，而高级管理人才奇缺，这种不合理的人才结构队伍严重制约了旅游企业的发展，究其原因主要河南培养及引进人才的大环境尚未形成，最后导致培养的人才外流及留不住外来人才。

三 河南旅游业转型升级重点难点

（一）旅游市场的转型升级

2008 年，国家把三大旅游市场发展优先顺序调整为"大力发展国内旅游，积极发展入境旅游，有序发展出境旅游"。从表述上看，2008 年的调整带有应对全球金融危机的权宜性质，并非长期的政策，但也成为旅游市场转型升级的方向。首先，国内旅游因其巨大的市场潜力和对于扩大内需的独特作用，继续被放到优先发展的地位。而出境旅游不仅对于平衡贸易，缓解经济摩擦有重要作用，还起到"以市场换市场"的效应，促进入境旅游的发展。河南作为一个旅游发展的资源大省，应当始终坚持发展入境旅游长期不变的方针，因其具有为全省增加财富、改善本省形象和提高"软实力"等巨大作用。而不论是入境旅游还是国民旅游，其发展都是以产品质量的提升为根本出发点。据此，河南旅游发展的

政策可以表述为"大力发展人境旅游，全面提升国民旅游，着力改善产品质量"。

（二）旅游企业的转型升级

新形势下河南省旅游企业的转型升级主要表现在以下两个方面。

1. 集团化进程进一步加快

从产业组织角度而论，河南省旅游业最引人注目的问题是产业集中度相对较低。近年来，旅游企业集团化步伐越来越快，产生了一些大型旅游集团企业，但并未从根本上改变全省旅游企业小、散、弱、差的现状，从而使行业整体效益水平、竞争能力和抗风险能力低下。加快旅游企业集团化进程是转型升级的必然要求，为此，一方面各旅游企业应通过兼并、垂直一体化、多元化、管理合同和特许经营等多种市场化方式，加快自身规模的扩张；另一方面，政府也应当通过政策支持、资产划拨、企业改制重组等手段，加快旅游企业集团的培育与形成。

2. 中小旅游企业的转型与实力提升

全省经济型酒店占酒店总量的比重大致为10%～20%，远低于欧美国家平均60%～70%的水平，成长空间巨大。面对集团化浪潮，中小企业在技术和管理水平、人员素质、生产规模和资本积累等方面的劣势会进一步凸显。为此，政府要给予旅游中小企业关注和扶持。支持的手段主要有：一是积极提供政策和信息服务，帮助旅游企业规避风险；二是以管理技术和设备现代化为目标，给予中小企业必要的扶持；三是鼓励和支持中小企业建立合作组织，以提高管理水平，降低经营成本；四是给予中小企业金融和税收优惠。如针对旅行社资金缺乏的困境，旅游行政管理部门还可采取核退部分甚至全部旅游质量保证金来帮助企业增加流动资金。

（三）旅游产品的转型升级

产品的转型升级主要体现在产品结构与功能、产品形式和产品开发三个方面。

1. 在产品结构和功能方面有两个方向的转型

一是从以事务旅游为主到以休闲旅游为主，单一观光旅游产品向以观光旅游与休闲度假为基础的多元休闲旅游产品转变；二是向创新化、体验化转型，从服务经济向体验经济升级，让游客参与其中。

2. 在产品形式方面

尽管观光旅游仍然是大众旅游市场的重要组成部分，但已不再是市场的唯一主体。休闲度假旅游、科技旅游、都市旅游、工业旅游、农业旅游、康体旅游等新型旅游产品的快速发展，使得全省的旅游产品类型更加丰富。

3. 在产品开发方面

在目前长线出游需求不大的情况下，应大力推广"短、平、特"（短途、平价、特色）旅游产品，成倍提高乡村和城郊旅游市场规模；同时，加强旅游产品组合编排，完善自助旅游服务体系。各个景区及相邻景区之间应形成联盟，在线路推荐、旅游相关服务做配合。比如各地采取的旅游消费券、"一卡通"等就是此方面有益的尝试。同时，在开发策略上，对那些适合发展休闲度假旅游的地区（如大伏牛山旅游聚集区）可实施"转型"战略，而在其他地区则应因地制宜实施"升级"战略，即在观光旅游的基础上增加休闲度假的成分。

（四）旅游产业的转型升级

在市场、企业和产品转型升级的背景下，旅游产业也应在以下方面有所变化。

1. 在产业功能上

除了要关注旅游业能够增加外汇收入、拉动内需、吸纳就业等基本功能之外，还要深刻地挖掘旅游业作为一项特殊产业的多重功能。为此，要通过各种途径和方法促进旅游业由经济功能向综合功能转变。概括地说，一是要走向生活化，深化旅游业的消费性功能，展现旅游业作为"民生产业"的价值。二是要走向生产化，凸显旅游业的生产性功能，展现旅游业作为"动力产业"的作用。三是要走向生态化，回归旅游的本原性功能，展现旅游业作为"绿色产业"的特色。

2. 在产业结构上

旅游产业的独特性质使得旅游产业不仅能够带动诸多产业发展，而且也能够和诸多产业一起融合发展，危机期间旅游业相对制造业等所受冲击较小也部分归因于此。对旅游业来说，必须抓住这一重要优势，实施产业融合化发展战略。主要有三种路径，其一是"泛休闲化"，旅游业要对接未来休闲产业，实现产业结构上的转型。其二是"广服务化"，旅游业要融入现代服务产业，实现产业层次

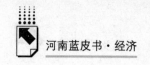
上的深化。其三是"准模块化",现代旅游业要汲取和创新先进制造业的方法流程,实现产业效率效能上的提升。

3. 在产业运作方式上

从长期来看,市场化将是全省旅游业发展的主导模式。但国际金融危机爆发的本身表明,完全的市场化不可能实现经济持续健康发展。全省旅游业发展的实践也证明,在一定时期内政府主导能实现产业的超常规发展,而旅游产业的转型升级同样离不开政府作用的发挥。因此,把握好市场化和政府主导之间的关系,并实现两者之间良好的结合是转型取得成效的关键。

四 实现河南旅游业增长方式的转变及转型升级的建议

(一) 创新发展大旅游产业的理念

旅游产业综合性强、关联带动作用大,直接涉及 14 个产业,间接影响 47 个行业。由于旅游业的发展涉及多个行业、多个部门和社会各界,应大力推进旅游与文化、体育、农业、工业、林业、商业、水利、地质、环保、气象等相关产业和行业的融合发展。努力打造以精品名牌旅游景区景点为龙头的旅游核心产业体系;以客运、住宿、餐饮、娱乐和旅行社业为主体的旅游配套服务产业体系。

同时,支持有条件的地区发展生态旅游、森林旅游、商务旅游、体育旅游、工业旅游、医疗健康旅游等。把旅游房车、邮轮游艇、景区索道、游乐设施和数字导览设施等旅游装备制造业纳入国家鼓励类产业目录。并大力培育发展具有自主知识产权的休闲、登山、滑雪、潜水、露营、探险、高尔夫等各类户外活动用品及宾馆饭店专用产品。大力发展旅游购物,提高旅游商品、旅游纪念品在旅游消费中的比重。

(二) 加快旅游资源整合开发,优化河南旅游产业链

做好传统旅游产品的整合与优化。在旅游开发与城市建设一体化的原则下,围绕古都文化(郑—洛—安—汴—许)和现代都市文化进行品牌整合,形成"中原古都群、现代旅游城"的城市旅游产品的整合品牌;促进文化旅游产品的转化。河南是华夏文明的发源地,也是中国的文化大省,文化旅游资源是河南最

具垄断性的资源，促进文化资源转化成为可视、可听、可感、可娱的旅游产品是今后河南旅游开发的重点；加强旅游企业协作行为的优化。旅游企业应积极参与旅游产业链的分工与合作，在动态中追求与旅游产业链上其他环节的平衡、互补和自我优化、持续改进，并进一步加强企业与产业链下游渠道、客户环节的有效联系，构建稳定的产业价值链；注重旅游产品开发的多元化与纵深化。河南旅游资源种类齐全、品位高，具有开发各层次旅游产品的潜力，应针对多元化市场需求，充分发挥其资源优势，设计、开发不同类型和档次的旅游产品，形成以观光旅游为基础，休闲度假为主导，专项旅游为补充的旅游产业体系。在实现产品多元化的同时，努力提高其科技含量和附加值，实现旅游产品纵深化、品牌化，培育精品工程。

（三）培育新的旅游消费热点

郑州、洛阳、开封旅游业经过多年的发展，现已处于成熟期，目前郑汴洛一线是河南旅游业的中坚，今后发展目标仍然是使之充分发挥"骨干地区"的作用，并尽可能延长其繁荣期，避免走向衰退。由于郑州、开封、洛阳过去旅游业发展主要是靠外延的扩张来实现的，因此存在很多问题，例如旅游产品结构单一，产品类型趋同，开发层次低等。外延扩张这条路子肯定是走不下去了，今后的发展可以利用其比较雄厚的经济、技术力量、发达的交通条件和对外联系的渠道，以技术为导向，以产品结构的协同化、高度化为目标，通过优化产品结构，延长产业链，跟踪国内与国际大市场的走势，创造新的比较优势和竞争优势，实现新的飞跃。

同时，培育新的经济基础好、旅游资源丰富、区位条件优越、有发展潜力的城市。为了从整体上、深层次把握河南省各个城市发展旅游的潜力，更合理地选择新的旅游消费热点，首先应该重点发展南部的南阳、信阳和北部的焦作、安阳，这些地区已有一定的物质基础，发展活力较大，已成为处于极化效应阶段的增长极。其次是新乡、商丘、三门峡。这些地区旅游资源丰富且与其他具有很强的互补性，但是经济基础薄弱，自我发展能力差。通过这些新增长极的极化效应，实现旅游业规模效益，之后沿着交通轴线，通过扩散效应带动本区旅游业飞跃。形成以安阳、焦作为中心的太行山自然山水、殷商文化旅游经济系统；以南阳为中心的豫西伏牛山生态观光，康体休闲旅游经济系统；以商丘为中心的豫东平原农耕文化旅游经济系统；以信阳为中心的桐柏—大别山"红绿"交融、休闲度假旅游经济系统。

（四）以项目建设为支撑，推动旅游业优化升级

要坚持"项目带动、品牌带动"战略，突出重点，集中力量建设我省旅游重点项目，以项目集聚旅游产业要素推动产业结构优化升级。具体建议：采取"走出去"、"请进来"、"牵线搭桥"等多种方法加大招商引资力度，加快旅游项目建设力度，并且加强与投资商沟通协调，力争使签约的项目资金尽快到位，促进项目建设尽早开工；项目规划坚持绿色、环保、循环的发展思路，杜绝破坏历史文化遗产和自然生态环境现象的发生；以知名旅游景区为依托，加快旅游产品结构调整和资源整合，打造国际级的旅游产品。继续着力打造郑、汴、洛沿黄"三点一线"黄金线路；深入推进伏牛山生态旅游整体开发；通过资源整合、联合捆绑营销等手段，提高以云台山为代表的南太行景区的整体品位；结合地理资源优势开发豫西南温泉休闲度假项目，形成一个辐射全省的温泉经济带，促进河南旅游的转型升级；切实抓好重点项目建设，提升我省旅游产品的整体水平。重点进行星级酒店、旅游购物、汽车露营地等旅游新业态和旅游基础设施项目建设；推动我省文化旅游项目建设。通过推出《禅宗少林·音乐大典》、《大宋·东京梦华》、《君山追梦》、《河洛风》、《禅武不二》、《少林武魂》等旅游演艺精品节目和推广中国武术文化等项目加强我省的旅游文化项目建设；做好项目资金支持，给企业做好金融服务，推动与中国银行河南省分行合作授信的200亿元资金落实到位。

（五）加强区域合作，推动旅游市场的进一步发展

创新旅游区域发展格局，形成一个统一的大旅游整体。以郑汴洛三市组成的核心点为中心，以沿黄河旅游发展带和京广、京珠沿线旅游发展带两条旅游带为轴线，以中原城市群和五大特色旅游区两个圈层为延伸面的所谓"点—轴—圈"协同推进的区域合作发展格局，逐步形成一个统一的大旅游整体；区域旅游合作，构建华中大旅游圈。中部五省根据其地缘关系和经济关联性，在旅游资源开发、旅游功能定位、旅游产品与旅游线路设计、旅游项目建设、旅游企业设置、旅游基础设施与接待设施建设、旅游形象塑造、旅游市场联合营销等方面加强协

商与合作，签订区域旅游合作协议，构建华中大旅游圈。

坚持"走出去"、"请进来"相结合，积极开拓境外和省外市场，大力提高旅游业综合效益，积极搭建旅游开放平台。继续加强豫台旅游合作，努力实现"互动10万人"目标。借助"小三通"旅游线，以专列形式开辟台湾游市场；提高企业开拓市场的积极性。制定《河南省旅游奖励资金管理暂行办法》，对旅游包机最高奖励6万元、专列最高奖励3万元，对入境游贡献大的旅行社最高奖励150万元；通过区域旅游合作，与湖北、湖南分享入境游客，制定更多的优惠政策促进入境旅游；加强外语导游的培训工作，提高导游素质，让入境游客留恋河南，推介河南。

（六）加快河南旅游人才队伍建设

把河南作为全国旅游人才培训基地，促进河南形成以网络教育培训和网络虚拟人才市场为重点的现代化网络教育培训和旅游人才交流体系；全面推动教育培训，为河南旅游业的跨世纪发展奠定人才基础；通过举办短训班，开展岗位培训和岗位练兵、专业技术资格考试和行业工人技术培训等多种方式，提高全省旅游业从业人员的政治素养、业务素养和道德水平。

参考文献

刘涛、徐福英：《国际金融危机背景下中国旅游业的应对策略》，《旅游论坛》2009年第2期。

马波：《中国旅游业转型发展的若干重要问题》，《旅游学刊》2007年第12期。

刘少和、李秀斌：《旅游产品转型与广东休闲度假产品体系建设思考》，《现代乡镇》2009年第2期。

B.8

河南加快转变房地产业发展方式的分析和思考

李晓峰*

摘　要： 在全国实现经济发展方式转变的大背景下，房地产作为国民经济的基础性、先导性和支柱性产业，不仅要实现自身经济发展方式的转变，而且具有明显的示范与带动作用。在现实的发展过程中，房地产业由于其资源和能源消耗量大以及房地产商品的民生属性等原因决定了其经济发展方式的转变更具有特殊性和迫切性。同样，目前正处于城市化快速推进中的河南省房地产业经济发展方式的转变更是刻不容缓。然而在现实当中，由于"不想转"、"不敢转"以及"不会转"等不利因素的存在，房地产业生产方式的转变决不会一蹴而就。为此，河南省应当针对自身实际情况通过明确转变房地产经济发展方式的主攻方向以及采取一系列得力的政策措施将房地产业经济发展方式转型落到实处。

关键词： 房地产业　转变经济发展方式　河南

党的十七届五中全会审议通过的《中共中央关于制定国民经济和社会发展第十二个五年规划的建议》（以下简称《建议》）在提出要以科学发展为主题的同时明确提出，制定"十二五"规划要以加快转变经济发展方式为主线。这是"十二五"规划建议的又一个鲜明特点，也是推动科学发展的必由之路。

---

* 李晓峰（1966～），男，湖南禹州人，河南财经政法大学研究院常务副院长，教授，主要研究方向为资源与环境经济学、房地产经济与政策等。

经济体制改革以来，经过 30 多年快速发展，按 GDP 计算 2010 年第二季度我国的经济总量已超过日本而成为世界第二大经济体，综合国力得以大幅提升，人民生活得到明显改善。但是，随着世界范围内经济发展面临的资源环境约束日趋强化和国际市场格局深刻调整，我国经济快速增长中对物质资源消耗过多并因此造成日益严重的环境问题，以及国民经济增长对投资和出口依赖性过强等问题越来越突出。同时，随着经济发展和居民收入水平提高，人民群众对生活质量的要求越来越高，对社会公平正义和健康生活的要求越来越迫切。国内外形势的新变化，使我国加快转变经济发展方式刻不容缓。

发展理念决定发展方式，发展方式决定发展质量。深入贯彻落实科学发展观，把加快转变经济发展方式贯穿于经济社会发展的全过程和各领域，全面提高经济发展的质量和水平，是现阶段我国经济社会发展的必然要求，是形势所迫、大势所趋。这是我国经济社会领域的一场深刻变革。

房地产是国民经济的晴雨表，是基础性、先导性和支柱性产业，因此其在全国加快转变经济发展方式中，要勇于担当重任，实现率先转变发展方式，影响并带动整体经济发展方式的科学转变。

二

党的十七届五中全会通过的《建议》指出，坚持把建设资源节约型、环境友好型社会作为加快转变经济发展方式的重要着力点。深入贯彻节约资源和保护环境基本国策，节约能源，降低温室气体排放强度，发展循环经济，推广低碳技术，积极应对气候变化，促进经济社会发展与人口资源环境相协调，走可持续发展之路。

建设资源节约型、环境友好型社会的提出，为房地产业提出了新课题，我们必须充分认识到节能省地建筑的重要性和紧迫性，从发展循环经济中求发展。河南省作为全国人口资源压力最大的省份之一，一个方面要加快城市化进程，另一方面还要承担起全国粮食安全的重任，因而在房地产发展过程中如何推进节能省地型建筑的发展，它为房地产业提出了哪些值得深思的问题，这些都亟待从理论和实践中予以研究。

首先从土地利用方式来看，十多年来，"摊大饼"式的城市延展以及各类城市新区、经济技术开发区的大干快上，使得城市建设用地持续扩张，粗放型用地模式十分普遍。主要表现为一些城市兴建招商引资项目时大量圈占土地，在房地产开发用地上还大量建设占地多的别墅，开发大户型住宅。

从房地产建设的全过程来看，近年来我国城市新建的绝大部分属于高耗能建筑。据欧洲建筑师协会测算，建筑在整个过程中的能耗占全部能源的50%，譬如建筑用的水泥，从石灰石矿的开采到应用于建筑施工，这一过程需要消耗大量的能源。而建筑建成后，建筑的使用运行和建筑最后的废弃处理也需要耗能。同时，建筑还需要消耗50%的水资源、40%的原材料。更不容忽视的是，50%的空气污染、42%的温室气体效应、50%的水污染、48%的固体废物和50%的氟氯化物也来自于建筑物的建设过程。显然，无论是能源消耗还是建筑污染的产生，建筑都是建设节约型和环境友好型社会的关键所在。

从节能方面看，与发达国家相比，我国住宅能耗是同类气候条件下发达国家住宅的3倍左右。国家要求居住型建筑必须达到节能50%的标准（国家强制性规范），但我国却有95%的建筑达不到节能标准，新建建筑中也仅有20%能达到节能标准。一般来说，城市的建筑大都能按节能50%的标准来设计实施，而县镇的建筑则难以落实这些节能要求。另外，由于建筑面积不断增长，商服、住宅等用户消费增加，这无疑也加大了社会对能源的需求。

从建筑材料利用看，一些中小城市和村镇在建筑过程中不仅大量使用黏土砖，而且普遍使用钢材，其中钢材消耗高出发达国家的10%~25%。同时，新型和可再生建筑材料、墙体材料、节能保温材料、节能门窗等使用率也很低，循环利用率更低，由此造成资源的极大浪费。

总体来看，我国是世界上每年新建建筑量最大的国家，每年20亿平方米新建面积，相当于消耗了全世界40%的水泥和钢材。同时由于中国建筑的平均寿命只能持续25~30年，很显然，如此短寿的建筑将每年产生数以亿计的建筑垃圾，给中国，乃至世界带来巨大的环境威胁。

我国建筑垃圾的数量已占到城市垃圾总量的30%~40%。据对砖混结构、全现浇结构和框架结构等建筑的施工材料损耗的粗略统计，在每万平方米建筑的施工过程中，仅建筑垃圾就会产生500~600吨；而每万平方米拆除的旧建筑，将产生7000~12000吨建筑垃圾，而中国每年拆毁的老建筑占建筑总量的40%。

建设节能省地型建筑是一项战略性工作。中央从推进结构调整和促进经济发展方式转变，从建设资源节约型和环境友好型社会的战略高度，提出要大力发展节能省地型建筑，实质上是在城乡发展建设中，为促进节能、节水、节地、节材，加强资源的综合利用，转变城乡发展建设方式，提高质量和效益，建设节约型城市指明了方向。为此，我们既要从城市规划、建筑标准化、城市建设、科技创新、住宅产业化等方面综合研究建筑节约问题，并把工作重点放在量大面广的普通住宅和公共建筑的推广上，同时也要深入研究不同历史时期、不同性质的建筑节能、节水、节地、节材问题。

同时，党的十七届五中全会通过的《建议》又指出，坚持把保障和改善民生作为加快转变经济发展方式的根本出发点和落脚点。这对我国房地产未来的发展提出了更高的要求，赋予了房地产业转变经济发展方式更加丰富的内涵。

"十一五"期间，为应对国际金融危机带来的负面影响，中央及时制定了"保增长、保民生、保稳定"的方针，许多地方政府则把发展房地产作为"保增长"的主要途径，从而出现了部分城市房地产市场的过热，房价一路飙升的局面。过高的房价不仅让民生不堪重负，也给国家经济带来风险隐患。"十二五"期间房地产业应从"保增长"转向"保民生"，在控制、防范和释放风险的前提下，进入一个平稳健康的发展期。

作为以提供住宅消费为主的房地产业，本来就与民生有着天然的联系。纵观当今世界，住房已不仅仅被视为人类生存的基本需要而得到国际社会普遍关注，"人居"也已成为世界语境中重要的民生话题。为唤起各国政府和全社会为解决人居发展做出努力，1977年的第32届联大通过决议，联合国人居委员会正式成立；1978年联合国人居中心成立；1985年第40届联大通过决议，每年10月的第一个星期一为"世界人居日"。

然而，近年来我国的房地产业却与民生渐行渐远，房价的过快上涨甚至已经到了让民生难堪重负的境地。据中国社会科学院2010年《经济蓝皮书》提供的数据，2009年城镇居民的房价收入比达到8.3倍，大大超出国际上公认的3~6倍的合理承受范围，85%的家庭没有购买住房的能力。但是，就在大多数家庭买不起房子的情况下，2009年的楼市居然出现了火爆现象。究其原因，其实是房地产的投资功能和资本属性得以放大的结果。这种非理性的"繁荣"同时也说明，目前我国的房地产市场已经不是以消费为主，而是以投资和投机为主的市场了，因为85%的家庭是买不起住房的。在一个以投资和投机为主的市场上，一旦市场预期改变，房价就会大幅下跌，并带来大量的银行坏账，其所造成的灾难性后果不仅会让房地产业自身遭受重创，也会严重伤害民生乃至危及国家安全。

因此，2009年的中央经济工作会议在强调保障和改善民生的同时，也对房地产发出了调控信号。此后，无论是"国四条"和"国十一条"，以及国务院和相关部门出台的各项举措，不仅加大了保障性住房的建设力度，更对抑制房地产投资和投机采取了严厉措施。正像《建议》指出的那样：今后要强化各级政府职责，加大保障性安居工程建设力度，加快棚户区改造，发展公共租赁住房，增加中低收入居民住房供给。加强市场监管，规范房地产市场秩序，抑制投机需求，促进房地产业平稳健康发展。

三

房地产业作为国民经济的基础性、先导性和支柱性产业，在带动全国经济发展方式转变方面发挥着重要作用。

一是加快推进经济结构调整。《建议》强调：坚持把经济结构战略性调整作为加快转变经济发展方式的主攻方向。构建扩大内需长效机制，促进经济增长向依靠消费、投资、出口协调拉动转变。转变房地产发展方式，可持续扩大住房消费，培育消费热点，提高消费对经济增长贡献率，促进消费、投资和出口协同拉动；可深化住房分配货币化改革和加快建立住房保障制度，提高劳动报酬在初次分配中的比重，显著增强再分配的公平性，加快调整国民收入分配结构；可推动旧城区改造、新城区拓展，完善城镇功能，加快推进城镇化，并给农民工创造大量就业机会，增加农民收入，推动新农村建设，进一步统筹城乡发展，加快调整城乡结构。二是加快推进产业结构调整。房地产属于第三产业范畴，包括房地产开发经营、物业服务、房地产中介及房屋拆迁等内涵，是典型的现代服务业，与上下游50多个产业相关联。转变房地产发展方式，可有效带动金融保险、信息咨询、商贸物流等服务业发展，加快第三产业发展；可减少对传统产业的产品需求，淘汰落后产能，加快传统产业技术改造步伐；可为战略性新兴产业提供广阔的市场空间，孵化战略性新兴产业，从而促进第一、二、三产业协同发展。三是加快推进"两型社会"建设。转变房地产发展方式，可有效推动建筑节能，带动绿色建筑和低碳社区建设，提高土地利用效率，减少能源资源消耗，保护生态环境，增强可持续发展能力，促进资源节约型、环境友好型社会建设。四是加快推进社会事业建设。转变房地产发展方式，可加快保障性住房建设，加大普通商品房供应量，满足居民基本住房需求，解决民生领域的突出问题，加快社会保障体系建设。

因此，加快房地产发展方式转变，能有效推进经济结构和产业结构调整，带动新型工业化和新型城镇化，加快"两型社会"建设，促进经济与社会协调发展，实现增投资、促发展与扩消费、惠民生一举多得，是加快转变经济发展方式的重要内容。近年来，我国部分地区出现房地产市场过热、房价上升过快的现象，国家开始对房地产市场进行了一系列有针对性的调控政策。于是就有一种观点认为，房地产业将会淡出"支柱产业"，其在转变经济发展方式中属于夕阳产业，要打压限制。这不符合客观实际情况，不利于经济社会发展。我们应当清醒地看到，部分城市过热是局部问题，不是全局问题。更何况我国目前正是处于城市化进程最快的时期，河南省的城市化水平更是低于全国平均水平约十个百分点，这意味着，我省房地产业的发展还有更长的路要走，任务更艰巨，前景也更广阔。

转变房地产业经济发展方式虽然意义重大，但毋庸置疑，在现实当中由于多方面的原因而带来了发展方式转变方面的一些困难和问题。

正如前面分析的那样，近年来，房地产高速成长在促进经济社会不断发展进步的同时，也带来了诸多负面影响。房地产占用大量土地资源，消耗大量建材、能源等物质资源，刺激高耗能、高污染产业发展，出现耕地减少、生态退化、资源枯竭、气候变暖等问题，以环境资源为代价的发展难以为继。房价快速上涨引起房价泡沫，房奴、蚁族出现，低收入家庭望房兴叹，被拆迁户信访不断攀升，维护社会稳定压力逐年增大，房地产受到社会诟病、媒体指责，房地产业整体形象欠佳，经济社会发展不协调。调控措施越来越多，起伏周期越来越短，政策环境越来越紧，发展空间越来越小。深刻总结已往经验教训，转变房地产发展方式迫在眉睫、刻不容缓。

分析现状，河南省转变房地产发展方式面临以下困难和问题。第一，不想转。房地产行业进入门槛低，再加上金融危机以来实体经济还没有完全恢复，造成大量的民间以及国有资金大量进入房地产企业，造成房地产企业整体资质下降。据统计，目前河南省共有房地产企业 5200 余家，其中一级资质 18 家，二级资质 310 多家，三级及以下多达 4000 多家。同时，房地产市场区域性的特点阻碍了市场竞争，房地产企业生存压力较小，没有危机感、紧迫感，缺乏以质量求生存的意识。住房需求旺盛，市场潜力巨大，企业实现盈利相对比较轻松，即使政策环境时紧时松，也可通过土地增值获利。这客观上造成大量的房地产企业既没有转变经济发展方式的压力，也没有转变经济发展方式的动力。第二，不敢转。就许多地方政府而言，房地产财政趋势严重，包括土地使用权出让金以及房地产相关税收等收入占到其财政收入的 40% 以上，郑州市的个别区甚至达到70%。从政府利益角度讲，"转"就意味着投资放缓，GDP 增速回落，财政收入大幅减少，城镇化进程放慢以及城市基础设施建设出现严重滑坡。对企业而言，"转"就意味着从圈地囤地、拉抬房价的传统模式中脱胎换骨，谋求节能省地、提升品质的新盈利模式。对此大企业准备不足，中小企业生存困难，实力不济、没有品牌的企业会出局，由此带来的市场风险难以掌控。第三，不会转。政府如何正确处理加强房地产调控与加快推进城镇化的关系，加快保障性住房建设与培育房地产市场发展的关系，强化市场监管与优化投资环境的关系，满足人民群众住房需求与保护生态环境的关系，显得经验不足，驾驭能力受到很大挑战。企业还难以适应从粗放经营向集约经营提升，从低附加值的毛坯房向高附加值的全装修房提升，从依靠公共关系向依靠产品研发、科技创新提升，从注重广告营销向注重品牌塑造提升，转变发展方式的办法不多。

四

　　河南省房地产转变经济发展方式迫在眉睫，必须要从思想上切实重视起来，从工作上切实行动起来，尽快克服种种不利因素，加速房地产经济发展方式转型。为此要重点做好两件事情：一是应明确转变房地产经济发展方式的主攻方向，二是要采取得力的政策措施把房地产业经济发展方式转型落到实处。

　　转变房地产经济发展方式从基本方向上而言要努力做到"四个坚持"：坚持低碳发展，立足资源环境承载能力谋划发展，增强科技创新能力，推动建筑节能，促进绿色建筑和低碳社区建设；坚持和谐发展，正确处理市场和保障、发展和调控、促进经济增长与保障民生之间的关系，构建房地产法律法规体系，营造和谐发展氛围；坚持宜居发展，把改善人民群众居住条件作为发展的根本目标，为人民群众创造安全、舒适、方便的宜居环境，满足人民群众日益增长的住房需要；坚持诚信发展，对房地产企业要提高准入门槛，严格市场监管，规范经营行为，倡导诚信经营，以提升行业的整体形象。

具体来说，在实现经济发展方式转变过程中，房地产业要加快实现如下几个方面转变。

第一，由粗放的资源消耗向节能省地转变。在传统模式下，房地产开发项目遍地开花，增长方式粗放，土地利用集约化程度低；毛坯房充斥市场，商品房大多是科技含量低、质量低、舒适度低的半成品，建造装修时资源浪费严重。在转变经济发展方式的背景下，房地产开发应该节约土地资源，集约利用土地，降低建筑能耗，减少资源消耗，走绿色低碳的可持续发展之路。同时通过提高人员素质，加强住宅产品研发，加快科技创新能力，大力推进全装修房，全面提升住宅品质。

第二，由重点发展商品房向保障房和商品房协调发展转变。过于强调住房建设的商品属性而忽视了其保障属性与民生属性，是过去我国房地产业发展的一大弊端。普遍表现为通过压缩保障住房用地供应，加大商品房用地供应，商品性住房开发过度，保障性住房明显滞后。今后要积极改革土地供应方式，增加廉租房、经济适用房以及公共租赁房、限价商品房和普通商品房的土地供应，促进保障房和商品房协调发展，确保供需基本平衡，保持房价基本稳定，让社会各阶层住有所居，推动经济社会协调发展。

第三，由盲目扩大住房需求向合理扩大住房需求转变。传统模式下，往往通过大拆大建造就了巨大的住房，拆迁补偿带动投资，被拆迁户买房带动消费；同时国家对于家庭购买住房的货币政策相对宽松以及有效的行政管理缺失，造成了投资投机型购房泛滥，并因此推高地价和房价。今后的发展方式应是合理控制拆迁规模，减少因拆迁带动的被动需求，大力扶持自住型需求，积极支持改善型需求，有力抑制投资投机型需求，使扩大住房消费既满足发展经济、改善民生的需要，同时也反映和谐社会建设的要求。

第四，由企业和行业无序经营向规范经营转变。过去我省房地产业发展过程中，由于降低门槛、招商引资、放松监管等原因，造成房地产行业泥沙俱下、鱼龙混杂，项目公司多，品牌公司少，造成商品房质量低劣，销售中的违约甚至欺诈行为时有发生。今后应该通过提高行业准入门槛，强化市场监管，同时大力扶植经济实力强、人员素质高、有科技创新能力和优质品牌的企业发展，重点淘汰质量低、投诉多、存在遗留问题、有不良行为记录的企业，逐步形成规范经营的房地产市场格局。

具体而言，加快转变房地产发展方式必须统筹规划，合理安排，突出抓好以下几个方面的重点工作。

1. 加快房地产协调发展

为了推进城镇化进程，必须加快城市基础设施、配套设施建设，清理基本建设的收费项目，创造良好的投资环境，开放房地产市场，吸引有品牌的企业来我省投资，鼓励民间投资有序进入。以推动中原经济区的建设为契机，推进中原城市群建设，以此增强城市的凝聚力和辐射力。同时必须因地制宜加快中小城市的发展，快速推进我省城市化进程以促进房地产业全方位的发展。

2. 加快培育住房消费

充分发挥住房补贴和住房公积金制度在刺激住房消费、拉动内需中的重要作用。一要大力推广住房补贴制度，将住房补贴纳入城镇从业人员的工资范畴，根据房价涨幅，及时调整住房补贴标准，提高中低收入者的住房消费能力。二要使住房公积金制度在城镇全覆盖，提高公积金缴交率，大力发展公积金贷款，坚持"可提可贷"政策，扶植积极支持中低收入家庭贷款买房，允许全省范围内异地贷款，创新公积金管理。

3. 加快调整供需结构

改善住房供应，加大保障住房、限价商品房和普通商品房的供应力度，形成保障与市场相结合的供应体系。大力扶持自住型需求，积极培育改善型需求，减少拆迁带来的被动需求，防范热钱进入楼市，遏制投机炒作。保持供需基本平衡，房价基本稳定，防止大起大落。

4. 加快住房保障制度建设

把解决低收入和中等偏下家庭的住房困难作为重大民生工程，加大公共财政投入力度，提高困难家庭的住房消费能力，大力发展廉租房、经济适用住房和公共租赁房，积极推进城市和国有工矿棚户区改造，不断提高保障水平、扩大保障面。要健全住房保障机构，提高保障住房物业服务水平，严格对保障对象的监督管理，健全退出机制。

5. 加快房地产业优化升级

要严格审批程序，提高准入门槛，加强市场监管，建立信用管理体系，严肃查处各种违法违规行为，将实力不济、不诚信经营的企业逐步淘汰出局。鼓励企业兼并、重组，以提高行业内企业的市场集中度，鼓励有实力企业做大做强，形成一批有较强竞争能力和影响力的区域房地产品牌。

6. 加快推进房地产节能环保工作

制定住房性能认定政策，推行住房性能认定，全面提升住房品质。鼓励物业公司与业主引入合同能源机制，通过加强管理、技术改造，降低房屋使用过程中的能耗。研究全装修房税收政策，改进征税方式，减轻全装修房税收负担。制定全装修房验收标准，组织开展全装修房验收试点。

7. 加快科技创新步伐

应积极鼓励房地产企业与设计、施工、装修、部品制造等企业融合，以提高住房舒适度和节能省地为目标，从产品研发、规划设计、建造施工等环节进行技术创新，增强科技创新能力，大胆采用新技术、新工艺、新产品，推进住宅工业化，着力培育有专业技术队伍、有自主知识产权、有品牌价值的创新型企业。

房地产业转变经济发展方式是一项长期而艰巨的工作任务，需要政府、社会的关心和支持，需要公开、公平、公正的经营环境。目前我省仍有相当一部分房地产企业重增长、轻转变，重内涵、轻外延，重眼前、轻长远。对此，我们必须要有清醒的认识，房地产业转变经济发展方式决非一蹴而就和一朝一夕的事情。

B.9
河南加快转变经济发展方式中的
金融支持研究

蔡玉平　宋晓玲*

摘　要：尽管"十一五"期间河南省经济实现了较快速发展，转变经济发展方式取得巨大成效，但是河南省经济发展方式粗放化的问题仍较严重，转变经济发展方式仍然是河南省"十二五"时期重中之重。河南省金融业在促进经济发展、支持转变经济发展方式中发挥了巨大作用。"十二五"时期，河南省金融业要以更积极的姿态，从更广泛的领域，探索更多途径，努力支持河南省加快转变经济发展方式。

关键词：转变　经济发展方式　金融支持

《中共中央关于制定国民经济和社会发展第十二个五年规划的建议》明确指出："'十二五'时期，是全面建设小康社会的关键时期，是深化改革开放、加快转变经济发展方式的攻坚时期。""加快转变经济发展方式是我国经济社会领域的一场深刻变革，必须贯穿经济社会发展全过程和各领域，提高发展的全面性、协调性、可持续性，坚持在发展中促转变，在转变中谋发展，实现经济社会又好又快发展。"加快转变经济发展方式，需要各方面的协同作战、共同努力。金融业作为国民经济发展的重要产业，在转变经济发展方式中具有不可替代的作用。本文旨在对河南省加快转变经济发展方式中的金融支持进行探讨。

---

* 蔡玉平（1965~），男，郑州大学商学院副院长、教授，主要从事宏观经济形势与政策、金融理论与商业银行管理研究；宋晓玲（1972~），女，郑州大学商学院副教授，主要从事国际金融、商业银行业务经营与管理研究。

一　加快转变经济发展方式的金融支持理论探索

金融机构作为经济的核心和金融资源配置中心，在经济发展方式转变的各个环节，均可提供有力支持和发挥重要作用。

（一）经济结构战略性调整的金融支持

国内外学者不乏对金融与经济发展方式关系的研究。美国经济学家肖（Shaw）和格利（Gurley）认为，一个有效率的金融制度是通过金融资产的多样化和金融中介机构的发展促进储蓄与投资的形成、提高投资效率。金融可为经济增长中的资源配置和结构调整提供有力的手段。戈德史密斯（Goldsmith, 1969）认为，金融与以产业结构变动为特征的经济增长之间是互相促进、互为因果的关系。20世纪90年代以后，金融发展和经济增长关系的相关研究进入了一个新阶段，将金融因素视为产业结构调整和升级的必要手段及内生性增长的重要推动力。中国学者伍海华、张旭（2001）从经济增长、产业结构与金融发展三者关系的角度，分析了金融发展对产业结构变动的促进作用。金融影响产业结构调整机理：金融→影响储蓄、投资→影响资金的流量结构→影响生产要素分配结构→影响资金存量结构→影响产业结构，经济金融化程度越高，传递过程和影响越明显。杨琳、李建伟（2002）对我国金融结构转变与实体经济结构升级的关联机制进行研究。我国经济发展已经进入工业化中后期阶段，产业结构升级需以发展高新技术产业为主进行质的改进，亟须金融业做出相应的变革，以满足经济结构优化和经济发展对金融服务提出的更高需求。范方志、张立军（2003）对地区金融结构转变与产业结构升级，进行了理论和实证分析，发现各地区产业结构升级与金融结构转变或金融深化程度提高以及经济增长之间呈正相关关系；中国地区经济发展差距巨大主要在于各地区金融发展水平的差距和产业结构的不同，由此导致地区经济增长的差异；相对于东部地区，应大力推动中西部地区金融结构转换速度以促进当地产业结构升级。

金融活动通过影响资金分配，进而影响其他生产要素的分配，间接作用于产业结构。产业结构调整中企业须具备取得金融支持所需的条件，同时金融须具备支持产业结构调整所需的条件，金融才能更好地支持产业结构调整。金融具有产业范围选择功能，金融通过使产业结构高级化与合理化来促进产业结构调整和优化。

（二）科技进步和技术创新的金融支持

西方发达国家经济发展经验表明，在工业化中后期开始，服务业便异军突起，逐渐成长为主导产业部门。越是到经济发展的高级阶段，技术创新将发挥越来越重要的作用。而从事技术创新具有风险性，对于创新项目的分散投资决策，将降低风险并提高在创新活动上的投资，所以有利于风险分散的金融系统可以加快技术进步与经济增长。银行部门可以通过产业多样化的投资分散风险；保险公司可以对高风险、高收益的新兴产业提供保险，以降低其创业者的风险；证券公司可以通过风险社会化转移风险，而以风险投资基金为代表的风险投资机构，将以能更好适应技术进步投融资的高投入、高风险、高收益的特点，推进产业技术结构的升级调整和高新技术产业的发展。金融业还通过提供失业保险、养老保险、医疗保险等业务，解决产业结构调整中资源特别是人力资源闲置可能产生的社会动荡，以保证产业结构调整的稳步推进。

（三）保障和改善民生的金融支持

西方对广义经济发展的定义，还包括提高社会福利，促进社会和谐，促进就业、效率和公平的均衡等层面，与我国提倡的保障和改善民生异曲同工。促进就业是民生普惠的一项重要内容，需要宏观经济的持续发展、结构的持续改善，也依赖于微观中小企业的发展、就业增长点的培育。对中小企业发展的支持，需要金融机构提供大力的资金支持。随着国家扩大内需、促进消费的政策实施，消费金融也是未来发展的一个重要方向，金融机构需要通过金融服务和产品的设计和创新，不断提升和丰富其服务内涵。

（四）建设资源节约型、环境友好型社会的金融支持

20 世纪 70 年代，在经济发展过程中环境问题日渐凸显。Grossman 和 Krueger 在分析北美自由贸易协定对环境的可能影响时，首次进行了人均收入与环境质量之间关系的实证分析，他们发现在人均收入与环境退化之间存在一个倒 U 形的关系，并且，当一国人均 GDP 达到 4000～5000 美元（1985 年的美元价格）的转折点时，经济增长趋向于减轻环境污染问题。这种在低收入水平上，污染水平随收入的增长而上升，但在较高的收入水平上，污染水平随收入的增长而递减的特

点与库茨涅兹曲线非常类似，被称为环境库茨涅兹曲线（EKC）。

金融部门理应成为生态文明、绿色金融的践行者、推动者和创新者。事实上，环境保护政策成为西方金融机构融资决策日益重要的考虑因素。越来越多的西方金融机构采取了 IFC 的赤道原则和 UNEP FI 的负责任的投资原则。除了国际通用原则外，还结合赤道原则、世界银行的污染预防与削减手册、OECD 共同指南等相关规定，制定了融资环境保护的内部操作指南。并且，西方金融机构为加强对融资环境保护管理，相应进行了业务改革和机构改革，比如将环境管理纳入风险管理体系，成立环境管理或可持续发展部门等。

二　河南省加快转变经济发展方式的金融支持实践

"十一五"期间，河南省金融业以科学发展观为统领，认真落实中央各项方针政策，不断加大对地方经济的支持力度，为全省经济发展和经济发展方式转变提供了资金保障和支持。

（一）金融资源倾斜，支持产业结构性调整

人民银行郑州中心支行加强与财政、产业、环保等政策的协调配合，推进信贷产品创新，推动银企沟通合作，促进信贷结构优化，严格限制对"两高一剩"、"两高一资"行业的贷款，加大对自主创新、新农村建设、粮食能源原材料基地、煤电油运等重点领域和节能环保、就业、助学、中小企业等社会经济薄弱环节的信贷支持，通过信贷结构调整促进总量目标的实现，满足经济发展对货币信贷的合理需求。同时，继续支持企业拓宽融资渠道，促进企业融资多元化，为经济又好又快发展创造良好的金融环境。结构化融资也是河南省在建设交通枢纽过程中十分有效的信贷产品创新，通过多种金融工具运用，降低了企业财务费用，筹集了巨额的建设资金。

（二）加大金融产品支持，助推"三农"和中小企业发展

围绕教育、就业、中小企业、"三农"等河南省经济社会发展的薄弱环节，人民银行郑州中心支行引导金融机构加大对"三农"、中小企业和教育的支持力度，为经济社会和谐发展提供有针对性的产品支持。通过在全省范围内推出一批

符合"三农"和中小企业需求特点的金融服务品种，开展建设农村贷款担保体系等六项基础性工作，逐步形成金融支农的长效机制，加大对"三农"发展的金融支持。积极推动对中小企业的财务辅导、加快自律互助担保组织建设、创新中小企业信贷产品三项创新性工作，着力解决中小企业融资难的瓶颈制约问题。

（三）支持节能减排成效显著，"绿色信贷"得到落实

河南省金融机构加强节能环保领域的金融支持服务，加强信贷政策与产业政策、环保政策的协调配合力度，通过建立绿色信贷准入机制、实行环保"一票否决制"，在源头上控制住高耗能、高污染以及产能过剩企业的信贷融资渠道。河南省金融业对循环产业进行信贷资源倾斜。河南省天冠企业集团有限公司是目前国内历史最长、最具代表性乙醇生产企业，以绿色、循环、可持续发展为理念，以高新技术为主导，以生物能源为核心产业，以产品价值多梯次开发、资源最大化利用为手段，致力于农产品的全面、综合、规模、系统的开发和循环利用，从而使现有产业得以优化、提升和延伸。交通银行南阳分行与天冠集团举行银企全面合作签约仪式，签订了总额10亿元的综合金融服务方案。交通银行河南省分行将天冠集团作为省级重点客户，向天冠集团及其所属全资、控股子公司提供等值人民币约10亿元的综合授信额度，支持天冠集团生物能源、生物化工等项目新技术的研发和生产，并在现金管理、"蕴通账户"财富管理、投资银行、财务顾问等方面为天冠集团提供方便快捷、优质高效的金融服务。

（四）创新金融产品，促进经济社会和谐发展

人民银行郑州中心支行围绕社会各界关注的教育、就业、中小企业、"三农"等经济社会发展的薄弱环节，引导全省金融机构不断加大信贷产品创新和推广力度，为经济社会和谐发展提供有针对性的产品支持，通过信贷产品创新落实各项信贷政策，取得了良好的经济效益和社会效益。国家开发银行河南省分行主办的"国家助学贷款河南省模式"得到国家领导人的充分肯定，多家媒体进行报道，取得社会各界的认同，在全国9个省份推广。在信阳市试点的"外出务工人员回乡创业贷款"和"地球人贷款"，有效支持了农民工回乡创业和劳务输出，带动乡邻脱贫致富，吸纳了大量的农村劳动力就业。针对中小企业财务不真实、缺少担保等问题，着力推动金融机构开展对中小企业财务辅导工作、加快互

助贷款担保组织建设，通过供应链信贷产品解决产业集群中为大型企业提供配套产品的中小企业融资问题。

三 "十二五"时期河南省加快转变经济发展方式的金融支持的对策建议

"十二五"时期河南省经济发展面临新机遇，转变经济发展方式也更加迫切。在此过程中，金融机构通过提供金融支持和创新金融服务方式，将起到非常关键的促进作用。

河南省转变经济发展方式必须因地制宜，结合河南省实际，突出河南省特色，发挥比较优势。河南省人口众多，尤其是农村劳动力资源丰富，全国粮食第一大省，地处承东启西连南贯北的中部区位，能源资源型产业占比高，经济总量大。但人均经济水平较低，整体经济并不发达。作为农业大省，发展农业是发挥河南省比较优势的基础和保障。以加强粮食生产基地建设为重点，发挥粮食主产区的优势，进一步夯实农业农村发展基础，提高农业综合生产能力。积极发展现代农业，在转变农业发展方式上寻求新突破。巩固和提升重要原材料基地地位。以核心技术、关键技术研发为着力点，建设现代装备制造业及高技术产业基地。进一步优化交通资源配置，强化综合交通枢纽地位。加大水利重点工程等农村基础设施的投资力度，增强农业综合生产能力，延长农产品深加工、精加工链条，提高农产品附加值。此外，河南省应抓住机遇，发挥后发优势，培育和发展电子信息、生物制药、新能源等已经拥有一定发展基础和竞争优势的新兴产业。金融机构要继续加大对这些产业的金融支持。

（一）支持产业结构调整，进行金融资源倾斜

在发展传统产业的同时，应当以大力发展现代服务业和推进制造业、服务业的融合发展为重点，着力优化产业结构。加快发展现代服务业，促进制造业与服务业融合发展，是有效缓解能源资源瓶颈制约、促进经济增长方式转变的必然选择。充分发挥中原区位优势，积极发展现代物流、商务服务、文化旅游、信息服务、金融保险等现代服务业。大力发展高新技术产业、特色产业、高成长性关联产业，着力优化产业结构。金融业要逐步调整优化信贷结构，对战略性新兴产

业、产业转移提供金融支持和进行资源倾斜，保证重点建设项目贷款需要，执行好差别化信贷政策，着力调整和优化信贷结构，促进产业结构优化升级。

（二）持续支持"三农"为代表的社会薄弱环节，促进城乡和谐发展

"三农"是中国的首要问题之一，更是农业和农民大省的河南省首要解决的问题之一。金融机构要提供持续的支农信贷支持，不断深化支农金融服务。"三农"服务需要配套的信用体系和金融体系建设。要积极推进农村金融基础设施建设和金融服务配套体系建设，加强金融生态环境建设，完善涉农贷款担保体系，为不断改善支农金融服务提供了有力保障。继续完善为"三农"提供金融服务的体制和机制，全面推进农村金融产品和服务方式创新，完善农村支付环境，延伸农村地区支付系统覆盖范围。

（三）推行绿色信贷，支持循环经济和低碳经济发展

积极研究低碳金融服务，推行绿色信贷。将绿色概念深入到企业生产经营的全流程，加强对低耗能、低排放的非资源型产业和高技术产业，从事循环经济生产的企业和项目的金融支持力度。将太阳能发电、生物燃料、污水处理、火电脱硫等涉及新能源、环境治理、节能减排的项目作为投放重点。严格控制对高耗能、高耗水、高污染和浪费资源行业的资金投放，着力提高信贷质量和效益，通过项目融资环境保护政策引导和促进经济与环境可持续发展。此外，金融机构融资环境保护政策的执行集系统性、专业性、技术性于一体，专业性强，并要求建立相关部门的相互制约机制，这要求金融机构进行专业人才的配备，人员机构的配套改革和调整。国际组织和金融机构当前在投融资环境保护政策方面，已经具备比较完善的政策、措施和标准体系，对此要在认真学习、研究、吸收和借鉴的基础上，结合本地特色，制定科学合理、系统完整并具有可操作性的制度。这是确保银行通过融资项目保护环境促进可持续发展的有效保障。

（四）为加快中原城市场群建设、城镇化进程提供金融支持

2009 年，河南省政府出台了《郑汴新区建设总体方案》，新规划的郑汴新区总面积达 2000 余平方公里，并按照复合式新城区的要求初步完成了统一规划，

将通过 5～10 年的时间，把郑汴新区建设成为全省乃至中西部地区的区域性服务中心、中西部最大的产业集聚区。同时，进一步提出"一极两圈三层"的城镇体系架构，即以郑州、开封及郑汴新区为核心增长极，以中原城市群 9 城市范围为"半小时交通圈"，以中原城市群之外的其他 9 城市区域为"一小时交通圈"，郑汴两市及其新区为核心层，中原城市群涵盖区域为紧密层，其他 9 城市区域为辐射层。郑开、郑新、郑许城际公交陆续开通，《中原城市群城际轨道交通网规划（2009～2020 年）》获批，郑州至焦作、郑州至开封、郑州至新郑机场三条城际铁路开工建设；中原城市群各市交通、旅游、电信、金融融合并进一步深化。实施中心城市带动战略，构建现代城镇体系，是促进河南省经济社会发展和发展方式转变的关键因素之一。在中原城市群规划、城乡区域一体化发展进程中，将伴随着城市产业、土地、劳动力等资源要素的转移和重新优化配置，基础设施和各类公共服务设施的建设与完善，交通、通信、日常生活、金融服务网络的一体化整合，以增强城市承载和吸纳能力，这都需要金融机构提供大量资金、金融产品和服务支持。

参考文献

陈艳红：《金融创新助力产业转型——北京银行多措并举支持首都转变经济发展方式》，2010 年 7 月 2 日《首都建设报》。

樊万选、唐海峰、林凤霞：《加快转变河南省经济发展方式的思路与机制》，《华北水利水电学院学报》2010 年第 3 期。

郭庚茂：《关于加快转变经济发展方式促进河南省经济社会又好又快发展的调研报告》，2009 年 1 月 9 日《河南日报》。

李文森、姚盛敏、谢宁：《加快经济发展方式转变中的金融支持》，《中国金融》2010 年第 15 期。

马黎：《唱响金融宏观调控主旋律——中国人民银行着力提高货币政策针对性灵活性，支持经济发展方式转变》，《中国金融家》2010 年第 2 期。

中国人民银行货币政策分析小组：《中国区域金融运行报告》，2005～2009 年度。

中国统计：《加快河南产业结构优化升级研究》，http：//www. ha. stats. gov. cn/hntj/tjfw/tjfx/qsfx/ztfx/webinfo/2010/07/1271304619032202. htm，2010 - 07 - 16。

B.10
河南加快转变交通运输业发展方式
形势分析与对策建议

金 雷*

摘 要：交通运输业是国民经济和社会发展的基础和先行行业。近几年来，在省委、省政府的正确领导下，河南交通运输业转变发展方式取得很大成效，在新形势下，河南交通运输业又面临一些新的形势和要求，如何适应这一新的变化，并进一步克服所面临的一些制约因素，从而加快转变河南交通运输业发展方式，为加快河南转变经济发展方式作贡献，本文提出了一些政策建议。

关键词：河南 交通运输业 转变发展方式

交通运输是国民经济和社会发展的基础和先行行业，加快转变交通运输业发展方式，不仅是行业自身发展的需要，也是实现河南经济布局和结构调整，加快转变经济发展方式的迫切要求。近几年来，在省委、省政府的正确领导下，河南交通运输业实现了跨越式发展，全省公路总里程、公路密度、高速公路通达里程三项指标持续保持全国领先，为经济和社会发展作出了积极贡献。但是，按照科学发展观的要求，站在世界交通发展趋势和国民经济的发展布局来看，河南交通运输业在发展方式、效益和服务水平上还有很大不足，因此必须高度重视河南交通运输业发展方式的加快转变。

一 河南交通运输业加快转变发展方式面临新要求

当前和今后一段时期，转变发展方式、加快发展现代交通运输业，既是机

---

* 金雷（1972~），男，河南高速公路发展有限责任公司总经理，高级工程师。

遇，也是挑战。世界经济形势逐步趋好，河南交通运输业积累的基础，为转变发展方式创造了较为有利的内外部环境；中央把调整经济结构作为转变经济发展方式的战略重点，特别是强调要加快发展物流配送等现代和新兴服务业，为推动交通运输业向现代服务业转型提供了战略机遇；中部崛起战略的实施，以及中原经济的建设和发展，也为河南交通运输业发展方式转变创造良好条件。这些都是河南交通运输业在加快转变发展方式中面临的新形势，也对河南交通运输业的加快转变提出了新要求。

1. 经济社会发展对转变交通运输业发展方式提出新要求

"十二五"是国家实施促进中部崛起战略的关键时期，也是河南经济社会加快转型、实现跨越式发展、率先中部崛起的重要时期，国家和河南国民经济增幅将分别按8%和10%左右增长。河南地处中原，承担着国家运输通道运输和本省交通运输的双重任务，必须加快转变交通运输业的发展方式，保持交通运输业的一定增幅，才能适应整个国民经济发展的新要求。根据《促进中部地区崛起规划》，国家将以建设连通东西、纵贯南北的运输通道和交通枢纽为重点，优化各种交通方式的资源配置，把郑州等城市建成多种运输方式紧密衔接、交通基础设施完备、相关配套设施健全的全国性交通枢纽建设。这就要求河南交通运输业必须加快转变发展方式，适应这种新形势，满足这种新要求。

2. 产业结构调整对转变交通运输业发展方式提出新要求

"十二五"乃至更长时期，河南将全面推进结构调整升级转型，努力实现由中低端产品为主向中高端产品为主转变，由主要依靠增加物质资源投入向主要依靠科技进步和管理转变，由以能源材料为主向高加工度的工业体系转变，围绕构建现代工业体系，做大做强现代装备、汽车、有色、化工、食品、纺织服装等既有优势产业，着力培育新医药、信息产业、新材料、新能源、电动汽车、生物育种等战略性新兴产业。这就对河南交通运输业的发展方式转变提出新要求，要求河南相应的货物运输结构随之改变，要求河南大力发展快速化、专业化、大型化运输和综合运输，特别是冷链保鲜运输、集装箱运输和现代物流业，切实转变交通运输业的发展方式。

3. 消费结构升级对转变交通运输业发展方式提出新要求

随着城乡居民收入水平不断提高，人们的消费观念、消费结构和生活方式将发生明显变化，一方面居民出行次数、距离和时间将持续增加，特别是小汽车的快速增加，给交通运输带来新的压力；另一方面人们对出行质量的要求将越来越高，对出行的舒适性、快捷性和安全性提出新的要求，迫切需要建设内联外通、便捷舒适、快速安全的公共客运系统。这一消费结构的长期性转变升级，对河南交通运输业的发展方式提出新要求，特别是在交通及基础设施建设方面提出了更高要求。当前，加快铁路建设，消除铁路运输瓶颈制约已逐步成为全国上下的共识，全国铁路建设高潮已经形成，给河南交通运输业在铁路发展方面转变发展方式带来新机遇。

4. 发展绿色交通对转变交通运输业发展方式提出新要求

绿色交通是基于可持续发展交通的观念所发展的协和式交通运输系统，绿色交通是实现可持续发展交通的一种有效的手段。交通运输是目前我国能源消耗最大、能耗增长最快、对城市污染最重、占用土地最多的行业之一。发展绿色交通对转变交通运输业发展方式带来新机遇，提出新要求。河南人多地少、环境承载力有限、过境运量较大、资源约束矛盾突出，转变交通运输业发展方式，应借鉴世界国内外发展经验，优化发展铁路、客运专线、城际铁路、地铁、轻轨、BRT等绿色交通。同时，应在交通运输领域积极推广应用新能源、新装备，提高运输设备效率，降低运输能耗和污染。

5. 强化郑州枢纽地位对转变交通运输业发展方式提出新要求

随着全国交通网络的不断完善，各区域之间直接通达能力不断增强，全国交通枢纽格局正在发生变化。郑州位于国家规划的"五纵五横"综合运输大通道的中心位置，为保证河南在中部地区发展中走在前列，保证河南在促进中部崛起发挥更大作用，保证中原经济的建设和发展，必须进一步强化郑州在全国交通运输网络中的核心枢纽地位。为此，必须加快河南交通运输业发展方式的转变进程，加快推进交通监管体制改革，树立大交通理念，打破条块、部门分割，统筹各种交通方式的协调发展、合理衔接，形成运营效率更高、社会效益更好、总体成本更低的综合交通运输体系。

二 加快转变河南交通运输业发展方式的制约因素

虽然河南交通运输业发展取得较大成就，但综合交通网络尚未完善，结构性矛盾仍较突出，还不能完全满足经济社会快速发展需要，比如，基础设施总量仍显不足，各种交通方式缺乏有效衔接，城市交通管理水平尚待提高等，主要是受到以下因素的制约。

1. 交通运输发展理念的制约

发达国家交通运输业的发展路径表明，随着交通运输网络的健全和供给能力的提高，当交通运输和社会经济均进入平稳发展阶段时，交通运输发展理念将转向可持续发展和"以人为本"，推动交通可持续发展、降低交通发展对社会、环境造成的负面影响、交通发展服务于提高人们生活质量就成为交通发展政策的首要目标。但目前，河南交通运输业的发展理念普遍停留在粗放型数量增长的初级阶段，以增加供给、满足产业发展需求为主要导向，存在着忽视资源、环境约束及承受能力的问题，交通发展也没有充分考虑和尊重人的现实需求，成为加快转变交通运输业发展方式的首要制约因素。

2. 交通运输管理体制的制约

交通运输管理体制固有的弊病是阻碍交通运输增长方式转变的制度性因素。在部门分割的交通运输管理体制下，各种交通运输方式分别进行独立的规划、建设，相互之间竞争多于合作，交通运输各行业均存在扩大投资的冲动，没有从综合运输体系的角度合理配置交通运输资源，这是导致重复建设和能力浪费的根源所在，同时也是造成交通装备技术标准不一、各种运输方式难以一体化发展的重要原因。此外，在河南交通运输的某些管理体制改革滞后的部门，管理体制已成为制约行业发展和增长方式转变的根源性因素。

3. 交通运输结构的制约

资源配置不合理所导致的结构不合理是造成交通运输投入产出比低、粗放式增长的重要原因，加快转变交通运输业发展方式，其实质就是通过优化资源在各方式、各地区及系统间的配置比例来促进资源利用效率提高的过程。从某种意义上讲，优化交通运输结构既是转变交通运输发展方式的途径，也是转变交通运输发展方式的目的，交通运输结构的合理化程度直接反映了交通运输发展方式的集约化程度。河南交通运输加快转变发展方式主要受到以下结构性因素的制约：一是交通运输的行业结构，即交通运输资源在铁路、公路、航空、水运、管道五种交通运输方式间的配置比例。二是交通运输的地区结构和城乡结构，即交通运输资源在地区间和城乡间的配置比例。三是交通运输的网络结构，即交通资源在线路建设和枢纽建设上的分配比例。

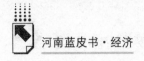

4. 技术创新水平的制约

技术创新是提高交通投入全要素生产率的重要手段，对于加快交通运输业发展方式转变具有至关重要的作用。交通运输业投入的增长不可避免地会导致边际效益递减，在投入水平不变的情况下，技术进步可以促进交通运输业劳动生产率及资本产出率的提高，从而推动集约化增长。随着现代物流业的发展，通过技术创新（包括管理创新）提高交通运输效率既是社会经济发展的要求，也是交通运输业提升服务质量、实现产业升级的必然选择。河南交通运输业在技术创新方面除了受制于硬件设施外，还在现代化信息技术的应用和转换方面受到限制。就目前而言，技术进步对河南交通运输业增长的贡献率提升还有很多空间。

三　加快转变河南交通运输业发展方式的对策建议

交通运输业是经济社会发展的一个基础产业。加快交通运输业发展方式转变，大力发展现代交通运输业，是推进河南科学发展、绿色发展、和谐发展的迫切需要。要围绕建成河南各种运输方式布局合理、结构优化、便捷畅通、安全可靠的现代化综合交通体系目标，以科学发展观为统领，依靠科技进步、优化资源配置、提高运输效率、创新管理模式，实现交通运输业发展由传统产业向现代服务业转型。

1. 坚持理念创新，推动交通运输业全面协调可持续发展

思想观念创新是行动的先导。加快转变河南交通运输发展方式，首先要坚持理念创新，努力实现"三个转变"，做到"三个更加"，即由主要依靠基础设施投资建设拉动向建设、养护、管理和运输服务协调拉动转变，由主要依靠增加物质资源消耗向科技进步、行业创新、从业人员素质提高和资源节约环境友好转变，由主要依靠单一运输方式的发展向综合运输体系发展转变，更加重视资源的使用效率和运输服务效率，更加注重多种运输方式协调发展，更加关注交通运输的可持续发展能力，以此推动河南交通运输业加快转变发展方式。

2. 坚持机制创新，不断提高交通运输管理质量和水平

要充分发挥体制机制在激励与激发人的创造性、积极性与主动性方面的作用，积极稳妥推进交通运输管理体制和运营机制改革。要深化投融资体制改革，加快交通投融资平台建设。要发挥国有投融资平台和企业的主力军作用，担当起支持高速公路发展,开拓机场、民航市场,加快物流、港站建设的重任。要完善路政管理、运政管理、干线公路和农村公路管理体制等,促进全行业持续健康发展。要研究依托高速公路资源解决国省干线公路融资困难和二级公路债务平衡资金的政策;研究公交优先发展,推进城乡客运一体化建设政策;积极探索建立出租车内部利益合理分配机制,保持行业稳定、和谐发展。

3. 坚持结构创新,促进交通运输科学发展和跨越发展

优化交通运输结构,转变交通发展方式,是提高交通设施和各种运输方式整体优势、组合效率的着眼点和突破口。要根据当前以及未来河南经济社会发展的要求,大力建设客运、货运、信息和服务支持四大系统,努力优化协调铁路、公路、水运、航空等各种交通运输方式。要在加快建设快速高效的铁路通道、便捷高速的公路通道和四通八达的空中通道的同时,按照"四化"要求,调整客运结构,即城际公交化、经营公司化、城乡一体化、农村网络化。加快区域线路发展,推动区域交通向集约化、品牌化发展。推进农村客运网络化建设。推进城乡客运一体化进程,努力实现城乡公交资源共享、相互衔接、布局合理、方便快捷、畅通有序的新格局。

4. 坚持科技创新,不断提高交通运输装备现代化水平

转变交通运输发展方式必须依靠科技进步和创新。要加大科技创新力度,通过技术引进和消化吸收,进一步提高河南铁路运输设备和基础设施技术水平;要通过控制有效的使用面积、大幅提高路线桥隧比、减少高填深挖、减少边坡等方法,减少路线地质灾害、环境污染。要合理规划高速公路建设,在增大公路路网密度的同时,特别注重不断提高公路技术等级和路网整体效率。要明确中原经济区内各个节点城市的交通运输网络定位,逐步形成分工合作、协调发展的分层次发展格局。要坚持发展城市轨道"绿色交通",缓解城市交通拥挤、污染严重等难题。要采用电子信息处理系统,挖掘交通运输系统能力,进一步提高运输效率。

5. 坚持服务创新,努力提高交通运输服务质量和水平

加快发展方式转变,推进交通运输事业新发展,根本在于坚持服务方式创新,提高队伍整体素质。要加强职工培训,建立人才引进和考评机制,培养和造就一批政治坚定、技术精干、尽职尽责、勤政廉洁的带头人,引领全行业又好又快发展。要用信息化推进管理现代化、服务智能化。要优先完成高速公路网管理平台建设,逐步实现全车牌输入、信息共享、精确拆分和不停车收费;以部、省重点车辆联网联控为契机,引导企业尽快安装 GPS 监控系统,加快超限超载治理联网信息平台建设,加快全省道路运输车辆管理信息化进程。

参考文献

樊桦:《交通运输业增长方式转变的影响因素分析》,《综合运输》2006 年第 11 期。

李盛霖:《着力转变交通运输业发展方式》,《交通标准化》2010 年第 14 期,第 12 ~ 14 页。

岳永荣:《经济全球化与中国交通运输增长方式的转变》,《河北北方学院学报(社会科学版)》2008 年第 5 期,第 50 ~ 52 页。

鲍鑫荣:《对交通运输方式"三个转变"的认识》,《交通标准化》2009 年第 5 期,第 65 ~ 67 页。

田祖海、苏曼:《公路交通运输对区域经济发展的影响分析》,《商业研究》2008 年第 4 期,第 123 ~ 126 页。

彭燕、杨光等:《加快交通运输发展方式转变,促进河南经济社会持续健康发展——访十一届全国人大代表、河南省交通运输厅党组书记、厅长董永安》,2010 年 3 月 15 日《中国交通报》。

B.11
以现代服务业发展推进河南
经济发展方式转变

袁金星*

摘　要： 随着经济全球化和信息技术的发展，现代服务业在经济社会发展中的作用日益突出。河南面临着加快发展河南和科学发展的双重使命，加快发展现代服务业，推动经济发展方式转变，已经成为全省当前及今后一个时期经济社会发展的重大战略问题。

关键词： 经济发展方式　现代服务业　河南

党的十七大提出转变经济发展方式，并从需求结构、产业结构和生产要素等三方面明确了转变的基本路径，且把发展现代服务业作为转变经济发展方式的重要措施之一。转变经济发展方式，不仅要突出经济领域中"数量"的变化，更强调和追求经济运行中"质量"的提升和"结构"的优化，对于河南省来讲尤为如此，特别是国际金融危机爆发后，经济发展的国际、国内环境发生了重大变化，河南省面临加快发展和科学发展的双重使命，迫切需要加快经济发展方式转变。而现代服务业具有高技术密集度、高知识含量、高附加值和低能耗、低物耗、低污染等特点，对于推动河南经济结构调整、促进产业结构转型升级有重要作用，因此，必须把加快现代服务业发展作为推进河南经济发展方式转变的战略举措来抓。

一　发展现代服务业对推动河南经济
发展方式转变的重要意义

近几年，河南一直坚持走新型工业化道路，尤其是金融危机爆发后，更是把

---

* 袁金星（1983～），男，河南卫辉人，河南省社会科学院助理研究员。

转变经济发展方式、建设"三体系一载体",作为推动全省经济社会全面协调可持续发展的主要途径,取得了一定成效。但从整体上讲,河南经济发展方式仍较为粗放,现代产业体系尚未形成,经济发展质量不高,而服务业尤其是现代服务业发展不足,成为制约全省经济社会发展的突出瓶颈,必须把加快现代服务业发展作为一项重大而长期的战略任务抓紧抓好。

(一) 发展现代服务业是提高河南经济发展质量的关键环节

随着经济社会发展,服务业在满足工业化、城市化产生的需求,促进工农业发展更具活力等方面发挥着日益重要的作用。尤其是伴随着信息技术的突飞猛进,以信息服务、金融保险等为代表的现代服务业,不仅成为支撑国民经济高效率、低成本运行的重要条件,更是成为衡量一个地区经济与社会发展现代化程度的重要标志。现代服务业从产业整体价值链中增值最大、最具竞争优势、最具战略性的高级环节中垂直分离出来,又因为其以人力资本、高技术为主要生产要素,使得其产品具有很强的市场垄断性和市场竞争力。越来越多的发达国家,通过发展高水平的现代服务业,推动了科技创新,占据了产业分工的高端,实现了经济效益的最大化。河南省以资源型、基础型产业为主的产业结构使得全省产业长期处于产业链的高端和价值链的低端,发展方式相对粗放,发展质量相对较差。"十二五"时期,河南将进入全面提升产业层次、加快经济转型、促进统筹协调发展的新阶段,现代服务业发展水平,将在很大程度上决定河南在国内、国际产业分工中的地位,决定全省经济发展的质量和竞争力,必须把发展现代服务业作为事关经济发展方式转变成败的全局性问题加快推进。

(二) 发展现代服务业是破解河南资源、环境约束的迫切要求

目前,世界性资源和矛盾日益突出,已经成为全球经济社会发展面临的最大挑战。应对这一挑战,就必须踏踏实实转变经济发展方式,着力优化产业结构,培育适应生态文明要求的现代产业体系。近年来,河南省经济发展取得瞩目成就,同时也付出了很大的资源和环境代价。目前省内已探明的石油、天然气资源已分别开采67%和53%,铝矾土的保有量仅能够保证现行生产能力10年左右;全省万元生产总值能耗比全国平均水平高9.4%,单位工业增加值能耗是全国平均水平的1.5倍,全省河流水质劣于五类标准的河段2600多公里,部分区域空

气质量超过三级标准，农业面源污染和城市生活污染仍很严重。① 可以说，资源、环境对河南经济发展的约束越来越显著。现代服务业以现代管理理念和信息技术为支撑，具有高依赖知识技术、低依赖自然资源的特性。河南要应对资源、环境的挑战，就必须加快现代服务业发展，充分发挥现代服务业在产业融合中的黏合剂作用，使经济增长融入更多的人力资本和科学技术，从而推动经济发展越来越走向依靠效率和创新支撑的轨道。

（三）发展现代服务业是增加河南经济发展新动力的现实需要

进入 21 世纪以来，河南省工业经济以每年接近 20% 的增速迅猛发展，工业增加值稳居全国第 4 位，有力地推动了全省经济社会发展。但是工业经济靓丽的数据并不能掩盖发展质量较低的现实，究其原因就是服务业尤其是现代服务业发展不足，没有形成服务业与制造业融合生长、相互作用、相互依赖、共同发展的良好态势。河南服务业占生产总值的比重全国倒数第一，特别是现代服务业不发达，导致工业企业缺少质高价廉的技术培训、研究开发、信息技术咨询、金融保险、市场和销售、会计和税务、法律等各方面的生产性服务，严重制约了工业经济效益的提高和生产规模的进一步扩大，在相当程度上影响了全省工业品竞争力的提高和市场的扩大，现代服务业发展不足对工业发展起到了明显的瓶颈制约作用。因此，可以说，在今后一个时期，河南省工业增速很大程度上取决于现代服务业发展水平，现代服务业作为潜力最大的产业能否快速发展，将在很大程度上决定全省国民经济的增长速度，加快现代服务业发展，既是转变经济发展方式、增强发展动力的需要，也是不可逆转的历史潮流。

二 河南现代服务业发展存在的主要问题

进入 21 世纪以来，河南服务业基本上以每年超过 10% 的速度递增，现代服务业在全省经济社会发展中的潜力和重要地位日益凸显，逐步孕育了良好的发展基础和契机，但由于全省发展阶段的限制，再加上起步较晚，整体发展水平一直在"低度"徘徊，存在许多问题和制约发展的因素。

---

① 李克：《2008 年河南省服务业发展报告》，河南人民出版社，2009，第 14 页。

（一）总体发展滞后，比重明显偏低

"十一五"期间，河南第三产业增加值占地区生产总值的比重一直徘徊在30%左右，2009年比重只有29.3%，而全国第三产业增加值占生产总值的比重为43.4%，河南服务业比重比全国平均水平低了14.1个百分点，居全国倒数第一。现代服务业作为全省服务业的新生力量，其发展速度还不够快，批发零售、餐饮住宿、交通运输等传统服务业所占比重仍较高，而现代服务业所占份额偏低。2008年，河南省现代服务业增加值占地区生产总值的比重为10.2%①，占第三产业增加值的比重为36.2%，而同年全国现代服务业占国内生产总值比重为18.9%，占第三产业增加值比重为45.3%，河南分别比全国平均水平低了8.7个和9.1个百分点，现代服务业比重明显偏低。

（二）内部结构不合理

从河南省现代服务业的内部构成看，各行业发展很不平衡。2009年，金融业、租赁和商务服务业增速均超过20%，分别达到27.8%和26.2%，居民服务和其他服务业增速更是达到38.2%。而同样作为现代服务业组成部分的文化、体育和娱乐业，信息传输、计算机服务和软件业，卫生、社会保障和社会福利业，科学研究、技术服务和地质勘查业发展缓慢，增速分别是 -7.3%、2.8%、5.1%和9.4%，四个行业增加值占整个现代服务业的34.9%，占第三产业增加值的11.3%，一定程度上反映了以科技和文化等知识含量高的服务业比重仍然偏小，尤其是文化、体育和娱乐业，科学研究、技术服务和地质勘查业占现代服务业的比重甚微。以上说明河南现代服务业发展总体质量较差。

（三）从业人员较少，人才缺乏

据统计，2009年河南省从事服务业的就业人员为1509.2万人，现代服务业从业人员为484.06万人，占第三产业就业总人数的32.1%，其中信息传输、计

---

① 国内学界对现代服务业尚没有统一的标准和界定，本文所指现代服务业主要包含9个行业门类：1. 信息传输、计算机服务和软件业；2. 金融保险业；3. 科研技术服务业；4. 房地产业；5. 环境和公共设施管理业；6. 文化、体育和娱乐业；7. 卫生、社会保障和社会福利业；8. 租赁和商务服务业；9. 居民服务和其他服务业。

算机和软件业，金融业，科学研究、技术服务业和地质勘查业从业人员仅占现代服务业从业人员总数的 14.0%。相比制造业，现代服务业更加需要掌握特定技能的人才队伍，金融保险、科技研发等行业都依赖相应的高级专门人才，河南作为全国第一人口大省，每年的高校毕业生人数接近 40 万人，但由于原有现代服务业相关行业发展基础较差，加上人才培养与社会需求有所错位，使得推动现代服务业发展的人才较为缺乏。

（四）其他制约因素较多

一是观念因素。长期以来，政府对服务业的认识仍停留在传统误区，自觉不自觉地将服务业当做不创造新价值的非生产性部门；对工业化简单理解为工业发展，尤其是先进制造业与现代服务业互动发展的客观规律性、长期性认识不足；对现代服务业在国民经济中的地位认识不足；认识上往往偏重于制造业而忽视服务业发展，偏重于消费性服务业而忽视生产性服务业发展；投入上偏重于高投入、高消耗的工业项目，而对于投入少、集约化程度高的现代服务业缺少有效的倾斜，招商引资的项目，绝大多数都是工业项目。

二是制度因素。目前，许多现代服务业的制度特征仍是垄断性，市场开放程度低，发展动力不足。所有制结构比较单一，重要服务行业的投资主体仍以国有为主，尤其是一些涉及意识形态的服务业，如金融业、新闻出版业等，仍由极少数部门集权控制，使得许多具有投资能力的民营经济无法进入，缺少了其他经济成分的参与，难以形成合理的竞争格局，弱化了竞争机制在行业发展中的调节作用，没有竞争就意味着没有动力，也就意味着供给者和需求者之间缺乏市场机制的有效调节，使得整个现代服务业发展缺乏活力。

三是结构因素。河南自然资源比较丰富，为工业发展提供了天然条件；劳动力资源丰富，为传统服务业发展提供了前提和基础，使得一些地方政府形成了一定的路径依赖，即高度依靠工业、传统服务业来发展经济，使得附加值低、科技含量小的传统服务业仍占据第三产业主导地位，企业规模普遍较小，业态和服务方式老化。同时，文化、教育、卫生、体育等社会事业改革进程缓慢；机关、企事业单位、高校等大量的生活、生产等各种后勤服务尚未真正走向社会化。

四是空间因素。河南省从"十五"时期就开始积极实施中心城市带动战略，但是发展效果仍然不甚理想，2009 年，河南省城镇化率为 37.7%，全国为

46.6%，比全国平均水平低了近9个百分点，长期在中部地区处于末位。城镇化水平的高低决定了服务业的发展需求，城市集聚功能强、人口集聚度高，才能使服务业成规模地发展起来。河南省除郑州外，绝大多数城市缺乏高层次和国际化的旅游、会展、休闲、文化及商务基础设施，使得像科技研发、信息技术、电子商务、综合物流等知识密集型服务行业缺少发展载体和空间，阻碍了现代服务业的快速发展。

三 以现代服务业发展加快河南经济发展方式转变的建议

当前，国际、国内产业转移步伐加快，国家、省、市调结构促转型强力推进，中部崛起战略深入实施，中原经济区建设拉开帷幕，产业结构调整持续强化，为河南加快现代服务业发展，推进经济发展方式转变提供了重要战略机遇，河南必须抓住有利时机，大力发展现代服务业，推动全省经济发展方式转变。

（一）营造有利于现代服务业发展的体制机制

打破阻碍现代服务业发展的观念束缚。大力宣传，使全社会尤其是各级领导干部转变发展观念，消除存在的"发展经济即是发展工业，工业化即是工业规模扩张"的片面思想，充分认识现代服务业在全省经济社会发展中起到的重要作用，树立三次产业融合发展的战略思维。

扩大现代服务业的开放程度。进一步打破垄断，规范准入条件，在明确行业要求和经营资质的前提下放宽进入管制，鼓励民间资本在更广泛的领域参与现代服务业发展，促进服务企业数量和规模的增大，形成多元经济主体参与的充分竞争格局。减少市场准入的行政审批，需要保留的要简化手续、公开透明、管理规范，进一步扩大服务业的开放程度，着力吸引投资，鼓励引导各种资金以并购、收购、参股等方式参与现代服务业发展。加大现代服务业开放力度，推进学校、医院、事业单位、国企及有条件的机关后勤服务设施面向社会开放，利用多种渠道和手段，吸引资金、技术和管理投向现代服务部门，推动产业升级。

调整地方政府和干部的政绩考核机制和考核标准。改变政府考核"唯GDP论"的现状，进一步降低干部考核、政府考核中GDP规模指标的权重，扩大产业结构调整指标的权重，同时考虑对于服务业增加值规模设置较大的权重，尤其是对于发展有利于产业升级、居民就业和扩大消费的现代服务业增加一定的系数，用政绩考核引导各级干部重视现代服务业发展。

（二）构建支持现代服务业发展的政策支撑体系

制订现代服务业专项规划。产业发展要以规划为依据，做到规划先行。现代服务业产业带动强、经济效益高、吸纳就业多、受环境容量约束小，但是涉及门类较多，必须在对河南现代服务业发展深入研究的基础上制订《河南省现代服务业发展规划》，尤其全国即将进入"十二五"时期，围绕经济转型的主题，充分利用现代服务业推动河南经济发展方式转变显得尤为必要。发展规划应包括总体规划、产业规划和空间布局规划，要包括全省现代服务业的发展重点、发展目标、发展布局等，用以指导河南未来 5～10 年现代服务业发展。

加大对现代服务业的财政资金投入。继续安排服务业发展专项引导资金，并根据财政状况及服务业发展需要逐步扩大资金规模，扩大支持现代服务业发展的资金比例，重点支持现代服务业关键领域、薄弱环节和提高自主创新能力，同时整合服务领域的财政扶持资金，综合运用贷款贴息、经费补助和奖励等多种方式支持现代服务业发展。

实行税费减免优惠政策。在国家税法规定的框架内，抓好现行国家税收优惠政策的落实，尤其是对现代服务业中技术含量较高的软件业、信息技术、工程咨询、技术推广等行业，要积极探索相关税收优惠政策，扶持其加快发展。

（三）打造承载现代服务业发展的有效空间

加快推进城镇化进程。加大城镇基础设施建设投资力度，加强城市管理，把发展现代服务业与增强和完善城市功能、构建现代城镇体系紧密结合起来，形成良性互动发展。丰富现代服务业载体建设，把城中村改造与加速发展楼宇经济结合起来，把商务楼宇打造成人才流、物流、信息流、资金流等聚集的现代服务业发展高地，进而扩大承载现代服务业发展的实体空间。

不断提高居民收入。进一步深化收入分配改革，逐步提高初次分配比例，不断提高城乡居民收入水平。与此同时，不断改善消费环境，完善鼓励消费的相关政策，营造有利于扩大消费的社会氛围，以此扩大城乡居民对信息服务、文化娱乐、卫生保健等行业的消费需求，以消费空间的扩展推动现代服务业发展。

积极推动产业融合发展。以延伸新兴现代服务业重点行业的产业链为切入点，制定相关支持政策，推动完善生产前期研发，中期管理、融资和后期物流、营销等服务环节，积极发展新兴服务业产业链经济，形成现代服务业与新型工业化相互促进、并重发展的产业融合发展态势，扩展现代服务业的辐射空间。

（四）促进科技创新与现代服务业互动发展

推进现代服务业产业化发展。要积极探索现代服务业产业发展模式，借鉴发展高新技术产业的经验，充分利用现有资源，在现代服务业发展的重点领域、重点区域树立品牌意识，集中力量培养扶持一批成长性好、带动性大、竞争力强的龙头骨干企业；建立健全现代服务业创业孵化体系，促进科技成果转化，扶持相关中小企业做大做强，形成一批现代服务业创业人才；发展一批现代服务业产业集聚区，在集聚区内逐渐形成以骨干企业带动、产业链上下游联动的产业发展模式；推动企业、高校、金融机构、科研院所等社会力量共同组建现代服务业产业联盟，一起推动现代服务业科技创新和产业发展。

实现现代服务业创新发展。加快建立相应的创新体系，营造现代服务业创新发展的积极氛围，形成一批引领现代服务业发展的创新型队伍。要积极组建研究河南现代服务业发展的专业研究机构，汇集省内技术、经济、管理等多方面力量，通过持续研究现代服务业相关领域的产业政策、发展战略、行业布局等问题，进一步明确发展思路、发展重点等，为相关职能部门和地方政府决策提供参考。要围绕现代服务业发展积极打造一批创新研发平台，支持一些服务型企业搭建信息服务平台、创意研发平台等，支持建设一批国家级或省级企业技术中心，不断完善知识产权交易制度，高校、企业、科研机构形成产学研互动发展的良好机制，积极开展共性关键技术攻关、成果转化、咨询培训、人才培养、国际交流与合作等工作，支撑现代服务业创新发展。

（五）注重人才培养与人才引进

加强人才培养工作。引导省内高等院校和中等职业院校加强与现代服务业发展相适应的学科专业建设，加快培养现代服务业高层次复合型人才。支持高校、职业院校等与有条件的服务企业合作建立实训基地，支持各类培训教育机构开展现代服务业应用人才培训与职业教育工作，多渠道强化现代服务业继续教育及在职培训，提高各行业不同层次服务人员的业务能力，为现代服务业的可持续发展提供支撑。

加大人才引进力度。积极引进海内外优秀服务业人才，尤其是熟悉世贸规则、通晓国际惯例、擅长国际交往的动漫游戏、软件服务、金融、保险、贸易、中介等现代服务业相关专业人才。实施高级管理人才引进工程，引进一批现代服务业领域的高级管理人才和领军人才，为其在河南创业提供优惠政策。充分发挥市场在人力资源配置中的导向作用，不断完善技术、管理等要素参与分配的有关政策，建立多元化的分配激励机制，充分调动和激发引进人才的积极性和创造性。

参考文献

范森：《河南省现代服务业发展问题分析》，《中国商贸》2009 年第 19 期。

《长春市现代服务业发展战略问题研究》，《长春市委党校学报》2010 年第 3 期。

李克：《2008 年河南省服务业发展报告》，河南人民出版社，2009。

袁金星：《推动河南服务业发展再思考》，《河南商业高等专科学校学报》2010 年第 3 期。

胡俊：《金融危机下江西现代服务业发展现状及对策研究》，《南昌高等专科学校学报》2009 年第 6 期。

陈自芳：《将现代服务业建设为区域转型升级的推进型产业》，科学发展与区域转型学术研讨会，2010 年 9 月。

崔建周：《把发展服务业作为推进又好又快发展的突破口》，2008 年 8 月 29 日《山西日报》。

B.12
河南战略性新兴产业发展形势
分析与对策建议

林风霞*

摘 要：战略性新兴产业的发展不但关系到产业结构优化升级，而且也是抢占世界经济技术竞争制高点、实现河南跨越式发展的必然选择。我国已经把培育和发展战略性新兴产业提高到国家战略层面予以重视，加大政策支持力度，启动一批研发、产业化和市场推广重大专项工程。在重大的发展机遇面前，河南应从战略角度谋划布局，从产业集群和产业链角度引导，从完善政策支撑、创新体制机制等方面加快战略性新兴产业发展。

关键词：战略性新兴产业 核心技术 产业集群

一 河南战略性新兴产业发展的现状分析

全省以高新技术产业为主体的战略性新兴产业得到了快速发展，具备了一定的产业基础和技术基础，初步形成了产业集群发展模式，但是也存在产业规模相对较低、产业集中度不高、创新能力不足、资金投入不足、发展环境不优等问题，从而对新兴产业的发展形成制约。

（一）主要成就

1. 总量规模不断扩大

2009 年全省规模以上高新技术产业实现增加值 1522 亿元，同比增长 18%。

---

* 林风霞（1970~），女，河南开封人，河南省社会科学院助理研究员。

2010年高技术产业投资保持快速增长，全省高技术产业投资232.60亿元，同比增长29.3%，高于全省城镇投资增速8.7个百分点。高技术产业产值规模增长速度也有所加快，1~9月份高技术产业实现工业销售产值880.35亿元，较上年同期增长35.78%，高于全国平均水平近10个百分点。

2. 具备了一定的产业基础

河南的电子信息、新材料、生物产业、新能源产业发展已初具规模，新能源汽车、节能环保产业也开始布局，产业基地建设如火如荼，一批骨干企业迅速崛起，不少产品的市场占有率在全国位居前列，新材料、光伏产业等还形成了比较完整的产业链。

电子信息产业。在气敏传感器、RFID等传感网关键技术领域具有研发和产业优势；在精密光学引擎、数字投影仪、高精度光学原件、光学组件等方面优势突出；数字微显电视已形成年产10万台能力，可擦写DVD光盘产品占据全球30%以上市场份额；安阳新能公司自主研发出我国第一条单套年产120MW大尺寸非晶硅薄膜太阳能电池成套设备，填补了国内空白。

新材料产业。河南超硬材料约占全国的75%，已经形成了由原辅材料、超硬材料及制品、专用制造和检测设备等组成的较为完善的产业链条；生物基材料产业初具规模；10种有色金属产量占全国的18.7%，其中铅、钼、镁加工分别占全国的24.6%、47.5%和60%，镁金属及制品产量居全国前列；钛合金构件、金属波纹管及压力容器等多种产品技术水平国内领先，市场占有率为30%~80%，在高性能钛合金、镁合金、钨钼金属材料等领域具有局部优势；稀土钨、钼材料与制品性能达到国际先进水平。

生物医药产业。河南省在小麦、玉米、棉花等品种改良领域，具有国内领先地位，豫麦49号、豫麦49-198选育与应用获得国家技术创新奖。医药制造业规模位于全国前列，2009年位于第5位，中部第一位，抗生素原料药、血液制品、疫苗及诊断试剂等生产规模均居全国前列。

新能源产业。太阳能领域，河南是全国重要的光伏电池产业基地，2009年，共有光伏产业35家，实现产值超过100亿元，形成了较为完整的太阳能光伏产业链；生物能源技术国内领先，燃料乙醇占据全国30%以上的市场份额。

新能源汽车。电动汽车已经具备了比较完整的产业链布局。宇通的混合动力城市客车相继在北京、广州、郑州等地公交示范运营，已有7种车型进入公告，郑州日产已有2种纯电动服务车列入国家公告，中航电动汽车也已投入小范围示范运营。

节能环保产业。余热余压利用，发酵、造纸废水治理，尾矿综合利用，有色金属再生等技术工艺处于国内领先水平，已形成了从外延衬底、芯片制备、器件封装到产品应用较为完整的半导体照明产业链；生物环保和节能环保设备等领域快速发展。

3. 有一定的科技基础优势

科研基地建设和取得的重大科技成果为新兴产业发展奠定了重要基础。近年来，河南科研基地建设取得明显进展，初步形成了应用基础研究和技术开发等较为系统完整的学科布局。科技成果持续增长，2009年全省科技成果共获得国家奖励25项，专利授权总量首次突破1万件，达到11425件，比"十五"末增长313%。

在新材料、生物产业、电动汽车等领域积累了一批关键核心技术。从2006年起，河南省开始实施重大科技专项研究，突破了一批关键核心技术。新材料领域，河南在聚氨酯、化学推进剂等化工技术方面领先；电子信息领域，许继集团、平高集团特高压输变电装备关键技术在世界最高电压等级和最长输送距离的首条交流和直流等输电工程中成功应用；生物医药领域，华兰生物在国内首家研制生产出甲型H1N1流感疫苗，洛阳惠中公司率先开发出禽流感（H9）三联疫苗；河南省的电动汽车技术在全国领先，洛阳天空能源攻克了大容量动力锂离子电池关键技术，40－400AH单体磷酸铁锂离子电池通过国家强制性安全检验，取得了电动汽车动力电池及动力系统集成技术的突破性进展；新能源领域，洛阳中硅高科承担了"多晶硅产业化关键技术研究与开发"专项，突破了多项关键技术，洛阳尚德实施的"高效晶体硅太阳能电池产业化技术"专项，光电转换效率在实验室已达18.2%，居国内领先水平；等等。

创新环境逐步优化。公布了一批地方性科技法规，制定了一系列促进自主创新的政策，出台了一批加快自主创新的重大措施。科技创新对经济发展的支撑作用进一步显现，科技进步贡献率逐步提高。

科技人才高地建设取得了较大进展。近年来，河南在信息技术、耐火材料、超硬材料、生物技术、电动汽车、中医中药、小麦育种等新兴产业领域，科技人才高地建设取得了较大进展，在全国同行中具有重要地位。

4. 产业集群发展模式逐步形成

郑州、南阳、洛阳三个国家高技术产业基地和许昌电力电子等四个国家级电子信息产业园建设取得新成效，产业聚集效应明显。郑州、洛阳、许昌等七市电子信息产业产值占全省 90% 以上，郑州、新乡、焦作等六个国家级和省级生物产业基地产值占全省的比重达到 70%。国家中药现代化科技产业基地落户河南，建立和完善了中药材规范化种植、研究开发和现代化中成药生产体系，中药企业产业集中度进一步提升。高新区成为全省战略性新兴产业发展的主要集聚区，2009 年全省 11 家高新区实现工业总产值 2660 亿元，同比增长 20.2%；实现工业增加值 830 亿元，同比增长 21%。

（二）存在问题

1. 产业规模相对较小，产业集中度不高

相对于全国和东部发达地区，河南战略性新兴产业的规模仍然比较小。2009 年全省高技术产业实现增加值占全部工业的比重为 3.8%，比全国平均水平低 2 个百分点；2009 年 1～9 月份河南高技术产业实现的销售产值仅为广东的 6.2%，江苏的 7.5%。同时，尽管有一些技术领先或形成一定规模的企业，但总体上产业集中度不高，企业的规模不够大，实力不够强，缺乏具有强劲辐射力的龙头企业，不足以带动战略性新兴产业整体发展。

2. 核心技术积累薄弱，创新能力不强

战略性新兴产业是知识密集型产业，产业发展必须建立在对先进技术的掌握和应用基础之上，特别是必须拥有关键核心技术。目前，河南大多数企业缺乏拥有自主知识产权的、处于领先水平的关键核心技术，竞争优势不明显。创新体系不健全特别是基础研究薄弱是导致河南省新兴产业发展核心技术积累不足的主要问题。2008 年，河南 R&D 经费内部支出用于试验发展、应用研究、基础研究的比例为 92.6：6.2：1.2，表明河南科技投入主要偏向于试验发展和应用研究，原始创新能力不足，缺少前瞻性战略高技术研究。从表 1 近几年河南专利授权量的构成也可以看到，发明专利的比重不高，大量专利属于实用新型、外观设计。全社会创新意识薄弱，不少企业缺乏自主创新的意识和动力，社会也尚未形成鼓励创新、支持创新的意识和氛围。

表1　2000年以来河南专利授权量构成情况

年　份	2000	2005	2006	2007	2008	2009
发　明	209	356	450	563	668	1129
实用新型	2113	2304	3260	4517	5317	6630
外观设计	444	1088	1532	1918	3148	3666
授权量合计	2766	3748	5242	6998	9133	11425

资料来源：《河南统计年鉴（2010）》。

3. 资金投入不足，投资渠道狭窄

资金投入不足成为制约河南新兴产业发展的"瓶颈"。新兴产业在其发展初期，大多为缺少竞争优势的弱势产业，对这些产业进行必要的培育和扶持，是促使它们快速发展的重要条件。近年来，河南对科技创新的投入虽然呈现稳步增长的态势，但从全国来看，河南无论是企业自身的投入能力、中央财政转移支付，还是地方财政投入均处于全国的下游水平。而且，由于资本市场尚不完善，融资渠道狭窄，多数高新技术企业自筹能力差，严重依赖政府投资。

4. 缺乏良好的体制、机制和政策环境

战略性新兴产业还处于"种子"期、"幼苗"期，要想让种子破土而出，幼苗茁壮成长，离不开良好的体制、机制、政策来支撑。体制不顺、机制不活、政策缺失将严重影响河南战略性新兴产业发展。一是推动战略性产业发展特别是自主创新的体制机制仍不完善。科技体制改革有待深化，创新主体的活力和动力不足，产学研紧密结合的机制尚未真正建立。科技创新管理的统筹协调不够，有限的科技资源没有得到优化配置。二是政策环境不占优势。国家和省激励科技创新、科技成果产业化等政策有些没有得到很好落实。培养、鼓励高新技术人才成长的配套政策和激励机制仍不完善。三是投融资体系尚不完善，多渠道、多元化投资格局尚未形成，风险投资的投入、退出和担保体系不健全。

二　河南省战略性新兴产业的发展环境

国内外各地区都加快了新兴产业布局。在新形势下，发展新兴产业，河南面临引进国外人才、技术的机遇，宏观政策与资金聚焦的机遇，以及区域地位提升的机遇，但是也面临着发展的不确定性、竞争激烈等挑战。

（一）国内外新兴产业发展的形势

从全球发展态势看，发展战略性新兴产业已成为世界主要国家抢占新一轮经济和科技发展制高点的重大战略。[①] 各国纷纷加大对科技创新的投入，加快发展电子信息、新能源、生物医药、新材料等新兴产业，力求通过技术突破带动新兴产业快速扩张，抢占新一轮经济增长的战略制高点。西欧、北美和日韩的跨国公司在纳米技术、生物、新能源产业关键核心技术开发，产品市场占有率等方面仍处于领先地位，占据价值链高端环节。但是，由于科技成果产业化周期缩短，这为发展中国家造就了超越机会，发展中国家完全有可能在这些领域实现突破，实现新兴产业的跨越式发展。

从国内情况看，"培育战略性新兴产业"已经成为我国的重大决策，战略性新兴产业总体规划和各专项规划即将出台，全社会达成了大力发展信息、新能源、节能环保等七大战略性新兴产业的共识。但是，由于各省份都把战略性新兴产业作为"十二五"期间的发展重点，纷纷研究出台各项政策措施，优化发展环境，区域竞争将更加激烈。东南沿海发达省市凭借先发优势，在战略性新兴产业的布局上已经走到了前边。同时，沿海先进省份新兴产业的制造环节开始向中西部有条件的地区梯度转移，并逐渐由零散式转移向集群式和链式转移的方向发展。

（二）发展机遇

引进国外技术、人才的机遇。以往发达国家的技术封锁，造成我国急需的关键核心技术获得成本高昂，而这次国际金融危机导致发达国家一些企业的现金流中断，企业不得不减少投资，甚至减薪裁员、破产清算。目前，河南可以鼓励有实力的企业走出去，抓紧机遇收购一些经营困难而又掌握产业核心技术的中小企业，招聘有经验的管理、技术人才，为今后战略性新兴产业的发展作储备。

宏观政策及资金聚焦的机遇。我国从国家战略层面部署了战略性新兴产业发展，2010 年 9 月 8 日，国务院常务会议审议并原则通过《国务院关于加快培育

[①] 《国务院关于加快培育和发展战略性新兴产业的决定》，国发〔2010〕32 号，2010 年 10 月 10 日。

和发展战略性新兴产业的决定》;"十二五"规划建议把"培育和发展战略性新兴产业"作为现代产业体系的重要组成部分加以重视。我国的新兴产业总体规划和专项规划已经出台或即将出台,投资政策、产业政策等也都将会对新兴产业倾斜,这些措施无疑将在今后很长一段时期给战略性新兴产业带来良好的发展机遇。同时,国家从 2009 年已经开始推出产业基金重点扶持新兴产业发展,河南应争取这些基金。

区域地位提升的机遇。河南经济特别是工业的快速增长使河南正成为中国一个新兴的工业大省,迅速改变了以往人们心中河南是一个农业大省的形象。以河南为带头的中部崛起将使中部成为我国经济发展的聚焦点和投资洼地。同时,河南正在努力把中原经济区发展规划纳入国家发展战略,使之成为全国重要的增长极之一。区域地位的提升将有利于河南获得国家的政策支持,引起企业家的投资兴趣,从而成为新兴产业的投资洼地。

(三) 发展挑战

新兴产业发展的不确定性。受到市场前景、成长潜力、技术成熟度、现有产业结构状况等因素影响,新兴产业发展存在着不确定性。新兴产业需求前景不明,如多晶硅由于过度依赖国外市场,受外需需求不振的影响,目前国内多晶硅库存积压严重,产能过剩明显。新兴产业的技术还不是很成熟,形成主流的技术路线和产品还需要经过市场的长期筛选,甚至在这个过程中会走一些弯路,如对我国电动汽车技术路线的质疑还没有停止。新兴产业的基础设施和服务体系也有待完善,如电动汽车的推广使用涉及充电站的建设问题等。新兴产业发展存在的较高风险,使不少企业对该领域投资仍持观望态度,如宇通集团在电动汽车的产业化方面还没有迈开实质性步伐。

项目和资金争夺激烈。我国 31 个省区市都基本完成了新兴产业的调研,开始着手编制发展规划,希望新兴产业能够成为新一轮经济发展的重点,以实现产业结构调整和转变经济发展方式的目标。而各地发展新兴产业的方向大致相同,面对政策机遇,各地的一哄而上很可能导致新一轮项目和资金争夺,在新兴产业领域带来新一轮重复建设,最后出现新兴产业的产能过剩、恶性竞争,这在我国光伏产业的发展过程中已经初见端倪。

三 对加快发展河南战略性新兴产业的建议

当前，各省份都在加紧布局战略性新兴产业，河南有发展新兴产业的现实优势，理应走在前列。总的来说，需要从战略角度加以谋划布局，创新发展路径，强化政府引导推动，并且从技术创新体系建设、政策支持等方面优化发展环境。

（一）创新发展路径

发挥比较优势，突出区域特色。坚持有所为有所不为的原则，按照市场发展空间广阔、区域拥有核心技术、带动力强等筛选标准，有选择地确定全省战略性新兴产业的重点领域，对部分发展较好、已具备一定产业基础的新兴产业如生物医药、电子信息、新材料、新能源产业应当大力促进发展，而对那些尚处于起始阶段、发展薄弱的新兴产业如新能源汽车、节能环保则应加快培育。尽快制定战略性新兴产业发展的路线图，通过出台《河南战略性新兴产业发展规划》以及专项规划引导全省布局。同时，各市要主动结合全省规划，制定相应的战略性新兴产业发展规划，在最有基础、最有条件的领域加快布局，尽快完善薄弱环节，形成区域特色鲜明、产业链条较为完整的产业格局。

引大扶小，加快新兴产业布局。追踪新兴产业领域的新技术，主攻能够快速成长的新兴产业的大项目，利用国家制定、实施战略性新兴产业规划的有利时机，积极争取国家重大战略性新兴产业项目在河南落地，围绕河南确定的重点领域，尽快启动一批研发、产业化和市场推广重大专项工程，依靠引进重大产业项目推动新技术的运用、新产品的开发。发挥重大项目的带动功能，以大引小，吸引产业配套环节的企业加入。同时，扶持中小型科技创新企业，设立中小企业扶持专项，通过链接、孵化和加速计划使企业快速成长。通过引大扶小，抢先完成新兴产业布局。

推陈出新，腾笼换鸟。在各地淘汰落后产能的同时，积极谋划发展新兴产业；在关闭落后企业的同时，建设高新技术新企业；以发展战略性新兴产业为目标，大力推进旧工业区改造，引进科技创新型企业，将低效旧工业区重新打造成为新兴产业的集聚区。通过腾笼换鸟，实现新兴产业对传统产业的顺利更替。

加强基地建设，培育产业集群。发挥国家级和省级的高新技术开发区以及省级的产业集聚区在引领战略性新兴产业发展中的集聚、辐射和带动作用，加快完善和提升高新区、产业集聚区的创新服务功能，进一步强化产业孵化功能，抓紧建设一批科技研发平台和产业化基地，使高新区和产业集聚区成为战略性新兴产业发展的重要载体。在新兴产业内部，加快推进产业配套和企业合作网络建设，推动产业链延伸、完善和逆向扩展，实现战略性新兴产业的集群发展和链式发展。

（二）强化宏观引导和政府推动

通过战略性新兴产业规划、编制和定期发布全省当前优先发展的战略新兴产业投资指南，明确发展思路、发展目标、发展重点、空间布局、时间表、路线图、重大项目、政策措施，引导产业发展和社会资源投向新兴产业。引导各地将招商引资的着力点放在发展战略新兴产业上。完善配套设施和服务体系，综合运用规划、土地、政府补贴、信贷等手段，引导产业向产业集聚区集聚，促进区域特色战略性新兴产业链式、产业集群式加快发展。加快发展内源型战略性新兴产业，推动本土企业与转移企业集群化、配套化发展，提升转移产业的根植性。强化政府推动，通过重大项目联审联批等制度，建立政府各部门分工合作、协调一致推动战略性新兴产业的工作机制。

（三）完善技术创新体系

在战略性新兴产业领域，支持建设一批高水平的企业技术中心，在行业龙头企业设立国家工程实验室，增强重点行业的自主创新能力。在战略性新兴产业领域，强化以政府为主导的"官产学研用"相结合的科技创新体系，组织研发一批产业关键共性技术，提升战略性新兴产业核心竞争力。组建产业技术创新联盟，推动形成以企业为主体的技术协同创新机制。完善有利于企业技术创新的人才、资源配置机制，引导创新要素向战略性新兴产业的企业流动。构筑技术创新服务平台，建设一批行业公共技术平台、重大科技基础设施、检测中心等基础平台，推进创业孵化器、技术咨询、技术评估、技术经纪、技术转移、技术产权交易等中介服务机构建设，加速新兴产业领域自主创新成果的转化。

（四）完善政策支撑体系

新兴产业培育政策。综合研究国家关于战略性新兴产业发展的方针政策，认真厘清河南原有的政策法规，并制定出台符合河南新兴产业发展实际的配套政策和实施办法；针对新能源、新材料等细分产业进行专题调研，研究确定若干重点发展的细分产业，制定各专项扶持政策。

财政支持政策。加大财政税收扶持力度，设立战略性新兴产业发展专项资金，引导地方财政资金和各类社会资金向战略性新兴产业的研发、产业化、产品市场推广倾斜。积极争取国家对河南战略性新兴产业发展的资金支持。实施优惠税收政策，落实国家关于高技术企业计税工资所得税前扣除、企业技术开发费用的150%抵扣当年应纳税所得额等一系列税收优惠政策。加大政府采购支持力度，制定本省政府采购自主创新产品目录，优先采购省内战略性新兴产业自主创新产品。发挥政府投融资主体的引导和带动作用，充分运用政府可以有效支配的资产、资本和资源，构建战略性新兴产业投融资平台，为中小企业吸引创业投资或风险投资以及各类中介服务机构、服务企业搭建服务平台。

土地支持政策。采取倾斜的土地供应政策，加大新兴产业发展用地的供应；加快省内外区域合作的土地政策研究，实现区域交通及公共配套设施的统一规划和资源共享，寻求异地空间承接新兴产业转移。

人才和技术支持政策。通过创新方法，采用顾问、科研项目合作等多种方式，吸引高科技人才和高级经营管理人才来河南；发挥院校办学优势，设置新兴产业相关学科，培养一批新兴产业发展紧缺、急需、适用的技能人才；有目的、有选择地引进消化吸收国内外先进技术、工艺和关键设备，加大与国内外科研院所、知名企业合作力度，及早开发具有国际先进水平、具有自主知识产权的技术和装备。

投融资支持政策。资本市场应通过债券或股票等方式直接为处于成长期或成长初期的新兴企业注入急需的债权资本或股权资本；积极扶持、壮大一批省内的风险投资机构，鼓励各类民间资本参与组建风险投资机构，吸引一批境外著名风险投资基金来河南拓展业务，完善风险投资退出机制。加大金融支持力度，支持金融机构创新信贷品种，改进金融服务。完善企业信用担保体系，鼓励担保机构和金融机构之间加强合作，加大对科技开发和高新技术产业化的贷款投入。

（五）优化发展环境

继续推进体制创新，深化现代企业制度建设，促进企业技术创新与制度创新、管理创新及文化创新。进一步引导和推进已转制的科研院所加快建立现代企业制度，鼓励民间资本创办各类民办科研机构、参与国有高新技术产业企业的改制和重组。建立健全人才引进、培养、激励和流动机制，制定引进人才优惠政策，加快引进高层次创新人才；设立新兴产业领军人才和创新型科研团队引进专项资金，注重吸引留学归国人员到河南创业和服务；围绕重点产业需求，鼓励企业与大学、院所联合培养复合型人才和高技能人才；进一步优化职业教育专业设置，重点建设一批应用型专业；落实以知识、技术、成果、专利等要素参与分配的政策，鼓励企业实行股权和期权的薪酬管理模式。加强知识产权保护，确保核心技术获得专利保护。积极推动专利标准化、标准国际化。构建完善的知识产权中介、信息和交易服务平台。

B.13
河南汽车工业转型升级的
形势分析及对策建议

宋 歌*

摘 要： 近年来，河南省汽车工业步入发展的快车道，产量、产能迅速扩大，开始出现由点到链的发展势头，汽车产业的链式集群板块正在形成中。但河南省汽车工业在发展中存在受传统发展方式制约、骨干企业带动力弱、零部件配套基础薄弱、产业政策支持力度不强等问题。随着国际金融危机之后世界汽车产业格局的变动，其在国内汽车产业格局中的地位正处于不断提升阶段，产业发展面临重大机遇。当前，加快河南汽车工业的转型升级必须着力推动汽车工业实现从"点式扩张"发展方式向链式发展方式转变，壮大零部件制造业，并全方位地支持新能源汽车的发展。

关键词： 汽车工业 战略地位 链式发展 新能源汽车

河南省汽车工业起步较早，至今已有 50 多年的历史。近几年，河南省委、省政府深刻认识到，汽车工业是加工链条长、增值空间大、关联度高的制造产业，也是河南具有较强发展潜力的行业，对于产业结构的调整，以及地域经济、技术水平、装备水平的提升都具有极为重要的意义，相继采取一系列措施，引入一批知名汽车生产厂商，加快了河南汽车工业的发展步伐。在 2009 年 9 月确立的汽车产业调整振兴规划中，河南省汽车产业的战略定位是要把本省建成全国重要的汽车制造基地和辐射中西部地区的汽车服务贸易中心，中远期目标（到 2020 年）是要建成国内一流的中西部汽车制造中心。但在目前国际国内汽车产

---

* 宋歌（1980~），女，河南南阳人，河南省社会科学院助理研究员。

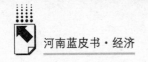

河南蓝皮书·经济

业发展的战略格局中，河南汽车工业整体仍处于劣势地位，对于河南来说，要实现汽车工业的跨越式发展，汽车工业的转型升级尤为迫切。因此，研究当前河南汽车工业转型升级所面临的形势，并提出相应的对策具有重要的现实意义。

一　河南汽车工业发展现状

"十一五"以来，河南省汽车及零部件制造业规模不断扩大，涌现出一批市场竞争能力强、发展前景好的企业和产品，产业集聚效应愈加明显，在新能源汽车领域也独具优势，呈现良好的发展势头。

（一）产业规模快速增长

近年来，河南汽车工业实现了快速发展，产业规模不断壮大。"十五"至"十一五"期间，河南省汽车工业总产值年均增速达30%以上。2005年以来，整车产品的产量、产能分别以年均27.9%、23.1%的增长速度快速扩张。2009年，河南的整车产量比2005年增长了142.3%，产能扩大了将近3倍。2010上半年全省共生产汽车9.6万辆，同比增长一倍多。郑州市作为河南的整车制造基地，2009年，全市汽车工业企业完成销售收入228.7亿元；生产整车及改装车共13.2万辆，同比增长47%。2010年以来，随着郑州日产第二工厂、海马（郑州）二期15万辆等项目的相继开工建设，郑州汽车产业的产能进一步提升，目前，整车产能已经达到30万台。截至2010年5月份，郑州汽车工业累计完成增加值26.4亿元，同比增长60.1%；累计生产汽车7万多辆，同比增长155%，连续10个月超过万辆；整车生产企业的增长速度均在50%以上。全年郑州市汽车工业有望达到20万辆销售规模，总体销售收入突破300亿元。零部件工业同样增长迅速，早在2008年河南省汽车零部件产业总产值已升至347.92亿元，相比2007年增幅接近50%。2010年，河南省汽车零部件产业有望实现销售收入1200亿元的目标。

（二）产品结构不断优化

河南省的汽车工业布局主要分为整车、改装车和零部件三大块（主要产品及企业见表1）。目前，已形成以大中型客车、运动型多用途乘用车（SUV）、皮卡及改装车为主导的产品结构。公路客车、高档皮卡和专用半挂车的国内市场占有率均居同行业首位。2009 年底，海马集团郑州基地 15 万辆轿车项目实现竣工，填补了河南省没有轿车项目的空白，轿车从此有了"河南造"。2010 年 4 月，由恒天重工股份有限公司投资兴建的载货汽车项目在河南郑州国家级经济技术开发区举行奠基仪式。依托恒天重工在郑州投资建设的重型卡车项目，填补了郑州汽车产业链重型载货汽车的空白，并计划在 3 ~ 5 年内跻身我国重型卡车第一阵营。以上项目的引进，将使河南形成以大中型客车、轿车、SUV、皮卡、MPV、微型客车、中重型卡车和专用汽车为核心的汽车产品结构。在河南省的汽车零部件产品中，发动机系统市场份额最大，达到 38%；其次是传动系统，占 21.1%；新能源汽车动力系统也有比较大的市场份额，虽然还处在起步阶段，但销售收入已超过了行驶系统、转向系统等传统优势产业，排在了第三位。河南汽车工业布局正在趋于更加合理。

表 1　河南省汽车工业主要产品及企业

	主要产品及企业
整 车 产 品	大中轻型客车、高档皮卡、多功能运动车(SUV)、微型客车、小排量经济型轿车
整 车 企 业	郑州宇通客车股份有限公司、郑州日产汽车有限公司、河南少林汽车股份有限公司、中国一拖集团有限公司、河南奔马股份有限公司、海马(郑州)汽车有限公司
改装车产品	半挂车、厢式车、自卸车、罐式车、冷藏车、保温车
改装车企业	驻马店中集华骏车辆有限公司、南阳二机石油装备(集团)有限公司、河南冰熊冷藏汽车有限公司、洛阳中集凌宇汽车有限公司
零部件产品	轮胎、汽车空调、缸套、减震器、转向器、三滤器、传动轴、凸轮轴、变速箱壳、车桥、半轴、汽缸盖、排气管、水泵、轮毂、汽车铸件
零部件企业	河南省中原内配股份有限公司、新乡航空工业(集团)有限公司、许昌远东传动轴股份有限公司、河南中轴集团有限公司、安阳市汽车零部件有限公司、河南省林州市水箱有限公司、河南省西峡汽车水泵股份有限公司

（三）产业集聚效应明显

随着汽车工业的快速发展，全省已形成郑州、洛阳、焦作、新乡、南阳、安阳、许昌、鹤壁等 8 个各具优势的汽车及零部件产业集聚区，在各集群内部，分别存在一批河南汽车工业中的优势企业及知名品牌，并带动了大大小小多个相关配套企业。汽车工业开始出现由点到链的发展势头，带动力强的"蜂王型"企业开始发力，河南汽车产业的链式集群板块正在形成中。以郑州市为例，随着海马汽车的落户，郑州市围绕重点企业已形成经开区、中牟、宇通工业园、荥阳4个整车生产园区，同时，在上述区域及上街、登封等地建成一批零部件配套企业，突破了过去单个企业点式发展的局限性。此外，伴随海马、奇瑞汽车的相继落户，开封汽车零部件产业园正在加速崛起。目前，开封新区已集聚20家汽车零部件企业，相关配套企业50余家，下一步还将有100多家汽车零部件企业陆续跟进。一个产业链条逐步完善的汽车产业集群粗具雏形，汽车工业在河南显现出加快发展壮大的生命力。

（四） 新能源汽车优势突出

从产业基础看，河南省在新能源汽车领域具有较强的潜在优势。河南是最早投入电动汽车研发的省份，并在十几年前就成功开发出电动客车。在电动汽车的电池、电机、电控系统三大核心部件中，河南省在蓄电池产业上具有较强优势，在电机生产上具有部分优势。目前，河南省涉足新能源汽车领域的企业已有50多家，分布在郑州、洛阳、鹤壁、漯河、新乡、南阳等地，已形成了20多项具有自主知识产权的纯电动车技术。新乡的新型动力电池发展迅速，已建成13条动力电池生产线，锂电产业产能居国内第二位，并兴建了国内唯一的国家级电池检测中心，形成产业集群之势。中航公司在洛阳投资20亿元建成的锂电项目已经投产，成为国内电动汽车生产厂家的重要供应商。未来3~5年，河南省将成为全国最大的二次蓄电池生产基地。整车方面，宇通、日产、海马、少林等品牌的电动汽车都已下线，并在全国不少地区投入示范运营。

二 河南汽车工业发展存在的主要问题

目前，河南汽车工业不仅成为河南经济发展中的一个亮点，也在全国占据了一席之地，但总体发展水平仍较低，一直以来依靠"点式扩张"的传统发展方式，且骨干企业带动力普遍较弱，零部件产业水平较低，缺乏产业扶持政策，这些问题制约着河南汽车工业的转型升级。

（一） 传统发展方式的制约

2008年前，影响河南汽车工业快速发展的一个重要制约因素，就是传统的"点式扩张"发展方式。即主要骨干企业成长壮大多是靠"点式扩张"（好比擀大饼）自我发展，产业群的扩大多靠"点"的集合。河南大型的汽车骨干龙头企业在发展过程中，过于侧重自身实力的壮大，除了主要的、高端的零部件如发动机、变速箱等采用外购的方式，大量的中端配套产品则自行生产，由此导致的结果是：本地区零部件配套企业较少，汽车产业链环节严重短缺，有龙头而缺龙身或龙头大而龙身小。汽车产业链的不健全进而影响更多知名品牌整车企业落户郑州，而整车企业的缺乏又使得零部件企业尤其是高端的、大型的关键零部件企业不愿来，从而造成产业发展的不良循环。2009年以来，这种状况虽有明显改变，但仍然影响着河南汽车工业的快速发展。

（二）骨干企业带动力弱

河南汽车工业的骨干企业（除了刚引进的海马外）带动产业发展的能力不够强，还只是一个自我生存和发展的大企业，因而不能吸引和集聚大量零部件配套企业，无法培育出核心企业与配套企业在产业链各环节上分工合作的汽车产业集群。"蜂王型"企业是整个汽车产业链分工协作体系形成的基础，具有极强的带动效应，是提升汽车产业群整体竞争优势、促进产业不断发展的核心力量。一般说来，一个产业集群的核心产业需要 3~5 个"蜂王型"企业带动。仅从郑州市的汽车产业来看，在海马汽车的带动下，20 余家相关的配套企业相继落户郑州与开封，海马工业园也正在建设当中，相比之下，其他整车企业尚没有发挥出这样的作用。

（三）零部件配套基础薄弱

汽车零部件工业已成为制约河南省汽车工业发展的"瓶颈"。河南省本地的零部件生产企业起步较晚，现仅有 300 多家，而且多数企业规模有限，制造水平和专业化、系列化程度低，产能较低，产品研发能力和水平与江浙和广东等地存在较大差距，种类不齐全，还没有生产主要或核心零部件的配套企业。目前，河南省的汽车企业零部件配套大部分都在沿海地区采购。按照国际惯例，一个规模汽车生产企业在周边区域内采购的零部件应占所有外购部件的 60%~70%，当前河南的整车生产本地配套率仅 7% 左右，远没有达到这一比例。滞后的零部件产业无法对整车产业起到相应的支撑作用。

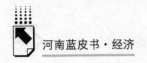

（四）对汽车产业发展支持力度不够强

无论是在汽车产业发达国家，还是国内汽车产业发达地区，政府都是汽车产业的坚定支持者。国内上海、北京、安徽、湖北、陕西等汽车产地都相继专门出台（或内部掌握）了全面支持本地汽车发展的一系列政策、措施，包括政府对本地汽车品牌的优先采购等。相比之下，河南在对汽车企业在发展中面临的突出问题，如，建设用地少、签约项目落地困难，资金短缺、配套服务跟不上，对已进入正常生产经营阶段企业持续不断的专项支持政策和制度不够完善等，缺乏重视，尚没有出台类似其他省份的汽车产业支持政策，在汽车产业发展用地、汽车采购、税费减免、融资等方面缺乏相应的扶持政策。

三 河南汽车工业发展的战略环境分析

金融危机之后，中国各地汽车产业发展均面临较大的机遇和挑战。河南汽车工业尽管起步较早，但在轿车和汽车关键零部件制造方面相对落后，整体上在国际汽车产业中的战略地位较低，同国内主要汽车生产省份的差距仍较大。随着汽车产业转移的进一步加快，河南以其区位、资源及新能源汽车方面的优势，在国内汽车产业格局中的地位将不断提升。

（一）河南汽车工业发展的战略格局分析

金融危机改写了国际国内汽车产业的战略格局。中国成为新一轮世界汽车产业格局变迁和转变的中心，国内汽车产业也开始新一轮投资扩产、合资兼并竞争高潮，各地汽车工业面临较大的机遇与挑战。

1. 世界汽车产业的分布格局正在调整

金融危机之后，世界汽车产业出现欧系整合扩张、美系衰退调整、日韩平稳增长、中印迅速崛起的战略格局。受制造成本居高不下的影响，发达国家汽车及零部件制造和组装环节将加速向要素成本较低、产业配套能力较强、市场潜力较大、政治和社会环境相对稳定的地区转移，整个零部件行业面临重组，汽车制造中心、运营中心和研发中心也将随着产业的调整重新布局，而中国正成为全球汽车市场的战略要地。同时，低排放节能汽车和新能源汽车成为全球的发展趋势。

2. 国内汽车产业进入高速发展阶段

2009年，国产汽车产1379.10万辆和销1364.48万辆，同比分别增长48.3%和46.2%，成为世界第一大汽车生产和消费国，产销量超过百万辆的五大汽车企业已占全国汽车销售总量的70.8%。2010年上半年国产汽车产量为847.22万辆，销量为718.53万辆。中国汽车产业掀起了新一轮投资扩产、合资兼并竞争高潮，据不完全统计，2010年计划新增产能将超过800万辆，全国产能将突破2000万辆。国际国内各大汽车厂商和各地政府纷纷加大投资和布局力度，已经展开了对中国汽车产业未来发展空间的争夺，各地区汽车产业发展正面临较大的机遇和挑战。

（二）河南省与主要汽车生产省份的比较分析

全国有20多个省份在生产汽车，一些省份汽车工业基础好，发展较快，已经形成了以大型优势企业为支撑、产品各具特色的生产格局。2009年，河南省整车产量远落后于北京、上海、重庆、广东、吉林等地，也低于周边的湖北、安徽、河北、山东等省，仅位列全国第19位。总体上看，河南省的汽车工业起步晚、基础弱，整体尚处于劣势地位。截至2010年7月份，全省共生产汽车11.45万辆，尽管7月份当月同比增长及1~7月份累计同比增长均达一倍多，远高于其他地区（见表2），但整体产量仍较低，与其他地区相比差距较大。并且河南的优势产品是大中型客车、专用车，这些产品在汽车产品中是"小品种"，市场发展空间有限；尤其在轿车产品方面，河南的品种和品牌都亟须优化。

（三）河南汽车工业的战略地位分析

河南的汽车产品除了客车具有较大优势外，在轿车和汽车关键零部件制造方面相对落后。因此，河南汽车及零部件制造产业整体上在国际汽车产业中的战略地位较低。从国内来看，沿海地区的汽车市场经过10年的高速发展，部分城市市场增速相对放缓，河南的区位市场优势、要素成本优势和产业基础优势使之成为承接产业转移的重点地区之一，河南已经进入汽车产业发展的高速增长期。随着一批大项目的相继落地，河南省将吸引更多的车企及配套产业，其在国内汽车产业格局中的地位正不断提升。此外，由于河南部分企业在新能源汽车领域起步

表2　2010年1～7月份中国部分省份汽车产量及增长情况

	7月份产量（辆）	1～7月份累计产量(辆)	本月同比增长（%）	累计同比增长（%）
上海市	145371.00	926313.00	36.1	43.3
吉林省	121035.00	913360.00	26.5	48.9
广东省	146870.00	911321.00	20.4	40.0
湖北省	119443.00	847531.00	35.0	54.4
江苏省	48888.00	404504.00	6.7	51.8
辽宁省	42982.00	397359.00	6.9	68.0
河北省	47126.00	387256.00	19.6	40.9
河南省	18565.00	114546.00	132.5	120.3
湖南省	8996.00	92482.00	-25.6	36.9

较早，具有动力蓄电池优势、一定的人才储备和纯电动汽车技术领先的优势。因此，河南在新能源汽车和节能经济型微车等方面也面临重大发展机遇。

四　加快河南汽车工业转型升级的对策建议

"十二五"是河南汽车工业由大到强发展的关键时期。对于河南来说，当前应依托现有的产业基础和发展势头，以引入和培育"蜂王型"企业集团为突破口，以产业链为纽带，以发展集群为重点，着力建设汽车生产配套基地，进一步加快汽车工业的转型升级，实现汽车产业的又好又快发展。

（一）着力突出链式发展

汽车产业链的充分发展和延伸，可使整个区域经济活跃和发展起来。河南必须强力推动汽车产业发展方式转变，坚决从"点式扩张"发展方式向链式发展方式转变。充分研究现有的产业优势和薄弱环节，大力扩展和完善轿车、客车、微面、多功能车和特种车汽车产业链，采取有效的措施，把这些主导产业链做大、做强、做高、做长；重点建设更多完善产业链的新投资项目和扩建项目，尤其是要加快引入和培育更多带动力强的汽车整车制造和关键零部件总成制造的龙头企业。围绕汽车整车生产实现同步配套，以整车为龙头，带动零部件配套生产及汽车后市场产业的完整产业链发展。

（二）引入和培育蜂王型大品牌企业

河南必须加快引入和培育更多带动力强的汽车产业"蜂王型"企业，培育和发展更多以"蜂王型"企业为核心，集聚大量汽车零部件"蜜蜂型"企业的"蜂群型"产业集群，从而以链式发展方式做强做大企业、企业集团和产业集群。积极培育本省整车企业成为带动力强的"蜂王型"企业，进而向产业链上游延伸；要引入一批有较强竞争实力、在行业中有支撑和带动能力的"蜂王型"整车或关键零部件（发动机、变速箱、底盘）企业，以"蜂王型"企业的发展形成集群聚集效应，带动零部件企业的链式跟进，加快建设一批专业化生产的"蜜蜂型"企业，壮大汽车企业生产规模，推动河南汽车工业的产业链型集群发展。

（三）大力提高本地区零部件配套能力

要以引入和培育零部件制造大企业为突破口，以健全汽车产业链为手段，大力发展河南轿车、客车、微面、多功能车和特种车的零部件制造基地。要在引入汽车零部件制造企业上下工夫：一是要对具有核心技术优势的汽车关键零部件制造企业进行重点招商，以期形成零部件制造"蜂王型"企业带动、集群发展的汽车零部件产业；二是要重点引进和发展更多技术优势和成本优势突出的汽车零部件产品制造项目或企业，弥补产业链上的空缺，真正形成具有专业分工科学流程的完整汽车产业链；三是要对零部件产业园建设重点扶持，营造集群引进、集群发展和吸引的平台，不断构建和完善园区内多种类汽车产业链板块。

（四）创新汽车产业政策和制度

河南省应创新制定汽车产业发展的扶持政策和制度，确定支持引进和发展大型汽车企业、培育汽车产业集群，加强企业自主创新研发体系建设、吸引国内外优秀人才、加强产业间配套、延长产业链条等举措，尽快制定技改贴息、土地出让、实施政府优先采购本地汽车等相关政策和制度，扶持重点企业、重点产品、重点项目；大力提升汽车零部件企业的自主创新能力，对拥有自主知识产权的重点零部件产品，在政策、资金上给予重点支持，通过政策扶持提升生产规模；积极向国家申报整车特别是新能源汽车生产、筹划建立零部件保税仓库和加工产品保税区，为汽车产业发展创造优良的软硬环境。

（五）全方位支持新能源汽车发展

要加快建立新能源汽车发展的财税金融激励政策体系；创建河南省新能源汽车产业技术创新战略联盟，发挥联盟各方的优势和特长，集中攻关，合力解决"瓶颈"问题；加强河南省新能源汽车研发和测试公共平台建设；加大对科技中长期规划中"低能耗和新能源汽车"优先主题的支持力度；注重新能源汽车的知识产权的保护，加强高层次汽车专业人才的引进和培养；在全省范围内有规划、有步骤地开展充电站、换电站的建设工作；研究制定鼓励和引导政府部门和事业单位优先采购新能源汽车的政策措施，逐步提高新增公务车辆中新能源汽车比重。

参考文献

河南省统计局：《河南统计年鉴（2010）》，中国统计出版社，2010。

叶强：《河南省汽车工业现状调查》，《汽车与配件》2010 年第 1 期。

曹华东：《河南省新能源汽车发展现状及对策》，《汽车与配件》2010 年第 6 期。

万钢：《关于汽车产业新格局的一些思考》，http：//forum. autoinfo. gov. cn/forum/onelforum/ldjh/webinfo/2009/09/1273536119302175. htm。

河南发展低碳交通的形势分析与对策研究

冯 可 智建成*

摘 要： 发展低碳交通是全面贯彻落实科学发展观的必然要求，是加快交通运输业发展方式转变的关键举措。目前河南发展低碳交通面临着综合结构不尽合理、节能减碳设施水平较低、科技支撑与服务能力不足、内在积极性不足等突出矛盾和问题。应树立低碳交通的理念、构建低碳交通的生活模式、优化低碳交通的能源消费结构、改善低碳交通的交通网络体系、优化低碳交通的运力结构、构建低碳交通的保障机制，促进河南发展低碳交通的发展。

关键词： 低碳 交通运输体系 对策

一 河南发展低碳交通的必要性和紧迫性

低碳交通就是通过交通运输能源效率的提高，用能结构的改善，现代先进技术的采用和运输组织方式的合理化。构建适应于地区经济地理要求、运输方式多元化、配置优化的交通基础网络系统。在物理上和逻辑上实现运输过程各环节无缝连接、一体化的运输系统有机集成。最终减少以传统化石能源为代表的高碳能源的高强度消耗。发展低碳交通对于全面贯彻落实科学发展观、加快转变经济发展方式具有重要的意义。

---

* 冯可，河南高速公路发展有限责任公司政工师；智建成，河南高速公路发展有限责任公司高级会计师。

（一） 发展低碳交通是全面贯彻落实科学发展观的必然要求

贯彻落实科学发展观，必须坚持以人为本，树立全面、协调、可持续的发展观，实现人与自然和谐相处。随着人类工业文明不断向前发展，地球大气中的 CO_2 浓度在不断地增加，导致全球气候变化程度加剧，带来一系列环境问题，直接威胁着人类的生存与发展。全球性能源紧张以及气候变化已成为国际社会普遍关注的重大问题。作为世界第二大能源生产国和消费国，中国又是世界第二大 CO_2 排放国，在全球关注环境，以环境谋求政治、经济利益的背景下，正面临着越来越大的国际政治压力。中国正日益成为全球关注的对象。发达国家交通运输业的能耗占全社会能源消耗的比例一般在 1/4 ~ 1/3 之间；而中国的该比重在7% ~8%，换算成标准煤是 1.7 亿吨。其中，道路运输消耗量又占交通行业的52%；其余的相对比例较小。[①] 而且，交通运输也是能源消耗增长较快的行业。如，2004 年中国交通运输业能耗占全社会能耗总量的7.8%，比 2003 年增长182%，预计 2020 年中国交通运输能耗将增长两倍以上，这还不包括私人小汽车出行的能耗。[②] 因此，改变原有的交通发展模式，走一条交通发展、生活富裕、生态良好的低碳交通科学发展之路已成为落实科学发展观的必然选择。

（二） 发展低碳交通是河南加快经济发展方式的迫切要求

经济发展方式转变意味着在产业结构、社会结构、生态平衡、环境保护等方面，由主要依靠增加资源和能源消耗的方式向主要依靠科技进步、劳动者素质提高和管理创新的方式转变。而发展低碳交通是指在可持续发展理念指导下，通过技术创新、制度创新、新能源开发等多种手段，尽可能地减少石油等高碳能源消耗，减少温室气体排放，达到交通发展与生态环境保护双赢的一种交通发展形态。因此，发展低碳交通是转变经济发展方式的根本要求。发展低碳交通一方面是积极承担环境保护责任，完成节能降耗指标的要求；另一方面是调整交通体系结构，提高能源利用效益，发展新兴低碳交通手段和方式，建设生态文明。这是

---

① 新闻会客厅：《交通运输：如何节能减排》，http：//news. cctv. com/society/20080107/106170. shtml。

② 何建中：《加快向低碳交通运输体系转变》，2010 年 3 月 24 日《中国交通报》，http：// www. ynsmsttg. com/Dispaly_ News. asp? N_ FileID = 2010324112542。

摒弃以往先污染后治理、先低端后高端、先粗放后集约交通发展模式的现实途径，是实现交通发展与能源节约和减少碳排放、资源利用与生态环境保护双赢的必然选择，是河南加快经济发展方式的迫切要求。

（三）发展低碳交通是河南加快交通运输业发展方式转变的关键举措

河南加快交通运输业发展方式转变的关键在于降低资源能源消耗，提升能源生产效率，减少碳污染排放，而目前交通运输业发展方式存在着各种各样、大量的碳利用、碳排放源因素。

第一，不同的交通方式对能源的消耗和碳排放特征不一样（见表1）。在不考虑交通流量、经济发展水平等外部因素的情况下，铁路运输和水上运输的运量大、能耗低。第二，不同的运输条件对能源的消耗和碳排放特征不一样。公路运输条件的好坏会影响能耗水平的高低。公路等级越高，运输的能耗水平越低。车辆的技术状况和使用方式会对能耗产生重要影响，如拖挂车运输的能耗小于单车运输。交通量越大、混合交通程度越高，较交通量小、混合交通程度小条件下的能耗要大。第三，不同的交通工具对能源的消耗和碳排放特征不一样。交通工具的能源消费特点和结构会影响低碳交通。柴油机车辆比汽油车要节能；码头"油改电"技术的采用可以调整能源结构，达到节能效果；混合动力汽车、电动车等交通工具可以节能。第四，不同的交通运输管理状况对能源的消耗和碳排放特征不一样。研究表明，通过管理手段来缓解道路交通拥挤可节能7%～10%。因此，通过运输网络的管理优化、物流运力的优化等，可以大大减少由车辆的空车

表1　不同交通方式的耗能指标比较

类　别	铁路	公路	水运	民航	管道
时速（公里/小时）	80～120（高铁350）	80～120	22～31	500～1000	
运输能力（人）	1800	50～60	150～60	100～400	
运输能力（吨）	2000～3500	5～15	50～3000		
运输成本（相对值）	1/11～1/17	1	1/13～1/20		1/14～1/21
能耗（每千吨公里耗标准燃料）（相对值）	1/11～1/15	1	1/19～1/113	10～16	1/5～1/7
劳动生产率（相对值）	9.43	1	13.33	0.33	

回放、绕行、道路交通拥挤、营运车辆超期服役等现象的出现，可以促进交通运输体系的低碳化。第五，不同的城市规模和城区功能区结构对能源的消耗和碳排放特征不一样。合理的城市规模和城区功能区结构可以减少不必要的道路网络，减少交通堵塞现象的出现，有利于低碳交通运输体系的发展。因此，主要交通方式的结构状况、运输条件基础及结构、交通工具的能源消费和结构、交通运输管理状况等是导致能源消耗和碳排放的源泉环节，是发展低碳交通的优化选择方向。

（四）发展低碳交通是河南交通运输业实现可持续发展的根本途径

交通运输作为主要碳排放源之一，是国际温室气体减排、缓解气候变化的重要领域。此外，交通运输是目前能源消耗量最大，也是能源消耗增长最快的行业。交通运输业的主要燃料汽柴油经过燃烧变成尾气。交通尾气成分非常复杂，有 100 种以上，主要包括：一氧化碳、碳氢化合物、氮氧化物、固体悬浮颗粒、铅及硫氧化合物等。一辆轿车一年排放的尾气比自身重量大 3 倍。[①] 交通尾气中常含有的一些有害物质污染空气，直接危害人体健康，对人类生活环境产生深远影响。而且，从世界范围看，交通运输是温室气体排放的主要领域之一。发达国家道路运输业排放的二氧化碳所占比重高于世界平均水平。如 2003 年经济合作组织（OECD）国家来自燃油消费排放的二氧化碳中，交通运输（包括营业性运输及私人运输）占到 34%；在全世界范围，交通运输则占 28%。[②] 据国际能源组织的推算，2005 年中国营业性道路运输的 CO_2 排放量占全部石油消费 CO_2 排放量的 21%，营业性车辆 CO_2 排放量已超过全社会车辆 CO_2 排放量 18% 的世界平均水平。[③] 另据统计，机动车尾气已成为城市大气的主要污染源，目前中国一些大城市机动车污染物排放占大气污染物的比重在 60% 左右。[④] 因此，尽可能防

---

① 交通运输部：《中国将加快建立低碳交通运输体系》，2010 年 1 月 15 日发布，网址：http：// 202.123.110.3/jrzg/2010－01/15/content_ 1511528.htm，源自新华社。

② 交通运输部：《中国将加快建立低碳交通运输体系》，2010 年 1 月 15 日发布，网址：http：// 202.123.110.3/jrzg/2010－01/15/content_ 1511528.htm，源自新华社。

③ 中国船检：《交通运输业如何减排》，2009 年 8 月 23 日发布，网址：http：//www.cssponline.com/ Magazine/ArticleShow.asp？ArticleID＝1195；源自中国船检杂志。

④ 沈雁君、李易昊：《对我国移动污染源的分析及政策建议》，《中国科技教育》2007 年第 11 期。

止和减少交通建设、运输对生态环境的不利影响，使交通运输发展与生态环境相协调，就必须转变交通运输发展方式，尽可能选择对环境影响小的运输方式。

交通运输业是全社会仅次于制造业的油品消费第二大行业，是建设资源节约型社会的重要领域之一。当前河南正处于全面建设小康社会的历史时期，经济社会快速发展，客货运输需求旺盛，交通运输能源需求快速增长。因此，作为人口大省、人均资源禀赋不高的省份，决定着河南必须加快构建低碳交通运输体系，否则资源支撑不住，环境容纳不下，社会承受不起，交通发展将难以为继。

二 河南发展低碳交通面临的突出矛盾和问题

（一）低碳交通的综合结构基础不尽合理

公路运输是河南交通运输的主要方式，其中，货运量占比为80%（2009年值，下同），客运量占比为94%。河南近年来客运量和货运量见表2。由于公路运输的能耗远高于铁路和水路，使得河南交通能耗水平相对较高。与此同时，河南绝大部分既有铁路线路能力已经饱和或接近饱和，既有铁路网规模总量明显不

表2　河南近年客运量和货运量

运输量指标	2005 年	2006 年	2007 年	2008 年	2009 年
客运量(万人)	98099	108060	122557	130436	144666
铁　路	5842	6313	6585	7476	7724
国家铁路	5758	6253	6527	7413	7712
地方铁路	84	60	58	63	12
公　路	91920	101345	115460	122414	136278
水　运	97	105	160	190	206
民用航空	240	297	352	356	456
货运量(万吨)	78827	86608	101410	138392	169636
JHJ 铁路	14806	15190	16010	16225	13856
国家铁路	12697	12900	13554	13783	12991
地方铁路	2109	2290	2456	2443	865
公　路	62684	69898	83537	118198	151343
水　运	1334	1516	1858	3964	4439
民用航空	3	4	5	4	5

足，铁路网分布也不均衡，铁路运量大、能耗小的优势缺少铁路设施支撑条件。此外，在公路、水路和铁路不同运输方式之间，主干网与主干网之间缺乏有效衔接，综合运输整体优势和组合效率尚未充分显现。基础设施网络化程度还比较低。干线运输通道的薄弱环节问题突出，局部路段交通拥挤，绕行、高碳等不合理运输现象时有发生；部分交通枢纽的能力不足，大型化、专业化和现代化水平还有待提升，影响交通生产节能减排的规模化、集约化效应。

（二）低碳交通的节能减碳设施水平较低

低碳交通的基础设施落后。交通运输工具的增长与运输线路的增长不协调，部分道路堵车现象严重，导致能耗增高；城市交通不畅、堵塞严重，严重影响交通运输网的运输效率和能源利用效率；部分传统的交通运输物流业经营分散，设备落后，物流技术含量不高，不能满足现代物流和配送的效率和低碳要求，基础设施尚待完善。交通运输装备结构不尽合理。普通货运车船运力供给过剩，低碳化、大型化、专业化、系列化车船比重不高，老旧车船比重偏高，技术状况差，汽车甩挂运输发展滞后。

（三）低碳交通的科技支撑与服务能力不足

低碳交通的科技研发投入不足，创新激励机制不够完善，鼓励节能技术、产品推广的配套激励政策和机制缺乏，节能技术、产品的推广应用进展缓慢；节能环保型运载工具、替代燃料等一些重大共性和关键技术研究开发不够；营运车辆结构不合理，特别是大马力低油耗的柴油车数量不足。有助于提高运输效率、降低碳排放的现代信息技术应用推广还比较滞后，公众出行和货物交易信息服务能力还有待增强；交通运输业中的部分从业人员文化素质偏低、专业知识不全面或严重老化；高等院校及社会培训机构在低碳人才培养方面滞后，有效的人才供给不足，难以适应低碳交通的快速发展需求。

（四）低碳交通的内在积极性不足

鉴于低碳交通涉及运输企业、行业管理部门等相关利益主体，鉴于企业追求利益最大化的"理性人"角色，减排不仅需要有一定的投入，还不一定会带来直接效益，因此，减排的内在积极性亟须调动。亟须政府部门对低碳交通运输体系作进一步的深入了解，尽快制定较为完善的低碳交通发展策略，从立法、标准、规范、政策引导等方面调动低碳交通的内在积极性。

三 河南发展低碳交通的对策建议

鉴于发展低碳交通的必要性和紧迫性，以及低碳交通的系统性特征，发展低碳交通不仅要考虑交通运输与环境之间的协调均衡，还必须考虑不同交通运输方式的相互作用和综合影响，发展低碳交通必须保持节能环保、社会公平、可持续发展的方向，通过交通运输体系的布局合理、运输方式的优化，构建大运量、高效率、低耗能、小污染的综合交通枢纽及其体系，满足经济社会发展的需要。

（一）进一步树立发展低碳交通的理念

进一步树立低碳交通的发展理念、利益均衡理念、可持续发展理念。未来河南仍处于工业化、城镇化加速发展期，发展低碳交通需要继续以发展为主题，继续支持各种运输方式完成大发展过程，通过增加总量规模，提高交通运输体系的机动性和通达性，增强对未来社会经济发展的支持能力，并在发展过程中按照各种运输方式的合理分工与协作，通过增量调整和存量升级，使各种运输方式之间的结构和布局逐步趋于优化，在发展中实现低碳交通。同时，要综合考虑低碳交通的短期利益和长远利益、企业利益和社会利益，策划低碳交通运输体系活动，确保低碳交通运输体系发展中相关利益主体的利益诉求均衡。经营者需要改变"环保不经济、绿色要花费"的观念，把低碳交通作为全方位绿色革命的重要组成部分；政府部门需要重视对低碳交通的监督和引导工作，最大限度地避免物流发展带来的污染，确保低碳交通的未来。同时，发展低碳交通要树立可持续发展理念，不仅考虑占用土地的因素，还要关注未来的发展趋势，关注整体路网布局的完善和效率效益的提高，为经济社会的持续、健康、快速发展奠定足量的交通物质基础。

（二）构建低碳交通的生活模式

倡导低消耗、低污染和低排放的绿色交通出行方式，同时强调绿色出行是一种健康积极的生活方式。通过低碳生活宣传、出行低碳化示范、市民低碳交通积分计划等手段在全社会倡导自觉的低碳交通生活方式。鼓励选择环境友好的、健康的步行、自行车、公共交通等绿色交通方式出行，进一步完善城市自行车专用道路建设，新建道路必须保障自行车道与电动两轮车道。探索推行"免费自行车交通系统"，实行差异化路桥收费管理，鼓励共乘、拼车等低碳出行行为；试行车辆使用管制措施，以减少私人交通出行。提高公众对使用小汽车出行带来环境问题和交通拥堵的认识，减少对小汽车的使用和依赖。

（三）优化低碳交通的能源消费结构

积极推进车辆的柴油化和天然气化进程。鼓励和引导运输经营者购买和使用柴油汽车，提高柴油在车用燃油消耗中的比重。积极推进车用替代能源。推广汽车利用天然气、电力、燃料电池、醇类燃料、生物柴油等石油替代性能源。推进港口设备"油改电"。在各港口积极推广采用基于刚性滑触线供电的轮胎式集装箱门式起重机（RTG）"油改电"技术，推进轮胎式集装箱门式起重机（RTG）"油改电"工程。鼓励港口应用太阳能、空气能、地热能等清洁能源。

（四）完善低碳公路网络

加快高速公路网、农村公路、旅游公路建设，强化连接线、断头路等薄弱环节建设，提高公路网络通行能力和效率。全面提升路网技术等级和路面等级。加强资金筹措和建设管理，进一步提高国省干线公路等级，加快二级以上尤其是农村区域二级以上公路建设。加快未铺装路面改造，提高路面铺装率，改进路面结构及材料，强化公路路面养护工作，全面提升路网技术等级。加强综合交通枢纽建设。实现"公铁"、"公水"等多种运输方式衔接和一体化运输。实现"公铁"、"公水"间的快速中转和无缝衔接。

（五）加快构建以铁路为主体的区际交通架构

完善目前优先发展高等级公路（包括高速公路）的城市群区际交通运输体系发展思维，逐步建成以铁路为主体的区际交通架构。按照河南省铁路发展规划，进一步提高既有线路等级和运输能力，优化规划布局新增项目，加快推进新建项目，促进铁路路网质的飞跃。加快中原城市群城际铁路网建设。加强快速城际线与其他交通网络的有机衔接，提高快速城际线覆盖水平和运行效率。加快城市公共交通体系发展。在城区内部，应明确公交优先的发展战略，大力发展大众运输，在具备条件的城市发展地铁；鼓励发展自行车系统、人行道系统和出租车系统；引导私人货运和私人小汽车系统。

（六）发掘城市和城区空间布局的降碳潜力

要保持适度的城市规模，以利于交通流畅，减少城区非经济车速和堵车带来的能源浪费。要着眼于构建"一核多点"的城市空间布局结构，以河南18个地级市为核心，发展多个人口规模在30万左右的卫星城市，完善城镇体系规划建设，通过城市空间结构合理规划减少城市交通能源消耗。要优化城市区域内部结构，优化居住区和工作区的空间结构，构筑工作与居住相邻的城市内部结构。

（七）优化低碳交通的运力结构

严格执行机动车报废标准，加强对已达到报废期限机动车的监督管理，加快超高油耗客、货车退出道路营运市场进度。鼓励使用低油耗节能环保型汽车和电动汽车。落实强制性汽车燃料消耗量申报、公告、标识制度。落实国家关于不同排量乘用车消费税税率政策，鼓励推广小排量乘用车。积极发展适合高速公路、干线公路的大吨位多轴重型车辆、汽车列车，以及短途集散用的轻型低耗货车，推广厢式货车，发展集装箱等专业运输车辆，加快形成以小型车和大型车为主体、中型车为补充的车辆运力结构。加快铁路电气化进程。

（八）构建低碳交通的保障机制

要研究探索低碳交通的合理模式和有效途径，构建低碳交通的保障机制，保证中国交通运输行业科学合理的"减碳路径"。通过政策、规划和体制管理相协调，加强技术标准、信息传输、经营规则以及管理体制上的统一性，避免各种运输方式或部门以自我为中心的规划建设、自成体系，造成本应相互衔接的环节割裂，最终导致系统低效、成本增多、高碳排放、资源浪费；尤其对低碳信息化等技术标准的制定，更需要从发展战略上统一规划与指导，以政策、规划和体制管理的统一性，实现低碳交通运输体系的"一体化"。通过标准化体系建设，加强对标准化工作的协调和组织工作，在计量标准、技术标准、数据传输标准、物流作业和服务标准等方面做好基础工作，形成信息化、智能化的低碳交通管理机制。通过政府规划与协调，采用政府投资和引导社会投资的方式实现结构合理化，并积极采用市场运作的模式，促使资金、资源的有效利用和社会公平。按照市场化原则由企业自主经营，政府在规则制定、市场准入与监督上行使职能，消除体制性障碍和行业壁垒，鼓励各种运输方式之间的市场竞争，形成宏观调控和市场化相结合的低碳交通资源配置机制，使其既能较好地满足社会经济发展对交通运输不断增长的需要，又能提高低碳交通运输体系的发展水平。

参考文献

刘险峰：《湖南低碳交通发展研究》，《中国中部地区发展报告（2011）》，社会科学文献出版社，2010。

交通运输部：《公路水路交通节能中长期规划纲要》，2008。

陈静：《交通行业节能减排技术问答》，化学工业出版社，2010。

交通运输部：《中国将加快建立低碳交通运输体系》，2010 年 1 月 15 日发布，http：//202.123.110.3/jrzg/2010 – 01/15/content_ 1511528. htm，源自新华社。

B.15

河南财政支持转变经济发展方式的
形势分析与展望

唐晓旺*

摘　要： 近年来，河南财政部门致力于经济发展方式转变，积极推动科技进步和产业升级，增强消费需求的拉动力，推进生态建设和环境保护，较好地促进了经济可持续发展。然而，现行财政体制在促进市县关注结构、质量和效益等方面的作用不够，对优化产业区域布局和改善发展环境的引导和激励约束作用不强，财政调控职能和引导科学发展的职能亟待加强。基于此，本文从财政的资源配置、收入分配、宏观调控等职能创新方面提出了进一步转变经济发展方式的有效路径。

关键词： 河南　财政　转变经济发展方式

促进经济发展方式转变，是当前和今后一个时期经济转型的主攻方向和首要任务，对贯彻落实科学发展观，构建社会主义和谐社会，保障经济可持续发展具有重要的意义。在推进经济发展方式转变过程中，财政负有重要职责，充分发挥财政的资源配置、收入分配、经济调控等重要职能作用，有利于加快经济发展方式转变，推进经济社会全面协调可持续发展。

一　河南财政支持转变经济发展方式的现状

财政作为政府调控的手段，充分发挥其资源配置、收入分配、经济调控等重

---

* 唐晓旺（1975～），男，河南鲁山人，河南省社会科学院经济研究所助理研究员。

要职能作用，有利于加快经济发展方式转变，推进经济社会全面协调可持续发展。近年来，河南财政部门积极发挥财政职能，不遗余力促进经济发展方式转变，较好促进了财政经济可持续发展。

（一）优化资源配置，培育新的经济增长点

1. 充分发挥财政的资源配置职能，促进企业科技进步

围绕"调结构、促转型"，省财政厅出台了"2010年企业服务行动计划"，将整合资金支持"双千工程"列为重要内容，按照"渠道不乱、性质不变、各记其功、统筹使用"的原则，统筹整合信息产业发展资金、扶持企业自主创新资金、重大科技专项资金、高新技术产业化资金等12项涉企专项资金，计划集中7亿元专项用于支持转型升级"双千工程"。截至9月30日，已累计下达资金9.11亿元，为年初计划整合资金7亿元的130%，积极支持599个转型升级"双千工程"项目，累计带动投资618亿元，财政资金放大效应67倍，有效促进了企业自主创新能力的提高和战略支撑产业、战略性新兴产业的发展和壮大。

2. 充分发挥政府采购政策引导功能，支持企业自主创新

2009年，河南省出台了《关于政府采购支持企业发展的实施意见》，明确要求政府采购支持企业自主创新，提高企业核心竞争力。一方面，省财政厅积极配合科技等部门开展自主创新产品认证工作，并积极推动通过认证的自主创新产品列入全国"政府采购自主创新产品目录"。另一方面，对在目录内的自主创新产品给予许多优惠——在部门预算审批环节，优先安排采购自主创新产品的预算；在政府采购项目评审环节，制定促进自主创新的评标标准；根据不同的评分方法，给予自主创新产品4%～10%不等的优惠幅度。

3. 充分发挥财政的宏观调控职能，支持优化经济结构

2009年，省财政厅在预算安排2亿元工业结构调整专项资金的执行过程中，千方百计筹措资金，落实服务业发展引导资金1亿元，及时办理出口退税，支持服务业和外向型经济加快发展。筹措中央现代农业生产发展资金2.2亿元、农业产业化龙头企业参股经营资金1.5亿元，支持优势粮食、油脂和畜牧业生产加工，加快农业产业化发展。

4. 贯彻落实产业转移政策，促进产业结构优化升级

2009年，省政府出台了《关于积极承接产业转移加快开放型经济发展的指

导意见》，支持各地积极承接境内外产业转移，推进产业结构优化升级。省财政厅安排 5000 万元专项资金，专项用于对市、县（市、区）产业集聚区承接产业转移项目的奖励。各市、县（市、区）也都安排专项资金，支持产业转移项目顺利落户。2010 年河南省产业转移资金支持项目 33 个，涵盖电子信息、装备制造、新能源、新材料、节能环保、农产品加工等产业，有力地促进了产业结构的优化升级。

5. 致力于打造融资平台，促进中小企业发展壮大

2009 年，省财政在拨付省中小企业担保中心资本金 5000 万元、提高其担保能力的同时，又筹措 8 亿元，要求县（市）总体按 1∶1 比例筹措 8 亿元，支持县级建立以财政为依托的中小企业信用担保机构，并将逐年加大财政投入，吸引社会资本参股，争取五年内使全省中小企业信用担保体系资本金规模达到 100 亿元，搭建融资平台，缓解中小企业融资难问题。

（二）大力保障和改善民生，扩大消费需求

1. 推动科教文卫事业发展

1~9 月份，全省财政一般预算教育支出累计 387.45 亿元，保障了九年义务教育经费和各项教育正常经费的需要，落实了低保户和生活特别困难家庭子女上大学补助政策，有效保障了科教兴豫项目建设；财政一般预算科技支出累计 28.20 亿元，有力促进科技事业快速发展；财政一般预算文化体育和传媒支出累计 33.14 亿元，兴建了一批图书馆、文化馆、体育馆等文化设施；财政一般预算医疗卫生累计支出 171.56 亿元，项目涵盖疾病预防控制、卫生监督、医疗保障、农村卫生服务中心建设等。

2. 推进社会保障体系建设

1~9 月份，全省财政一般预算社会保障和就业累计支出 340.56 亿元，落实最低生活保障制度，加大对弱势群体的帮扶力度。新型农村合作医疗参合率由上年的 91.8% 提高到 94.2%，城镇居民医疗保险参保率由上年的 39.5% 提高到 94.2%。筹措社会保障资金 316.7 亿元，支持落实保障对象待遇，企业退休职工养老金月均增加 122.9 元。筹措 33 亿元支持新建、改建、收购廉租住房，发放困难家庭租赁补贴。全省财政筹措 16 亿元，为各类有就业创业愿望和条件的人员提供培训补贴、职业介绍补贴、社会保险补贴等。筹措落实小额担保贷款贴

息、奖励 1.4 亿元，支持自主创业和自谋职业。

3. 推进环境保护建设

1~9 月份，全省财政一般预算环境保护累计支出 51.26 亿元，着力支持资源节约和环境保护。筹措落实城镇污水和垃圾处理设施及配套管网建设、重点流域水污染治理资金 19.7 亿元，淘汰落后产能和节能减排技术改造资金 10.9 亿元，林业生态省建设和退耕还林等林业生态工程建设资金 13.5 亿元，资源枯竭城市经济转型补助 1.9 亿元，促进资源节约型和环境友好型社会建设。

4. 推动"三农"发展

"十一五"以来，我省财政按照中央和省委连续 5 个 1 号文件的要求，不断加大"三农"投入力度，全省农林水事务支出由 2006 年的 111.3 亿元增加到 2009 年的 361.6 亿元，年均增长 48.1%，全省用于改善农村生产生活条件的财政支出从 300 多亿元增加到近 600 亿元，推动村容、村貌、道路、水电等农村基础设施建设。同时，加大财政补贴和救助力度，完善兑现、发放办法，确保把提高对农民补贴水平、提高城乡低保对象补助水平等政策落到实处。截至目前已筹措落实 16 项补贴资金 100.5 亿元，其中兑现粮食直补和农资综合直补 77.8 亿元，比上年增加 38.3 亿元。

5. 扶植壮大县域经济

2009 年，全省财政及时兑现 3 亿元，对 20 个经济发展强县、10 个快县给予奖励，鼓励其加快发展。筹措 13.6 亿元对 90 个产粮大县给予奖励，集中 2.8 亿元支持 24 个农业综合开发重点县改造中低产田，落实 2.2 亿元对 31 个生猪调出大县给予奖励，促进县（市）因地制宜发展经济。落实 3.2 亿元，实施"食用植物油倍增计划"，支持油料生产，提高油脂加工能力，培育油脂品牌。在全省范围内实施能繁母猪政策性保险，在南阳等市试行水稻、棉花、烟叶、奶牛和肉鸡政策性保险，提高农业和农户抵御自然灾害能力。

6. 落实好家电下乡、汽车摩托车下乡、汽车以旧换新等政策措施，保持政策的连续性、稳定性

经过近一年的实施，"家电下乡"等优惠政策已经成为政府得民心，企业得市场，百姓得实惠的三赢惠民举措。2010 年 1~6 月，全省补贴家电下乡产品数量 405.2 万台（件），发放补贴金额 10.55 亿元；家电下乡以来，全省累计补贴数量 964.2 万台（件），发放补贴金额 22.73 亿元，使 780 多万农户受益。

（三）推进改革创新，消除经济发展方式转变的体制和机制障碍

1. 完善财政管理体制

通过理顺省、市、县的收入分配关系，有效调动各市县谋发展、抓收入的积极性。为引导市县更加关注发展质量和企业效益，更加关注第三产业的发展，使经济增长主要依靠第二产业带动转变为第二、三产业协同带动，促进产业结构优化升级，2009 年河南对省、市、县财政管理体制进行了调整。此次调整以 2008 年为基数，对增值税分配政策进行了改革，对市县增值税增量部分省级分成 20%；同时，增加企业所得税市县留成，省对市县企业所得税收入（地方留成部分）增量分成比例从 20% 调整为 15%。这次调整，通过增加税收地方留成比例，激励市县转换思路，大力发展第三产业，优化产业结构，从而推动经济发展方式的转变。

2. 规范财政收支管理

"十一五"期间，河南财政部门积极推进财政科学化精细化管理，不断提高财政资金使用效益。实践中，我省各级财政部门按照中央的要求，规范部门预算编制程序，细化预算编制内容，强化预算管理，努力提高年初预算到位率；大力支持税务、海关部门依法加强税收征管，严格控制减免税，制止和纠正越权减免税收，严厉打击偷骗税违法活动，确保应收尽收，努力实现财政收入稳定增长；加强对政府投资的监督检查，进一步强化事前和事中监督，坚决查处财政违法行为；紧紧围绕预算编制、预算执行和财政监督等关键环节，全力推广实施金财工程，积极推进财政管理信息化建设，提升信息化对科学化精细化管理的保障能力。

二 河南财政支持转变经济发展方式存在的问题

近年来，省财政积极推进经济发展方式转变，在科技进步、产业升级、扩大内需、环境保护等方面做了大量卓有成效的工作。然而，现行财政体制在促进市县关注结构、质量和效益的作用不够，对优化产业区域布局和改善发展环境的引导和激励约束作用不强，财政调控职能和引导科学发展的职能亟待加强。

（一）财政体制改革滞后制约资源配置功能的发挥

当前我省财政税收体制改革滞后，制约着财政支持转变经济发展方式功能的发挥。一是财政政策和措施过多考虑的是经济发展的速度而在一定程度上忽视了经济发展的质量。如过分重视考核财政收入指标；财权与事权严重不对称，直接导致地方政府职能的异化，短期行为严重；支持转变经济发展方式的财政政策措施针对性不强，力度不够；等等。二是部分财政政策和措施有过度干预市场经济、保护垄断、破坏公平、抑制竞争的倾向。如财政对于非义务教育、医疗、文化、媒体、体育等的大量投入，实际上产生了"挤出效应"，不以体制机制改革创新为前提，一味地加大财政投入，致使这些重要的社会服务业垄断严重，发展滞后，竞争不足，效率低下。三是不少财政资金的分配和使用仍沿用计划经济的思维模式，正在沦为其他部门的寻租工具。财政资金分别由其他专业经济管理部门对下进行分配，实际上是支持这些部门干预本应退出和少干预的市场，阻碍市场经济的进程，进而演变成一种寻租工具，严重干扰市场正常价格信号，导致资源配置的低效率。

（二）部分税收政策和措施设计不合理，政策效果偏离目标

随着经济形势的发展，我省原有的税收政策在支持转变经济发展方式方面暴露出目标设定较低、优惠措施较少、部分税种设计存在缺陷等问题，导致在鼓励科技进步、提高劳动者素质、引导企业加强环境保护、引导社会节约利用资源等方面不能充分发挥积极作用。如资源税税率过低，征收方式为从量征收，不利于资源的节约和高效开发利用；生产型增值税导致购买固定资产所缴增值税计入设备成本，不利于企业更新设备；企业所得税、个人所得税、营业税、消费税、出口退税等税收政策也或多或少存在着制约经济发展方式转变的问题。

（三）财政支出偏向工业导致三次产业结构的失衡

目前，我省正处于工业化加速阶段，工业本位思想在很多地方十分严重，很多市、县都提出"工业强市（县）"的口号，财政支出偏向工业尤其是重化工业的倾向非常明显，削弱了对农业和服务业发展的支持。长期以来，各级政府出台的政策和措施，绝大多数都是面向工业的，无论是扶持项目数，还是扶持资金总

额，工业都远远高于其他行业。这种"一边倒"的扶持方式，使得农业尤其服务业的运行质态一直较差，在国际上缺乏竞争力。这一方面导致三次产业结构的失衡，特别是服务业比重依然偏低；另一方面由于工业发展带来的资源消耗、环境污染等问题，导致经济可持续发展面临严重威胁。

（四）教育和医疗卫生投入不足制约人力资本提升

一是教育经费投入不足。改革开放以来，尤其进入 21 世纪以来，我省采取了一系列政策和措施，大幅度增加财政性教育投入，推动了各级各类教育的快速发展。但是，投入不足，投入水平较低仍然是制约我省教育又好又快发展的瓶颈。2009 年，河南财政性教育经费占 GDP 的比重为 2.71%，低于全国平均水平 0.77 个百分点，也达不到我国政府早在 1993 年下发的《中国教育改革和发展纲要》中提出的在 20 世纪末实现 4% 的目标。而且，教育投入结构也不合理，突出表现为：农村教育经费保障水平不高；对非义务教育的财政投入保障薄弱；义务教育资源配置在区域间、城乡间、校际间、群体间严重不均衡。二是医疗卫生投入不足。目前我省在总体医疗费用中的公共投入不足 10%，远低于全国 17.8% 的平均水平，而居民个人的支出却占总费用的 70% 以上，也远高于全国 55.8% 的平均水平。政府投入偏少，使我省医疗防疫控制系统极不完善，医疗设施严重不足，尤其是广大的农村基层医疗卫生机构面临生存危机。

（五）研发投入偏低制约科技进步和自主创新

2009 年，河南财政科技投入占 GDP 的比重为 0.18%，远低于全国财政科技投入占 GDP 0.8% 左右的水平。按照工业化发展阶段对研发投入的要求，发达国家同期政府研发投入占 GDP 的比重一般均在 1% 以上。依此对比，我省科学研究的财政投入水平是比较低的。研发投入直接反映一个地区的科技发展和创新潜力，对提高区域的综合竞争力具有重要的意义。研发投入偏低成为制约我省利用提高科技水平、增强自主创新能力的瓶颈。

三　进一步促进发展方式转变的财政对策建议

加快转变经济发展方式，既是一场攻坚战，也是一场持久战，必须通过坚定不移地深化改革来推动。财政部门必须紧紧围绕加快转变经济发展方式这个战略主题，真正在"加快"上下工夫、在"转变"上见实效，推动经济在新一轮大发展中实现发展方式的根本性转变。

（一）充分发挥财政的资源配置职能，促进科技进步和产业升级

实现经济发展方式的根本性转变，归根到底要依靠科技进步，依靠产业升级和培育新的经济增长点。为此，就要充分发挥财政的资源配置职能，促进科技进步和产业升级，一是要加大财政科技投入力度，加快实施科技重大专项，大力支持基础研究、前沿技术研究、社会公益研究和重大共性关键技术研究。二是要实施促进企业自主创新的财税优惠政策，加快高新技术产业和装备制造业发展，鼓励企业增加科研投入。三是要引导和支持企业培育自主创新能力，对企业技术改造项目、技术创新活动给予政策性导向的信贷支持和财政补贴与税收优惠。完善促进企业自主创新的股权激励政策，健全有利于科技成果产业化的分配制度。四是要通过注入资本金、财政贴息等手段，对新能源、新材料、新工艺等战略性新兴产业给予支持，促进产业结构优化升级和节能降耗。五是要坚决淘汰落后产能，对污染环境、生产技术落后、产品供大于求的企业，通过提高税费标准、加大处罚力度，实行限制性政策，坚决予以淘汰。六是要加大对节能减排领域的投入力度，支持重点节能减排工程建设，加强生态保护和环境治理。七是要加大对新能源、节能汽车、医药和生物工程等领域的投资，形成新的投资热点，努力培育新的经济增长点。

（二）充分发挥财政的收入分配职能，扩大消费需求

一是增加财政对城乡低收入群体的补助力度，落实好城乡低保等各项补助政策，逐步建立保障标准与经济增长同步提高的长效机制。二是要加大就业投入，实施积极的就业政策，通过职业技能培训和公共就业服务，促进解决失业人员就业问题，以就业促进增收。三是增加社会保障财政投入，加快社会保障体系建设，消除城乡居民后顾之忧，为提高城乡居民的持续消费能力创造有利条件。四是支持落实最低工资制度，促进提高低收入者劳动报酬。五是继续加大对"三农"的补贴力度，改善农业生产条件，促进农民持续增收。六是支持义务教育学校、公共卫生和基层医疗卫生事业单位实施绩效工资，促进事业单

位人员增收。七是充分发挥税收等政策工具的收入调节作用,抑制不合理的收入分配悬殊现象。八是继续实施、完善并研究新的刺激消费措施,落实好家电下乡、汽车摩托车下乡、家电以旧换新等政策措施,保持政策的连续性、稳定性。

(三)充分发挥财政的宏观调控职能,支持产业结构和经济结构优化

转变经济发展方式,就要优化经济结构。产业和经济结构优化的核心是提高第三产业占 GDP 的比重,促进非公有制经济发展,缩小发达地区与欠发达地区发展差距。充分发挥财政的宏观调控职能,支持产业结构和经济结构优化,促进区域协调发展,财政宏观调控应重点突出以下几个方面。一是通过税收、财政贴息、政府采购、信用担保等政策扶持中小企业和第三产业发展,对规模较小的企业,落实好各项税收优惠政策;扩大中小企业发展专项资金规模和支持范围,向科技企业和困难地区的中小企业倾斜。二是从税收政策、行政管理、信息服务等方面,为各种所有制经济发展创造公平、公正和透明的政策环境,实现优胜劣汰。进一步拓宽社会投资的领域和渠道,除法律特别规定的外,应允许社会资本以参股等方式进入金融、铁路、公路、航空、电信、电力以及城市供水等多个行业。三是支持发展专为中小企业服务的金融机构,为解决中小企业融资难问题提供快捷便利的金融服务。扩大中小企业发展专项资金规模,支持建立完善中小企业金融服务体系,引导社会资金促进中小企业发展。四是抓住国家实施中部崛起的机遇,落实好各项推动区域协调发展的财税政策,结合主体功能区建设,完善财政转移支付制度,增加对地方的均衡性转移支付规模,提高财力薄弱地区落实各项民生政策的保障能力。

(四)综合运用财政政策措施,坚定不移地支持推进改革创新

加快转变经济发展方式,必须加大改革力度,消除转变经济发展方式的体制和机制障碍。为此,一是以实现财政科学化精细化管理为目标,继续推进财政体制改革,建立有利于科学发展的财政体制机制。二是积极推进收入分配制度改革,逐步提高居民收入在国民收入分配格局中的比重、劳动报酬在初次分配中的比重,同时加大税收对收入分配的调节作用,深化垄断行业收入分配制度改革。

三是大力支持关键领域和关键环节的改革，包括资源价格、垄断行业、行政管理体制、城乡管理体制、社会保障体系等改革，为实现经济发展方式转变创造有利的体制机制。

参考文献

陈共:《财政学》（第五版），中国人民大学出版社，2007。

邓子基:《转变经济发展方式与公共财政》，《东南学术》2010 年第 4 期。

河南省统计局:《河南统计月报》2010 年第 9 期。

河南省财政厅:《河南财政月报》2010 年第 9 期。

专题篇

B.16

转型发展：河南"十二五"
经济社会发展的主旋律

喻新安*

摘　要：转型发展是河南"十二五"经济社会发展的必然选择。实现转型发展，要统一思想认识，解决"想不想转"的问题；谋划方略和大计，解决"能不能转"的问题；寻求路径和方法，解决"敢不敢转"的问题。同时，应采取一系列战略举措：优化产业结构，构建现代产业体系；加快城镇化步伐，构建现代城镇体系；加快技术进步，构建自主创新体系；推进公共服务能力建设，着力保障和改善民生。

关键词：河南省　"十二五"　转型发展

实现中原崛起是河南经济社会发展的总目标，是亿万中原儿女的美好期待

* 喻新安（1955~），男，河南洛阳人，河南省社会科学院副院长，研究员，经济学博士。

和福祉所在。"十一五"以来，经过全省人民的艰苦奋斗，河南经济社会发展保持了好的态势、好的趋势和好的气势，已站在了一个新的历史起点上。展望"十二五"，河南的经济社会发展面临一系列深层次矛盾和问题。适应新的形势，河南省委提出了"重在持续，重在提升，重在统筹，重在为民"的总要求，其要义是破解河南经济社会发展中的矛盾和问题，推动转型发展，实现转型崛起。

一 转型发展是"十二五"时期河南经济社会发展的必然选择

（一）转型发展是河南经济社会保持较快发展势头的需要

改革开放以来特别是近年来，河南经济发展保持了较高的增长速度。2003～2009 年，河南省生产总值年增长速度分别达到 10.8%、13.7%、14.2%、14.4%、14.4%、12.1% 和 10.7%，均高于全国 GDP 年增长速度。人均生产总值占全国平均水平的比重分别是 71.8%、76.8%、80.5%、82.8%、84.6%、86.5% 和 85.8%，总体呈上升趋势。但是，在新的形势下，河南经济增长速度开始下滑。2009 年第一季度河南省规模以上工业增加值增速滑落到 3.1%，全年增长 14.6%。2009 年，河南生产总值增长速度为 10.7%，列全国第 22 位，在中部列第 5 位（安徽 12.9%，江西 13.1%，湖北 13.2%，湖南 13.6%）。2010 年一季度虽然在上年较低增长基数上回升到 27% 左右，但在中部六省中仍居第 5 位。这一格局，表面上看是增速快慢的差异，实质上是结构调整程度的体现，河南发展速度方面的问题出在粗放型经济增长模式上。[①] 国际金融危机导致外需减少，河南本是个出口比重很小的省份，但产业链的传导机制使河南的能源、原材料市场严重萎缩，河南经济结构的"软肋"暴露无遗。多年来，河南经济增长主要依靠投资拉动，消费和出口拉动有限。2000～2009 年，河南省投资对经济增长的贡献率从 33.7% 上升到 85.9%，2009 年全省经济 10.7% 的增速中，投资拉动在 8 个百分点以上。

---

① 喻新安：《提升河南产业结构的着力点》，2010 年 1 月 7 日《河南日报》。

保持较快的发展势头，是由河南的省情决定的。河南不仅人均生产总值低于全国平均水平，其他主要经济指标也都排名靠后。如2008年，河南人均财政支出列全国倒数第1位；城镇居民人均可支配收入居全国第16位；农民人均纯收入居全国第17位。改变"总量靠前、人均靠后"现状的唯一出路是加快发展。还要看到，保持较快的发展速度，也是形势发展的需要。国家《促进中部地区崛起规划》提出了到2015年中部地区的发展目标，要求人均生产总值达到36000元，城镇化率达到48%，城镇居民人均可支配收入、农村居民人均纯收入分别达到24000元、8200元。① 经测算，河南要达到上述目标，考虑到人口增长的因素，2010~2015年生产总值年均增速应在11%以上，城镇化率需年均提高1.72个百分点，城镇居民人均可支配收入、农民人均纯收入年均增长应分别保持在8.9%和9.3%以上。事实已经证明，河南如果不改变主要依赖物质投入、拼资源环境、靠外延扩张的传统发展方式，保持经济平稳较快发展的目标就难以实现。而发展速度一旦过低，不仅全面小康战略目标难以实现，而且会引发一系列矛盾和社会问题。

（二）转型发展是提高河南经济发展质量和效益的需要

河南已成为全国重要的经济大省。但河南人口多、底子薄、发展不平衡的基本省情没有根本改变，经济大而不强、增长质量和效益不佳的问题十分突出。2009年，河南生产总值19367亿元，居全国第5位，地方财政一般预算收入1126亿元，居全国第9位；人均财政收入1133元，全国倒数第1。公共服务人均支出居全国后列。2009年城镇居民人均可支配收入只相当于全国平均水平的83.7%；农民人均纯收入只相当于全国平均水平的93.3%。

河南经济增长质量和效益低的主要原因是产业结构不合理、投资消费失衡、经济发展严重依赖能源原材料等资源性产业（处在产业链的前端、价值链的低端）。② 河南省2009年三次产业结构为14.3∶56.6∶29.1。其中第一产业比重高于全国平均水平3.7个百分点，分别比湖北、湖南、江西、安徽高0.6个、0.9个、

---

① 国家发展和改革委员会：《促进中部地区崛起规划》，中国网，china.com.cn，2010年1月12日。

② 喻新安：《培育和发展河南的战略性新兴产业》，《党的生活》2010年第2期，第10~12页。

0.2 个和 0.6 个百分点，第三产业比重低于全国平均水平 13.5 个百分点，分别比湖北、湖南、江西、安徽低 11.4 个、11.7 个、5.2 个和 7.2 个百分点。从三次产业内部看，农业大而不优、服务业不大不强也不优。在第二产业内部，突出表现为"一高两低"的特征。"一高两低"，即资源性工业比重高，高新技术产业占比低、装备制造业占比低。2008 年，河南工业增加值前 5 位的行业分别为：建材、食品、煤炭、有色和钢铁，与 2003 年相比，以能源原材料为主的发展特征基本没有大的改变。产业技术含量低，高技术产业增加值只占工业总产值的 3.8%，研究与试验发展经费支出占生产总值的比重只有 0.8%，低于全国 1.62% 的平均水平，企业研发投入占产品销售收入的比重仅为 0.83%，低于全国平均水平 0.39 个百分点。投资结构也存在严重问题。2008 年，河南能源原材料行业投资占工业投资的比重高于全国平均水平 13.4 个百分点，分别比湖北、湖南和安徽高 1.0 个、4.0 个和 3.4 个百分点；装备制造业投资占工业投资的比重比全国平均水平低 2.4 个百分点，分别比湖北、安徽和江西低 6.9 个、3.5 个和 0.5 个百分点。

目前，河南现行的产业结构受各种原因制约尚未实现根本性变化，工业生产持续快速回升面临较大压力，推进产业结构调整的任务还相当艰巨。所以，只有痛下决心，大力调整结构，转变经济发展方式，才能改变经济发展高速度低效益，甚至有速度无效益的窘况。

（三）转型发展是实现河南经济社会可持续发展的需要

河南粗放型的经济增长方式与人口、资源、环境的矛盾也越来越突出。河南是全国第一人口大省，许多自然资源总量位居全国前列，但人均资源占有水平相对不足，人均耕地面积只相当于全国平均水平的 87.7%，比全国平均水平少 0.16 亩，人均水资源占有量仅为全国平均水平的 1/5；铁矿石基本依赖从国外进口和从其他省购进，石油已消耗 2/3，天然气已消耗一半以上，铝土矿只能满足开发需求 14 年；即使河南储量很大的煤炭资源供求关系也发生了很大变化，已经从净流出省变为净输入省。

由于河南能源资源消耗大，环境问题日益突出。2005 年以来河南省单位 GDP 能耗均高出全国平均水平 10% 以上，单位 GDP 二氧化硫排放量是全国平均水平的 1.1 倍。2008 年全省单位生产总值、单位工业增加值能耗分别比全国平均水平高 10.6%、40.7%，工业能源消费总量 1.53 亿吨标准煤，占全省能源消费总量的 81.6%，高于全国平均水平 10 个百分点；河南缺林少绿，生态脆弱，环境承载能力较弱，水质、大气、土壤等污染严重，化学需氧量排放居全国第 5 位，二氧化硫排放居全国第 2 位，亩均化肥施用量比全国平均水平高 90%。粗放的经济增长带来的结构性污染短期内难以根本扭转，使得资源环境约束日益加剧。

目前，河南经济总量已经达到较大规模，如果再依靠高投入、高消耗、高污染的增长模式，资源、环境将难以承受，经济社会发展的良好势头也将难以长期保持。中原崛起应当走出一条新型工业化、新型城镇化和农业现代化协调、科学发展的道路。这就要求在加快中原崛起的过程中，加快经济发展和发展方式转变，大力发展绿色经济、循环经济、低碳经济等战略性新兴产业，大力培育和发展新兴接续产业，实现由"高碳"模式向"低碳"模式转变，减少对自然资源的依赖。同时，统筹推进经济社会发展与人口控制、资源节约、环境保护，努力以较小的资源环境代价，实现经济社会发展与资源、环境的相适应，人口与资源、环境相和谐。

二 河南实现转型发展要突出重点、克难攻坚

（一）统一转型发展中的思想认识，侧重解决"想不想转"的问题

经济转型已经成为"后危机时期"的大势。[①] 历史经验表明，每一次大的经济危机都会催生出新一轮发展机遇。1857 年的世界经济危机催生了以电气革命为标志的第二次科技革命，1929 年的世界经济危机催生了以电子、航空航天和核能等技术为标志的第三次科技革命。这次由美国次贷危机引发的国际金融危机，必将推动世界范围的结构调整和发展转型，从而带来经济发展的新机遇。对国内欠发达地区来说，抓住机遇，不仅是实现"弯道超车"的关键，也是抢占新一轮发展主动权和制高点的根本。当前，世界各国纷纷对自身发展模式进行反思和调整，全球产业结构正在酝酿新一轮升级和生产要素重新布局。[②] 世界科技创新孕育新突破，发达国家加快调整科技和产业发展战略，纷纷把绿色、低碳技

---

① 马凯：《在应对国际金融危机中加快推进经济结构调整》，《求是》2009 年第 20 期，第 10～14 页。
② 郑新立：《一项关系全局紧迫重大的战略任务》，2007 年 12 月 10 日《经济日报》。

术及其产业化作为突破口。从国内看，各地也都在围绕加快结构调整、转变经济发展方式，积极谋划新的发展战略。

在这种情况下，河南推动转型发展，必须首先统一各级干部的思想认识，侧重解决"想不想转"的问题。在转型发展的指导思想上，要切实以持续为先、提升为重、统筹为方、民生为本。要"持续"解放思想是"总开关"，要坚持"一高一低"、坚持"三化"协调、坚持中心城市带动等这些年河南行之有效的好思路好举措。同时，以"提升"的要求看待不足，增强加快转型的主动性、积极性，变"要我转"为"我要转"。坚决摒弃单纯追求 GDP 的扭曲政绩观，摒弃为了招商引资不惜牺牲环境的做法，摒弃以牺牲群众利益为代价的所谓"发展"，让 GDP 变"大"的同时变"轻"变"绿"。坚持"好"字当头促转型，做到好在快前，快在好中，又好又快。既要讲求经济发展的效益好，经济增长的质量高，又要讲求节能降耗的效果好，环境保护的成效大；既要经济发展的宏观效益好，又要让人民群众从中得到的实惠多。

（二）谋划转型发展的方略和大计，侧重解决"能不能转"的问题

河南正处于工业化、城镇化加速阶段。历史经验表明，这一阶段随着工业化自身发展对产业结构高级化的要求和市场需求结构变化对产业结构合理化的要求，产业结构将不断向高级化方向演进。顺应这一发展规律，河南转型发展要谋划一些大的方略，侧重解决"能不能转"的问题。要按照高起点、高标准、高层次、高水平的要求，对全省经济发展转型进行精心谋划。要发挥优势。即更好地发挥河南所具有的"大"（大省）、"根"（民族血脉之根）、"粮"（粮食）、"位"（区位）、"群"（城市群）的综合优势。要找好定位。国际金融危机加速了世界经济格局的重构，推动了产业梯度转移和区域经济发展格局的调整，河南要持续保持发展势头，必须充分利用国家的区域发展政策契机，以更加主动的姿态、更加开放的胸怀，在参与和融入区域竞争中寻求自己的发展定位。要完善布局。在构建中心城市发展框架、构建区域发展一体化框架、构建城乡统筹发展一体化框架等方面迈出新步伐，更好地融合发展、联动发展。

要继续把加快工业发展放在突出位置，进一步做大工业经济总量。要突出"高端、高质、高效"，提高核心竞争力。"高端"就是要通过加快发展装备制造、汽车及零部件等先进制造业，培育壮大电子信息、生物医药、新能源、新材

料、节能环保等战略性新兴产业，努力提高装备制造业和高新技术产业占工业增加值的比重和高端产品的比重，抢占工业发展的制高点。"高质"就是要积极运用高新技术和先进适用技术改造提升有色、食品、纺织、化工、钢铁等传统产业，加快技术装备更新、工艺优化和产品升级换代。"高效"就是要通过建设大型产业基地、产业集聚区和整合重组优势企业，提高行业集中度，推动区域工业差异化发展，培育一批具有核心竞争力的区域工业品牌。

（三）寻求转型发展的路径和方法，侧重解决"敢不敢转"的问题

在"后危机时期"，扩大内需将成为拉动经济持续发展的主动力，随着全国对外开放大格局的梯度推进，沿海地区产业转移步伐明显加快，河南扩大外需的空间正在逐步打开。顺应这一发展趋势，河南要寻求转型发展的具体路径和方法，进一步解决好"敢不敢转"的问题。在扩大内需方面，要坚持"三个结合"：一是扩大投资规模与优化投资结构相结合。无论是从增强经济发展的内生动力，还是从增强基础设施和基础产业对经济发展的支撑能力、加强经济社会发展薄弱环节、发展社会事业和改善民生等方面看，都需要持续加大投资力度。同时，要更加注重优化投资结构，坚持以增量投入带动存量调整，发挥重大项目建设对投资增长的拉动作用。把扩大民间投资作为增强投资后劲的主攻方向，鼓励引导民间投资特别是省外民间资本更多地投向基础设施、社会事业、市政公用、社会服务等领域。二是提高消费能力与培育消费热点相结合。认真落实调整收入分配政策，持续提高城乡居民收入水平。完善医药卫生、养老等社会保障体系，健全教育、住房等公共服务体系，提高居民消费信心。三是坚持扩大内需与扩大外需相结合。更加注重扩内需，同时必须下决心拉长出口短腿，下大工夫解决外需拉动严重滞后的局面。要集中力量扶持具有自主品牌、拥有核心技术的机电产品和高新技术产品出口，推动加工贸易转型升级，提高出口产品附加值。

实现转型发展要长短兼顾、远近结合，既要打攻坚战，抓紧解决当前制约发展方式转变的突出问题，又要打持久战，循序渐进、持之以恒，多做打基础、管长远的工作，为根本性转型创造条件。① 当现实利益与长远利益发生矛盾时，要

---

① 何平：《发展的必然 时代的抉择——谈加快我省经济发展方式转变》，2010 年 4 月 16 日《河南日报》。

敢于壮士断腕，为长远发展牺牲一些眼前利益。要做好"减法"，勇于放弃没有效益的增长，下决心淘汰落后生产能力，下力气遏制低水平重复建设，下狠劲消除"小而全"。要迎难而上，善于把经济转型与提升竞争力有机结合，强化产业支撑理念，大刀阔斧调整产业结构、产品结构、城乡结构和地区结构，努力提升抗击风险和市场竞争的实力。

三 河南实现转型发展应采取的战略举措

（一）优化产业结构，构建现代产业体系

要加大支农惠农政策力度，积极发展现代农业。落实最严格的耕地保护制度，巩固、完善、加强支农惠农政策，逐步做到用现代物质条件装备农业，用现代科学技术改造农业，用现代经营形式推进农业，用现代发展理念引领农业，用培育新型农民发展农业，提高农业水利化、机械化和信息化水平，提高土地产出率、资源利用率和农业劳动生产率，提高农业素质、效益和竞争力，提高农产品质量安全和农业整体水平。[①]

完善高新技术产业发展的政策支撑体系，培育一批战略性先导产业。进一步完善高新技术产业发展的政策支撑体系，突出自身在高新技术产业发展中的比较优势，制定高新技术产业发展路线图，对高新技术产业发展中、长期目标做出预测和规划，在具有一定优势的高新技术产业领域，鼓励、引导成长性好、竞争力强的企业与国内外高端要素结合，推动高新技术产业的成果转化和规模扩张，发展一批特色高技术产业基地，培育一批战略性先导产业。

推进产业结构的战略性调整，促进传统优势产业的资源整合与优化升级。在传统优势产业上，要进一步发挥比较优势，在存量调整上下工夫，推动优势产业对国际、国内产业资源进行有效整合，促进优势产业借助当前机遇实现低成本扩张，围绕核心竞争力推动优势产业优化升级，超前规划一批技术改造和产品更新换代项目，并提供配套资金支持，引导企业在新的经济形势下寻求新的产业支

[①] 河南省中国特色社会主义理论体系研究中心：《在城乡统筹中夯实农业农村发展基础》，2010年3月23日《光明日报》。

撑，在化工、冶金有色、食品、机械、纺织服装等优势领域里创造新的产业增长点。

大力发展服务业特别是现代服务业。充分发挥服务业发展引导资金作用，高度重视，科学规划，突出重点，择优扶持，加强制度创新和政策调整，优化服务业发展环境，推进服务业快速、健康发展。

（二）加快城镇化步伐，构建现代城镇体系

坚持中心城市带动战略。按照统筹城乡发展的要求，加快形成国家区域性中心城市、地区中心城市、中小城市、小城镇、农村社区层次分明、结构合理、功能互补、协调发展的现代城镇体系。以交通互联互通为突破口，尽快形成以郑州为中心的中原城市群"半小时交通圈"和"一小时交通圈"；加快推进郑汴新区建设，努力把郑州建成全国区域性中心城市，把郑汴新区打造成中原城市群核心增长极。把县城建设成为人口规模在 20 万以上的中等城市。合理规划布局中心镇建设，承担农村区域服务中心功能。

推动城市发展方式转变。用复合型城市理念进行城市建设；促进第一、二、三产业复合，经济功能、生态功能、宜居功能复合，城市与产业耦合发展。推动城市建设由粗放型向紧凑型转变，把节地、节水、节材、节能等落实到城市规划建设管理的全过程，特别要建立起集约用地、高效用地的新机制，鼓励发展城市集合体、高层建筑等，为未来发展预留空间。

创新城市发展机制。以产业聚集创造的就业岗位来决定人口转移的规模，以产业发展的规模和程度来决定城市发展的规模和进度，以城市功能的完善促进产业集聚发展，增强对农村转移人口的吸纳能力。加强投融资平台建设和管理，真正建立起"政府引导、社会参与、市场运作"的社会投融资机制，缓解城镇建设资金约束。

（三）加快技术进步，构建自主创新体系

积极培育创新主体。注重发挥企业的关键作用、科研院所的骨干作用和高等院校的生力军作用，积极引导和支持企业开展自主创新和产学研用结合，着力培育一批拥有自主知识产权核心技术和持续创新能力的创新型企业。加快创新型科技人才队伍建设，特别要抓住当前海外人才回流的机遇，引进一大批急需的高层

次科技人才。

努力打造创新平台。围绕构建现代产业体系，加快建设和发展工程研究中心、技术研究中心、企业技术中心，加强重点实验室、工程试验室、高校重点实验室建设，积极发展创业孵化基地，着力打造不同层级、不同层次的创新平台。注意发挥产业集聚区、城市新区以及各类开发区在资产、资源、环境、技术、人才等方面的集聚优势，努力将其建成高新技术产业集群发展基地、产学研结合平台和科技成果转化中心，发挥其示范引领作用。

不断完善创新机制。完善科技成果转化机制，鼓励知识、技术、管理等要素参与分配，引导和激励科技人员从事科技成果转化和产业化。建立健全科技创新投融资机制，充分发挥政府各类投融资平台的作用，优先支持创新型企业上市融资，建立、完善创业风险投资和技术产权交易市场。完善科技成果评价和奖励机制，科技成果和科技资源效能的评价要以产业化、市场化和商品化为主要标准。探索建立产业技术创新联盟，组织相关企业、高校和科研院所围绕关键技术开展技术合作和联合攻关。

（四）推进公共服务能力建设，着力保障和改善民生

积极解决就业和收入分配问题。按照近年来就业增长弹性系数测算，河南经济每增长一个百分点就能新增就业岗位8万个。要通过大力发展服务业、劳动密集型产业，支持中小企业、微型企业和非公有制经济发展，广开就业渠道，创造更多的就业岗位。鼓励劳动者自主创业和自谋职业，以创业带动就业。加快收入分配制度改革，逐步提高居民收入在国民收入分配中的比重、劳动报酬在初次分配中的比重，提高城乡居民收入特别是中低收入者的收入水平，建立企业职工工资正常增长机制和支付保障机制，解决农民和农民工两个群体收入增长较慢的问题等。

加快完善社会保障体系。按照"广覆盖、保基本、多层次、可持续"这一基本方针，加大公共财政投入，加快完善社会保障体系，全面扩大城镇职工基本养老保险、基本医疗保险、失业及工伤保险和城镇居民基本医疗保险覆盖面，做好新型农村社会养老保险试点各项工作，加大低收入群众帮扶救助力度，切实解决好失地农民生活保障问题。按照国家要求，力争到2020年基本建立覆盖城乡居民的基本医疗卫生制度，实现人人享有基本医疗卫生服务。

切实提高公共服务能力。进一步转变政府职能，切实提高公共服务水平，加快健全覆盖全民的基本公共服务体系，推进基本公共服务均等化。在社会事业特别是涉及基本民生方面，包括就业、社保、教育、文化、医药卫生等，政府都要建立健全保障人民基本需求的制度，提供基本公共服务。要通过改革开放放宽准入，调动全社会参与的积极性，提高公益性社会服务供给能力和水平。

建立健全安全生产长效机制。工业化、城镇化加快推进的时期也是安全事故的高发期。要牢固树立安全发展理念，按照以人为本、加快发展方式转变的要求，抓紧落实安全河南建设规划，深入实施"安全发展行动计划"，加快建立安全生产长效机制，有效防范和坚决遏制重特大安全事故发生。

参考文献

喻新安：《提升河南产业结构的着力点》，2010年1月7日《河南日报》。

国家发展和改革委员会：《促进中部地区崛起规划》，中国网，china. com. cn，2010年1月12日。

喻新安：《培育和发展河南的战略性新兴产业》，《党的生活》2010年第2期，第10~12页。

马凯：《在应对国际金融危机中加快推进经济结构调整》，《求是》2009年第20期，第10~14页。

郑新立：《一项关系全局紧迫重大的战略任务》，2007年12月10日《经济日报》。

何平：《发展的必然 时代的抉择——谈加快我省经济发展方式转变》，2010年4月16日《河南日报》。

河南省中国特色社会主义理论体系研究中心：《在城乡统筹中夯实农业农村发展基础》，2010年3月23日《光明日报》。

B.17
中原经济区发展战略构想

张占仓*

摘 要：伴随区域规划国家化、区域管理精细化、区域发展模式多样化的发展趋势，河南省在谋求国家发展战略中，系统提出建设中原经济区的战略思想。其战略定位是全国"三化"协调发展试验区，全国重要的能源原材料工业和先进制造业基地，全国重要的综合性交通枢纽，战略目标是全国区域经济发展的重要增长极，战略重点是以新型城镇化为切入点，以建设提升特色工业基地为支撑，以农业和粮食生产稳定健康发展为保障，全面推进中原经济区加快发展，实现中原崛起，河南振兴。

关键词：经济区划 中原经济区 发展战略 河南省

经济区和经济区划既是经济地理学研究的传统课题之一，也是一个具有实践性的规划问题。① 伴随我国区域发展格局出现重大变化，建设中原经济区研究再次成为区域发展领域的热点之一。

一 战略背景

（一）区域规划的"三化"趋势

目前，中国区域规划与发展表现出三大趋势：第一，区域规划国家化。近几年，国家已经批准了一大批地方性规划。特别是2009年以来，连续批准了《关

---

* 张占仓（1958~），男，河南省偃师市人，河南省科学院副院长，博士，研究员。

① Mohannad Hemmasi, The Identification of Functional Regions Based on Lifetime Migration Data: A Case Study of Iran, *Economic Geography*, 1980, 56（3）：223－233.

于支持福建省加快建设海峡西岸经济区的若干意见》等 14 个区域规划，批准速度与数量均创历史之最。新规划所表达出来的区域经济发展格局有别于前 30 年东部地区以点状或线状开发为特色的非均衡发展模式，而是以一种新的、动态均衡的网格状方式探索一条各地争雄、百花齐放的发展道路。这是一条新型发展道路，将从地域空间入手，从根本上激活各地的生产要素，缓解各种结构性矛盾，缓和城乡差距、地区差距及收入差距，促进区域和谐发展。核心意图是通过国家的力量，体现国家区域发展的战略意志，突出地方特色，刺激地方经济社会科学发展。第二，区域管理精细化。新中国成立初期，国家只是考虑到沿海与内地的关系如何妥善处理；20 世纪 80 年代，提出了东、中、西三大地带生产力布局与发展问题；2003 年以后，中央把全国划分为东部、中部、西部和东北四大板块，各自赋予其独特功能；① 近几年，伴随综合国力的增强，特别是人均 GDP 跃上 3000 美元、进入资本相对充裕期以后，国家逐步有能力对全国进行更加细化的战略管理，所以就在更加具体的有特色的区域施加影响，促进经济社会健康发展。第三，区域发展模式多样化。伴随国家愈来愈多地批准区域规划，国家将通过分类指导和战略引导的方法，促进各地积极探索加快发展、转型发展、绿色发展、协调发展、可持续发展等丰富多彩的区域发展模式，逐步形成遍地开花的更加活跃的发展格局，再创中国经济腾飞的奇迹。②

（二）战略意义

中原，是我国历史上一个非常重要的地域概念。一般认为，狭义的中原，指河南省全部区域；而广义的中原，指河南省及周边地区。

中原经济区指河南省以及周边地区所构成的以中原文化影响明显、经济联系紧密、客观存在的一个经济区域。该区域以河南省为主体，涵盖晋东南、冀南、鲁西南、苏北、皖西北、鄂西北等周边地区，山水相连、血脉相亲、文脉相承、使命相近，自古以来就是一个经济、文化等方面联系紧密的地理空间。

中原经济区，面积约 29.2 万平方公里，人口约 1.7 亿，占全国 1/8 强。粮

---

① 刘本盛：《中国经济区划问题研究》，《中国软科学》2009 年第 2 期，第 81～90 页。
② 谭永江：《中原经济区建设有很好的科学基础》，2010 年 7 月 27 日《科学时报》。

食产量占全国的 1/6，其中夏粮占 1/2，对保障国家粮食安全特别重要。中原经济区发展潜力巨大，能源原材料工业、先进制造业、高新技术产业和农产品深加工产业等在全国占有重要地位。

之所以我国素有"得中原者得天下"之说，是因为中原地区一直是中华民族的粮仓，是中华民族传统文化的发祥地，是中华儿女的精神家园，是掌控全国政治军事形势的战略要地。历史上，只要是太平盛世，中原地区就迅速发展，成为支撑全国经济社会发展的核心地区。而只要遇到战乱，中原地区是"兵家必争之地"，老百姓就遭殃。因此，中原地区战略地位特别重要。正是因为这样，中华民族 5000 年文明史，有 3000 多年期间，中原地区都是全国政治、经济、文化中心，"中原兴则天下定"为世人熟知，而"天下定兴中原"则是历史赋予我们的重任。

中原经济区位置居全国之中，交通便利，资源丰富，传统文化积淀丰厚。但是，由于人口多、基础差、底子薄，目前人均经济发展水平相对较低，与全国存在着明显差距。加快建设中原经济区，促进经济持续发展和社会和谐稳定，实现中原崛起和河南振兴，在全国北方地区形成新的区域经济增长极，既是促进中部崛起的"加速器"，也有利于完善全国区域经济布局，保障国家粮食安全，拓展内需增长空间，提高人力资源保障能力，构筑全国重要的生态屏障，支撑全国经济发展实现再一次腾飞。所以，建设中原经济区，事关中原地区 1.7 亿人民的福祉和全国全面建设小康社会进程的大局，也是中央特别关注的对中华民族伟大复兴具有重要影响的大事，正在引起方方面面的高度关注。

二 战略定位

（一）全国"三化"协调发展试验区

发挥区域优势，保障国家粮食核心区建设，积极推进新型城镇化、新型工业化和农业现代化，大胆探索，先行先试，真正走出一条不以牺牲农业和粮食为代价，"三化"协调推进、科学发展的新路子。其中，粮食核心区建设是基础，是保障国家粮食安全的长远利益，务必要拿出得力措施，确保粮食生产规模、确保粮食稳定增产。同时，全面推进现代农业发展，提高发展效益。新型城镇化是切入点，对于扩大内需、改善民生具有重要作用。要紧紧抓住全区城镇化率达到37%左右处于城镇化快速扩张期的历史机遇，以农村户籍改革为抓手，以资源节约和城乡和谐发展为核心，以提升中原城市群整体发展实力为依托，以加快建设郑汴都市区为突破口，建设和完善新型城镇体系，促进新型城镇化快速推进，健康发展。新型工业化是区域发展的持久动力，要集中精力推动工业化进程，做大做强骨干工业企业，全面推进中小工业企业发展，在特色产业集群上下工夫，在民营经济和民营资本上寻求新突破。"三化"推进的难点在统筹协调，压力在"三农"，潜力在城镇化，动力在工业化，支撑点在加快经济发展方式转变，而"三化"协调发展试验区的成功经验对全国具有典型意义。

（二）全国重要的能源原材料工业和先进制造业基地

继续发挥该区煤炭、电力、电源、石油、化工、钢铁、有色金属、大型装备制造、汽车、超硬材料等产业业已形成的工业优势，充分利用中西部地区投资持续升温、开发建设条件日益成熟的良好趋势，依托中心城镇和产业集聚区，进一步优化创新资源配置，引进更多优秀人才，激发青壮年人才的创新热情，让创新活力竞相涌流，扎实推动自主创新体系建设，在扩大高新技术产业发展规模的同时，提升优势工业产品创新水平和竞争能力，巩固和提高其全国能源原材料工业和先进制造业基地的地位。

（三）全国重要的综合性交通枢纽

发挥地理位置居中的独特优势，进一步完善郑州亚洲最大铁路编组站的基础设施，提高调度能力，为全国铁路货运高效运转贡献力量。加快以郑州为中心，连南贯北的客运专线建设步伐，强化郑州高铁"十字架"的特殊地位。进一步改善郑州公路运输港的基础条件，提高郑州全国重要物流中心的地位。充分利用郑州航空港业绩增长迅速的机遇，加快开辟国际航线步伐，完善周边配套机场基础设施，强化航空港功能，为区域中高端生产要素配置创造条件。

这种战略定位在全国具有不可替代性，在区域内部可以形成比较合理的现代

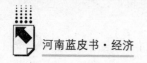

产业体系，未来发展有利于形成全国重要的经济增长极，有助于谱写中原崛起的新篇章。

三 战略目标

（一）总体目标

力争通过10年努力，到2020年，河南省实现中央已经同意的中原崛起的战略目标，为中部崛起贡献力量，为国家新一轮经济腾飞发挥重要支撑作用，使中原经济区成为全国区域经济发展的重要增长极。

（二）分步目标

第一步，5年彰显区域发展优势。充分利用发达国家和我国沿海地区产业向我国中西部转移的战略机遇，继续强化中西部地区已经持续近3年的投资增长速度快于沿海地区的发展优势，特别是要紧紧抓住2010年上半年中部地区GDP增长速度居全国四大板块之首的独特历史机遇，进一步优化投资环境，吸引大型企业集团，尤其是跨国集团公司重大项目投资，以平均高于全国GDP增长速度1/3的战略取向配置生产要素，激发区域发展活力，全面落实中央中部崛起规划战略任务，明显缩小中部地区与全国平均水平的差距，到"十二五"末，使人均GDP与全国的差距缩小到10%以内。

第二步，10年顺利实现崛起。到2020年，中原经济区主要人均经济社会发展指标均达到或超过全国平均水平，提前1~2年实现全面建设小康社会的战略目标。其中，农业基础地位进一步巩固，粮食核心区顺利建成，现代农业发展优势初步形成，农业生产的基础作用和生产效益均有显著改善。新型城镇化顺利推进，城镇化率达到全国平均水平（约50%以上），城乡和谐发展局面初步形成，区域生态环境显著改善，生态屏障作用显现。新型工业化获得实质性进展，在完成国家节能减排任务的基础上，能源原材料工业和先进制造业战略地位凸显，高新技术产业发展规模扩大，占工业增加值比重达到全国平均水平。特别是要妥善处理"三化"协调发展的关系，真正探索出在不牺牲农业和粮食的条件下，促进新型城镇化、新型工业化和农业现代化协调发展的新路子。

四　战略重点

（一）以新型城镇化为切入点

所谓新型城镇化，相对传统城镇化而言，是指资源节约、环境友好、经济高效、文化繁荣、社会和谐、城乡互促共进、大中小城市和小城镇协调发展、个性鲜明的城镇化。走新型城镇化道路，有利于和谐社会建设，有利于城乡共同发展，有利于扩大内需，有利于促进可持续发展，有利于形成各具特色的城镇体系。中原经济区建设要以新型城镇化为切入点，重点抓好以下三件大事。

第一，强化郑汴都市区核心增长极。把郑汴都市区（包括郑州市区、开封市区、郑汴新区）作为全区的核心增长极，继续提升洛阳副中心地位，持续促进中原城市群建设①，集聚生产要素，提高发展效益。近期，以郑汴新区发展建设为突破口，进一步完善功能，加速产业和人口集聚。中期，在郑汴都市区形成组团式、网络化的复合型城镇密集区，提升辐射带动功能，放大整体优势，增强发展活力，争取到 2020 年集聚人口规模达 800 万～1000 万人，使之成为中原地区进入世界的枢纽和世界进入中原的门户。

第二，推动中原城市群健康发展。以"三化协调"发展为基础，以各具特色的产业集群为支撑，以郑汴洛工业走廊为依托，以规划建设城市新区为突破口，壮大中心城市工业实力，② 特别是要通过发挥"两群融合"（城市群与产业集群）地区的叠加优势，③ 提升区域经济社会发展水平，做大做强中原城市群，提高集聚发展能力和核心竞争力。

第三，建设新型城镇体系。（1）发挥郑州国家区域中心城市的辐射带动作用。增强高端要素集聚、科技创新、文化引领和综合服务功能，将郑州建设成为彰显黄河文化和中原城市特色，适宜创业发展和生活居住的现代化、国际化、信

---

① 张占仓、杨延哲、杨迅周：《中原城市群发展特征及空间焦点》，《河南科学》2005 年第 23 期，第 133～137 页。
② 张占仓：《论城区经济发展战略》，《经济地理》2009 年第 1 期，第 45～48 页。
③ 张占仓：《坚定不移地推动中原城市群发展》，引自《中原城市群科学发展研究》，科学出版社，2009，第 80～82 页。

息化和生态型、创新型城市。（2）加快发展省级区域中心城市。按照规模做大、实力做强、功能做优、环境做美的原则，发挥比较优势，加快发展，壮大各省辖市规模，增强聚集要素和辐射带动地区发展作用，使之成为各区域空间组织的核心。到 2020 年，中心城区人口，洛阳市达 300 万以上，开封市、平顶山市、安阳市、新乡市、焦作市、南阳市、商丘市、信阳市等城市达到 100 万 ~ 200 万，濮阳市、鹤壁市、三门峡市、周口市、驻马店市、许昌市、漯河市、济源市 8 个城市达到 50 万 ~ 100 万。河南省相邻周边的各个省辖市发挥优势，迅速扩展规模，按照本省规划，实现快速发展。（3）提升县（市）域中心城市发展水平。通过建设各具特色的产业集聚区，积极培育特色产业集群，壮大支柱产业，促进县（市）域中心城市快速发展。到 2020 年，发展条件较好的县（市）城人口规模达到 30 万 ~ 50 万，其他县城达到 20 万 ~ 30 万。（4）大力发展特色中心镇。主要通过发展传统产业集群，壮大经济实力，扩大中心镇发展规模，到 2020 年，力争使 400 个以上基础较好的特色中心镇发展成为小城市或中等城市。（5）积极探索农村新社区建设。以新农村建设规划为抓手，以中心村建设改造为核心，积极探索新农村社区建设，稳妥推进迁村并点试验，促进土地节约、资源共享，提高农村的基础设施和公共服务水平，提升农民生活质量，扩大农业经营规模，提高农民收入水平。

（二）以建设提升特色工业基地为支撑

工业化是中原经济区未来发展的持久动力，也是提升该区域在全国战略地位的核心力量。因此，必须集中精力以特色工业基地建设为支撑，推进全区工业化进程。

第一，建设提升全国重要的能源原材料工业基地。目前，该区域已经是全国重要的能源原材料工业基地，特别是区域内的煤炭、电力、电源、石油、化工、钢铁、有色金属等生产规模与生产水平均在全国占有十分重要的地位。下一步，要在国家产业结构调整与经济发展方式转变的宏观背景下，继续发挥资源丰富的优势，集成区域发展的整体优势，全面提升骨干产业发展的技术标准，通过国际化途径，引进资金与技术，建设全国规模最大的煤化工产业基地，全国有重要影响的石油化工产业基地，全国能力最强的氧化铝、电解铝及铝深加工产业基地，全国重要的特色钢铁产品生产基地，全国动力电源与核电产业基地，全国特色铜精深加工产业基地，全国最大的钼业加工产业基地，全球最大的超硬材料产业基地等，提高能源原材料工业发展水平，进一步强化区域比较优势。

第二，建设提升全国重要的先进制造业基地。中原经济区郑州、洛阳、新乡、安阳、徐州、襄樊、平顶山、许昌等是全国重要的先进制造业基地，伴随全国沿海地区产业向中西部地区转移以及中部地区发展条件的进一步成熟，中原经济区先进制造业的优势日益扩大。下一步，要发挥中原经济区在中高端产业技术领域研发机构集中，科技人才集中，大型骨干企业集中，技术储备充足的独特优势，积极扩大先进制造业发展规模，有选择地建设全国重要的新能源汽车基地（包括大型客车研发与生产、轿车及零配件生产），系列化的大型工矿企业装备研发与生产基地，大型专业机械工业基地，精密机械工业基地，数字化工业机床研发与生产基地，电子电气信息产业基地，生物制药产业基地、节能环保装备制造基地等，提高工业企业的整体技术水准，强化独有的先进制造业发展优势，巩固和提高先进制造业在全国的战略地位。

第三，建设提升全国重要的农产品精深加工产业基地。河南省以及周边地区，历来都是全国农产品资源最为丰富的地区。近些年，农产品加工业已经形成发展规模，在全国的优势地位越来越显著。因为以食品工业为骨干的农产品深加工业，是永不凋谢的朝阳产业，而且与当地的资源条件紧密相关，所以发展前景可观，发展潜力巨大。下一步，要立足于农产品资源丰富的独特优势，深入系统地发展农产品精深加工业，建设全国最大的农产品精深加工基地，把传统农业和粮食生产优势，转化成为以食品工业为主导的农产品加工业优势，确实把几百年来的"天下粮仓"逐步建成全国最为重要的"国人厨房"，实现地区传统农业优势向现代工业优势的历史性跨越。

（三）以农业和粮食生产稳定健康发展为保障

第一，扎实推进粮食核心区建设。以高度负责的态度，通过严格保护耕地、稳定和保持种植业规模、加大投入力度，全面推进科技兴农、保护农业生态环境等战略举措，提高粮食生产规模化、集约化、产业化、标准化水平，扎实推进国家粮食核心区建设，确保到 2020 年再新增粮食生产能力 300 亿斤以上，为国家粮食安全贡献力量。

第二，积极发展现代农业。在稳步提高粮食综合生产能力的基础上，用工业思路发展农业，重点打造优质小麦、玉米、水稻、肉类、乳品、林产品、果蔬、花卉园艺、中药材、茶叶等十大农业产业链，通过土地流转，产供销联合合作，扩大经营规模，全面发展高效、绿色、生态、精准等现代农业，提高农业发展效益，增加农民收入。

第三，科学解决农村发展遇到的新问题。如农村人口减少以后的迁村并点问题，农村贫困家庭的救助机制问题，在生源减少比较大情况下的农村中小学校的师资力量调配问题，农村公共服务设施建设与维护问题，农村生态环境整治问题等，都需要统筹协调，寻求科学可行的解决途径。

五　战略措施

（一）谋求国家支持

在区域规划国家化的战略背景下，建设中原经济区的战略规划，必须在充分体现国家区域发展的战略意志、突出地方发展特色的基础上，通过种种途径，系统宣传，扩大影响，达成共识，力争尽快获得国家的认可与支持，以便以国家的力量，配置必要的国家资源，推动中原地区激活生产要素，激发发展活力，培育区域内生机制，促进区域经济社会科学发展，转型发展，加快发展，绿色发展，健康发展，强化区域发展优势，提升区域发展能力，在服务全国大局和支撑中部崛起中发挥更加积极的战略作用。

（二）谋划发展蓝图

面对国家连续审批大量区域规划的历史机遇和正在运作的"十二五"规划机遇，紧密结合中共中央总书记、国家主席、中央军委主席胡锦涛2010年7月11日在河南考察工作时的讲话精神，以"加快经济发展方式转变，保持经济平稳较快发展；夯实农业农村发展基础，加快社会主义新农村建设；做好保障和改善民生工作，促进社会和谐稳定；不断提高党的建设科学化水平，为经济社会又好又快发展提供坚强保证"为主线，组织精干力量，在原有工作基础上，制订和完善科学可行的"河南省建设中原经济区规划"蓝图，确定发展方向与目标，明确发展重点与基本任务，统一大家的意志，形成科学发展的强大合力，促进中原经济区加快发展步伐，逐步实现中原崛起、河南振兴。

（三）谋略发展项目

建设中原经济区，要以经济区划的角度组织地域经济发展，而不再是以行政区划组织地域经济发展。这种变化，更加符合区域经济发展的科学规律，有利于打造全国各具特色的地域经济体系，支撑全国各地各展所长，形成地域经济特色。而从经济区划角度组织地域经济发展，就要根据地域资源特点和其在全国发展大局中独特定位，筹划重大基础设施建设项目和一批影响全局的产业发展项目，培育区域支柱产业，培养新的区域经济增长点，形成与中原经济区资源环境相适应的地域生产综合体，更好地承担在全国发展总体战略格局重任，为优化全国生产力布局贡献力量。

（四）谋取发展实效

中原崛起，民生为本。建设中原经济区，促进中原崛起，实现河南振兴，根本目的是为了惠及民生，提高人民群众的生产和生活水平，增强区域经济发展的核心竞争力。因此，建设中原经济区的出发点和落脚点，都要立足于区域经济社会发展取得实效，大胆探索走出一条不以牺牲农业和粮食为代价，科学推进新型城镇化、新型工业化和农业现代化，"三化"协调发展的新路子，让老百姓能够得到实惠，让国家利益能够得到保障，使科学发展思想能够得到具体落实。

六 结语

新中国成立以来，全国开展过很多经济区划研究，不少学者提出并研究中原经济区建设与发展问题，特别是 20 世纪 80 年代初期以来，发表的关于中原经济区研究的文献比较多。这一次，河南省建设中原经济区研究，进一步明确了该经济区域的基本概念、功能定位、发展目标、发展重点等战略问题，使中原经济区建设拥有了比较明确的方案，具备了良好的科学基础。伴随我国区域规划"三化"趋势的进一步延伸，自古以来在全国均占有重要战略地位的中原地区，历史性迎来了全面崛起的战略机遇。如果该区域规划能够上升为国家战略，将对中原经济区建设发挥重大的促进作用。我们殷切希望，在方方面面力量进一步深化对中原经济区研究与论证的基础上，国家能够批复中原经济区规划，既为中原人民谋取加快发展的长远福利，也为国家利益实现提供制度上的保障。因此，建设中原经济区，利国利民利长远，科学可行可操作，是全国区域发展大势所趋，需要我们顺势而为，奋力推进。

参考文献

Mohannad Hemmasi, The Identification of Functional Regions Based on Lifetime Migration Data: A Case Study of Iran, *Economic Geography*, 1980, 56 (3): 223 –233.

刘本盛：《中国经济区划问题研究》，《中国软科学》2009 年第 2 期，第 81 ~ 90 页。

谭永江：《中原经济区建设有很好的科学基础》，2010 年 7 月 27 日《科学时报》。

张占仓、杨延哲、杨迅周：《中原城市群发展特征及空间焦点》，《河南科学》2005 年第 23 期，第 133 ~ 137 页。

张占仓：《论城区经济发展战略》，《经济地理》2009 年第 1 期，第 45 ~ 48 页。

张占仓：《坚定不移地推动中原城市群发展》，《中原城市群科学发展研究》，科学出版社，2009，第 80 ~ 82 页。

B.18

新型工业化：中原经济区建设的
重要着力点

谷建全*

摘　要：新型工业化是中原经济区建设的重要着力点，要从以下几个方面大力推进新型工业化：加快传统优势产业优化升级；加快培育壮大战略性新兴产业；加快用信息化推进工业化；加快推进产业集聚区建设；加快工业基础设施建设；加快工业循环经济发展。

关键词：新型工业化　中原经济区

努力建设中原经济区是省委、省政府适应区域经济发展新形势做出的重大战略决策。建设中原经济区，其突出任务是加快推进新型工业化，国内外的发展经验证明，新型工业化是实现区域现代化的必经阶段，也是调整优化产业结构，转变经济发展方式的有效途径。走新型工业化道路是中原经济区未来发展的必由之路，也是中原经济区成为全国重要经济增长极的必然选择，为此，必须大力推进新型工业化。

1. 加快传统优势产业优化升级

一是促进传统优势产业高端化。引导传统优势产业根据产业链、价值链和技术链的现状，瞄准产业价值链高端，整合资源，引进技术、联合攻关，形成一批占据产业发展前沿阵地、引领产业发展方向的高端技术和高端产品，抢占产业竞争制高点。二是促进传统产业节能减排。大力推动传统产业不断降低资源和能源消耗，减少"三废"排放。三是促进传统优势产业高新化。广泛采用国际国内

---

* 谷建全，河南省社会科学院副院长，研究员，博士。

高新技术成果改造提升传统产业，提高产品和工艺技术水平，促进传统产业向高新化方向发展。

2. 加快培育壮大战略性新兴产业

一是加快发展高新技术产业。要重点扶持，做大做强电子信息、新材料、新能源、生物工程等我省具有比较优势的高新技术产业。积极引进高新技术产业中处于产业链高端的国内外龙头企业，鼓励、引导省内成长性好的高新技术企业联大联强，实现高新技术产业规模的快速扩张。二是促进产学研有机结合。创新产学研结合机制和模式，引导企业与各类科研机构和高校围绕关键技术和重大共性技术开展联合攻关，促进高新技术成果产品化、产业化。支持引导科技人员带着新技术成果创办企业，使之成为加快高新技术产业化的中坚力量。三是加快创新平台建设。大力支持企业建设一批高新技术研发平台，引导、扶持有条件的企业和高校建设一批国家级工程技术研究中心或技术中心、重点实验室、博士后工作站等创新平台。发挥好国家级和省级高新技术开发区的集聚作用和承载功能，使之成为具有高水准的创新孵化基地，加快高新技术产业集聚化、规模化发展。

3. 加快用信息化推进新型工业化

一是推进信息化与工业化的深度融合。从行业、企业和区域三个层面，促进信息化与工业化的全方位、多层次、高水平融合。实施钢铁、煤化、有色、纺织等传统产业"两化融合"和提升专项工作。二是加快用信息化改造传统产业的步伐。紧紧抓住技术装备更新、工艺创新、产品创新等关键环节，加快推进传统产业信息化进程。发挥信息技术覆盖面广、渗透力强、带动作用明显的优势，找准切入点，围绕工业产品研发设计、流程控制、企业管理、市场营销、人力资源开发等环节，提升自动化、智能化和管理现代化水平，促进传统产业结构调整和改造升级。三是加快发展信息软件产业。软件产业是信息化的核心和灵魂，是维持和增强产业竞争力的基础，加快用软件技术改造和提升传统产业，从整体上促进工业向质量型、效益型方向发展。

4. 加快推进产业集聚区建设

一是积极实施项目带动战略。围绕传统产业提升、高新技术培育、装备制造业振兴等，组织实施一批投资规模及产业关联度大、带动作用强、技术水平高、市场前景好的大项目、好项目，以项目建设带动新型工业化发展。二是打造一批重点产业集聚区。按照"产业集聚，企业集群，主业突出，特色鲜明"的目标，引导大企业、大项目及其配套产业向集聚区集中，鼓励企业向产业链上下游延伸，优化产业集聚区企业之间的协作配套体系，积极探索分工专业化、技术高新化和生产生态化的产业集聚区发展模式。三是培育现代产业集群。以产业集聚区为主要载体，以高新技术产业、先进装备制造业和传统优势产业为重点，着力培育一批产业特色突出、专业分工合理、协作配套完善、创新能力强的现代产业集群，形成一批特色鲜明、市场竞争力较强的产业集群。

5. 加快工业基础设施建设

一是加强以综合运输体系为重点的基础设施建设。加快高速公路、铁路、干线公路、航空等基础设施建设，加快形成便捷、机动的立体交通网络，提高物流效率，降低物流成本。二是加强以现代能源产业为重点的基础产业建设。着眼从长远上增强能源保障能力，加强省内重点能源基地建设，实施能源多元化战略，鼓励使用清洁能源和可再生资源。支持省内企业到省外、国外投资办矿办厂，实行战略投资，建立省外能源供应基地。三是加快现代服务业发展。坚持生产性服务业与生活性服务业双轮驱动，着力提高物流配送、现代金融、工业设计、信息咨询、品牌策划、产权交易、检测认证等面向生产的服务业发展水平；大力发展面向群众生活的城乡公共服务体系，加快发展文化、旅游、创意、动漫产业，优化服务消费结构，扩大短缺服务产品供给，满足群众多样化的服务需求。

6. 加快工业循环经济发展

一是以优化资源利用方式和提高资源利用效率为核心，以技术创新和制度创新为动力，强化节约资源和保护环境意识，形成有利于节约资源、保护环境的生产方式和消费模式；坚持工业循环经济发展与推进工业结构调整相结合，依靠技术进步和管理创新，走集约化、循环型工业发展道路。二是坚持市场调节与政府推动相结合，充分发挥企业的主体作用，完善法制建设与政策措施，统筹规划，突出重点，合力促进工业循环经济发展。三是大力发展环保产业，推行清洁生产和绿色技术，淘汰污染严重、高耗材和高耗能的落后工艺和装备，采用和推广无害、低害、废弃物回收处理新工艺、新技术，全面推进能源、原材料、水、土地等资源节约工作，提高资源的利用和再利用效率。

B.19
中原经济区建设的若干问题

喻新安*

摘 要： 以河南为主体，涵盖周边的中原地区，是一个山水相连、血缘相亲、文脉相承、经济相联、使命相近、客观存在的经济区域。建设中原经济区，既有必要也有可能，对于贯彻落实国家战略部署，促进区域协调发展，进而支撑全国经济社会又好又快发展，具有十分重大的意义。建设中原经济区，要按照《促进中部地区崛起规划》形成"两横两纵"经济带的总体要求，向东融合、向西拓展，凝聚发展合力，强化大局意识，在支撑中部崛起、强化东西联动、服务全国大局中作出新贡献。

关键词： 中原经济区 重要意义 战略定位 发展目标

所谓经济区，是以中心城市为核心，具有发达的内部经济联系并在全国分工格局中担负专门职能的地域生产综合体。无论从历史演进角度看，还是从现实经济联系的实际看，以河南为主体、涵盖周边的中原地区，都是一个山水相连、血缘相亲、文脉相承、经济相联、使命相近、客观存在的经济区域。

一 构建中原经济区的重要意义

1. 对加快实现中原崛起的现实意义

实现中原崛起反映了中原地区经济社会发展的内在规律。狭义的中原即河南，广义的中原则包括以河南为中心的相关区域。就狭义的中原即河南来说，实

---

* 喻新安（1955～），河南洛阳人，经济学博士，河南省社会科学院副院长、首席研究员，中国区域经济学会副理事长。

现中原崛起的思路和内容有一个不断完善和丰富的过程。总体上看，历届省委、省政府围绕振兴河南、加快中原崛起提出的指导思想、发展目标、实现途径和战略举措，都对河南经济社会发展发挥了重要的推动作用。特别是"一高一低"、"两个较高"、"两大跨越"等战略目标，以及开放带动、中心城市带动、可持续发展、建设中原城市群、壮大县域经济等重大战略和举措，都对加快中原崛起具有长期的指导作用。但河南欠发达的基本省情没有根本改变。"四难"即人往哪里去，钱从哪里来，民生怎么办，粮食怎么保的问题相当突出。克服"三低"，亟须谋划大战略；破解"四难"，呼唤构筑新平台。就广义的中原来说，发展相对滞后和欠发达的特征更加明显，是一个面临特殊困难，有可能被边缘化的区域。构建中原经济区，有利于充分释放河南的发展能量，在统一的框架下整合更大区域范围内的发展潜力。另外，河南周边省份相邻的地区，多处于各主体经济地域的边缘地带，其经济社会发展面临各种不同的问题。构建中原经济区，可以整合这些地区的力量，实现共同发展。

2. 对加快中部地区崛起步伐的特殊意义

一是有利于中部崛起总体目标的实现。国家《促进中部地区崛起规划》提出了到2015年中部地区发展的总体目标，包括城镇化率达到48%，人均GDP达到36000元，城镇居民人均可支配收入达到24000元，农村居民人均纯收入达到8200元等。中原经济区拥有人口1.7亿，占中部地区的47%，但人均经济指标、产业层次和城镇化水平明显偏低。构建中原经济区，有利于深化、细化规划的各项要求，促进规划总体目标的实现。二是有利于"三个基地一个枢纽"建设。相对中部其他区域，中原经济区在建设"三个基地一个枢纽"中，有利条件最多，基础条件最好。建设中原经济区，有利于继续发挥该区域的综合优势，巩固和提升中原经济区在中部地区发展格局中的战略地位。三是有利于实现重点地区更好更快发展。《促进中部地区崛起规划》提出加快形成"两横两纵"经济带。中原经济区位于沿京广、陇海、京九"两纵一横"经济带的交会地带，是中部最具发展潜力的区域。建设中原经济区，有利于在中部地区构筑具有强大集聚作用和辐射作用的核心增长极。四是有利于中部生态建设和经济社会协调发展。中原经济区地处淮河、汉江、海河、黄河等重要河流中上游，是南水北调的源头，环境保护和生态建设压力大。建设中原经济区，有利于改善生态环境，促进该区域各项社会事业的发展。

3. 对我国统筹解决"三农"问题的示范意义

一是有利于改变农业基础设施和发展方式落后的状况。中原经济区是粮食主产区，但农业基础依然薄弱，大中型水库病险率高，水利骨干工程完好率低；农业耕作方式比较粗放，规模化标准化水平不高；农产品精深加工发展任务艰巨，龙头企业竞争力和带动能力不强。建设中原经济区，用工业理念发展农业，用现代科技改造农业，有利于为全国转变农业发展方式提供示范。二是有利于改变农村落后和农民收入增长缓慢问题。中原地区农村在水电路气等基础设施和教育、卫生、文化等公共服务设施方面，历史欠账较多，城乡居民收入差距呈扩大趋势。建设中原经济区，支持中原地区加强农业基础设施建设，改善农村社会事业，多渠道增加农民收入，有利于为中西部地区解决"三农"问题的突出矛盾提供示范。三是有利于探索以工补农的新路子。近年来，河南省委、省政府在全面推进粮食生产核心区建设的同时，围绕促进产业集聚发展，引导产业向城镇集中布局，实现产城融合、工业化与城镇化良性协调，形成了推进"三化"协调发展的基本思路。建设中原经济区，有利于构筑新型城乡关系，消除城乡二元结构，最终实现基本公共服务均等化，对在全国范围内统筹城乡发展具有示范意义。

4. 对保障国家粮食安全的战略意义

据《国家粮食安全中长期规划纲要》预测，在未来12年内，全国只有再新增1000亿斤的粮食生产能力，才能确保届时14亿多人口的吃饭问题。因此，我国粮食供求将长期处于偏紧状态。中原经济区耕地面积约1.9亿亩，2008年粮食总产量9000多万吨，占全国粮食总产量的1/6强，其中夏粮占全国总产量的1/2。但由于粮食比较效益低，该区域"粮食大县、财政穷县"的状况比较普遍，确保国家粮食安全面临严峻挑战。河南作为中原经济区的核心区域，从保障国家粮食安全的高度，编制了国家粮食战略工程河南核心区建设规划，规划到2020年，通过实施兴利除害水利工程，加快中低产田改造，推进高标准农田建设，完善科技推广体系，加快农业科技创新，发展循环农业，加强农村劳动力培训，创新体制机制等措施，进一步提高粮食综合生产能力，使河南省的粮食生产能力由目前的1000亿斤提高到1300亿斤。建设中原经济区，有利于稳定提高中原粮食综合生产能力，探索建立促进粮食生产稳定增长的长效机制，保障国家粮食安全。

5. 对完善全国区域布局的重大意义

一是有利于强化内陆经济战略支撑。在沟通东部和西部的国土开发战略中，沿江经济带和陇海兰新经济带是两条带动我国经济发展的重要的东西经济走廊。武汉城市圈在沿江经济带中起到了关键支撑作用。而在沿海向西北地区延伸的陇海兰新经济带中段，应当形成一个具有强力顶托作用的支撑点。构建中原经济区，正是为了形成这样的强磁场和支撑点。二是有利于促进区域间的经济合作。中原经济区地处东、西部地区的交会处，一方面初级加工业如铝锭和铝材表现突出，另一方面能源、重化工工业相对发达，这种产业链特征与周边地区的产业链特征具有强烈的互补性。构建中原经济区，可以为西部的原材料工业提供市场，为东部的加工业提供供应链，有利于各种要素及资源的聚集与协作，进而充分发挥贯通全国经济格局的"腹地效应"，形成全国经济增长的倍增器。三是有利于推进中西部工业化进程。我国东中西部地区间经济发展水平、技术水平和生产要素禀赋的不同，形成了地区间在产业结构层次上的阶梯状差异。这种产业梯度导致产业在地区间的转移也是依梯度层次进行的。经济发展状况和资源禀赋的特点，使中原地区在当前的产业转移过程中起着承上启下的作用，有着独特的优势。构建中原经济区，对有效承接东部产业转移，推进中西部工业化进程有重要意义。

二 构建中原经济区的可能性与紧迫性

构建中原经济区，不仅十分必要，而且完全可能，尤为紧迫。因为中原经济区是一个客观存在、相对独立、欠发达特征明显、亟待实现历史复兴的经济区域，所以，我们提出构建中原经济区，是大势所趋，使命所在。

1. 这是一个客观存在的经济区域

跨省构建中原经济区具有共同基础，首先，地缘人文条件接近。中原经济区虽然地跨河南和周边数省，但具备整合发展的基础条件，特别是相近相似的地理条件和地缘人文因素，是构成中原经济区的内在纽带。在当今市场经济条件下，跨地区、跨省域的区域协作关系更加紧密。如安阳与邯郸、焦作与晋城、三门峡与运城、商丘和周口与皖北苏北诸市、濮阳与菏泽和聊城、南阳与襄樊等，虽分属不同省份，但地缘相邻、交通相连、经济和人员交往交流频繁。其次，发展任务大体相当。目前中原经济区内各地经济社会发展水平大体接近，所担负的发展任务也大体相当，都面临着解决"三农"、统筹城乡发展的迫切问题，都处于工业化起步或加快推进工业化、城镇化的阶段，都处于亟待转变经济发展方式、推进产业结构升级的关键时期。这些相同相似的阶段特征更易实现中原经济区不同地区之间的深度融合。再次，区域协作广泛持久。改革开放以来，中原经济区相邻的各省、各市，甚至县乡之间早已出现了多形式、多层次的区域经济合作。1982年，晋冀鲁豫4省13市共同组成了"中原经济协作区"。1986年，豫皖苏鲁20市组成了"黄淮经济协作区"；晋陕豫三省4市建立了"黄河金三角经济协作区"。此外，一些相邻地区的经济联系也由来已久。这些地跨省内外、延续至今的区域经济协作体的出现，为中原经济区构建奠定了广泛的经济社会基础。

2. 这是一个相对独立的经济区域

该区域优势明显，功能特殊，但远离珠三角、长三角、环渤海等经济高地。如该区域的河南省会郑州，距离环渤海最大的城市北京800多公里，距离长三角最大的城市上海1000公里，距离珠三角最大的城市广州1600多公里，因而该区域受我国沿海三大增长极的辐射、带动和影响较小。与此形成对比的是，同为中部的江西，把成为上海的"后花园"作为发展目标，安徽打造皖江承接产业转移示范带，仰仗的都是毗邻长三角的地缘优势；湖南提出"湖南向南"，主动融入泛珠三角，也与经济发展受到珠三角影响较大有密切关系；山西则深受首都经济圈的影响。由此不难理解，中原地区的产业门类比较齐全，自我配套能力、自我修复能力比较强，实在是"不得已"的选择，是由相对独立的经济单元这样的客观规律所决定的。经济区域的相对独立性，是形成经济区的重要条件。

3. 这是一个欠发达特征明显的区域

改革开放以来，中原地区经济社会发展取得了长足进步，但与东部沿海地区相比，人均经济水平、民生水平和工业化、城镇化水平明显偏低，呈现明显的欠发达特征。2008年，中原经济区人均GDP只有17000元左右，比全国平均水平低5000多元，只是全国平均水平的3/4；人均财政收入800余元，仅为全国平均水平4600元的1/5强；第一产业占15%左右，比全国平均水平高出4个百分点，第三产业占30%左右，比全国平均水平约低10个百分点；城镇居民人均可支配收入12000余元，比全国平均水平低近3000元；农民人均纯收入4300多元，比全国平均水平低近400元；城镇化率30%左右，不到全国平均水平的2/3。消除欠发达的现象，亟须谋划大战略。而建立中原经济区，有利于加快该区域经济发展，增加居民收入，启动农村市场，积极探索内需尤其是消费需求拉动经济增长的有效路子，为实现"弯道超车"创造条件。

4. 这是一个亟待实现历史复兴的区域

中原地区位居中国之中，是中华文明和中华民族最重要的发源地。从中国第一个世袭王朝夏朝建都于河南偃师，至清王朝覆灭的 4000 余年历史中，中原处于全国政治、经济、文化的中心地域长达 3000 年，先后有 20 多个朝代建都或迁都于此。北宋时期，都城开封是当时最繁华的国际大都市，是世界中心，商业贸易额占全国一半，人口逾百万，而同时期的英国伦敦人口还不到 5 万。然而，随着近代列强对中国的侵略和掠夺，中原地区同祖国一样积贫积弱而衰落。新中国成立以来，中原地区经过艰苦奋斗和探索追求，经济社会发展取得了巨大成就，已经站在了实现崛起的新的历史起点上。中原是中国的一个缩影和面临问题的写照。中原始终与祖国同命运、共兴衰。中原兴，中华兴；没有中原的振兴，就没有中华民族的伟大振兴。一个新兴的中原经济区的迅速崛起，将为国家现代化建设和中华民族的伟大复兴作出重要贡献。

三　中原经济区的战略定位和发展目标

构建中原经济区，要立足中原的区位、粮食、文化、城市群和人力资源等优势，凸显中原经济区的战略定位，明确河南省建设中原经济区的总体目标和实施步骤。中原经济区的战略定位有如下几个方面。

全国"三化"协调发展示范区。着眼于解决工业化、城镇化与农业生产特别是粮食安全之间的矛盾，通过加快工业化、城镇化，吸引农村人口向城镇持续稳定转移，提高土地集约节约利用水平，确保耕地面积占补平衡，为农业的规模化、现代化创造条件，从根本上破解"三农"难题，走出一条农业大省、粮食大省、人口大省加快工业化、城镇化的科学发展之路。

全国新型城镇化发展先行区。更加注重以人为本、城乡统筹、社会和谐，加强城镇规划建设管理，深化城镇体制机制改革，按照产城互动、功能复合、环境优美、运行高效的要求，加快推动城镇化由粗放增长向集约高效发展转变，由城乡分割向城乡融合转变，在扩大规模的基础上加快提质增效，走出一条内陆人口大省城镇化又快又好发展的新路子，为全国新型城镇化探索新途径、积累新经验。

全国产业转移与集约发展先导区。充分发挥中原经济区人力资源丰富、潜在市场广阔的优势，集聚产业，实现要素、产业、市场的良性互动。加快承接境内外产业转移，促进产业结构转型升级，建设全国重要的能源原材料基地、粮食生产与农产品精深加工基地、人力资源基地，重要的综合交通运输枢纽，实现要素、产业、市场的良性互动和集聚集约发展，形成国家扩大内需战略的重要支撑。

全国文化改革创新发展试验区。发挥历史文化资源集聚优势，继承弘扬优秀传统文化，建设国际文化交流平台，大力发展文化产业，打造一批地域特色明显、展现中原风貌、具有国际影响的文化品牌。深化文化体制改革，推动文化创新，形成凝聚人心、促进崛起、引领现代化的新文化。提高中原文化影响力，增强中华民族凝聚力，成为振兴弘扬中华优秀传统文化的核心区域。

全国先进制造业和现代服务业基地。大力推动经济发展方式转变，坚持"高端、高质、高效"战略取向，做强做优先进制造业，培育壮大战略性新兴产业，大力发展现代服务业，促进工业化和信息化、制造业和服务业融合发展，形成一批具有核心竞争力、规模和水平居全国前列的优势产业与优势企业，培育一批在全国乃至国际具有影响力的优势品牌。成为全国重要的先进制造业和现代服务业基地。

河南省建设中原经济区的总体目标，可以概括为"五新一极"，即增创粮食生产新优势，形成"三化"协调发展新格局，实现新型城镇化发展新突破，构筑产业转移与集约发展新平台，推动文化改革创新取得新进展，成为全国经济发展新的重要增长极。具体实施大体分两步：第一步，5年取得突破。力争到2015年，河南省主要人均经济指标超过中部地区平均水平，城镇化发展达到中部平均水平，经济转型和社会转型迈出重要步伐，成为支撑中部崛起的核心区域。第二步，10年实现崛起。力争到2020年，河南省主要人均经济指标超过全国平均水平，提前1~2年实现全面建设小康社会的奋斗目标，城镇化发展达到全国平均水平，经济发展和社会发展全面实现转型，经济社会发展走在中西部地区前列，成为全国经济发展的重要增长极和强磁场。

四　简短结语

构建中原经济区，是加快中原发展、支撑中部崛起、强化东西联动、服务全国大局的战略谋划。深入研究和宣传中原经济区的内涵、意义、功能、目标等，促使其得到社会广泛认可和高层审核批复，尽快使中原经济区上升到国家战略层面，不仅关系到该区域的繁荣发展和百姓福祉，而且关乎中华民族的历史复兴和国家的长治久安，是一件将铭刻史册、泽其后人的善举。

建设中原经济区，是科学发展观在中原大地的伟大实践。建设中原经济区，要以"四个重在"为实践要领，在"作"上用心思，下工夫。衡量中原经济区建设的成效，有几个客观尺度和标准：一是看是否持续了不以牺牲粮食、农业和生态为代价的工业化和城镇化道路；二是看是否在消除城乡二元结构、解决"三农"问题方面取得突破性进展；三是看是否在破解区域"四难"问题方面出了实招，得了实效；四是看是否形成了区域内生机制，区域发展活力和影响力是否得到提高；五是看中原城市群特别是"大郑州"的引领作用是否进一步得到发挥和提升；六是看区域合作特别是跨省区域合作是否有效开展，互利双赢的体制机制是否真正形成。

参考文献

国家发展和改革委员会：《促进中部地区崛起规划》，2010 年 1 月 12 日。

卢展工：《用领导方式转变加快发展方式转变》，2010 年 6 月 3 日《人民日报》。

张平：《中国加快经济发展方式转变的政策取向》，2010 年 4 月 8 日《中国发展观察》。

刘勇：《2010 年我国区域经济展望与对策》，2010 年 4 月 19 日《中国经济时报》。

刘树成：《我国发展的国内外环境和条件分析》，2010 年 3 月 30 日《人民日报》。

刘文海：《"十二五"期间我国社会发展面临的挑战》，《红旗文稿》2010 年 2 月 26 日。

河南省发改委：《关于中原崛起若干重大问题研究》，2010 年 4 月。

B.20
关于中原经济区推进新型
城镇化建设的分析与思考

王发曾*

摘　要：新型城镇化是具有中国特色的、健康的城镇化，与传统城镇化有着根本区别，是我国实现现代化的必经之路。中原经济区的新型城镇化必须在科学发展观的统领下有正确的方向和目标，以经济社会发展为支撑，坚持走多元的城镇化道路，培育城镇化的强大动力机制，为城镇化搭建多层次承载平台。中原经济区新型城镇化的推进策略为：在城镇化进程中实施集约经营、营造优良环境、追求功能优化、促进城乡统筹、构建社会和谐。

关键词：新型城镇化　城乡统筹　中原经济区

一　新型城镇化：我国现代化的必经之路

（一）新型城镇化的内涵

新型城镇化是以科学发展观为统领，以工业化和信息化为主要动力，资源节约、环境友好、经济高效、文化繁荣、城乡统筹、社会和谐，大中小城市和小城镇协调发展、个性鲜明的健康城镇化道路。新型城镇化的实质是：能够适应和推动生产力提高与社会进步的城镇生产、生活方式以及城镇性质、状态不断扩展与深化的发展进程。

新型城镇化包括外延扩张和内涵优化两个进程。外延扩张是指城市数目、规

---

* 王发曾（1947～），男，河南大学原副校长，教授，博士生导师。专业方向：城市—区域综合发展，城市规划与设计。

模、地域的合理扩张。内涵优化体现在三个层面上：（1）狭义内涵优化，是单个特定城镇内部结构、功能、质量的优化；（2）广义内涵优化，是特定区域内多个城镇组成的城镇体系（或城市群）结构、功能、质量的优化；（3）泛义内涵优化，是城镇生产、生活方式和文化、景观形态等在乡村地区的渗透、扩展和普及，是城镇与乡村的统筹发展。

我国新型城镇化与传统城镇化有根本的区别：（1）发展背景不同。传统城镇化产生于计划经济体制，其推进战略、方式等存在诸多缺陷；新型城镇化产生于社会主义市场经济体制，以科学发展观为统领，走新型工业化道路，建设社会主义和谐社会。（2）发展目标不同。传统城镇化以外延扩张为主要目标，依靠扩大发展要素投入来实现规模增长；新型城镇化以内涵优化为主要目标，资源节约、环境友好，以人为本，实现质量提升。（3）发展重点不同。传统城镇化的重点在城市，特别是大中城市，有时为了城市甚至不惜牺牲乡镇利益；新型城镇化重点强调大中小城市和小城镇协调发展，城乡统筹发展，总揽发展全局、兼顾各方利益。（4）发展主体不同。传统城镇化的主体主要是各级政府，"自上而下"地掌控城镇化；新型城镇化的主体多元，包括政府、企业、公众等，"自下而上"地助推城镇化。（5）发展方式不同。传统城镇化追求城镇化率的提高，造成资源大量消耗、环境质量下降、基础设施不足、社会保障欠缺；新型城镇化注重城镇化水平的提高，旨在优化城镇功能、传承文化精髓、塑造个性特色、实施人文关怀。（6）发展动力不同。传统城镇化的根本动力主要来自于传统工业化，以经济高速增长为目的，以城市为产业聚集中心，拉大了城乡差异；新型城镇化的根本动力来自新型工业化和信息化，具有可持续性，有利于城乡之间的协调、互补、互动和联合。

新型城镇化与"中国特色城镇化"是具有深刻内在联系的一个有机整体。过去的传统城镇化模式，也可能具有中国特色，但并非一定符合时代潮流和科学发展观要求；而欧美发达国家以及一些发展中国家所采取的新型城镇化做法，未必都符合中国的国情和各地的实际。因此，在推进城镇化的过程中，必须把"新型城镇化"与"中国特色城镇化"有机结合起来，坚定不移地走具有中国特色的新型城镇化道路。这就要求必须从中国国情和各地实际出发，坚持以人为本的全面、协调、可持续的科学发展理念，走渐进式、生态型、集约型、融合型、和谐型、多样型城镇化之路。

（二）新型城镇化是我国现代化建设的必然选择

在世纪之交，我国提出了工业化、城镇化、农业现代化等小康社会建设的三大方略，全国也由此进入了一个快速城镇化时期。经过努力，我国城镇化取得了巨大的成绩，到 2009 年底，全国 31 个省、自治区、直辖市共有设市城市 655 个，城镇人口按统计口径算，已达 6.22 亿人，城镇化率提高到 46.6%，"十一五"以来年均增加约 0.9 个百分点。与同期国际社会比较，我国城镇化发展迅速，与发达国家之间的差距正在逐步缩小。

但是，城镇化在取得巨大成绩的同时，在某些地区和某些领域也出现了一些偏差。一些地方将城镇化简单地等同于城市的规划、建设和管理，城镇规模平面扩张，而功能却未能得到有效提升，城镇二、三产业的发展也未能相应跟进。城镇化不仅未能完全有效地助推产业结构的优化升级，反而在城镇建设方面贪大求洋，陷入了资源消耗大、环境污染重的粗放式增长"窠臼"。"土地的城镇化"大大快于"人口城镇化"、"经济城镇化"，"三无人群"（种田无地、就业无岗、社保无份）的社会矛盾逐渐凸显，形成新的社会安定隐患。城乡之间居民的收入水平、生活质量以及社会发展最需要的物质因素和文明因素的充裕水平的差距越拉越大。

随着城镇化进程的加快推进，人们开始不断反思城镇化进程中的问题，对走何种城镇化道路不断进行摸索创新。科学发展观与新型工业化道路的提出，为我国转变经济发展方式指明了方向，同时迫切要求对城镇化发展方式进行相应调整。党的"十六大"报告明确指出要"走中国特色的城镇化道路"，十七大报告进一步将"中国特色城镇化道路"作为"中国特色社会主义道路"的五个基本内容之一，2007 年 5 月，温家宝总理进一步强调"要走新型城镇化道路"。

我国人口多、底子薄，人均资源有限，各地区发展很不平衡。在推进城镇化的过程中，还面临着实现经济增长、扩大就业、维护社会稳定的目标，以及解决人多地少、资源紧缺、环境脆弱、地区差异等诸多问题和矛盾。因此，城镇化道路的选择，既不可能再像过去那样走高消耗、高排放、城乡分割、缺乏特色的传统城镇化老路，也不可能照搬其他国家的做法，而必须从中国国情出发，走符合中国实际、符合各地区实际的特色新型城镇化道路。河南省建设"中原新经济区"，也必须在新型城镇化道路的框架中，密切结合中原地区实际，走出一条在中西部欠发达地区有示范意义的城镇化的新路子。

二 中原经济区新型城镇化的方向

（一）当前城镇化的基本状况

城镇化快速推进，城镇化率的提升速度超过全国平均水平。以中原经济区的主体河南省为例，2009年底，全省城镇人口3758万人，城镇化率37.7%，比2000年提高了14.5个百分点，9年间平均每年提高1.6个百分点以上，高于全国平均水平约0.3个百分点。特别是2005年城镇化率超过30%之后，城镇化率平均每年提高1.7个百分点以上，高于全国平均水平约0.8个百分点。

城镇化总体水平依然较低，滞后于经济发展水平。2009年底，河南省城镇化率低于全国平均水平8.9个百分点，居全国倒数第5，中部地区倒数第1。尽管城镇化速度明显加快，但相对于经济发展水平，城镇化仍然滞后，城镇化率仅为工业化率的70%左右。

城镇体系的规模结构不尽合理，核心城市的中心带动作用不强。河南省38个城市中，大城市9个，占24%，中、小城市29个，占76%，后者是前者的3.22倍，大城市明显偏少。核心城市郑州规模偏小、综合竞争力不够强、辐射带动作用不明显，经济首位度位居中部地区省会城市之末。

城乡发展水平差异明显，城乡差别有进一步扩大的迹象。河南省城乡居民收入绝对差距已由2000年的2780元扩大到2009年的9565元，城乡居民收入比由2.4:1扩大到3.0:1；城乡居民消费支出绝对差距由2515元扩大到6178元，城乡居民消费支出比高达2.8:1。城乡基础设施和公共服务水平差距也很大，农村水、电、路、气和教育、卫生、文化设施建设严重落后于城镇。

（二）新型城镇化的总体目标

根据以上分析，结合地区实际状况，未来10年中原经济区推进新型城镇化的总目标为：城镇化水平与全国平均水平明显缩小，基本建立结构合理、功能强大的现代城镇体系，形成具有中原特色、以中原城市群为核心增长板块，大中小城市和小城镇、农村社区协调布局，城乡统筹、产城互动、资源节约、环境友好、经济高效、社会和谐的城镇发展新格局，成为中西部地区最具活力的以城镇化促进"三化协调"的示范区。

到 2020 年，中原经济区城镇化率力争达到 50% 以上，其主体河南省达到 55% 以上，中原城市群紧密层达到 65% 以上；核心城市郑州成为国家区域性中心城市，城市人口规模争取达到 500 万左右；由郑州市区、开封市区和中牟县组成的郑汴都市区真正成为中原经济区的核心增长极，城镇化率达到 90% 左右；洛阳市真正成为中原经济区的副核心城市，人口规模达到 200 万以上；优化城镇体系的规模结构，建设一批 100 万人口以上的大城市。

要实现上述目标，必须以经济、社会的又快又好发展为基础。未来 10 年，必须保证实现粮食核心区生产目标，其中河南省粮食综合生产能力达到 1300 亿斤/年；人均 GDP 达到或超过全国平均水平，年均增长率须略高于全国平均；城镇化与工业化、农业现代化基本协调同步，产业集聚区产出增加值占 GDP 比重超过 50%，服务业增加值占 GDP 比重达到 40% 以上；研发（R&D）经费投入占 GDP 比重达到 2.5% 以上，力争赶上全国平均水平；城乡居民收入比降低到 2.8 以内，达到全国平均水平；社会保险覆盖面、人均文教卫支出达到全国平均水平；城镇人均公共服务设施达到宜居城市、文明城市有关要求和标准；万元 GDP 二氧化碳排放量比 2005 年降低 45% 左右，万元 GDP 能源消耗下降 30% 以上，城镇建设用地严格控制在人均 100 平方米以下。[①]

三 中原经济区新型城镇化的途径

（一）新型城镇化的推进方式

坚持走多元化的城镇化道路。新型城镇化的多元化，包括城镇规模、区域差异、动力机制、城镇特色等方面的多元化。即：（1）大中小城市与小城镇协调共进，共同肩负起承载城镇化人口转移的重任，形成合理有序的城镇体系规模序列结构；（2）允许不同区域的城镇化模式存在差异，充分发挥各地优势，有条件的地区可以推行本土城镇化；（3）强调市场机制与宏观调控相结合，促进多

---

① 以上指标的设定参考了"中原新型城镇化目标研究"（中原新型城镇化示范区研究课题组，第四组）。

种经济成分与多种产业、多种事业共同拉动城镇化；（4）突出不同城镇的产业发展、空间布局、文化内蕴、建筑风格等方面的优势，形成各具特色、合理分工的城镇化格局。中原经济区各地在推进新型城镇化时，一定要因地制宜，渐进发展，积极引导农村剩余劳动力向城镇地区合理有序流动或就地转化。科学把握城镇化的速度和节奏，要与区域经济社会发展水平相适应，与城镇吸纳人口的能力、本土转化人口的能力相适应，防止出现超越承载能力的"过速、过度城镇化"。

培育城镇化的强大动力机制。中原经济区新型城镇化的动力机制由一主一辅两方面构成。第一，核心机制，即发展动力机制，包括：（1）经济发展机制。提高农业产业化水平是新型城镇化的基础，可以为城镇化提供充足的剩余农产品、剩余劳动力，并为构建城镇化的本土承载平台创造条件；提高现代工业水平是新型城镇化的主要动力，可以为城镇形成核心产业链，并提供建设资源、先进技术，为城镇居民与转移人口提供就业岗位，从而提升城镇的综合实力；提高现代服务业水平是新型城镇化的保障，可以为城镇其他产业提供配套服务，为城镇居民和转移人口提供就业机会与生活服务；提高信息产业水平也是新型城镇化的主要动力，可以为工业、农业、服务业提供高新技术支撑，为城镇居民和转移人口提供崭新的生活服务，从而提升城镇的信息化水平。（2）社会发展机制。发展科学教育事业，为新型城镇化培育可持续的内生动力；发展先进文化事业，为新型城镇化培育鲜明的文化内核；发展社会保障事业，为新型城镇化培育有效的社会保障体系。（3）基础设施发展机制。建设综合交通运输体系，保证新型城镇化的"血脉流畅"；建设信息、通信网络，保证新型城镇化的"神经健全"；建设水源、能源供给、保护系统，保证新型城镇化的"养料供应"；建设环境保护与防灾减灾系统，保证新型城镇化的"健康免疫"。第二，辅助机制，即行政动力机制，包括：（1）行政促进机制，发挥牵引和推动作用。例如构建"三化"一体的社会系统工程，构建城镇化的承载平台，推动城乡统筹发展，提供优良的社会保障等。（2）行政控制机制，发挥调节与制动作用。例如宏观调控各项事业的发展，控制城镇化的发展速度，调节城镇的各种准入门槛，解决、克服城镇化进程中的客观问题与人为弊病等。

为城镇化搭建多层承载平台。到 2020 年，中原经济区城镇化水平有望达到50％以上，这就意味着今后其城镇化速度将保持在平均每年提高 1 个百分点左右。如何使每年数以千万计的农村剩余劳动力及其家属和谐地融入城镇，并切实提高城镇化质量，是关系到该经济区能否达到建设目标的重大战略问题。城镇化必须落实到每一个具体城镇，必须以区域内所有城镇的有机整合为依托，必须充分关注乡村地区发展方式，形成城乡和谐发展的格局——只有这样，新型城镇化才能进入全面、统一、完美的状态。构建城镇化的承载平台是带有方向性的重大举措，承载平台宽厚，城镇的综合承载力才能承担得起，新型城镇化才能绵延不断，城镇化的转化人口才能真正找到归宿。中原经济区新型城镇化的承载平台包含三个层次：（1）单个城镇承载平台，满足城镇化的个性发展，完成城镇化的狭义内涵优化；（2）城镇体系承载平台，满足城镇化的区域发展，完成城镇化的广义内涵优化；（3）本土承载平台，满足城镇化的全面发展，完成城镇化的泛义内涵优化。

（二）新型城镇化的推进策略

在城镇化进程中实施集约经营。城镇化通过人口的集聚带动其他要素的集聚，产生一种结构性优化和功能性提高的综合效应。新型城镇化不但要集聚人口、资源等发展要素，还要集聚人才、科技等创新要素；不但要集聚各类要素，还要节约、高效使用各种资源；不但要加快城镇自身的发展方式转型，还要为全社会转变发展方式积极创造条件。在当前我国城镇发展面临人口、资源、经济、环境等多头矛盾的状况下，建设资源节约型城镇、实施集约经营是新型城镇化的必然选择。中原经济区实施集约经营，必须：（1）保护基本农田，谨慎扩张并高效使用城镇建设用地，发展紧凑型城镇，切实保护和节约利用能源、水资源等，提高资源的综合利用效率；（2）发展循环经济，重点发展高新技术产业和高附加值的先进制造业，加快发展现代服务业，使城镇化主要依靠工业带动转向工业、信息产业和服务业协同带动；（3）集聚创新要素，激活创新资源，转化创新成果，提高自主创新能力；（4）发挥城镇之间的规模集聚与功能协同效应，进一步推动中原城市群和郑汴都市区建设。

在城镇化进程中营造优良环境。新型城镇化要求"友好"对待环境，保持"发展"的城镇系统与"稳定"的环境系统之间的动态平衡，建设环境友好型城镇，实现人与环境的和谐共处。一方面，在城镇规划与设计中，要充分考虑城镇生态环境的承载能力，协调城镇与区域之间的环境依存关系，确保城镇发展的生态屏障安全；另一方面，在城镇建设与管理中，要树立环境优先的理念，创造良好的发展环境，提升城镇生产、生活品质。中原经济区营造优良城镇环境，须做到：（1）加强区域环境基础设施建设，综合整治流域生态环境，增强自然生态系统的环境承载力；（2）建立健全城镇生态平衡体系，理顺城镇生态系统物质流与能量流，建设生态城市；（3）优化城镇开放空间系统，充分发挥绿地系统、水体系统以及道路、广场系统在营造优良环境中的巨大作用；（4）坚持对建设项目的环境影响评价，监控城镇污染源，控制污染排放，综合治理各类污染，改善城市的环境质量；（5）推广生态园区、生态工程、生态企业和生态建筑，提倡绿色低碳生产、生活和消费方式，建设一个生产发展、生活富裕、生态优美的良好人居环境。

在城镇化进程中追求功能优化。完善的城镇功能是提升城镇综合竞争力的重要基础，也是城镇现代化的重要标志。新型城镇化要求，既要不断完善城镇的基本功能，又要进一步强化城镇特色、突出城镇的主导功能。同时，通过规范、高效的管理，确保城镇功能在运行中实现全面提升。中原经济区的城镇功能优化，必须：（1）强化规划手段，明确城镇发展方向和空间扩展方式，设计城镇空间布局结构，优化土地利用配置；（2）建设完善的城镇交通通信、供水供能、排污减污等市政基础设施以及城镇防洪、防震等防灾减灾设施，保持较高的城镇基础设施综合配套水平；（3）重视历史文化名城（镇）保护，延续城镇历史文脉，挖掘城镇文化内涵，提炼城镇现代精神，彰显城镇鲜明个性；（4）创新管理体制和手段，运用现代信息技术，促进城镇管理的精细化、科学化、智能化，提高城镇的日常管理和应急管理水平。

在城镇化进程中促进城乡统筹。城镇化是"乡村"一级到"城镇"一级的社会变迁过程，城镇和乡村作为不同的空间地域实体，二者相互依存、密不可分。新型城镇化要求从城乡分割的现实出发，从统筹城乡发展的高度着眼，通过转变发展方式，构建城乡互动、协调发展的机制，促进城镇化和新农村建设的有机联动。尤其要充分发挥城镇的带动作用，城镇支持乡村，工业反哺农业，促进农业增效、农民增收，缩小城乡差别。中原经济区促进城乡统筹，要求：（1）充分发挥各级城镇的中心带动作用，促进城镇传统产业、基础设施、公共服务、现代文明向乡村扩散；（2）村镇体系规划与城镇体系规划密切结合，构建城乡一体化网络；（3）加强乡村水利、交通、环保等基础设施建设，推动乡村文化、教育、科技推广等事业的蓬勃发展；（4）培育县城、建制镇的农产品深加工与其他非农产业，适当扩大其人口规模，增强新型城镇化的本土转化能力；（5）继续强力推进社会主义新农村建设，鼓励农业剩余劳动力在有条件的新型农村社区就地转化。

在城镇化进程中构建社会和谐。新型城镇化首先是人的城镇化。在构建社会主义和谐社会的时代背景下，新型城镇化要求人口在实现从乡村到城镇空间转移的同时，真正实现从农民到市民的全面转化。生活在城镇的每一个人的基本生存条件都应该得到满足，基本发展条件都应该得到保证，大家共同创造和平等分享新型城镇化的发展成果，最终实现人在城镇的全面发展。中原经济区构建社会和谐，必须：（1）改革城乡管理体制，尤其是改革户籍制度，有序推进农村人口的转移转化，稳步提高城镇化率；（2）坚持以人为本，倡导和谐理念，切实保护城镇化进程中失地农民的合法利益，维护进城农民工的各种正当权益；（3）实施积极的就业政策，改善城镇的创业和就业环境，努力提高全社会的就业水平；（4）大力发展文化教育、医疗卫生、社会保障等社会事业，建立惠及全民的基本公共服务体系，优化公共资源配置，促进基本公共服务均等化；（5）综合治理社会治安，依法打击各种违法犯罪活动，维护社会公共安全，营造和谐的社会环境；（6）加快城中村、危旧房改造，合理开发、建设城镇边缘区，提高城镇的宜居水平。

关于中原经济区发展布局的思考

吴海峰*

建设中原经济区、促进区域协调发展，必须有科学布局。本文从国家宏观区域尤其是促进中部崛起的大背景出发，立足中原经济区发展实际和比较优势，在吸纳和借鉴有关思想观点的基础上，提出中原经济区发展布局构想，概括来说，就是升级一个"轴"、强化二重"核"、构建三层"圈"、协调四大"区"、培育五条"带"，简称"一轴两核三圈四区五带"的空间布局结构。

一 升级一个"轴"

这里要升级的一个"轴"，指以郑汴洛地区为主体的带动中原经济区发展的最重要的增长轴，也是国家建设"四纵四横"之一即陇海经济带的核心区域，自东向西包括开封县、开封市区、郑汴新区、郑州市区、新密市、荥阳市、上街区、巩义市、登封市、偃师市、洛阳新区、洛阳市区、孟津县、伊川县、宜阳县、吉利区、新安县，以及义马市、渑池县，连绵长达280公里。这一带，区位优势明显，矿产资源丰富，交通比较发达，经济发展起步早，产业基础雄厚，经济实力较强，是中原经济区发展的隆起地带，代表了河南发展的水平，也是我国中西部地区城镇分布和产业密集度最高的区域之一。

要努力把这一核心增长轴，升级发展为中原经济区发展的加速器和中原崛起的脊梁，建设成为基础设施完备、人居环境优美的现代大都市连绵带、国家新型工业化示范区、国家现代制造产业基地、中部科技孵化与扩散中心、中部地区综合物流中心、国际知名旅游胜地、国家内陆对外开放重要门户、国家区域协调发展重要纽带，在中原经济区率先全面建成小康社会，在中部地区率先实现现

---

* 吴海峰（1955～），男，河南省社会科学院农村发展研究所所长，研究员。

代化。

实施轴线开发，是国内外提高区域资源利用效率、实现又好又快发展的成功经验。对这一地带，要尽快按照综合性、科学性、创造性、示范性的要求，超越行政区划界限，高起点高标准地统一编制规划。要明确分区功能定位和产业发展重点，合理布局产业和重大项目，实现区域生产要素优化配置、产业集群高效延伸，形成优势互补、资源共享、协同发展的空间格局。要加快推进郑汴洛一体化，在功能、城区、空间、产业、服务、生态等方面进行一体化建设，推进金融、旅游、交通、通信、会展、物流、管道等无障碍连接，紧密郑汴洛三大城市发展的关联度，不断提高这一轴线在我国中部和国家宏观区域发展的地位和影响力。

二 强化二重"核"

强化二重"核"，就是要在中原崛起中，强化中原经济区两个最重要的核心增长极，一是以郑州为中心的核心增长极，二是以洛阳为副中心的核心增长极。从世界来看，只有大都市，才有各种现代化高端产业的集聚，才有国际竞争所需要的基础设施和人力资源，因而成为经济、技术与社会变迁的核心，成为区域经济发展的引擎、区域文化与制度创新的发源地，成为连接全球性网络的节点。正是由于香港，才形成了发达的珠江三角洲。正是由于上海，才使得长江三角洲繁荣。从全国宏观经济来看，中原缺少像上海和香港那样特大城市的强力带动。所以，实现中原崛起，必须强力推进郑州、洛阳的现代化和国际化，做大做强，使之成为中原经济区现代化的火车头，成为传统文化与现代文明交相辉映的世界名城。

郑州作为我国陇海经济带与京广经济带黄金十字的交叉点，是国家建设中的全国性交通枢纽城市，具有得天独厚的区位优势和交通优势，以及明显的信息优势、资源优势、科技优势等。要增强郑州作为全省政治、经济、文化中心的地位，积极发展省会经济，通过产业升级带动各类要素市场的发展，不断强化集聚效应和综合辐射带动功能，提高在中原经济区的首位度，在中原崛起中充分发挥好龙头作用。要尽快将郑州建设成为与武汉实力相当的全国区域性中心城市、国际化大都市。这关系中部崛起的大局，也对全国宏观区域发展有着重大的战略意义。为此，尤其要加快大郑东新区建设步伐，把大郑东新区发展成为环境优美宜居的以教育、金融、信息、房地产、物流、会展、中介、咨询等现代服务业为重点的商务中心区。

洛阳是河南的副中心城市，综合经济实力仅次于郑州。洛阳工业基础雄厚，为中原经济区的工业大市，在全国工业布局中的地位突出，洛阳也是重要的交通枢纽，科研力量强大。但目前洛阳潜在的优势还没有得到充分的发挥，其主要原因，一是对洛阳在中原经济区工业重心的地位认识不足，二是洛阳老工业基地的辐射能力没有得到强化。要抓住当前我国经济结构调整的战略机遇，推进洛阳工业更大规模发展、更高水平提高，打造更多知名的洛阳制造品牌和企业。要突出洛阳的发展特色和比较优势，完善区域服务的综合功能，弘扬历史文化，提高国际影响力，进一步推进开发开放，使洛阳成为产业、技术、资金、人才等要素高势能的辐射源，充分发挥在加快中原崛起中的带动作用。

三　构建三层"圈"

构建三层"圈"，就是构建中原城市群核心圈、紧密圈、辐射圈。"三圈"的架构，是以郑州为中心，依托城市群轨道交通体系和高速铁路建设，形成辐射中原经济区各个城市的格局。核心圈包括郑州、洛阳、开封等3市，通过加快郑汴洛一体化进程，逐步成为中原城市群及中原经济区发展的先导区、引领区。紧密圈包括新乡、焦作、济源、许昌、平顶山、漯河等6市，主要是在郑汴洛一体化区域先行试验的基础上，建立包括核心圈和紧密圈在内的中原城市群城乡统筹改革发展试验区，逐步发展成为全省对外开放、东引西进的主要平台。辐射圈包括安阳、鹤壁、濮阳、三门峡、商丘、南阳、信阳、周口、驻马店等周边9城市，以及邯郸、长治、晋城、运城、徐州、菏泽、襄樊、淮北、阜阳、宿州、亳州等城市。主要是通过加快郑西、石武、郑徐、郑渝等铁路和公路建设，密切辐射圈与紧密圈和核心圈的经济联系，共同构建以郑州为中心的中原经济区的开放型城镇体系。

为此，一要完善和提升以郑州为枢纽的"米"字形交通网络，形成包括高速公路、国道、省道干线公路和铁路、轻轨、航空在内的，对外联系通畅高效、区内联系快捷紧密、各种运输方式充分衔接的现代综合交通运输体系。在紧密圈，以城际快速轨道交通和高速铁路公路等为纽带，实现以郑州为中心，半小时可以通达圈内各省辖市；在辐射圈，以高速铁路公路等为依托，形成以郑州为中心，两三个小时可以通达安阳、鹤壁、濮阳、三门峡、商丘、南阳、信阳、周口、驻马店、邯郸、长治、晋城、运城、徐州、菏泽、襄樊、淮北、阜阳、宿州、亳州等城市的快速交通网络。

二要推动产业对接，夯实城市群发展基础。大力实施中心城市带动战略，以产促城、以城带乡，产城融合，加快推进复合型、紧凑型中心城市建设，着力做大做强主导产业，促进资源共享、环境共建，形成核心圈、紧密圈、辐射圈分工协作，互动发展的新格局，全面提升中原城市群的综合竞争力。

三要推动资源共享，实现城市群服务联通。打破各自为政的行政壁垒，消除相互设卡的市场障碍，探索资源跨区域有偿使用的新途径，实现各种生产要素的自由流动和优化配置，塑造中原城市群整体发展优势。同时，要推动生态共建、环保同治，提高中原城市群的资源环境承载能力。

四 协调四大"区"

协调推进四大"区"建设，是指产业集聚区建设、粮食核心区建设、生态保护区建设、文化开发区建设。

关于产业集聚区建设，河南省首批确定的175个，在各区域分布相对较为均匀，有利于调动地方的积极性。建设产业集聚区，就是要实现"企业集中布局、产业集群发展、资源集约利用、功能集合构建"这四个要素的有机融合。这是培育新的经济增长极、促进城镇化、推动自主创新、发展循环经济的重要途径，是优化经济结构、转变发展方式、实现节约集约发展的基础工程，是第二产业、第三产业发展的重要载体。

河南粮食核心区建设的主体范围，确定在黄淮海平原、南阳盆地和豫北豫西山前平原的92个县（市、区），控制全省耕地面积的85%，其中国家认定的粮食生产大县68个。规划到2020年，在各种生产要素具备、没有不可抗御的自然灾害、农民种粮积极性充分调动的前提下，确保全省粮食净增300亿斤，总产量达到1300亿斤。这是保障国家粮食安全的重大任务，也是河南作为人口大省和食品工业大省发展的实际需要。

建设生态保护区，是指资源环境承载能力较弱、大规模集聚经济和人口条件不够好并关系到较大区域范围生态安全的区域，如黄河生态功能区、淮河生态功能区、太行山生态功能区、熊耳山生态功能区、伏牛山生态功能区、桐柏山生态功能区、大别山生态功能区、南水北调中线工程水源保护区等。尤其是那些依法设立的各类自然保护区、风景名胜区、森林公园、文化自然遗产、地质公园等，要强化环境保护和生态建设。

中原文化博大精深、源远流长，是中华传统文化的主干，这使得中原经济区拥有得天独厚的文化资源优势，成为全国重要的文化资源区域。全国八大古都，中原经济区占其四。中原经济区历史文化名人众多，文化遗址不胜枚举，地下文物资源和地上文物资源在全国举足轻重。丰厚而悠久的文化遗产蕴藏着巨大的无形财富。要充分发挥中原经济区历史文化的独特优势，努力发掘文化资源，使之在中原崛起中转化为巨大的产业优势和经济社会发展优势。

协调推进四大"区"建设，必须树立和运用区域主体功能定位的科学理念。要改变传统的发展思维方式，在中原经济区范围内实行宜农则农、宜工则工、宜三产则三产、宜生态则生态的发展方针。有些地区主要承担发展经济的功能，有些地区则主要承担保护生态环境的功能。有些地区主要承担发展农业的功能，而有些地区则以发展工业为主导。如西南部和南部的一些山区，不适宜大规模集聚经济，不适宜大规模推进工业化城镇化，这些地区发展的含义主要不是做大经济总量，而是要保护好生态环境。东部的黄淮海平原有着农业发展的天然条件，就不要过于鼓励工业发展。而区位较好又交通便捷的地区，作为优化开发区域和重点开发区，应率先发展经济。要坚决告别"遍地开花"办企业的老路，抓好产业集聚区建设和工业集群化、规模化、集团化发展，着力优化产业结构、节约利用资源、保护生态环境，这样，才能实现中原经济区全面、协调、可持续的发展。

五　培育五条"带"

五大经济带包括：①沿京广铁路和公路经济带，是国家连南通北的主要通道，呼应京津翼环渤海和珠江三角洲两大城市群，城镇最为密集，以邯郸、安阳、鹤壁、新乡、郑州、许昌、漯河、驻马店、信阳为支点城市，长达500多公里。②沿陇海铁路和公路经济带，以徐州、商丘、开封、郑州、巩义、洛阳、三门峡、平顶山等为支点城市，东呼应山东、江苏等沿海地区发展，西辐射大西北，是连接欧亚大陆桥的陆路主要通道。③沿焦枝铁路和公路经济带，矿产资源丰富，以长治、晋城、焦作、济源、洛阳、平顶山、南阳、襄樊为支点城市，北通山西并达内蒙，南到广西进而与大西南及东南亚国家相连。④沿京九交通线经济带，以菏泽、濮阳、新乡、开封、阜阳、亳州、信阳为支点城市，形成与沿京广经济带相呼应，与山东、湖北及湘赣粤密切合作的南北经济带。⑤沿西宁铁路和公路经济带，以信阳和南阳为支点城市，强化河南与长江中下游尤其是长江三角洲的联系，密切与关中地区及大西北的合作。

经济带的特点，是通过发达而便捷的运输，把资源开发、商品生产、劳动服务和流通等基地连成一线，大大缩短空间距离并节省时间和降低成本，使其在区域发展中发挥辐射和带动作用。尤其沿京广交通线经济带和沿陇海交通线经济带，已上升到国家层面，是促进我国中部崛起最重要的四条经济带中的两条。在国家确保粮食安全的大背景下，中原经济区作为农业大区，必须大力实施经济带开发战略。这五条经济带，覆盖了中原经济区20多个省辖市，形成中原崛起纵横交错的网络结构，有利于强调以大城市为中心的同时，形成中原经济区内区域之间的优势互补、相互融合、竞相发展的格局，有利于加强地区间经济联系与合作，使各地区域优势得到发挥，区域发展达到协调并进。

培育五大经济带，要充分考虑中原经济区和中部崛起的宏观背景，紧密结合当地实际，坚持以人为本理念，着眼经济、自然与人口的协调，明确功能定位，发挥比较优势，按照重点推进、聚集发展的原则，合理布局产业和园区，凸显带状各组团特色，形成沿带各城市之间以产业链和价值链为基础的分工协作。经过10年左右的努力，要把这五条经济带发展成为开放程度较高、三大产业协调、生态环境良好、经济运行高效、城镇布局科学的经济带，带动中原经济区全面发展，加快实现中原崛起和中部崛起的伟大目标。

B.22
在加快发展方式转变中实现中原崛起

王建国*

摘　要：河南是我国重要的粮食基地、能源原材料基地和综合交通枢纽，在全国区域经济布局中具有战略地位，但长期以来经济发展方式粗放，综合实力不强，面对促进中原崛起的新机遇，要准确把握转变发展方式的着力点，在科学发展中加快中原崛起。

关键词：河南　转变发展方式　中原崛起

在2010年3月"两会"期间，胡锦涛总书记参加河南代表团审议指出：要大力推动经济发展方式转变、大力推动农业发展方式转变、大力保障和改善民生、大力推动文化发展繁荣，希望河南在继续解放思想上迈出新步伐，在坚持改革开放上实现新突破，在推动科学发展上取得新进展，在促进社会和谐上见到新成效。我们要认真贯彻落实胡锦涛总书记的讲话精神，紧紧抓住大好机遇，切实承担起历史使命，找准定位，扬长避短，在加快转变发展方式中实现中原崛起。

加快经济发展方式转变是实现中原崛起的紧迫任务

河南是我国第一人口大省，也是传统农业大省。经过改革开放30多年的发展，已经站在了新的历史起点上。不仅继续保持了传统产业优势，粮食产量连续多年来位居全国各省区市第一，实现了超千亿斤；而且也成功实现了由传统人口和农业大省向经济大省、新兴工业大省和有影响文化大省的转变，国内生产总值和工业总产值连续多年位居中西部之首，全国第五。2006年《中共中央国务院

---

* 王建国，河南省社会科学院城市发展研究所所长，研究员。

关于促进中部地区崛起的若干意见》的颁布施行，使中部地区发展进入了新时期，从而也将使地处中原的河南步入加快发展的轨道。在新的形势下，加快中原崛起，必须更加自觉和坚定地贯彻落实科学发展观，把转变经济发展方式作为紧迫的任务，放在更加突出的位置。

转变经济发展方式是加快中原崛起的题中应有之义。中原崛起不仅是经济发展速度的加快和经济数量的扩张，更是经济效益和运行质量的提高及结构的优化，是经济整体素质的提升和社会的全面进步。河南落后有人均经济水平低、发展速度慢的问题，更存在着结构层次低、整体素质差的问题。这就决定了河南要实现中原崛起，必须在加大投资力度实现经济的快速增长，扩大经济总量和人均数量，从而缩小与全国、与东部差距的基础上，把转变发展方式放在更加突出的位置，通过转变发展方式实现经济集约增长、质量提高和经济社会的协调发展。同时，从实际出发，着力增强自主创新能力，提升产业结构，强化节能减排，保护生态环境，扩大最终消费，增加出口需求，统筹城乡发展，促进社会和谐。总之，要通过加快转变传统落后的发展方式，消除中原崛起的瓶颈因素，为尽快实现中原崛起铺平道路。

转变经济发展方式是河南实现经济社会又好又快发展的必然要求。当前，从国内外环境看，我国正处在工业化和城镇化加速发展阶段，后国际金融危机时期产业转移呈现加快的态势。乘着国家促进中部崛起规划实施的东风，粮食生产基地、能源原材料基地、现代装备制造及高技术产业基地和综合交通运输枢纽开工建设，"两纵两横"产业带构建在即，以及其他一大批重大建设项目陆续上马，呈现蒸蒸日上的大好局面。要看到，河南扩大项目投资和加快经济增长的强烈冲动，极其容易导致对投资效果和经济增长质量的忽视，弄不好会使原本存在的高耗低效和结构不优的问题雪上加霜。因此，在国家实施中部崛起规划的背景下，河南必须牢固树立质量效益意识和协调发展观念，切实转变发展方式，更好地发挥人口众多、市场广阔的优势，开拓发展空间，培育新的经济增长点；乘势加快承接沿海地区和国际产业转移，促进产业结构优化升级；发挥比较优势，集聚人口和产业，加速推进工业化和城镇化；大力发展循环经济，努力构建资源节约和环境友好型社会；加快新农村建设，夯实"三农"发展基础，实现经济社会又快又好发展。

转变经济发展方式是河南全面建设小康社会的客观需要。党的十六大提出了全面建设小康社会的宏伟目标，党的十七大在提出确保到2020年实现全面建成小康社会奋斗目标的同时，对我国发展提出了新的更高要求。全面建设小康社会目标是一个涵盖政治、经济、社会、文化、科教和人民生活等的综合体系。河南是传统农区，人口多，底子薄，科技文化相对落后，人民生活还不十分富裕，要实现小康目标任务更加艰巨。如河南现有贫困县31个，占全省108县的28.7%，占全国贫困县的5.2%。国家统计局河南调查总队监测结果显示：2008年河南全面小康实现程度为71.2%，比全国平均水平74.6%低3个百分点；河南农村全面小康实现程度为42.1%，比全国平均水平48.2%低6.1个百分点。在导致河南全面小康实现程度较为滞后的诸多因素里，经济增长方式粗放和效益较差首当其冲。因此，加快中原崛起，必须把转变落后的发展方式作为工作重点，在优化结构、提高效益、降低消耗、保护环境上下工夫，推动经济发展方式转变不断取得扎扎实实的成效。

实现中原崛起要着力破解经济发展方式上的难题

"十二五"是河南发挥优势、实现突破、加快崛起的关键时期。在我国积极应对国际金融危机冲击，全面实施保持经济平稳较快发展一揽子计划的大环境下，河南转变经济发展方式面临前所未有的大好机遇，也面临一系列特殊的困难和矛盾。全省广大干部群众要振奋精神，直面挑战，立足实际，克难攻坚，打赢转变经济发展方式这场硬仗。具体来说，要破解以下五个方面的矛盾。

破解经济结构不合理，产业发展不协调的矛盾。2009年，河南三次产业比重为14.2:56.5:29.3。与全国平均水平10.6:46.8:42.6相比，第一产业高3.6个百分点，第二产业高9.7个百分点，第三产业低13.3个百分点，呈现第一、二产业比重过高，第三产业比重偏低的三次产业结构。从企业规模结构看，大规模企业偏少，小批量企业偏多，产业集中度不高。河南全国500强企业有14家，不及全国平均水平。从产品结构看，2009年轻重工业比例分别为30.7:69.3，显示出河南的产品生产仍然在很大程度上受制于资源型导向，产品结构问题比较突出。

破解企业技术层次偏低，自主创新能力不强的矛盾。统计显示，河南工业产品以重工业产品为主，而主要的重工业产品大多属于基础性上游生产资料产品，

235

终端产品比重较小，这就使河南产品的名牌较少，市场影响力和竞争力不高。而河南产业层次低、企业效益不高、产品结构不合理，归根结底是由于工业企业技术层次普遍偏低和技术创新能力低下造成的。2008 年，河南大中型工业企业研究与试验发展（R&D）经费 89.95 亿元，仅占全国的 3.4%；共申请专利 19090 件，仅占全国受理数的 2.7%；获得授权专利 9133 项，其中发明专利 668 件，占全国的比例分别为 2.6% 和 1.4%，均远低于河南生产总值占全国 5.8% 的比重，由此可见河南企业在知识产权方面与全国相比还存在巨大差距。

破解城乡二元结构突出，城乡发展差距大的矛盾。河南是典型的农业区，也是我国的粮食主产区，为保障全国的粮食安全作出了重大的贡献。但是目前河南农村人口规模大，城乡二元经济结构突出，农业和农村经济发展仍很落后，城乡发展不协调问题仍然严重。2009 年，河南城镇居民人均可支配收入是农民人均纯收入的 2.98 倍。同时，2009 年，河南城镇化水平为 37.7%，低于全国平均水平 8.9 个百分点，排在全国 31 个省、市、自治区倒数第五位，仅略高于甘肃、西藏、云南和贵州。城乡二元经济结构突出，城乡差距较大，给实施扩大内需特别是扩大农村内需战略，尤其是快速走出金融危机带来了一定困难。

破解经济外向度低，经济增长严重依赖投资的矛盾。河南外向型经济发展滞后，外贸依存度较低，经济增长更大程度上严重依赖投资，使得经济发展整体动力不足。2009 年，全国货物进出口总额为 22072 亿美元，河南仅为 134.4 亿美元，仅相当于全国的 0.6%，和国内生产总值占全国比重 5.8% 相距甚远。从经济外向度看，2008 年全国外贸依存度为 59.8%，河南仅为 6.7%，大约相当于全国平均水平的 1/10。河南发展依靠投资拉动的特征也十分明显。如近几年来，固定资产投资对河南经济增长的贡献率均在 80% 以上，每年拉动 GDP 增长 9 个百分点左右。

破解发展方式落后，资源环境约束严重的矛盾。由于在发展经济过程中长期以来沿用粗放型"高投入、高消耗、高排放、低效益"的增长方式，各种资源利用效率普遍较低，资源破坏、浪费严重，致使一些资源产生供需矛盾，有些本来并不充裕的资源供求缺口看大，已经成为河南经济平稳较快发展的严重制约因素。如河南是煤炭大省，但是预计到 2010 年原煤缺口将达 800 万吨，是当年全省原煤总产量的 12%；另据测算，在"十一五"期间，河南耕地和非农建设用地供需缺口 62. 17 万平方米；平水年水资源缺口约 10 亿～20 亿立方米，原油供需约有 40% 的缺口。同时，资源利用率较低，如河南省建设用地是广东省的近两倍，创造的 GDP 仅为广东的 1/2，效益仅是广东的 1/3。河南工业用水的重复利用率只有 40% 左右，远远低于发达国家 75%～85% 的水平。

采取综合措施加快河南经济发展方式转变

综上所述，要实现河南的科学发展，加快中原崛起，就必须针对自身存在的深层次矛盾和问题，采取切实有效的综合措施，加快转变经济发展方式。

加快推进经济结构战略性调整。按照优化需求结构、供给结构、要素投入结构的方向和基本要求，加大统筹城乡发展力度，加快城镇化进程，增加农民收入，缩小城乡差距。按照"有所为，有所不为"的原则，在现有区域板块划分的基础上更为科学、细致地制定河南主体功能定位的空间区划，形成合理的空间开发布局。积极落实国家促进中原崛起规划，围绕构建"两纵两横产业带"的思路，进一步优化河南的空间发展布局。着力增强消费对经济增长的拉动作用，进一步开拓城乡市场，大力培育消费热点，着力扩大服务消费，积极发展新型消费业态，摆脱以往那种过度倚重投资的被动局面。调整国民收入分配结构，着力提高劳动报酬在初次分配中的比重和缩小收入分配差距。健全劳动、资本、技术、管理等生产要素按贡献参与分配的制度，促进收入分配结构合理化。

大力调整和优化产业结构。积极运用高新技术和先进适用技术改造提升传统产业，加快培育战略性新兴产业，加快形成以高新技术产业为先导、基础产业和制造业为支撑的现代产业体系。加快推进钢铁、石化等重点行业的结构调整，积极发展机械、纺织、食品、有色等产业重点项目，促进装备自主化，振兴装备制造业。突出河南发展第三产业的区位优势，优先发展现代物流、金融保险、科技研发、文化创意、工业设计等生产性服务业，促进现代服务业与现代制造业互动发展。大力发展资源的深加工，进一步拉长产业链条，提高工业产业结构度和科技含量，同时，优化调整农业产业结构，加快农业的规模化和市场化进程，形成对新兴第三产业的强大需求，拉动第三产业发展，尽快改变 GDP 过重的局面。

积极推进农业发展方式转变。要以国家粮食战略工程河南核心区建设为契机，继续加大对粮食主产区的投入力度，改善和加强农业基础设施建设，巩固、完善和加强支农惠农政策，落实粮食面积，确保基本农田的稳定。积极推进优势农产品产业带和特色农产品基地建设，不断提高农业科技创新和科技成果转化能力，推进农业科技自主创新。推动农业产业化进程，在粮食产量增加、质量提高的基础上，发展粮食深加工，培育和壮大龙头企业，拉长产业链，增加附加值，带动农民增收。积极支持重点农产品批发市场建设和升级改造，落实农产品批发市场用地等扶持政策，发展农产品大市场大流通，健全农产品市场体系，加快农业市场化进程。

着力提高自主创新能力。增强自主创新能力是转变经济发展方式的核心环节和关键举措。要通过增加研发经费投入、加强财政税收扶持和政府采购等措施，以及完善信用担保、建立中小银行、发展多层次资本市场等途径，构建鼓励科技创新的体制机制。通过组织实施重大领域科技攻关、引进海外高层次科技人才回国创新创业、加快建设科技创新人才培育基地等方式，培养一批高层次科技领军人才，形成有利于增强自主创新能力的科技和人才支撑体系。突出体现以激励技术创新带动整个产业发展的设计思想，建立以促进科技创新为核心的政策体系。妥善处理好引进先进技术与自主创新之间的关系，加大研究与开发的投入力度，增强持续创新的能力。着力推进高新技术特色产业基地建设，扶持发展各种所有制的科技型中小企业。

切实加强生态文明建设。坚持以人为本，深入实施可持续发展战略。牢固树立生态文明理念，广泛开展生态文明创建活动，推行生态文明生产生活方式，大力推进资源节约型、环境友好型社会建设，提升全社会生态文明意识。加大生态文明建设投资力度，加快实施生态工程建设，构建人水和谐的水生态系统和功能完备的森林生态系统，推进生态宜居城市建设和新农村建设，改善城乡生态环境。用生态理念发展三次产业，大力发展循环经济和低碳经济，加快推进节能减排，建立资源节约型技术体系和生产体系。加强生态文明法规体系建设，完善有利于生态文明建设的经济政策，建立生态文明科技支撑体系，强化生态环境执法监督，实行生态文明建设的工作目标责任制，严格考核评价，建立健全促进生态文明建设的长效机制。

参考文献

张锐、林宪斋：《"中原崛起"专题研究》，《中州学刊》2010年第5期。

国家发展和改革委员会地区经济司：《中部地区加快转变经济发展方式的启示》，《中国经贸导刊》2008年第15期。

张锐、林宪斋、喻新安：《国际经济危机背景下的中部经济增长》，引自《中国中部地区发展报告（2010）》，社会科学文献出版社，2010。

禄德安：《中原崛起中政府职能定位的依据与原则》，《经济研究导刊》2009年第30期。

陈爱国：《中原崛起过程中城乡一体化发展制度创新研究》，《河南财政税务高等专科学校学报》2009年第5期。

B.23

以科学发展观统领中原经济区建设

完世伟*

摘　要： 科学发展观的第一要义是发展，核心是以人为本，基本要求是全面、协调、可持续，根本方法是统筹兼顾。中原经济区具有天下之中的良好区位优势、优良的自然生态环境和底蕴丰厚的文化资源，理应在科学发展观的指导下，统筹区域协调发展，推动跨省区域合作，形成区域、城乡经济社会一体化发展新格局。

关键词： 科学发展观　中原经济区

河南省委、省政府提出建设中原经济区并争取上升到国家战略层面的战略构想，符合实际、顺乎时势。要把这一战略构想变为现实，尽快上升到国家战略层面，最关键的是要以科学发展观为统领，从服务全国大局的角度谋划中原经济区的发展。作为东中西互动战略平台，中原经济区通过承接东部的资金、技术和产业转移以及经贸合作、文化交流带动河南、晋东南、冀南、鲁西南、皖西北、鄂北、苏北的发展，不但有利于推进中原经济区与长三角、珠三角、环渤海的区域协作，促进全国区域经济整体布局的完善，凸显中原地区在东部率先发展、东中西部良性互动的区域发展格局中的重要地位和作用；而且有利于加快中原经济区"三化"进程，促使本地经济社会发展水平再上新台阶，为加快中部崛起提供支撑。

一　中原经济区的区域特色

"中原"是我国一个非常重要的地域概念。中原经济区包括三个层次。第一

---

* 完世伟，男，河南省社会科学院经济研究所副所长，研究员。

层次是指河南省及周边地区，北依环渤海，南承珠三角，东接长三角，西连大西北，涉及以河南为主体的七省 29 个城市；第二层次即是指河南省；第三层次则进一步缩小到中原城市群地区。第一层次涉及省份多、地域广，协调困难，在短时间内难以实现，而第三层次相对经济总量较小，难以在全国区域经济布局中发挥承东启西、连南贯北的优势。因而，在未来很长一段时间内，中原经济区更多的是指第二层次，即以河南省为主体的层次。

中原经济区本身就是基于中原独特的区位、文化、农业、人口、资源、基础、后发等方面的优势以及国家区域经济发展布局提出来的，也是践行科学发展观的有益尝试和探索。因此，建设中原经济区，必须建立在对其区域特色与优势的分析基础上，以科学发展观进行统筹。

1. 区位优势独特，战略地位重要

中原经济区位于我国东、中、西部三大地带的交界，也处于长三角、环渤海地区向内陆推进的要冲，交通优势突出，中原地区是全国举足轻重的铁路、公路、航空、通信等综合交通通信枢纽。陇海—京广两大铁路枢纽在郑州交会，以全国少有的大黄金十字交叉形成中原经济区的主干骨架。三横五纵的国家铁路干线与密集分布的铁路支线、地方铁路，共同编织了中原经济区发达的铁路交通网络。以新郑机场为中心，一个半小时航程内覆盖了全国 2/3 的主要城市，3/5 的人口，3/4 的 GDP。国家骨干公用电信网的"三纵三横"和南北、东西两条架空光缆干线，构成中原经济区"四纵四横"的信息高速公路基本框架。国家促进中部崛起规划布局的"两横两纵"经济带中，就有"一纵两横"即陇海经济带、京广经济带和京九经济带位于这一区域。因此，构建中原经济区并将其上升为国家层面的发展战略，不仅有利于河南省经济社会发展水平再上新台阶，为加快中部崛起提供支撑；还可以连通环渤海、长三角、江苏沿海开发、皖江承接产业转移、武汉城市圈和关中地区等其他重要区域发展板块，使我国区域经济整体格局更加完整，对加强中、东、西三大地带联系和促进我国区域经济协调持续发展具有全局的战略意义。

2. 资源优势明显，粮食优势突出

中原经济区内的石油、煤炭、天然气储量丰富，其产量均居全国前十位，电力装机规模居全国第 5 位，发达的能源输送管道和专线提升了能源保障能力，是我国重要的能源原材料基地。钼、钨、镓、铝土矿、天然碱等矿产资源储量位居全国前三，金、银、硅石、水泥灰岩、玻璃用砂等矿产储量也居于全国前列，氧化铝、电解铝、铅、钼、镁等产品产量均居全国首位，甲醇、纯碱、烧碱等化工产品产量分别位居全国第1、3、4位，粗钢、水泥、玻璃以及耐火材料等产业在全国有较强的竞争优势。装备制造业发展基础较好，生产能力位居全国第7位，其中输变电装备、大型矿山设备、农业机械、大型空分设备、轴承等领域主导产品技术水平全国先进，高新技术产业在超硬材料、电子信息材料方面形成了比较优势。交通基础设施建设一直位居全国前列，交通运输综合能力不断增强，全国重要的综合交通枢纽地位已基本确立。"三个基地、一个枢纽"的良好基础使中原经济区能够获得国家中部地区崛起战略的支持，也为全国东中西及南北的沟通打造了桥梁和纽带，并争得了主动权。

中原经济区是我国有着悠久传统的农业大区，也是当今中国最重要的粮食生产核心区。全区耕地面积约1.9亿亩，占全国耕地资源的1/10以上，是全国土地耕种强度最高、农副产品供给能力最高的地区，无论粮食生产还是肉蛋奶产量在全国都具有举足轻重的地位。2008年，该区域粮食总产量9000多万吨，占全国粮食总产量的17%，即1/6强，其中夏粮产量占全国夏粮总产量的近1/2，粮食生产在全国举足轻重。加快中原经济区建设，提升区域经济社会发展水平，将进一步增强粮食稳定增产的内生动力，提高粮食综合生产能力，对于保障国家粮食安全具有不可替代性。

3. 人文资源厚重，开发潜力巨大

中原地区是中华民族的摇篮，华夏文明的重要发祥地，中原文化是中华文化的核心组成部分。地下文物、馆藏文物、历史文化名城、重点文物保护单位数量均居全国第一；考古学文化、中原历史文化、名人文化、红色文化等，博大精深；民间工艺、民俗文化，异彩纷呈。中原文化的优势主要体现在："深"，就是深远、深刻；"厚"，就是历史积淀深厚；"重"，就是内涵厚重、地位重要；"实"，就是中原文化自古形成，不仅有丰富的历史文化资源，也有实实在在的现实成果。当今时代，文化越来越成为民族凝聚力和创造力的重要源泉，越来越成为综合实力竞争的重要因素。文化是根，是民族之根、文明之根、发展之根；文化是魂，是民族之魂、人类之魂、发展之魂；文化是力，是时代发展、人类进步的推动力、凝聚力、提升力；文化是效，不但产生经济效益，更重要的是产生社会效益、社会效应、社会效果。建设中原经济区，有利于通过保护开发传统文

化，弘扬优秀的历史文化，进一步发挥中原文化对经济发展的影响力、支撑力和带动力，使光辉灿烂的中原历史文化成为加快经济发展的加速器和催化剂；有利于进一步促进文化与经济的融合，提升文化软实力；有利于增强对中华文化的认同感，进一步强化社会主义核心价值体系，促进社会的和谐稳定。

4. 后发优势显现，发展态势良好

改革开放以来特别是近年来，中原经济区的主体——河南省的经济社会发展已取得长足进步。历届河南省委、省政府围绕加快中原崛起，大力实施开放带动、科教兴豫、可持续发展战略，加快工业化、城镇化，推进农业现代化，推动河南成功实现了由传统农业大省向全国重要的经济大省和新兴工业大省、由文化资源大省向全国有影响的文化大省的历史性转变，经济社会发展呈现良好的态势、趋势和气势。2009年，河南省生产总值达到19367亿元，经济总量稳居全国第5位、中西部首位，第二、三产业占GDP比重达到85.7%；全部工业增加值9858亿元，总量位居全国第5位，装备制造、有色、食品、化工、纺织服装等行业主要产品产量均居全国前列；城镇化率达到37.7%，"十一五"以来年均提高1.75个百分点，中原城市群综合竞争力位居中西部首位。总体上，中原经济区具有良好的基础设施、产业基础和人力资源条件，开发成本相对较低，后发优势显现。

中原经济区正处于市场经济的转型时期和快速发展阶段，有着巨大的发展潜力和增长空间。一是人力资源开发潜力大。作为中国人口第一大省，劳动力资源丰富，开发潜力大。二是市场潜力大。河南有近亿人口的消费和不断提高的消费需求，为经济增长提供了巨大的内需市场；另外，河南正处于工业化、城镇化加速发展阶段，城乡之间发展的不平衡性为经济发展提供了广阔空间。三是民营经济发展潜力大。与沿海发达地区相比，河南省民营经济规模总量偏小，总体实力不强，只要营造良好环境，破除发展障碍，民营经济就能快速发展。四是外贸增长潜力大。多年来，河南的出口额在全国所占的比重始终不到1%，出口依存度不及全国水平的1/10，不仅与沿海省份差距十分明显，即使与中西部的部分省份也存在差距，因此，将出口培育成为拉动经济增长的可持续动力，潜力巨大。充分发挥区位、市场、人力资源等优势，建设全国重要的先进制造业和现代服务业基地，成为支撑中国经济持续发展的战略腹地，在支撑中部崛起、密切东中西联系、服务全国大局中发挥更大作用。

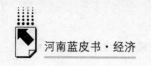

　　总体上看，依托现实基础，整合要素资源，建设中原经济区，形成支撑中国经济持续发展的战略腹地，具有十分重大的意义。

二　中原经济区建设需要科学发展观引领

　　河南省及周边省份与河南省相邻的地区，多处于各主体经济地域的边缘地带，其经济社会发展面临各种不同的问题。通过构建中原经济区，深入贯彻落实科学发展观，在科学发展上率先探索，先行一步，可以在支撑中部崛起、密切东中西联系、服务全国大局中发挥更大作用。

1. 经济发展总体上滞后，"三农"问题突出

　　改革开放30多年来，以往的区域经济"非均衡发展"战略，在取得惊人成就的同时，也使得"均衡发展"问题迫在眉睫。在科学发展观的指引下，全国区域经济版图已形成东部率先、中部崛起、西部开发和东北振兴的"四大板块"，以及长三角、珠三角、环渤海等"八大经济圈"。在中部六省中，湖南有长株潭经济区、湖北有武汉城市圈、安徽有皖江经济带、山西有天中—关水经济区等，唯独中原是一个"塌陷区"。

　　改革开放以来，中原经济区经济社会发展取得了长足进步，已经具备较好的产业基础，能源工业、食品工业、装备制造业等在我国具有重要的地位。但与东部沿海地区相比，人均经济水平、民生水平和工业化、城镇化水平明显偏低，呈现明显的"塌陷"现象。2008年，中原经济区人均GDP只有17000元左右，比全国平均水平低5000多元，只是全国平均水平的3/4；人均财政收入只有800余元，仅为全国平均水平4600元的1/5多；第一产业占15%左右，比全国平均水平高出4个多百分点；第三产业只占30%左右，比全国平均水平约低10个百分点。城镇居民人均可支配收入12000余元，比全国平均水平低近3000元；农民人均纯收入4300多元，比全国平均水平低近400元；城镇化率30%左右，不到全国平均水平的2/3。

　　中原经济区是我国有着悠久传统的农业大区，也是当今中国最重要的粮食生产核心区。但与此对应，由于长期以农业这个弱势产业为主，这一区域的"三农"问题比全国其他地方都显得更加突出，城乡二元结构的矛盾比全国其他任何地方也要大得多。2008年中原经济区实际拥有人口1.7亿左右，其中，农业

人口达 1.2 亿多，约占全国农业人口的 15.4% 以上。河南作为中原经济区的核心部分，是全国第一农业大省、第一粮食大省、第一农村劳动力输出大省、第一粮食转化加工大省，人多地少、农业比重大、农村人口多，"三农"问题更为突出。加快这一区域发展，既事关亿万中原人民切身福祉，也关系到全国全面建设小康进程大局。

有鉴于此，中原经济区的建设需要在科学发展观的指导下，加强同东西部各区域和区域内部的协调发展。着力保障国家粮食安全，探索不以牺牲农业和粮食为代价的"三化"协调科学发展路子；着力调整经济结构，提高经济发展质量和水平；着力深化改革，扩大开放，增强发展活力；着力改善和保障民生，全面发展社会事业，促进社会稳定和谐，形成全国经济发展的重要增长极。

2. 跨多个行政区，需要统筹协调

经济区是不完全以行政区划为界限的，而是以经济内在联系、经济关联为特征。尽管当前对"中原经济区"的内涵、覆盖范围说法不一，对其与行政区域的关系也有不同理解，但是不能否认其覆盖面广，突破了多个行政界线的限制。中原经济区以河南为主体，涵盖周边，是具有自身特点、独特优势、经济相联、使命相近、客观存在的经济区域。该区域包括河南全部以及晋东南、冀南、鲁西南、皖西北、鄂北、苏北等周边地区，涉及七省 29 个地级行政单位，是一个不同于行政区划的具有地缘经济利益的区域经济共同体。区域内经济发展水平也参差不齐，地区差异大。既有经济较发达的中原城市群地区，也有黄淮四市等落后地区。因此，既要加强同珠三角、长三角、京津冀和西部地区的统筹、协调，又要统筹区域内部的协调发展，推动跨省区域合作，形成区域、城乡经济社会一体化发展新格局。此外，还要兼顾经济发展与民生改善、生态环境保护等目标的协调。

3. 粮食安全与小康社会建设需要统筹

农业是国民经济的基础，粮食安全始终是关系我国国民经济发展、社会稳定和国家自立的全局性重大战略问题。中原经济区是我国粮食主要产区，承担着保障国家粮食安全的重任。但是现在的现实问题是，谁生产粮食谁吃亏，粮食大县往往是财政穷县、粮食大省往往是财政穷省。中原经济区主体河南的粮食生产占到全国的 1/10 还要多，夏粮更是占了 1/2，连续十年居全国第一，但河南的人均 GDP 在全国排名却比较靠后，粮食大县即财政穷县、粮食大省即财政穷省的

困局依然没有根本改观。随着工业的进一步发展，很多地区都从粮食主产区的名号下走了出来，但中原经济区肩负着国家粮食安全的重大使命，必须把粮食作为战略产业，要继续在国家粮食安全中发挥更大作用。

作为核心地带和中国的缩影，中原能否如期完成全面建设小康社会的任务将直接影响全国小康社会进程。中原经济区主体河南经济发展水平较低，人口负担巨大，小康建设总体进程明显低于全国平均水平。在评价全面建设小康的主要指标中，2008 年河南经济发展类指标只达到 53.2%，低于全国 14.6 个百分点，尚不及 2002 年全国平均水平；城镇化率只有 36.0%，落后全国 9.7 个百分点。同时，研发投入、第三产业比重、城乡居民收入、基本社会保险覆盖率、文化教育事业和生活质量等项指标的实现程度都比较靠后。鉴于此，中原经济区建设必须在科学发展观指导下，统筹兼顾，逐步建立起粮食生产稳定增长的长效机制，率先走出一条新型工业化、新型城镇化与粮食安全"双赢"的全新发展道路。

三 统筹中原经济区建设的对策与建议

构建中原经济区是事关河南长远发展的重要战略构想。我们要站在国家加快推进中部地区崛起战略大局的高度，充分认识构建中原经济区的重大意义，深入调查研究，加强战略谋划，重视运用科学发展观来进行指导和统筹中原经济区发展，促进中原的对外开放、协调发展、全面繁荣。进而在支撑中部崛起、密切东中西联系、服务全国大局中发挥更大作用。

1. 提升认识，科学谋划

构建中原经济区，符合全国经济发展战略部署，反映全省人民的期盼和要求。建设中原经济区有利于强化内陆经济支撑、完善全国区域经济布局，有利于河南在中部地区崛起中更好地发挥作用，有利于加速中原崛起、河南振兴。我们要把中原经济区战略作为一项全局性、综合性的系统工程，深入思考、深化研究，谋划和解决一系列重大问题。比如，要认真研究中原经济区的概念内涵，正确把握中原经济区的基本思路、区域特性；要研究战略定位，正确把握中原经济区在全国经济格局中的地位、作用和功能；要研究目标任务，把中原经济区战略同"十二五"规划结合起来，确定科学合理的战略目标；要研究战略重点，正确把握中原经济区的产业布局、资源配置、发展趋势，进一步廓清与中原经济区有关的重大理论和实践问题，力争尽快形成既体现历史传承又承载未来发展，既体现国家需要又反映河南特色的科学规划。要紧紧抓住中央促进中部崛起的宝贵机遇，准确把握区域经济发展特点和规律，在思想上、行动上与省委、省政府合力合拍、同频共振，推动中原经济区战略早日付诸实践，推动中原经济区早日上升为国家战略。

2. 持续集聚，强化一极

当前区域间经济实力的竞争已经演化成城市实力的竞争，尤其是中心城市的竞争。集中力量发展壮大中心城市，是河南积极应对挑战、提升区域经济竞争力的重要着力点。因此，中原经济区要成为我国经济的又一个具有发展潜力的地区，河南要成为此区域发展的重要力量，必须要整合资源，进一步把包括郑州市区及所辖市（县）、开封市区及开封县、郑汴新区在内的郑汴都市区作为中原经济区的核心增长极，继续提升洛阳副中心地位，以中原城市群"一极两圈三层"空间结构为依托，加强与周边地区的合作，促进"企业集中布局，产业集聚发展，资源集约利用，功能集合构建，人口向城镇转移"，持续集聚生产要素，提高发展效益。在都市中心区重点发展现代物流、金融、现代商贸、商务服务、会展等现代服务业，建设高等教育园区和职业教育园区；在周边区域培育发展汽车、现代装备制造、食品等优势产业集群和基地。近期，以郑汴新区发展建设为突破口，进一步完善功能，加速产业和人口集聚，形成组团式、网络化的复合型城镇密集区，密切内在联系，放大整体优势，增强发展活力。

3. 项目带动，注重运作

要持续项目带动，不断完善项目策划、生成、储备、落地的机制，优化投资结构，提高固定资产投资中的重点项目比重、重点项目中的工业项目比重，进一步集聚各种要素资源，促进各项工作落实；坚持品牌带动，建立品牌培育、运营、管理、保护的长效工作机制，创建一批地区性、全国性、国际性的知名品牌，全面提升发展层次；力求创新带动，发挥自主创新引领和服务发展的支撑作用，完善鼓励自主创新和科技成果产业化的体制机制，提升各类创新平台功能，打造创新载体品牌，加快科技成果转化为现实生产力；注重服务带动，增强服务意识，千方百计为企业排忧解难，采取多种政策措施，支持企业发展，切实提高为基层、为企业服务水平。积极争取中央和国家部委更多、更大的支持，促进中原经济区建设在全国大格局中有位置，在大项目中有数量，在大政策中有支持。

4. 统筹协调，开放合作

目前，我国正处在从过去的行政区之间的经济竞争，开始向跨行政区域的区域合作转变，以交通、能源、原材料产业等为基础的经济一体化的区域合作的格局正在形成，中原经济区是在这种合作格局下应运而生的。打破行政壁垒、推动生产要素的自由流动和城市间合理分工，不仅是形势发展和应对全球化挑战的要求，而且是经济区的本质特性所决定的。

中原经济区独特的地理位置，要求积极参与长三角和珠三角的区域分工与协作，加快在连接各区域的通道、产业延伸对接、扩大边界贸易等方面的建设，同时积极参与西部大开发，努力推动省际经济和区域经济的密切合作和协调发展；中原经济区对外开放的后发优势，要求更多更好地吸引外资，进一步扩大商品和服务贸易，全面提高对外开放质量和水平。

为了贯彻落实中原区域合作，巩固和扩大区域合作成果，提升区域合作质量，加强统筹协调，及时沟通情况，协调问题，应当建立起促进区域互动和整体发展的机制，包括中原经济区所涉及的 29 个城市和珠三角、长三角、京津冀在内的区域经济联盟和协作体系建设，以及中原区域合作联席会议制度（以下简称联席会议），协调各地区的发展。目前主要是在能源、交通、旅游、农业、劳务等方面加强周边其他城市的合作与无缝对接，打造成为全国经济发展的重要增长极，充分利用国家宏观战略利好因素，实现优势互补、资源共享，不断提高区域整体效能，促进区域经济健康快速发展。

5. 创新机制，激发活力

要推进体制机制创新，增强中原经济区的发展活力、创造活力和机制活力。以解放思想为先导，进一步创新发展思路、发展方法、发展模式，树立加快发展、转型发展、创新发展、开放发展、绿色发展、和谐发展的理念。健全和完善长效机制，确保中原经济建设顺利推进。把握好改革措施出台的时机和节奏，着力解决影响发展的深层次问题，消除体制机制性障碍。围绕中原经济区建设各项重大举措，不断完善配套政策，有效破解经济社会发展难题。强化科技创新，建设以企业为主体、市场为导向、产学研紧密结合，要素完备、配置高效、协调发展、充满活力的自主创新体系。强化督察机制，建立科学合理的考核体系和考核办法，完善绩效评估体系，做到每项工作有布置、有督查、有评估。完善激励机制，认真总结各级各部门在推进中原经济区建设实践中形成的好经验、好做法，及时归纳提升，交流推广。

6. 依法行政，营造环境

要按照转变职能、权责一致、强化服务、改进管理、提高效能的要求，加强对行政行为的监督和问责，强化市县政府依法行政，增强依法行政执行力和公信力，建设对人民负责的政府。切实加强基层和基础工作，着力改善投资软环境，规范各类税费征缴，依法保护投资者合法权益，改进政府服务，转变工作作风和工作方式，提高办事效率，为各种所有制经济健康发展创造良好条件。优化政府职能配置，创新政府管理机制，建设服务型政府，切实提高公共服务能力。坚持科学运作、依法依规运作，正确履行经济调节和市场监管职能，加强和改善宏观调控，完善公共政策体系。加强干部队伍建设，认真实施公务员法，切实提高干部谋划发展、统筹发展、推动发展的本领和群众工作、公共服务、社会管理、维护稳定的本领。加强直接面对群众和企业的"第一道门槛"的效能建设，积极推广各种行之有效的便民服务方式，抓好纠风工作，确保政务规范、政事清明、政风端正。强化大局观念，加强协调配合，推行有效管理，确保政令畅通。严格执行党风廉政建设责任制，坚持忠诚履责、尽心尽责、勇于负责、敢于问责，真正做到责随职走、心随责走，树立为民、务实、清廉的良好形象。

四 需要处理好的几个关系

中原经济区涵盖经济社会发展的各个方面、各个领域，必须坚持以科学发展观为指导，对中原经济区战略进行统筹协调、科学谋划，并处理好以下几个关系。

1. 中原经济区与中原城市群的关系

中原城市群与中原经济区是核心与腹地的关系。建设中原经济区，既要继续发挥好中原城市群的引领带动作用，又要突破行政区划界限，形成若干带动力强、联系紧密的经济体，实现优势互补、携手发展、合作共赢的新局面。

2. 中原经济区与中原崛起的关系

中原崛起是战略，"中原经济区"是实现中原崛起的思路，是"中原崛起"的延伸和深化。"中原崛起"战略要具体化，就是要建设"中原经济区"。

3. 中原经济区与中部地区崛起的关系

建设中原经济区与中部崛起发展规划是局部和整体的关系，建设中原经济区不是对中部崛起战略规划的替代，而是在新的区域发展格局正在形成的背景下，对国家区域发展布局的丰富、完善和深化，中原经济区将成为中部崛起的战略支撑。

4. 中原经济区与周边区域发展的关系

要进一步研究中原经济区与周边区域发展的互补性、融合性，推动中原经济区植根中部，覆盖周边，成为经济相连，优势互补，产业结构衔接配套，生产要素自由流动，资源禀赋充分发挥的共同体。

5. 中原经济区与改善民生的关系

建设中原经济区，主体是人民群众，发展成果由人民群众共享。我们要进一步研究中原经济区与人民利益的密切联系，通过中原经济区建设，更好地解决人民群众就业、就学、就医和社会保障等热点难点问题，切实保障和改善民生，让群众得到实实在在的利益。

6. 中原经济区与"十二五"规划的关系

中原经济区和"十二五"规划的发展方向、战略目标、实现途径是一致的。要把中原经济区建设和"十二五"规划紧密结合起来，力争使这一战略列入国家"十二五"规划之中，通过下一个五年规划的实施，推动河南经济发展能够达到和超过全国平均水平，基本实现工业化，在支撑中部崛起、服务全国大局中发挥更大作用。

关于郑州市新农村建设的调查与思考

——以洞林湖新农村建设的荥阳模式为例

马炳林* 李 武 付书敏 田太广

摘 要： "政府主导、企业运营、群众参与、专家顾问"的新农村建设荥阳模式，把以民为本、惠民、富民为宗旨，以"产业复合、环境优美、文明现代、原生态"为特征的"田园城市"为建设目标，通过依托自身的资源禀赋优势，按照市场模式，引进社会资本，实现了农民、政府、投资商、市民的四方共赢，打造出了具有自身造血功能的新农村，改善了农村的人居环境，使农民在生活和生产方式上实现了转变，探索出了一条城乡一体化的新路子。

关键词： 新农村 荥阳模式 经验启示

十七大报告指出：走中国特色农业现代化道路，建立以工促农、以城带乡的长效机制，形成城乡发展一体化新格局，坚持把发展现代农业、繁荣农村经济作为首要任务。十七届五中全会把"推进农业现代化、加快社会主义新农村建设"作为"十二五"时期发展的重大任务之一。这些既为各级政府进行社会主义新农村建设实践提供了强大的理论指导和前进的方向，同时也对社会主义新农村建设提出了更高的要求。2006年以来，郑州市高度重视新农村建设工作，把其列入郑州市实现经济社会跨越式发展八项重点工程之一，成立了新农村建设工程指挥部，并启动了"百村示范、千村整治"工程，派出千人工作队帮助100多个示范村开展新农村建设。按照"突出重点，整村推进"的工作思路，在全市确

---

* 马炳林，男，荥阳市委常委、组织部长。

定了若干个重点示范村，集中力量给予引导扶持。通过一系列有效的部署措施，不断加大城乡统筹和"以工促农、以城带乡"的力度和长效机制建设，目前郑州市农村已形成了以城市化带动城镇化、以城镇化带动中心村、以中心村带动近邻村的统筹城乡发展的新态势。

郑州市在新农村试点示范中，针对农村实际情况，按照中心村、新型农村社区、综合整治村三种模式以及城中村、城郊村、纯农村和贫困村四种类型进行分类指导，助推示范村产业发展和村庄建设。如中牟县官渡镇十里铺村、刘集乡徐庄村等纯农村，通过发展产业、富裕农民建设新农村；金水区龙子湖办事处任庄村、惠济区花园口镇花园口村、大河路办事处宫庄村等近郊村，通过发挥区位优势建设新农村；新密市来集镇陈沟村、超化镇黄固寺村则通过社会帮扶、企业家捐资建设新农村。与以上几种模式不同的是，郑州荥阳贾峪镇洞林湖中心示范村走的则是"政府主导、企业运营、群众参与、专家顾问"的荥阳模式。通过在原宅基上建社区式新村，基本农田上搞现代农业，培育旅游景点实施第三产业拉动的做法，引起国家八部委新农村建设政策研究课题组的重视，对此进行了专题调研，并给予了高度评价。《中华新闻报》、《中国改革报》、《河南日报》、《郑州晚报》、《大河报》、《东方今报》等多家媒体进行了报道。即使在当前和今后一段时期，这种新农村建设的荥阳模式，对于如何发展现代农业、加快社会主义新农村建设，落实十七届五中全会精神和河南省委提出的"四个重在"的要求，都具有典型的实践意义和借鉴价值。

一 洞林湖新农村建设荥阳模式的主要做法

贾峪镇洞林湖新农村建设示范区辖洞林寺、周垌、邢村、郭岗、鹿村5个行政村，涉及14个自然村落，1642户、近6000口人，区域面积6.6平方公里。法国皮埃尔度假酒店、中新合作洞阳学校、内地和香港合作湿地公园已经签约，宜家、特流物、奥特莱斯正在商洽，搬迁安置、土地流转顺利进行，截至目前，郭岗15栋安置房，邢村12栋安置房，周垌3栋安置房，鹿村一期11栋和洞林一期22栋安置房已交付五个村的群众入住。投资近亿元的洞林湖景观大道已经建成通车，拟投资400万元安装太阳能路灯400盏，目前已安装200盏；项目区周垌村内道路1公里，云岭山庄公墓道路1.5公里已经修通；洞林湖生态城邢村至郭岗段内环线北环道路 2 公里已开始路面修建。观光设施农业方面，以绿化苗圃和鲜切花为主的花卉基地已建成 1200 亩。主要做法如下。

1. 以民为本，和谐共建，争取群众的理解和支持

一是加强宣传教育，细化操作规范。为切实做好群众工作，争取广大群众的拥护和支持，贾峪镇政府从被拆迁户的切身利益和实际困难出发考虑问题，先后制订出《搬迁补偿安置方案》、《房屋及附属物补偿标准细则》、《关于签订搬迁补偿安置协议的奖励办法》、《关于搬迁补偿安置过程中有关问题的处理意见》、《关于搬迁安置补偿结算协议签订的程序说明》、《迁坟通知》、《关于洞林"五村联建"项目区内正常用电的申请》、《关于贾峪镇新农村建设工程项目区提前搬迁有关事宜的通知》、《关于洞林湖"五村联建"有关问题的通知》、《洞林湖新农村五村联建工作近期村民关注问题 30 问》、《新农村建设搬迁安置 30 问》、《关于近期洞林湖新农村建设过程中农户最关心问题的解释》等一系列方案、通知、问答等资料，让群众看得明白，知道得清楚，并对群众还不清楚的地方进行仔细讲解。张贴洞林湖区域新农村建设标语 300 多条，悬挂条幅 100 条。对于提前搬迁的农户，根据《贾峪镇新农村建设安置补偿方案》具体规定，在规定时间内搬迁的农户，每户可得到现金 5000 元，临时居住费每人每月 200 元，预发半年，到期未住进新房的按季再发给，每户还可得到搬家费 1000 元，超出 4 口人的，每口人增加 150 元。为了确保提前搬迁农户的利益，对于提前搬迁农户对原财产总额进行全额保全，如因故未取得新房的，政府将按照农户原财产总额支付。同时，在鹿村东南侧建一处高品位、占地 70 亩综合性公墓——云岭山庄，内设停车场、祭拜堂、骨灰存放处。并按自然地形设有永乐园、祥乐园、安乐园、康乐园、福乐园，公墓绿化面积占总面积 70%，而且交通便利，规划合理，既科学美观，又集当地民俗风水为一体。

二是加强组织协调，发挥党员干部的模范带头作用。在五村建设中，五村全部成立了由各村选出的代表组成的质量监督小组，抓工程质量一丝一毫都不放松，一定要做出让群众满意的工程，让群众放心的工程。为加大五村联建的组织、协调、监督工作，书记、镇长经常亲自到工地视察指导工作。2010 年初，镇党委、镇政府适时成立了五村联建党总支，总支成员工作在村里，办公在工地，走访在农户家中，全力以赴开展工作。通过积极召开各种会议，推进工作开展。每周一下午洞林湖指挥部召开由包村领导、包村干部、五村书记、主任和新田公司项目部人员参加的工作例会，每周五下午准时召开各村质量小组会议，随时到各村施工现场进行安全检查，并召开现场会和工程进度推进会等各种会议，积极协调解决建设工程中遇到的各种问题，听取干群意见，新农村建设指挥部先后出台了《规范质量监督小组工作意见》、《关于解决洞林湖等五村新农村建设施工过程中的有关问题的通知》等文件，督促工程建设。针对少部分群众违反政策，在已经流转的宅基地上盖房、在承包的农田上耕种，对区域内所种庄稼进行损坏和放牧等现象，五村分别在醒目位置张贴新标语240条，跨路醒目横幅40幅，出台了《关于洞林湖五村联建有关事宜的通告》、《关于洞林湖新农村建设有关绿化事宜方面的通告》，并对有关通告录制成碟放在宣传车上深入五村进行宣传。同时，党总支成员走到现场，深入到户，向群众进行耐心细致的讲解，劝阻他们不做不利于发展的任何事，对于已造成事实的（新栽树木、临建房等），如不自动拆除、消除负面影响，采取硬措施给予制止，并给予打击。为了确保该项目的建设高质量高标准地向广大农户交出满意的楼房，安置区内所有施工（包括围墙、土方、水电、设备、劳动用工、施工用料等），任何人不得以任何理由干扰正常工作。以"创先争优"活动为契机，发挥共产党员的模范带头作用，在五村村委分别召开全体党员会、村组干部会和群众大会，通过全体党员宣誓、领学《关于洞林湖"五村联建"有关问题的通知》，观看《华西之路》和《五村联建》专题片，向群众解释有关其关心的问题等形式，以此起到教育大多数农户的作用，目前大部分群众已经理解和支持新农村建设正朝健康方向发展。

三是推行"4+2"工作法，建设民主和谐新农村。"4+2"工作法开展以来，根据洞林湖新农村建设进程，我们积极引导村民，抓住工作重点，把工作中出现的有关问题提交到群众代表大会上进行决议，吸引广大干部群众积极参与村组事务，群策群力，用新方法解决洞林五村的难题。一要积极解决了户口迁入、地租如何发放等问题。为争取到新农村建设中发放的地租和其他福利，户口已经迁出并且常年不在洞林湖五村居住的个别群众，甚至是出嫁的姑娘在外落户后，提出种种条件，努力把自己的孩子户口想方设法也迁回原村。以往为照顾大多数群众的根本利益，村书记、主任拒绝了一些群众的不合理要求，致使部分群众把矛头指向村干部。"4+2"工作法实行后，有效解决了这样的难题，给群众一个明白，还干部一个清白。二要积极解决了二次拆迁过程中的问题。在二次拆迁过程中，包村领导、包村干部和村组干部尽职尽责，在酷热天气逐家逐户登门详查细谈，了解村民的真实想法，认真做好群众工作。在拆迁工作所剩户数不多，所留尾数存在房子质量好、要求条件较高，兄弟分家老宅如何处理等情况下，为使工作局面有所新突破，洞林、鹿村村两委把问题摊在群众面前，广泛征求群众意见，把"4＋2"工作法和农村家庭联户代表制度有机结合，最后使这些群众顺利拆迁。三要积极运用"4＋2"工作法酝酿分房方案。根据洞林湖新农村建设工程进展情况，洞林湖"五村联建"党总支提议各村要做好分房方案的制订。洞林湖"五村联建"指挥部依据各村的分房方案，拿出洞林湖五村综合分房方案，再分发到该村讨论再决定。经过几个回合反复后，确保制订出成熟的分房方案。

2. 土地承包，加快流转，实现土地资源效益最大化

加快农村土地流转，是解决"三农"问题的有效途径，是集中建设农村居民小区的必要条件，也是增加农民收入、积聚新农村建设资金的重要来源。洞林湖新农村建设可耕种农田4900亩，村庄宅基占地1086亩，"四荒"、道路占地和水面面积3500多亩。如何有效整合土地资源，实现土地流转，是加快项目推进的关键。为此，贾峪镇积极探索土地流转的新途径，依据国家的土地政策和项目区内土地种类的实际情况，在农民自愿的基础上，严格按照土地承包的有关政策和法律法规进行土地流转，流转后的土地不改变土地用途，仍然从事绿色农业、观光农业的发展，使农田发挥更大的效益。在土地流转过程中，加快农业产业结构调整，改变传统、单一的耕作方式，大力发展设施农业、成品农业等，逐步实现农业规模化、产业化经营。每亩土地流转后，每年农民可受益800斤原粮，农民实际得到的地租，除以前耕作的土地，还包括四荒土地和道路占地，这样农民所得地租的地亩数，远远高于土地流转前实际耕种的地亩数，而且每年的地租先发放后使用，保证按时足额到位，有效保证了农民的根本利益。通过土地流转，近6000名村民已全部获得每年定期发放的地租收入，该地租标准高于当地丰产年份的年产量，农民实际得到的地租可增近一倍，但农民却省去了种子、化肥、农药、灌溉、收割费用和平日的农田劳作。置换出来的土地用于生态农业、旅游观光、休闲度假、酒店餐饮等配套项目的开发利用，外来消费人流的拥入又将创造规模巨大的消费市场，给当地居民发展第三产业提供绝佳商机，达到守土者增收、离土者致富、共同富裕的目的。

3. 产业支撑，促民增收，增强区域经济发展的可持续性

产业发展是地方经济的助推器。只有引入新产业、新项目，才能实现地方经济的可持续发展，实现农民持续增收。在洞林湖新农村建设项目中，贾峪镇始终坚持以产业发展为支撑，促进传统农业向休闲经济发展，培植生态产业，走可持续发展之路。一是以文化提升产业。把现代化与传统产业相结合，增加传统产业的文化附加值，通过建设农村记忆馆以及举办樱桃节、洞林寺庙会、农家乐等活动，变单一的农业生产为吸引市民体验、休闲的文化活动，使文化产业与农业产业相得益彰。二是以旅游促进农民致富。支持洞林湖周边的农户按照统一规划，采取自主经营、与别人联营等方式，发展乡村旅游，推出游玩、休闲、体验等多种旅游项目，具备"食、住、行、游、购、娱"功能，满足了不同游客的需求。三是以产业支撑农业。洞林湖项目区将新一代商业、高质量教育、终极版置业、便利型旅游、高效率会议培训、都市型现代农业、特色餐饮、旅游度假、现代农业、教育医疗、生态商业、生态居住等收纳其中，促进当地经济社会发展，实现自我造血功能。四是以品牌塑造形象。不断推出洞林湖品牌的商品和服务项目，增加无形资产，增强区域发展的可持续性。

4. 安排就业，强化保障，解除农民后顾之忧

只有让一方百姓安居乐业，才能保持一方的和谐稳定。洞林湖新农村建设支持农民创业，保障农民就业，实现农民生活方式的创新，实现农民离土不离乡，进场（园艺场、游乐场、商场等）不进城，就地市民化，解除农民后顾之忧。示范区内现代农业、旅游、商业、教育、娱乐、文化产业、休闲度假、会展、科研、服务等合理配比，形成一个有机的产业链，项目建成后将达到7万人左右，完全可以保障当地农民就业，并可创造出更多的就业岗位吸纳周边地区的人群来发展就业。对于有创业欲望的村民，支持其创业，提供创业环境、搭建创业平台，从资金、培训、商业机会等方面给予支持；对于大多数农民，给予就业保障，为其提供如保安、保洁、农业工人、园林师、园丁、水电工、餐饮服务员、宾馆服务员、导游、电器维修员等多类岗位。同时，积极构建农村保障体系，把农民全部纳入了新型农村合作医疗，90%的农民参加了社会养老保险，使农民同城里居民一样享有养老金，生活困难的农民可享有"互助基金"。

二 洞林湖新农村建设荥阳模式的基本特征

1. 政府主导，把握方向，创造性地推进新农村建设

为加快新农村建设步伐，彻底改变贫穷落后的面貌，2006 年开始，在荥阳市委、市政府的大力支持下，贾峪镇结合自身实际，大胆探索，创新思维，认识到利用好资源、打造好环境也是生产力，只有通过放大自身紧邻大都市的区位优势，以及独特的自然旅游资源，按照生产要素配置市场规律，吸引企业资本参与，发挥社会各界的积极因素，才能真正建设好社会主义新农村。贾峪镇洞林湖景区文化底蕴丰厚，自然资源优越，生态环境和自然景观较好，适合开展观光旅游、休闲度假、生态农业、生态教育、特色商业等产业，具有建设新农村的自然禀赋优势和基础。围绕洞林湖景区分布着洞林寺、邢村、周垌、郭岗、鹿村等 5 个村，群众居住零散，大小地块不均，如果能把这五个村土地集中流转，联合起来开发建设，既能节约开发成本，又能集约土地资源，实现土地增值，带动当地经济发展。正是基于这样的考虑与分析，经过科学论证和规划设计，最终确定了洞林湖"五村联建"的方案。

2. 巧借外力，企业经营，破解建设资金的瓶颈问题

推进新农村建设，从其融资方式来看，一种方式是政府投资，另一种方式是村民自筹资金。从规划的科学性、资金的使用效率、发展的可持续性方面来看，这两种方式都存在很多问题，且不具有推广价值。洞林湖新农村建设同样遇到资金难题，"五村联建"所有土地在农民自愿的基础上实行流转，进行统一规划，整合开发，涉及生产农业、休闲度假、旅游观光、酒店餐饮等产业，为过剩劳动力提供就业和创业的平台，这样一个宏伟工程，建设资金哪里来，成了整个新农村建设的瓶颈问题。单靠政府投资无疑是杯水车薪，靠农民自身的力量也不切实际，"等、靠、要"都是行不通的，怎么办？只有寻求外资注入，引进企业运营模式。贾峪镇积极探索，大胆尝试，紧紧依托洞林湖周边优美的生态资源和深厚的人文资源，放大优势，通过网上招商、推介招商、主动上门联系合作伙伴等多种形式，经过多方考察，多轮谈判，最终选定社会信誉度高、资金实力雄厚、社会责任感强的河南新田置业有限公司作为合作伙伴，达成了合作框架协议。新田置业公司斥资 50 亿元，按照市场运作模式，开发建设洞林湖新农村。

3. 专家参与，科学规划，发挥规划的先导作用

在洞林湖新农村建设过程中，贾峪镇立足项目实际，始终把规划作为一项中心工作来抓，按照城乡统筹发展的原则，对洞林湖新农村建设进行高水平的规划，做到项目规划与荥阳市及郑州市城市发展规划和产业发展规划相结合。同时，坚持不以牺牲环境资源为代价求发展，坚持严格的环评，做到既满足当代人的需求又不危及后代人生存条件，实现洞林湖进行新农村建设的可持续发展。为此，先后聘请了英国奥雅纳公司、清华大学建筑设计研究院、河南省社会科学院、河南农业大学、北京绿维奇景观设计有限公司、上海奇皇建设咨询有限公司、上海拜纳环保科技有限公司等21家单位对洞林湖区域深厚的人文资源和山水资源进行规划设计。并多次聘请权威人士直接参与规划指导，引入专家论证长效机制。清华大学教授张翼、人居环境专家徐东辉、河南农业大学博士生导师范国强、河南财经学院著名区域经济专家李新安、省国土资源厅政研室主任于树森等都先后到洞林湖进行新农村调研指导。最终确定了以生态农业、教育科研、休闲产业、居住度假、旅游观光、生态娱乐和生态商业有机结合为发展方向，将洞林湖新农村建设成一个融星级酒店、大型购物、医院、学校、科研、休闲观光农业和旅游为一体的现代生态田园城镇。

4. 群众参与，彰显民主，以群众满意作为最高标准

基层政府的一切工作都离不开群众的直接参与和支持，如何充分彰显民主，表达民意，引导群众理性表达诉求，是征得群众对新农村建设支持的关键和前提。项目实施以来，每星期一召开工作例会，协调解决在建设过程中出现的各种矛盾和纠纷，全方位为新田置业公司搞好项目服务。定期不定期地召开党员和群众代表会议，对《搬迁补偿安置方案》、《房屋及附属物补偿标准细则》等一系列方案和通知进行详细的问答式讲解，发动群众广泛参与，征集干群不同意见，并把"4+2"工作法和家庭联户代表制度结合起来，协调解决群众最关心最关注的问题。

三 洞林湖新农村建设荥阳模式的经验与启示

1. 荥阳模式创新了建设社会主义新农村的思维方式

荥阳模式在政府投资和村民自筹资金两种传统新农村建设融资模式之外，通过依托自身的资源禀赋优势，按照市场模式，引进社会资本，破解了新农村建设的资金难题，实现了四方（农民、政府、投资商、市民）共赢，打造出了具有自身造血功能的新农村，使农民不但在生活方式上实现了转变，而且在生产方式上也实现了转变，在提高农民生活水平的同时，提高了整个社会的产出效率，并且具有生态环保和可持续性的特点。

2. 荥阳模式探索了建设社会主义新农村的新路子

荥阳模式实现了"生产发展、生活宽裕、乡风文明、村容整洁、管理民主"的社会主义新农村建设目标，不仅改善了农村的人居环境，改变了农民的生活习惯，也改变了传统的单家独户、低产低效的农业生产方式，将文化产业巧妙地与农业产业嫁接，引导农业生产经营规模化、产业化、工业化，大力发展都市休闲经济，使土地产出效益大幅提高。"荥阳模式"为农民构建的经营、就业、保障平台，使农民变单纯依靠种植农作物收入为多渠道增收，例如通过土地流转、农宅出租收取租金，通过经营农家乐、到农业生产加工企业打工赚取薪金，达到社保条件后可按月领取养老金或低保金，还可报销医疗费，从而保证了农民增收的稳定性和持续性。

3. 荥阳模式是近郊农村推进城乡一体化发展的有效途径

荥阳模式采用市场化配置资源的方式，找到了推进城乡一体化的切入点，使农村就地变城市、农民就地变市民，不仅解决了农民离乡进城后带来城市日益膨胀、城市设施不堪重负的问题，也加快了农村基础设施建设步伐，改善了农村人居环境，保持了良好的生态植被，建成了城市绿地，为农民搭建了致富增收的平台，为市民打造了开放式休闲公园，没有后续的管理成本，实现了多赢。"荥阳模式"让农民就地享受城市化的文明成果，成为令人羡慕的"新市民"，探索出了一条城乡一体化的新路子。

4. 荥阳模式打破了城乡二元结构

荥阳模式不是简单地把农民从农村户口改变为城市户口，把城乡一体化仅仅停留在农民身份的转变上，而是促进城乡的相互渗透。一方面，城市的就业、培训、保障、救助、教育等政策和制度延伸到了农村，城市居民纷纷到洞林湖新农村从事经营活动，将城市理念、城市文明、城市新风带到了农村；另一方面，农民出租房屋后，到城市居住，亲身体验城市生活规则，培养市民意识，自觉地融入城市生活。这种双向互动，更直观、更生动地促进了农民向市民转化，加快了城乡一体化进程。

总之，这种"政府主导、企业运营、群众参与、专家顾问"的新农村建设新模式，改善了农村的人居环境，改变了农民的生活方式，促进了城乡的相互渗透交融，为加快城乡一体化进程提供了有益的尝试和探索。

B.25

从农业现代化的一般规律
看加快发展河南现代农业

生秀东*

摘　要：农业现代化一般规律的实质性特征是：市场化、专业化、规模化、集约化、合作化、社会化和产业化。从农业现代化规律的要求看，要加快发展河南现代农业：第一，坚定不移地推进农村市场化改革，为现代农业发展提供制度前提；第二，加强基础设施建设和科技创新，突破农业资源短缺的约束；第三，构建现代农业产业体系，提升河南现代农业发展的产业水平；第四，健全农业组织体系，实施龙头带动，提升河南现代农业的经营水平；第五，加强对新型农民的培养，为现代农业提供人力资本支持。

关键词：农业现代化　现代农业　市场化　专业化　产业化

一　农业现代化的一般规律

（一）现代农业的内涵

现代农业是相对于传统农业而言的，它是工业化发展到一定阶段的必然产物。舒尔茨认为现代农业是广泛使用现代生产要素的农业。而传统农业则是工业革命以前"完全以农民世代使用的各种生产要素为基础的农业"，其根本特征是技术长期不变，生产效率非常低。传统农业向现代农业的变迁，是通过现代生产要素替代传统生产要素实现的，即用化肥、农膜、农药、灌溉、良种、农机、电

---

* 生秀东（1965～），男，河南南阳人，硕士，河南省社会科学院研究员。

力、生物技术、人力资本等现代要素，替代人力、土地等传统要素，从而实现农业生产效率的大幅度提高。所以，现代化农业是一个动态的、相对的概念，在不同的历史阶段，工业技术水平不同，现代生产要素的种类和内容是不一样的，所以现代农业的内涵随着科技进步呈现一个不断变迁和发展的趋势；而且不同的国家和地区，农业发展面临的资源禀赋不同，社会经济环境不相同，现代生产要素对各种传统要素的替代弹性就不一样，因而各个国家和地区现代农业的具体形式呈现差异性和多样性。所以，现代农业的内涵一般是指处于一个时期和一定范围内具有现代先进水平的农业形态。具体就是指用现代工业力量装备的、用现代科学技术武装的、以现代管理方法经营的、生产效率达到现代先进水平的农业，既是充分利用现代的生产要素的农业，也是农业生产商品化、专业化、产业化、社会化程度不断提高的农业。

（二）农业现代化的一般规律

尽管世界各国农业现代化的具体道路各自不同，但现代农业的基本内涵是一样的，发展过程遵循农业现代化的共同规律。现代农业是高度商品化和市场化的农业，市场机制始终是推进农业现代化的动力机制。

在世界各国工业化和城市化过程中，工业和服务业与农业相比，生产率更高、收益更大，剩余劳动力从农业部门逐步转移出去，农业劳动者在总就业人口中的比例不断下降，农业劳动力平均拥有的耕地面积逐步增加，经营农业有利可图，开始从事适度规模经营或者规模经营，农业的自然经济成分减少，农业产出的商品化程度增加，市场化程度加深。农业的规模经营和农业的集约化及专业化程度关系密切，只有适度的规模经营才能承载现代生产要素的集约化投入和农产品的专业化生产。因此，舒尔茨总结了改造传统农业的途径：用现代的生产要素来替代传统的生产要素。弗农·拉坦的诱致性技术变迁理论则进一步指出了要素替代的技术路线和完善的市场机制在农业生产要素替代中的基础性作用。诱致性技术变迁理论认为：农民受相对价格变化引诱寻找那些节约稀缺资源的农业技术，农民对这些技术的需求影响政府公共部门努力研究发展这些新技术，要素供给商受利益诱导努力提供这些相对稀缺的现代农业技术投入品。如果价格不能正确反映要素的稀缺性，技术进步就可能与要素稀缺状况不一致，从而导致农业发展的无效率。农业技术变迁方向无论是劳动节约型、土地节约型还是中间类型，

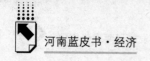

都与一个完善的市场机制的引导有着必然的联系。

农业生产在市场需求和市场竞争的作用下，会出现进一步的分化和演进。农业专业化沿着横向演进到区域或地区专业化，沿着纵向演进到农艺专业化。

区域专业化就是农业生产在地域上的分工，即在一定的地域范围内专门生产一种或少数几种农产品。这就是河南农业当前出现的特色和优势农产品产业带，例如豫北的肉鸡产业带，豫南的水禽产业带等。近年的实践显示，农业专业化向区域专业化的演进过程首先发生在高附加值农产品的生产上，诸如蔬菜、果品、养殖业从以前的副业地位而演变为专业化生产，一大批专业户出现，并逐步发展成为专业村、专业乡、专业片，即区域专业化。

工艺专业化，是指农业生产全过程的分段专业化，一个农业企业专门负责其中的一项作业或工艺阶段。工艺专业化正是河南当前出现的农业产业化经营：传统的种养业向产前、产中和产后等相关产业演进，农业再生产过程各环节服务分工更加细化，围绕农业生产派生出很多相互关联的产业，形成农业生产的产前、产中、产后的产业集群。农业的产业链条越来越长、环节越来越多。

区域专业化和工艺专业化相结合，在一定区域内逐步形成以产业链、产业带、产业群为基础的社会分工体系和市场体系，创造出市场竞争中的区域经济优势，一方面带动产业集聚，引导技术、人才、资金等各种资源不断向优势区域集中；另一方面，区域内部专业化分工继续演进，产业链不断延长，分化出新的企业和衍生出新的产业。各个产业或环节互为市场，联系密切，从而形成完整的农业产业体系。农业专业化生产由于有了社会化服务体系的支持，可以大大提高经济效益。

健全的农业产业及产业体系，必须有健全的农业生产经营主体及农业产业组织支撑体系。否则，只能是空中楼阁。从微观角度看，在市场竞争的环境中，各个经济主体通过发展专业化生产而不断提高竞争力，没有市场主体的专业化分工活动，就没有真正的现代农业产业体系。

总之，农业现代化一般规律的实质性特征是：市场化、专业化、规模化、集约化、合作化、社会化、产业化。发展主体是专业农户、合作社、龙头企业等中介组织和政府。要加快发展现代农业，就必须把发挥政府引导支持功能与市场配置资源的基础性作用结合起来。

二 河南现代农业的发展现状与问题

河南是全国第一农业大省、第一粮食大省、第一农村劳动力输出大省，也是全国重要的经济大省和新兴工业大省。改革开放三十年来，农业和农村经济取得了显著成就，可以说具备了向农业现代化迈进的基本条件。主要表现在以下几个方面：一是农业生产条件不断改善，农业综合生产能力不断提高。2009年全省农田有效灌溉面积为503.3万公顷，占耕地面积的69.88%，旱涝保收田达到405.1万公顷，农田水利建设的不断完善，增强了农业生产抗御自然灾害的能力。平均每公顷耕地化肥使用量为835公斤，优质复合肥使用量逐年提高。2009年河南省粮食产量1078亿斤，粮食总产连续7年创历史新高，连续4年超过1000亿斤，为保障国家粮食安全作出了重要贡献。2009年，畜牧业生产稳定增长。全年肉、蛋、奶产量分别增长6%、3%和1%，全省畜牧业实现增加值913.15亿元，占农业增加值的32.98%。二是机械化水平明显提高。2009年，全省农业机械总动力达到9817.90万千瓦。主要农业机械中，大中型农用拖拉机达到24.69万台，小型农用拖拉机达到365.53万台。农用排灌动力机械为158.21万台；农用水泵为215.03万台；全省联合收割机拥有量为12.43万台，结束了镰刀割麦的历史。全省实际机耕面积达到811.8万公顷，占耕地面积的比重达到76.4%；机播面积为848.8万公顷，为农作物播种面积的59.9%。三是农业产业化经营快速发展，优势凸显。到2010年，全省有国家重点龙头企业39家，省重点龙头企业562家，市重点龙头企业1000多家，其中年销售收入1亿元以上的500多家，30亿元以上的有10家；全省农产品加工企业已发展到3万多家，规模以上农产品加工企业达4856家。河南已经成为全国最大的肉类加工基地和速冻食品生产基地，食用菌、味精、方便面和调味品产量均居全国首位。通过发展农业产业化，河南正由"中国粮仓"变为"国人厨房"。四是科技对农业增长的贡献率不断提高，成为推动农村经济发展的重要因素。这些有利条件为现代农业建设奠定了坚实的基础。

虽然河南农业发展取得了较大成就，但必须看到，当前河南现代农业发展仍然面临诸多困难，存在诸多障碍因素。

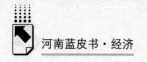

（一）经营规模太小，致使农业生产率低下

全省人均耕地 1.05 亩，不足全国平均水平的 80%，不及世界平均水平的 20%、美国的 1/230，而人均产出更不及世界平均水平的 1/70、美国的 1/80，农业劳动生产率的低下，直接造成农业生产成本偏高，在国际市场上失去了竞争力，而且农户超小型的经营规模，地块零散，限制了先进技术的采用，尤其对"规模性技术"的采用会产生严重阻碍，如机械技术、生物技术、化学除草技术、病虫害综合防治技术和中低产田改造技术等现代农业技术，农户根本无法单独采用。

（二）农田水利设施薄弱

据省统计局对 17 个省辖市 48 个县（市、区）144 个行政村的农田水利设施的调查表明，由于多种因素的制约，我省农田水利设施在建设和管理当中还存在不少薄弱环节。一是水利设施年久失修，老化严重。被调查的 144 个村中四成以上的机电井为 20 世纪 80 年代以前所建，70% 以上的坑塘、堰坝及小型水库则为 70 年代以前所建，经过几十年的运行，由于疏于管护，年久失修，毁坏严重。二是部分工程标准低、质量差，利用率低。三是重建轻管，毁坏严重。特别是一些小型水利工程长期以来处于无管理机构、无管理人员、无管理经费的"三无"状态，导致部分设施毁坏严重。被调查的现有农田水利设施当中无专人管护的占 47.4%。四是重大轻小，投入不足。

（三）农业生产技术和手段落后，造成农业产量低，农产品品质差

在市场上缺乏竞争力。许多农产品由于不符合国际标准和农药残留量高，即使低价也难以卖出。农业技术落后的原因，除了农户的因素外，也与农业科研和推广体系的不完善有关。一方面，农业科研和技术推广是一项公益性事情，投资多、见效慢、外部经济效应显著，所以企业和个人不愿投资，必须由政府大量投入和组织，才能得到及时改善并发挥规模经济效益。从目前情况看，各级政府对农业科研和推广的投资经费太少，是农业技术落后的主要因素之一。另一方面，现行的行政化农业科研和推广体制，弊端丛生，与市场机制不相适应，科研和推广工作不以"市场需求为中心"，而是以"技术为中心"，致使农业科

研在低水平上重复，也导致科技成果的转化率低。这是农业技术落后的另一个重要因素。

（四）农户经营分散，组织化程度低

主要表现为合作社的组织规模偏小，经济实力弱，带动能力有限，既不利于农户从事专业化商品生产，也不利于农户对新技术的采用。当前由于市场化改革的滞后，统一的市场体系还未形成，价格生成机制也不完善，买方垄断的格局还未打破。在这样的市场环境中，农户的组织化程度低造成了两个方面的影响：一方面，小农户在市场上面对买方垄断者讨价还价的地位软弱，易遭受垄断盘剥，不利于农户自身利益的保护。另一方面，众多的农业生产者与少数买主，构成了过度竞争的市场结构，极易形成破坏性价格竞争，放大和加剧了市场风险，抑制了农户采用高新技术进行专业化生产的冲动。

（五）农业产业化经营仍有差距

农业产业化与先进省份如山东省相比，还有较大差距，企业规模小，产业链条短，导致农业综合效益低下，不利于增加农民收入和提升农业自我发展的能力。农产品加工业的发展具有引导农业生产和开拓市场的双重作用，是增强农产品市场竞争力和促进农产品顺畅流通的关键环节。因此，现代农业需要有发达的农产品加工工业的支持。

（六）高素质农村劳动力少，制约就业转移以及发展现代农业

调查资料显示，2009 年，平均每百个农村劳动力中，高中及以上文化程度数量所占比重：河南为 17.1%，山东、浙江分别为 22.7% 和 20.2%，初中及以下劳动力数量所占比重则均高于这两个省。调查同时表明，河南高收入农户中的高中及以上文化程度劳动力所占比重为 25.2%，明显高于中等收入户的 16.1% 和低收入户的 13.3%。劳动力文化程度高低与农民收入水平呈明显的正相关关系。河南农村劳动力整体素质低下，不利于就业转移以及发展现代农业。而且随着青壮年劳动者的大量外出务工，在家搞生产的多是妇女和老人，普遍知识贫乏，观念陈旧，接受新事物的能力弱，导致农业发展的活力不足。

三 加快发展现代农业的政策建议

发展现代农业的重要任务就是要突破资源和市场的双重约束，引入现代生产要素，持续提高土地产出率、资源利用率和劳动生产率，提升农业发展能力和市场竞争力。结合河南农业的发展现状，需要多种政策措施并举，实现现代农业的快速发展。

（一）坚定不移地推进农村市场化改革，为现代农业发展提供制度前提

从要素市场和产品市场两个方面考虑，今后农村改革的方向，应该是建立健全农村土地流转市场、金融市场、劳动力市场、农产品市场和农业生产资料市场。

土地流转市场。进一步明晰土地产权关系，加强土地承包经营权流转管理和服务，建立健全土地承包经营权流转市场，促进土地使用权流转市场的形成机制，按照依法自愿有偿原则，允许农民以转包、出租、互换、转让、股份合作等形式流转土地承包经营权，发展多种形式的适度规模经营。

农村金融市场。目前，为农村提供的金融服务严重不足，农村资金外流严重，农民"贷款难"普遍存在。建立健全农村金融市场，就是要创新农村金融体制，加快发展适合农村需要的金融服务，为农村发展提供充足的资金支持。要制定农村金融的支持政策，放宽准入标准，加强监管，发展各种新型农村金融机构，引导更多资金投向农村。

劳动力市场。要统筹城乡劳动就业，加快建立城乡统一的人力资源市场，加强农民工权益保护，逐步实现农民工劳动报酬、子女就学、公共卫生、住房租购等与城镇居民享有同等待遇，实现城乡资源共享和生产要素的优化配置。

农产品市场。加快推进批发市场升级改造，建设市场营销网络。在市场网络建设规划上，扶持建设规模大、辐射面广、带动能力强的区域性产地和销地批发市场，使之成为农产品市场流通的价格形成中心、信息传递中心和产品集散中心，由此带动市场体系的完善，逐步形成结构完整、功能互补的市场网络。大力发展现代流通方式，支持农产品物流、连锁经营、电子商务、网上交易等流通方式的发展，提高市场交易效率。

农业生产资料市场。农业生产资料市场，要打破垄断，鼓励竞争，发展连锁经营和物流配送等现代流通方式，完善农业生产资料流通体系。开展农资打假专项整治行动，打击制售假冒伪劣种子、肥料、农药、兽药、饲料的违法行为，维护农资市场秩序。

（二）加强基础设施建设和科技创新，突破农业资源短缺的约束

继续加大对农业农村的投入力度，切实加强农村基础设施建设。要建立农业公共品的政府投入制度，确定政府在农业公共品供给上的主导地位，为现代农业提供投入保障。具有农业公共品属性的项目有：农业教育、科研和科技推广体系，乡村交通、电力、通信和农田水利等基础设施，农产品市场等各类信息的收集、加工和传播等。这些都是现代农业的基础性工程，而且投入多、见效慢，必须由政府投入和组织，才能得到及时改善。

加强农田水利设施建设。建设防洪除涝骨干水利工程，搞好大型灌区节水和续建配套、山丘区微集水工程、机电井、水土保持、淤地坝及小型水利水保工程建设，提高抵御自然灾害的能力。加强水资源保护，实现水资源的可持续利用。加快中低产田改造，建设高标准的基本农田，不断提高土壤肥力。加强节水灌溉、人畜饮水、乡村道路、农村沼气等"六小工程"建设，不断改善农业生产条件和生活条件。

加大农业科研和推广的投资力度。农业科研和技术推广体系只有以政府投入为主，主导其运行和发展，才能推动进一步的技术创新。首先，明确农业科技为社会的公益性事业，继续保持各级政府对农业科技财政拨款的主渠道地位。确定农业科研和农业技术推广投资的最低增长幅度，加快农业科技创新体系和现代农业产业技术体系建设。科技投入的重点领域是：生物技术、信息技术、耕地质量提升技术、食品安全和标准化、农产品深加工。其次，加强农业技术推广体系建设。面对分散的广大农户，要改革管理体制，引入竞争机制，构建起以公益型农业技术推广机构为主导的多元化农业技术推广服务体系。实行"科技人员直接到户、良种良法直接到田、技术要领直接到人"的农业科技推广新机制。特别要加强县级推广部门的建设，使之成为向上连接各级科研机构，向下连接农业龙头企业、农村合作社、专业农户、示范农户、村级农民技术员的纽带，提高农业科技推广能力。

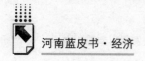

（三）构建现代农业产业体系，提升现代农业发展的产业水平

农业的竞争力取决于其产业体系的竞争力。经过多年的发展，河南已经初步形成了优势突出的农产品产业带。如豫北的肉鸡产业带，豫南的水禽产业带，京广铁路沿线瘦肉型猪产业带，中原肉牛、肉羊产业带，豫东平原奶业养殖产业带和黄河滩区绿色奶业示范带。也形成了颇具特色的农业产业带，如花卉苗木、茶叶、中药材、食用菌和桑蚕等特色农产品产业带。这些产业带是本省在全国市场中具有竞争优势的农产品生产和加工基地。要继续推进农业结构调整，完善农业产业体系，引导加工、流通、储运设施建设向优势产区聚集，进一步提升市场竞争力。

加强粮食核心区建设。当前全省已经形成了具有比较优势的粮食生产产业带：豫北豫西优质强筋小麦生产基地、豫中优质中筋小麦生产基地、豫南淮河两岸优质弱筋小麦生产基地等。要认真组织实施"国家粮食战略工程河南核心区建设规划"，确保国家粮食安全。还要继续发展食品加工业，构建全省食品加工体系，延长粮食产业链，提高粮食生产的规模化、集约化和产业化水平，发展粮食经济。

（四）健全农业组织体系，实施龙头带动，提升现代农业的经营水平

积极发展农民专业合作社。要按照服务农民、进退自由、权利平等、管理民主的要求，扶持农民专业合作社加快发展，使之成为引领农民参与国内外市场竞争的现代农业经营组织。一要加强规范化建设，改造现有的合作组织。二要制定政策，加强对合作社的扶持。

大力发展农产品加工业，发展企业集群。要围绕农产品优势产业带建设，建立一批产业关联度大、精深加工能力强、规模集约水平高、辐射带动面广的龙头企业集群。要进一步提升现有企业的规模和技术水平，完善产业链条，形成发展合力。积极开展招商引资，吸引鼓励国内外大型龙头企业投资河南，带动农业产业化的快速发展。

（五）加强对新型农民的培养，提升广大农民的科技文化水平

要加大投入和扶持力度，普遍开展农业生产技能培训，扩大新型农民科技培

训工程和科普惠农兴村计划规模，组织实施新农村实用人才培训工程，把更多的农民培养成现代农业经营主体。这就是舒尔茨倡导的人力资本投资。积极探索建立政府扶助、面向市场、多元办学的教育培训机制。要整合农业职业教育资源，充分发挥职业学校、农广校、农函大等农民技术教育培训主渠道作用，广泛运用现代媒体和远程教育手段，扩大农民科技培训的覆盖面。力争培养出一批种养专业大户、科技示范大户，造就传统农业向现代农业跨越的人才队伍。

参考文献

西奥多·舒尔茨：《改造传统农业》，商务印书馆，1987。

速水佑次朗、弗农·拉坦：《农业发展的国际分析》，中国社会科学出版社，2000。

张晓山：《走中国特色农业现代化道路是历史发展的必然要求》，《农村工作通信》2007 年第 12 期。

吴海峰：《加快推进河南现代农业发展的若干思考》，《中共郑州市委党校学报》2008 年第 3 期。

河南省统计局地调队：《对若干"三农"问题的调查与分析》，河南统计网。

河南省统计局地调队：《对"十二五"期间河南农民增收问题的数量分析》，河南统计网。

毕朱、柳建平：《我国现代农业建设中应避免的几个误区》，《经济体制改革》2008 年第 3 期。

B.26
以扩大消费需求加快河南
经济发展方式转变

杜明军*

摘　要：扩大消费需求对河南加快经济发展方式转变具有战略意义。目前，河南消费需求存在着投资率偏高而消费率偏低、社会消费品零售额对经济的贡献相对偏低、农村市场销售比重持续下降、政府和企业消费不足等突出问题；受到收入增长滞后于经济增长、收入差距依然较大、消费环境的不成熟、社会保障体系不健全等因素的内在制约；导致经济增长依赖投资和出口拉动，并产生一系列问题，使得粗放型的经济发展方式难以转变。因此，需要通过增加就业机会，提升消费能力，改变消费预期，培育消费热点，改善消费环境，以扩大消费来转变经济发展方式。

关键词：消费需求　河南　经济发展方式

一　扩大消费需求对河南加快经济
发展方式转变的战略意义

（一）扩大消费需求是河南加快转变经济发展方式的客观要求

从经济增长拉动力变化的一般规律看，消费成为经济增长的主要拉动力是有其客观性的。通常在经济起飞阶段，投资是实现经济快速增长的决定性因素，投资的增长就成为经济发展的主要拉动力。随着经济发展水平的提高，生产能力的

---

* 杜明军（1965～），男，河南巩义人，河南省社会科学院副研究员，博士。

扩大，特别是"出口替代"战略的实施，出口对经济发展的拉动力得到明显提升，使经济增长转向主要由投资和出口来拉动。在实现了经济起飞以后，人们的收入水平和生活质量得到了显著改善，国内的消费能力明显增强，消费对经济发展的拉动作用不断提高，消费、投资、出口共同成为经济增长的拉动力，并且消费将逐渐成为最主要的拉动力。这是经济增长拉动力变化所表现出的规律性特征。经过30多年的改革开放，河南的经济实力显著增强，经济总量在全国已跃居上游，在中部具有举足轻重的地位，因此，在新时期新阶段，把消费作为经济增长主要拉动力的条件已经具备，扩大消费需求，是加快转变经济发展方式的客观要求。

（二）扩大消费需求是加快转变经济发展方式的重要动力

消费作为社会总需求的最主要构成部分，在合理的经济增长率区间内，当消费需求旺盛时，经济增长率就会高，也就会使经济形势呈现良好的发展势头；而当消费需求不足，也就是所谓"高积累，低消费"出现时，就很难拉动经济增长。一旦消费需求增长慢于 GDP 增长，便会导致消费率的不断下降，从而使消费对经济发展的贡献度不断下降。而当消费增长过快并迅速超过国民收入的增长，比如出现消费超前、过度借贷消费等问题时，消费与生产的正常比例同样会遭到破坏，经济发展也会遭受打击，这时不仅消费会成为无源之水，而且过度需求还会带来不同程度的经济危机。这就是说，生产与消费关系的不平衡、不协调，都会使商品或资本的正常流通受阻，并且导致整个经济形势的低迷，使社会的正常发展受到影响，经济发展方式转变就会失去动力。因此，无论是从消费的市场特点，还是从消费的文化特性抑或是交换的公平性出发，消费需求都是加快转变经济发展方式的重要动力，消费需求本身作为转变经济发展方式的原动力都应该具有恰当性与合理性。

（三）扩大消费需求是加快转变经济发展方式的基础条件

在整个社会再生产过程中，生产是起点，消费是终点。生产决定消费，消费对生产起着巨大的反作用，在一定意义上具有决定性作用。市场上形成的城乡居民对各类商品的需求，其总量的持续增长与需求结构的不断提升，是确保一国或地区经济持续、稳定和健康发展的基础性条件，是较为成熟的市场经济中经济增长的主导因素。作为一种强大的具有内在稳定作用的需求力量，消费的变化较投资相对平稳，对经济发展既有直接的又有间接的稳定拉动作用。通过消费自身，规定或引导着经济向广度和深度进军。通过消费作为最终需求能拉动中间需求，即消费能拉动投资需求，投资又拉动经济增长。因此，注重扩大消费，使生产的产品更多地进入消费领域，相应降低用于投资和出口比重，将有利于缓解以至避免生产能力过剩的矛盾，减少外贸出口摩擦和外贸顺差增长过快而带来过多的外汇储备和过剩的银行流动性，从而有利于实现国民经济良性循环，避免大起大落的波动。反之，如果消费需求不足，投资需求过旺，在不能及时有效消化的情况下，会引发银行坏账的增加以致通货膨胀的到来，经济增长就可能重蹈过去几十年经常发生的国民经济大起大落的覆辙，无法实现经济发展方式的转变。

（四）扩大消费需求是基于加快转变经济发展方式的劳动者素质提高要求

经济发展方式的转变是通过劳动者来实现的，推动经济增长同时也是推动经济发展方式转变的主体是劳动者，经济发展方式转变的进程和效果，在很大程度上有赖于劳动者素质的提高和改善。劳动者素质的提高和改善需要由消费提供基础和条件。衣、食、住、用和行等物质消费水平的改善，能增强劳动者素质，健全体魄，提高劳动者身体健康素质；增加健康有益的精神文化消费，能使劳动者获得文化知识，提高劳动技能和劳动能力，而且能拓展劳动者精神生活空间，实现劳动者能力与素质的全面发展。如果劳动者的消费一直停留在食物、衣着等必需的基本用品上，没有非物质的文化、教育消费或者此类消费所占比例很低，只能造成从事简单劳动的体力型劳动者，不可能形成有文化知识的智能型劳动者。从一定意义上说，高素质的劳动者是靠消费创造的。发达国家的劳动者素质普遍高于发展中国家，原因之一就在于由人均收入决定的消费水平不同。因此，努力提高劳动者收入，扩大消费需求，调整消费结构，改善劳动者素质，提高劳动生产率，对加快经济发展方式转变具有重大现实意义。

二 河南扩大消费需求面临的突出问题和矛盾

（一）投资率偏高而消费率偏低

根据中国长期经济发展的经验来看，现阶段的消费率在 65% 左右，其中居民消费率在 50% 左右比较合适。① 但据河南的统计数据显示，近年来河南居民消费占 GDP 的比重不断下降。消费率由 1978 年的 65.7% 下降到 1994 年的 53.9%，再下降到 2009 年的 44.9%；其中，居民消费率由 1978 年的 57.88% 下降到 1994 年的 41.83%，再下降到 2009 年的 32.08%，为历史最低水平；与国家平均水平以及与其他国家的消费率相比，河南的消费率明显不足。1978、1994、2009 年中国的平均消费率分别为 62.1%、58.2%、48.0%。1993~2004 年，高收入国家为 78.4%，中等收入国家为 73.5%，低收入国家为 81.2%。② 因此，河南的消费率大大低于世界平均水平。

（二）社会消费品零售额对经济的贡献相对偏低

2010 年河南社会消费品零售总额对河南经济增长的贡献率，1~6 月份为 34.77%，1~9 月份为 32.7%；而 2010 年河南投资对经济增长的贡献率，1~6 月份为 54.87%，1~9 月份为 55.14%；均远远高于社会消费品零售额的贡献。

近年来，党中央、国务院及时出台一系列扶持农业生产的政策措施，加上农产品涨价等因素，农村居民家庭人均现金收入，2010 年 1~6 月为 2599 元，较上年同期增长 10.5%；1~9 月份为 4275.8 元，增长 11.6%，实际增长 8.7%。但农村市场的发展仍然不尽如人意。2010 年农村居民消费品零售额占社会消费品零售总额，1~6 月份为 42.39%，1~9 月份为 41.38%，呈下降趋势。

（三）政府和企业消费不足

消费包括政府消费、企业消费和个人（居民）消费。随着经济发展，政府集中了很多资源，企业手中集有大量的未分配利润。从地方财政支出来看，2010 年 1~9 月份，河南一般公共服务、科学技术、社会保障与就业支出分别比上年增加 1.0 个、37.4 个、11.8 个百分点；而教育、文化体育与传媒、医疗卫生和环境保护支出分别比上年下降 0.7 个、0.8 个、3.7 个和 1.1 个百分点。此外，

---

① 王天义：《扩大居民消费是转变经济发展方式着力点》，中央党校经济学部政治经济学教研室，源自：人民网，http://news.sina.com.cn/c/2010-10-14/131121275003.shtml，2010 年 10 月 14 日。

② 程瑞华：《消费在今年能否挑大梁》，源自：金融时报网，2008 年 2 月 22 日；新浪财经，网址：http://finance.sina.com.cn/g/20080222/03554533670.shtml。

企业在条件允许的情况下往往进行扩大再生产，用于员工的消费性支出往往极低。在居民收入增长持续低于 GDP 增长的情况下，政府和企业消费不足必然会影响到整个社会的消费。

（四）收入差距依然较大制约了消费需求

随着河南经济整体水平不断提高，居民收入差距依然较大。具体表现在：一是城乡之间收入差距扩大。2010 年 1～3 月份、1～6 月份、1～9 月份，城乡居民收入比（以农村为 1）分别为：3.28∶1、3.11∶1、2.78∶1；而 2009 年同期，城乡居民收入比（以农村为 1），依次对应数值分别为：3.46∶1、3.16∶1、2.83∶1，数值虽有缩小，但差距依然非常明显。二是不同行业职工收入差距扩大。如金融、保险、邮电等垄断性经营行业，随着市场经济的发展，业务量突飞猛进，获取了高额利润，并把其中的一部分以不同形式分配给职工；而一些依靠财政补助、微利经营的基础性行业的发展，因为国家财政占 GDP 的比重逐年下降而受制约，如农林牧渔业和地质水利业发展缓慢。居民收入差距的扩大，将导致经济增长的成果不断向少数人手里集中。由于少部分高收入家庭目前消费已处于饱和状态，房子、车子、家用电器应有尽有，其边际消费率逐渐递减。而大多数社会成员受收入水平的限制，造成消费能力不足，从而导致整个社会的消费倾向降低。

（五）消费环境的不成熟影响了居民消费

一是市场信用水平较低，尤其是在部分县级市场和农村市场，假冒伪劣产品仍充斥市场；二是部分厂商售后服务体系不完善，主要表现为售后服务网络不健全、服务承诺不到位、服务及时性较差等；三是市场监管体系不健全，主要是部分法制的不健全及落实不到位等造成市场监管乏力；四是农村消费市场体系不尽完善，包括市场载体发展不平衡，零售商品网点多、连接产销的批发市场少，传统的销售方式多、新兴的流通方式少，水、电、通信基础设施发展滞后等；五是社会保障体系不完善，居民忧患意识难以改变。

（六）社会保障体系不健全影响居民消费

消费者的即期消费不仅取决于现期的收入，也受未来收入和支出预期的影响。随着现阶段住房、教育、医疗等制度的改革，人们对失业、养老、住房、子女教育、看病等这些与自身利益密切相关的支出预期压力增大，为防范风险，居民储蓄不断增加，消费需求减弱。2010年河南金融机构人民币存款余额快速增长，1月末为19933.62亿元，较年初增长758.57亿元；3月末较年初增长1963亿元、6月末较年初增长3241.79亿元、9月末较年初增长3975.37亿元。可见，居民消费的防范心理对消费需求的影响不可低估。

三 以扩大消费需求促进河南加快经济 发展方式转变的对策建议

（一）千方百计扩大就业

通过调整经济和就业政策、增加职业培训和再就业培训资金投入、扶持和鼓励中小企业发展，创造更多就业。通过调整经济政策、制定法律规定、实施优惠政策、提供资金支持、增加就业形式等办法不断扩大就业，包括大力发展信息通信技术，扩大第三产业的就业领域，注重发展社区服务业、餐饮业和各类所有制的中小企业等就业容量大的劳动密集型产业，鼓励劳动者自主创业和自谋职业；积极通过加强环境保护来创造新的就业机会，在保护环境的同时实现可持续的经济发展。要为青年学生提供能够边工作边提高技能的学徒岗位；对失业人员进行再就业短期培训，并提供更好的咨询服务，以便找到合适的工作；对小型企业进行指导，通过"匹配投资"资助的方式来实现职业培训和支持就业项目。要清除现存社会保障机制中不利于创办中小型企业的障碍，简化法律和行政程序，加大对科技创新行业的支持，增强劳动力市场的灵活性，使中小企业能够在提供新的就业机会方面发挥更大的作用。

（二）切实提高消费能力

认真落实促进就业再就业的各项政策，重点解决体制转轨遗留的国有企业、集体企业下岗失业人员再就业问题。加强检查，督促企业落实好最低工资制度，研究推行小时最低工资制度。通过减税、退税、提高个税起征点、让国家承担更多的社会保障资金的募集责任等办法建立工资正常增长机制。以扩大就业和加强工资管理为重点，促进城镇中低收入者增加收入。适时合理提高最低工资标准，建立和完善工资指导线，保证非垄断行业的工资平均增速要快于经济增长速度。要确保最低工资标准与本地经济发展同步增长。建立企业欠薪保障制度或实行工资备付金制度，解决拖欠职工，特别是农民工工资问题，确保职工工资按时足额发放。稳定农产品价格和生产，增加农民的经营性收入；鼓励农民外出务工、本地非农就业和回乡创业，增加工资性收入；继续扩大和完善对农业生产"直补"和社保补贴，提高农民的转移性收入。创造条件让更多群众拥有财产性收入。保持股市的健康发展，扩大股市的财富效应。

（三）着力消费预期

健全和完善社会保障、减轻居民教育、医疗负担，是消除居民扩大即期消费后顾之忧的治本之策。要继续巩固"两个确保"，规范城市低保工作，逐步提高保障标准。适应就业形式的发展变化，不断扩大养老、医疗、失业等社会保险覆盖面，加快提高统筹层次。解决关闭破产国有企业退休人员参加医疗保险资金来源问题。积极探索建立和完善农村社会保障体系，有条件的地方要努力建立农村最低生活保障制度。合理确定对农民的征地补偿标准，妥善安置失地农民，并为他们提供社会保障。要进一步加大对农村义务教育的投入，扩大免收杂费、对贫困家庭学生免费提供课本和寄宿生生活费补助的范围，并逐步在全国实现免费义务教育。合理确定高等教育收费标准，完善国家和社会资助家庭经济困难学生的制度。稳步推进城镇医疗卫生体制改革，合理确定药品和医疗服务价格，遏制乱用药、乱检查、乱收费，遏制居民医疗支出负担过快增加。加快新型农村合作医疗试点，扩大试点范围，提高对参加合作医疗农民的补助标准。加强城乡医疗救助体系建设。

（四）积极培育消费热点

培育和扩大住房、汽车、通信、旅游等消费，是促进居民消费结构升级和扩大消费的重要方面。切实落实稳定住房价格的各项政策措施，进一步规范房地产市场秩序，增加普通商品住房供应，加快经济适用住房建设，完善廉租住房制度。落实住房体制改革的配套政策，合理确定职工住房补助标准。在加快完善住房一级市场的同时，积极培育二级住房市场，在住房以小换大、以旧换新方面提供便利。改进住房供应，提高住宅质量，规范商品房销售行为。进一步完善住房公积金制度，完善住房消费信贷。根据不同消费群体的住房消费需求特点，制定一些配套的激励优惠措施，促进居民住房消费。制定鼓励生产、购买和使用经济型轿车的政策，取消对小排量汽车使用的限制，规范汽车维修服务业，加强停车设施的规划和建设，不断提高交通管理水平。规范电信业竞争和服务，完善电信服务条款，形成合理的定价机制，提高电信服务水平。积极发展文化、健身、旅游等消费，加强对企事业单位执行劳动法规定的职工作息、休假和工薪制度的监督检查。进一步落实带薪休假制度，使职工有更多时间休息和出游，促进旅游业和旅游消费健康发展。

（五）强力优化消费环境

努力改善城乡消费环境，是引导和促进居民消费的一项迫切任务。稳步推进社会主义新农村建设，改善农村水电路等基础设施，加强农村公共文化体系建设，扩大农村广播电视覆盖面，为农民扩大消费创造条件。积极发展城乡商业设施。鼓励发展超市、连锁经营等多种业态，加快建设租赁市场和二手商品市场。继续推进"万村千乡"市场工程建设，鼓励各类投资主体投资农村商业设施建设，支持流通企业向小城镇延伸经营网络。大力整顿消费品市场秩序，严厉打击假冒伪劣、价格欺诈、非法广告等各种不法行为，加强食品药品安全整治工作。加强消费者权益保护，广泛深入地开展消费者权益宣传教育，积极发展消费者权益保护中介机构，加大消费纠纷处理力度。加强个人信用体系建设，规范发展消费信贷，增加消费信贷品种。

B.27

以扩大低碳消费需求加快
河南经济发展方式转变

王玲杰*

摘　要：扩大低碳消费需求是河南实现科学发展的必然选择，对河南加快转变经济发展方式具有重要意义。以低碳消费需求作为扩大消费需求的重要导向，不仅有利于促进河南需求结构升级，而且通过扩大低碳消费需求，促进低碳工业、低碳服务业和低碳农业的发展，进而加快构建河南低碳产业体系。研究同时提出了在社会层面、企业层面、个人层面推动低碳消费、低碳发展，加速构建河南低碳型社会的对策建议。

关键词：低碳消费需求　经济发展方式　转变

十七届五中全会审议通过的《中共中央关于制定国民经济和社会发展第十二个五年规划的建议》（以下简称《建议》）中指出，"加快转变经济发展方式是我国经济社会领域的一场深刻变革"。《建议》明确了扩大内需成为中国未来五年发展的第一要务，扩大消费需求成为扩大内需的战略重点，要"积极促进消费结构升级，合理引导消费行为，发展节能环保型消费品，倡导与我国国情相适应的文明、节约、绿色、低碳消费模式"。此前温家宝总理在第十一届全国人大三次会议所作的《政府工作报告》中，将"加快转变经济发展方式，调整经济结构"列为2010年八大主要工作任务之一，明确提出要"努力建设以低碳排放为特征的产业体系和消费模式"。显然，"以扩大国内需求特别是居民消费需求"为重点，增强消费对经济增长的拉动作用，尤其是着力扩大低碳消费需求，以应

---

* 王玲杰，女，河南省社会科学院副研究员，博士。

对全球气候变化、国际金融危机冲击以及众多资源环境问题等多重风险的制约与挑战，对加快转变经济发展方式具有重要的现实意义。

一 扩大低碳消费需求是河南实现科学发展的必然选择

消费在经济发展中具有承上启下的作用，消费者不断增长的消费需求和新需求的不断产生，引导经济不断向广度和深度发展，成为经济发展的内在支撑和原动力。消费既是生产的先导，又是再生产的新需求起点，是经济良性循环的重要枢纽。尽管在不同的发展阶段，投资和消费在推动经济增长中的作用不尽相同，但一般来说，消费的作用更具有决定性。各种产品和服务必须通过消费才成为现实的商品，此时作为支持生产、开拓市场的各种投资才会增加，消费对市场的拉动也就更具有本质性。消费规模和水平的提高，从根本上意味着社会需求的增加；相反，如果一个社会消费规模和水平降低，则会使生产在很大程度上失去动力和目的，从而导致整个社会发展的动力不足。

多年来，河南省主要依靠投资拉动的发展模式对于充分利用劳动力资源，迅速增加交通、城市基础设施等公共供给，扩大生产能力，拉动内需有效扩大，推动经济快速增长等作用显著。但从长期来看，这种以投资拉动为主的经济发展方式会受到各种因素的制约，同时也会导致许多不良后果。虽然近年来，积极的财政政策和投资膨胀使河南经济增长一直保持了较高的速度，但政府投资规模越来越高，而投资效率和经济增长贡献率却反向变化。由于产能背离消费，投资和生产失去根基，经济发展缺乏稳定性和持续性。尤其是对于河南省主要以消费煤、石油、矿石等为主的资源型工业生产体系来讲，尽管有着相对丰富的煤炭、矿产等资源，但长期以来依靠资源投入扩张和投资膨胀等手段来推动经济发展，随着工业生产规模的扩大，消费量急剧上升，这种发展模式就会造成资源价格扭曲、投资率过高、产能结构性过剩和生产的低效率，不仅导致投资贡献率降低，更容易引发国民经济失衡。尤其要看到，持续走低的居民消费率也直接制约河南居民消费水平的提高和消费结构的升级，抑制了人民生活水平的提高，影响了国民经济的良性运行，阻碍了经济发展方式的转变。因此，从扩大消费需求入手，保持适度增长的消费率，着力开拓居民消费、提升消费结构进而逐步调整产业结构、产品结构，就成为河南省实现优化经济结构、提

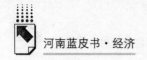

高经济增长质量、加快转变经济发展方式和促进国民经济持续、稳定、协调发展的必然选择。

二 扩大低碳消费需求，促进河南需求结构升级

河南省目前处在人均 GDP 3000 美元左右的工业化中期阶段，也正是环境库茨涅兹曲线左半边上升阶段，工业化与城镇化快速发展的同时，环境污染、资源消耗和碳排放总量都持续较快增长，资源短缺、环境恶化成为中原崛起面临的最大瓶颈，低碳发展引导下的需求增长对于河南加快转变经济发展方式尤为必要和紧迫。

低碳发展是低碳和发展的共赢，而不是相互制约；低碳导向下的扩大消费是消费水平和消费质量的共同提升，而不是顾此失彼。随着低碳消费品在消费结构中的数量不断增加、比重不断提高，同时低碳消费质量和低碳消费效益也明显提高，通过均衡物质消费、精神消费和生态消费，使人类消费行为与消费结构更加低碳化、科学化，这既是通过消费促进人的全面发展的根本途径，也是构建新型低碳消费生活方式的具体内容，能够有效推动消费结构优化升级。

谋划扩大消费需求、优化消费结构以加快河南经济发展方式转变，同时让发展更好地惠及人民群众，就不仅仅只是消费量的扩大，而且要是质的提高；不仅要解决"消费不足"的问题，更要防止和克服"消费不当"的问题。低碳消费推动消费热点不断出现、消费层次不断提升，不仅改善人民的生活质量，而且直接满足人民的生态需求、提高国民素质、促进经济社会与生态环境协调发展。扩大低碳消费需求把建设资源节约型、环境友好型社会置于生产和消费的突出位置，通过倡导绿色的可持续消费，避免资源的极大浪费和环境污染。扩大低碳消费需求是扩大消费需求的重要导向，是河南加速崛起的同时加快经济发展方式转变、实现节能减排目标、应对气候变化挑战的多赢选择。

三 扩大低碳消费需求，加速构建河南低碳产业体系

长期以来，在重工业化主导下，河南发展中普遍存在高消耗高污染以及先发展后治污问题，突出表现为三大产业严重失调，第二产业污染严重，且能耗强度

远远高于第一产业和第三产业。与此同时，随着重化工业阶段的经济快速增长和消费结构的升级，河南也面临着更为广泛的生态环境压力，资源能源安全隐患已经不容忽视，环境容量有限性和化石能源有限性瓶颈制约凸显。河南实施科学发展、转型发展过程中，以扩大低碳消费需求为着重点，随着经济发展水平的不断提高和低碳消费规模不断扩大，加快经济发展方式转变深入推进，低碳消费需求必然会逐渐上升为影响投资方向、影响产业结构优化、拉动低碳经济发展的主要因素，随着低碳工业、低碳服务业、低碳农业的发展，推动河南高碳产业向低碳经济转型。

（一）发展低碳工业，推动工业优化升级

在化石能源体系的支撑下，高碳能源驱动河南重化工业快速发展，形成了以火电、石化、钢铁、建材、有色金属等为主的工业，并由此衍生出汽车、机械、电子、化工、建筑等行业。河南化石能源密集型高碳工业特征极为突出，也不可避免地带来了高能耗、高污染和高排放问题，不仅面临资源制约，大量的二氧化碳排放也将影响人类生存环境，高碳工业发展已经难以为继，发展低碳工业刻不容缓。

低碳消费需求与低碳工业发展密切相关。一方面，低碳消费受低碳工业发展以及低碳消费供给约束；另一方面，低碳消费水平和消费结构的升级拉动社会经济资源向低碳消费所需要的行业、产品转移，则会引起低碳供给结构、产业结构的变化。显然，低碳工业的发展有赖于低碳消费的发展。随着低碳消费需求不断扩大，消费结构、消费方式的改变，都将对工业的发展产生显著影响。例如，低碳导向下的消费通过选择节能产品或是低"碳"含量、低"碳"排放产品，进而引导和鼓励企业向低碳化发展转型，以制造更多更好的低碳化产品，同时，又通过消费市场上低碳消费需求的有效实现进一步推动低碳生产的可持续发展。

河南发展低碳工业，一是要逐步摆脱碳锁定状态，通过开展高耗能企业综合治理，加强工业重点领域节能减排，着力提高资源生产率和能源利用率，同时加强清洁能源生产和利用研发，以替代以煤炭、石油等化石能源为基础的粗放型能源技术系统和利用系统，逐步扭转河南经济增长与能源消费对煤炭等高碳能源的依赖。二是要着力实现碳强度减排，通过提升能源技术装备水平和企业生产管理水平等措施，力争大幅提高能效，使单位 GDP 能耗和主要耗能产品能耗逐步达到国家碳强度减排目标，以有效控制二氧化碳排放的增长速度。三是要逐步推动

能源结构由高碳向低碳转变发展。从河南省的资源禀赋和利用状况来看，高度依赖煤炭的高碳能源生产和能源消费结构对于河南碳减排极为不利，但这一现状在相当长的时期内又难以改变，因此，实现能源结构的低碳化转变既要注重开发新能源，又要将能源结构调整与提高能源效率相结合，通过发展低碳能源、低碳工业、低碳产品，逐步减少传统工业对化石能源的过度依赖，同时提高现有能源体系的整体效率。四是发展低碳工业与新型工业化互为支撑，新型工业化就是要实现"科技含量高、经济效益好、资源消耗低、环境污染少、人力资源优势得到充分发挥"，发展低碳工业是实现新型工业化的最有力保障，新型工业化要求采用先进技术、提高经济效益、集约利用资源、防治环境污染则与发展低碳工业目标一致，二者相互结合、联动发展，将有力推动河南加快转变经济发展方式目标的实现。

（二）发展低碳服务业，推动服务业优化升级

产业结构的转换和升级，对于河南加快转变经济发展方式至关重要。此次《建议》中明确指出要"发展战略性新兴产业，加快发展服务业"。河南也正在大力调整三次产业结构，积极发展现代服务业，构建现代产业体系，以解决第三产业发展严重滞后问题。以低碳强度、低碳排放、高附加值、高就业量为特征的低碳服务业的发展将有力推动河南现代服务业模式创新和产业升级，因此，发挥后发优势，发展低碳服务业对于推动河南高碳产业向低碳转型既是发展的必要，也更具发展空间和发展潜力。

对河南省而言，按照《建议》指导的"发展新型消费业态，拓展新兴服务消费"，充分利用各种资源优势和区位交通优势，加快发展新型能源产业和现代化运输体系，重点发展现代物流业、金融业、商务服务业、信息服务业、科技服务业等生产性服务业，积极发展旅游业、文化产业、房地产业等消费性服务业，同时运用现代经营方式、管理模式、信息技术推动传统服务业优化升级。随着低碳消费需求的扩大以及低碳消费力的提升，既拓宽服务领域，增添新的消费热点，促使绿色消费产生，又壮大服务业的整体实力，改善服务业结构，推动现代低碳服务业向产业化和规模化发展，在推动服务业优化升级的同时，有效缓解能源资源短缺，提高资源利用效率，尽快把服务业发展成为国民经济的主导产业，达到三大产业共同带动河南经济协调发展的目的。

（三）发展低碳农业，推动现代农业优化升级

化肥和农药是现代农业发展的重要支撑，也为解决人类粮食问题作出重要贡献。但是，化肥和农药的高能耗、高污染弊端不仅影响土壤的有机构成、农作物的农药残留和食品安全，使得农业固碳生态功能不断减弱，而且化肥和农药在生产过程本身就消耗大量的化石能源，产生大量的二氧化碳排放，致使农业由碳汇变成碳源，由此，现代农业也被称为"高碳农业"。

河南作为国家第一农业大省，是国家粮食生产核心区，对于保障国家粮食安全作出了重要贡献。发展低碳农业，减轻农业发展对化石能源的依赖，降低农业碳排放量，推动现代农业优化升级，对于河南省提升低碳经济发展水平、转变发展方式具有重要意义。通过发展生态农业、循环农业、观光农业等，以资源节约型、生态安全型为指引，加快构建传统农耕技术与现代科学技术有机结合的低碳农业生产方式及其技术体系，着力延伸农业产业链条，发展无公害食品、绿色食品、有机食品，推动农业生态化、高效化、多元化发展，在不断满足人们对低碳农产品需求的同时，实现农业低碳发展目标。

四 扩大低碳消费需求，加速构建河南低碳型社会

在扩大低碳消费需求，加速河南经济发展方式转变的过程中，重点是要从社会、企业、个人层面，构建低碳消费增长和低碳消费供给的系统化联动发展体系。

（一）在社会层面，着力培育低碳消费文化

消费活动是经济社会运行中重要的牵引力和推动力，越来越多的人通过新的消费观念和消费文化来感知社会的发展变化，消费生活中出现的各种问题也会迅速引起市场的反映甚至社会的波动。着力培育低碳消费文化，让低碳发展理念深入人心，有利于扩充以消费为依托的市场容量，使人们所消费的各种商品和服务的种类及其比例更加符合经济规律以及资源状况的客观要求，对于扩大低碳消费需求、推动低碳发展转型具有重要作用。

在社会层面广泛营造低碳消费文化氛围，就是要在全社会倡导健康、文明、

节俭、适度的消费理念，引导消费方式的转变，树立一种新的生态系统价值观念和生态危机意识，正确认识和处理发展经济、提高生活水平和生态环境保护的关系，实现社会生产方式、生活方式、消费方式特别是人的思想观念的生态化转变；树立新型的财富观，摒弃奢侈、浪费的物欲占有心理，提倡合理适度消费，把科学、合理、文明消费变为人民大众的自觉行动，坚持以人的需要作为出发点，以人的健康生存作为目标，改变不良的社会消费模式、消费观念和消费方式，从消费者看得见的地方入手进行引导与治理，让每位消费者都把低碳消费行为变成一种自觉的行动，逐步减少无意义消费和对人类健康无益甚至有害的过度消费等。

（二）在企业层面，着力推行低碳制造

企业是低碳消费品的提供主体，也是低碳经济发展的市场主体，是联系低碳生产性消费和低碳非生产性消费的桥梁。只有企业提供了低碳节能的消费品，使公众在超市或商场购买产品时根据低碳化程度有所选择，才能有更广泛、深入地推行全民低碳消费方式的物质基础。增加低碳消费供给其实是企业低碳发展理念的折射，是企业应对气候变化社会责任的充分体现。

尤其从战略发展来看，在面临资源枯竭、环境污染、气候变化以及国际金融危机和新一轮发展竞争等多重挑战下，企业能否自觉跟进低碳发展的时代步伐，决定着企业未来发展的持续性和生命力。在企业层面推行低碳制造，就是要在生产、流通等产业链的各个环节上，以提高资源利用效率、降低工业制造碳排放强度为目标，加强内部管理，提高制造业的低碳装备水平，积极研发、引进高新技术，加速低碳科技成果的转化和应用，协调推进传统产业技术升级与污染减排，最大限度地提高资源和能源的利用率，同时积极开发清洁能源、可再生能源，大力发展低碳技术、开发低碳产品，全面提升低碳消费供给的规模和水平。

（三）在个人层面，着力倡导低碳生活

导致气候变化的过量碳排放是在人类生产和消费过程中出现的，有怎样的生活方式就有怎样的经济。相关资料显示，我国的居民生活用能已占到全国能源消耗的26%，30%的二氧化碳排放是由居民生活用能造成的。从能源终端消费结构来看，居民能源消耗量正在不断提高。应对高碳消费引起的气候变暖问题，不

仅仅是政府官员、专家学者和企业关注参与的问题，降低碳排放与每个人都息息相关。因此，在个人层面提倡和实行低碳生活方式十分必要。

低碳生活基于文明、科学、健康的生态化消费方式，使人们在均衡物质消费、精神消费和生态消费的过程中，人类消费行为与消费结构进一步走向理性化、科学化、合理化的趋向。从长远看，低碳生活是协调经济社会发展和生态环境保护的重要途径。低碳生活也是一种全新的生活质量观，是在对环境影响更小或有助改善环境的情况下，给人体提供舒适的生活并最大限度地保护人体健康，既不同于因贫困和物质匮乏而引起的消费不足，也不同于因富裕和物质丰富而引起的消费过度，而是一种不追奢、不尚侈、不求多、不唯量的健康、平实、理性和收敛的消费方式，既充分享受现代物质文明的成果，又时时考虑为人类的发展保留和储蓄应有的空间和资源，不但不会降低人们的生活质量，相反它将人类的生活提高到更高的水平。低碳生活并不复杂，更多的是一种态度。低碳生活并不遥远，从现在开始，从衣食住行等日常生活开始践行，简简单单、点点滴滴的改变，都直接体现为碳足迹的减少、碳补偿的落实。一个人对于节约能源和碳减排的贡献数量相对微小，但通过公众参与、全民参与，发挥分子效应，以乘数计算，每一个人都在低碳发展中扮演着重要角色。

参考文献

丁青：《扩大消费需求：转变经济发展方式的重要手段》，《红旗文稿》2009 年第 23 期。

孙友祥：《社会主义经济发展方式转变的现实路径思考》，《当代世界与社会主义》2008 年第 2 期。

余源培：《论消费在促进经济发展方式转变中的作用——从如何看待消费主义谈起》，《上海财经大学学报》2008 年第 4 期。

张菁：《低碳经济：转变经济发展方式的必然选择——国家能源专家咨询委员会副主任周大地先生访谈录》，《综合运输》2010 年第 2 期。

刘敏：《低碳经济背景下构建湖南低碳消费生活方式研究》，《消费经济》2009 年第 5 期。

姜作培：《扩大消费：经济发展方式转变的理性选择》，《福建论坛》2008 年第 6 期。

雷雪、杨红炳：《试论提高居民消费力是促进经济发展方式转变的重要举措》，《商场

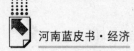
现代化》2010 年第 1 期。

鲍健强、苗阳、陈锋：《低碳经济，人类经济发展方式的新变革》，《中国工业经济》2008 年第 4 期。

纪石：《低碳消费是解决全球气候变暖的唯一出路》，《世纪桥》2010 年第 6 期。

陈晓春：《论低碳消费方式》，2009 年 4 月 21 日网络版《光明日报》。

杨婷：《低碳经济背景下实现我国居民低碳生活的思路》，《菏泽学院学报》2010 年第 3 期。

吴铀生：《低碳生活是人类应对气候变暖的行为选择》，《西南民族大学学报》2010 年第 1 期。

冷开振：《低碳：环保时代的道德生活》，2010 年 1 月 25 日《中国教育报》。

B.28
改革开放以来河南转变经济
发展方式回顾与评价

侯红昌*

摘　要： 从20世纪90年代中期中央在"九五计划"中提出转变经济增长方式到现在已10多年了，河南的经济发展方式从最初的粗放型，到集约型，再到科学发展型，仍然未能从根本上摆脱经济发展方式转变的困扰。回顾和总结改革开放30多年来河南转变经济发展方式的做法和成效，分析当前河南加快转变经济发展方式的制约因素，并提出加快转变河南经济发展方式的政策建议，对"十二五"时期河南加快转变经济发展方式具有重要意义。

关键词： 经济发展方式　回顾　成效　建议

改革开放以来，河南经济经过30多年的快速增长后，在全国地位迅速提升，人民群众收入生活水平不断提高。伴随工业化进程不断加快，河南初步实现了从传统农业大省向新兴工业大省的历史性跨越。与此同时，河南经济面临着技术升级、产品换代和市场业态升级的严峻考验。回顾30多年来河南转变经济发展方式的做法和成效，对"十二五"时期河南经济保持平稳较快发展态势具有重要意义。

一　改革开放以来河南转变经济发展方式回顾

转变经济发展方式是一个动态的过程，是随着经济发展水平的变化而变化

---

* 侯红昌（1976～），男，经济学硕士，河南省社会科学院助理研究员。

的，所以考察经济发展方式的转变，必须从经济发展方式的历史演变过程来考察。

（一）改革开放以前的阶段

新中国成立以后，把工业化，尤其是重工业化作为发展的目标。在此背景下，国家加大了对河南，尤其是河南工业的投资。在国家政策的大力支持下，随着国家的巨额投资建设，一批大中型骨干企业，如一拖、郑纺机等企业，以及平顶山、焦作煤炭工业基地的建立，奠定了河南现代工业的基础。在河南工业快速增长的同时，经济发展中产生了比较严重的工农业结构比例失调问题。河南是在农业不发达的基础上进行工业化建设的，缺乏工农业结构转移的自然演进过程。由于长期忽视农业的作用，导致农业生产跟不上工业建设的需要，使国民经济主要比例严重失调，建设脱离省情，生产力受到严重破坏，经济建设走了一条高积累、高消耗、低效益、低收入的歧路。农、轻、重之间的比例关系严重失调，基本建设战线过长，而且投资结构不合理，效果甚差。

（二）改革开放初期粗放型增长阶段

改革开放以后，农村经济和私营经济快速发展，推动河南经济持续高速增长。农业总产值从1978年的64.86亿元增加到1995年的762.99亿元。个体、私营经济从无到有，逐渐壮大。1995年，全省个体、私营经济从业人员达到35.44万人。在农村和私营经济的带动下，国内生产总值从1978年的162.92亿元增加到1995年的2988.37亿元，年均增长11%左右。通过这段时间的调整和发展，前期的问题得到了一定程度的纠正。结构失调问题稍稍得以缓减，农业比例大大上升。能源消耗状况也有所改善。但总体上看，经济增长方式仍然比较粗放。1995年河南省国内生产总值约占全国的5%，而能源消耗与电力消耗却远大于这一比值。

（三）从集约型走向科学的经济发展方式阶段

针对全国范围内经济增长速度高，效率低，投资过热和低水平重复建设的问题，党的十四届五中全会提出，实现"经济增长方式从粗放型向集约型转变"。"九五"、"十五"和"十一五"规划中进一步对经济增长方式转变的目标和措施以及经济增长方式本身给予了充分的强调。在转变经济增长方式的方针指引下，针对自身存在问题,河南采取了积极的措施。如加大了环境的治理力度,大力推进国企改革、财税体制改革和金融改革,积极进行农村和科技体制等相关领域的改革。特别是在党的十六大以后,提出了"加快工业化、城镇化,推进农业现代化"的"三化"战略,明确了培育和建设"中原城市群"等基本思路,动员全省上下奋力实现中原崛起,全省工业化、城镇化进程明显加快,经济总量迅速扩大,在全国地位不断提升。进入21世纪,河南提出"工业强省"战略,固定资产投资成为拉动经济增长的重要因素。此后,河南经济实力大幅提升,经济总量从1996年的3634.69亿元上升到2009年的19480.46亿元,工业经济效益和全员劳动生产率也大大提高了。

当前,全省上下正以十七届五中全会精神为指导,全面贯彻落实科学发展观,紧紧抓住国家实施"促进中部地区崛起"的历史机遇,以建设中原经济区为总体战略,以构建现代产业体系、现代城镇体系、自主创新体系和产业集聚区为基本路径,加快经济发展方式转变呈现好的趋势、好的态势和好的气势。

(四) 河南转变经济发展方式的评价

经济发展方式转变的具有较长的过程性,因为转变作为一项系统工程涉及面广,转变的实质是通过生产要素重新组合,提高资源的利用率,实现经济高效益。任何一个国家和地区都不可能只存在一种增长方式,这是由生产力发展水平决定的。对于那些基础薄弱的部门或行业,需要投入大量生产要素,通过数量扩张的粗放型增长方式实现经济增长。就河南的历史发展条件和资源禀赋来看,在一定阶段和时期实施粗放型的经济增长方式也是符合实际的。比如河南农村富余劳动力资源丰富,彻底取代劳动密集经济的发展方式也需要一个过程。当然,国际科技迅猛发展促使我们必须逐步通过数量扩张发展,达到质量提升发展的目的。同时,在粗放的增长方式中,也会有一定的伴随技术进步的集约增长,在集约的增长方式中,也必然有一定的外延发展。

二 河南转变经济发展方式取得的成效

随着经济发展方式的演进,河南经济呈现欣欣向荣的景象,主要表现为如下特征。

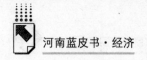
（一）经济发展综合实力跃上新台阶

实施"中原崛起"战略以来，河南经济发展加快，GDP 从 1000 亿元到 2000 年突破 5000 亿元用了 9 年时间，由全国第 7 位跃居第 5 位；从 5000 亿元到 2005 年突破 1 万亿元大关，用了 5 年时间；又用了 4 年时间，GDP 接近 2 万亿元，居中西部地区首位。2009 年全省 GDP 达到 19480.46 亿元，比上年增长 10.9%，人均 GDP 达到 20597 元，经济发展跃上了新的战略起点。这些都是历史性的跨越，这不仅仅是一个数字的概念，更重要的是透过这一量的变化，看到河南经济发展有了一个质的飞跃，并已经进入一个新的发展阶段。

（二）经济结构调整取得明显成效

产业结构实现了由最初主要依靠第一、二产业推动，逐步发展为第一、二、三产业共同推动，三次产业共同发展的增长格局。所有制结构进一步优化，逐步形成了以公有制为主体，个体、私营、外资、合资、股份制等多种经济成分共同发展的良好格局。投资结构不断优化，从国有投资一体独大的态势，发展为国有投资、集体投资、外商港澳台投资及民间投资共同发展的多元化局面。消费结构不断升级，以提升生活质量的汽车、住宅、健康等为主的消费特点基本形成，以教育、旅游、休闲为代表的精神文化消费明显增加等，不断转化为推动经济发展方式转变的新动力。

（三）节能减排和环境保护成效显著

近年来，河南积极推动节能减排和环境保护工作，注重从源头控制，制定并实施节约资源和保护环境的市场准入标准、强制性能效标准、土地投入产出强度标准和环保标准，控制高耗能、高排放行业发展。强化节能、节地、节约资源导向，严把项目审核关。不断强化科技支撑，深入实施节能减排科技支撑行动方案，突破一批节能减排技术瓶颈，推广一批先进适用技术和节能环保技术，培育一批科技型龙头企业、环保型骨干企业。严格监控管理，加强节能减排的监测、监督和检查。万元 GDP 能耗"八五"时期下降了 38.2%，"九五"时期下降了 24.8%，2009 年化学需氧量、二氧化硫排放量分别削减 2.7%、3.8%。

（四）创新型省份建设取得新进展

河南一直比较重视科技事业发展，特别是实施创新型河南战略后，科学技术已经成为推动全省经济社会发展的强大动力。一是区域创新体系不断完善。截至2008年底，全省共拥有各类科研机构794家，其中大中型企业研发机构618家；拥有国家级工程技术研究中心8家，省级工程技术中心172家；全省R&D经费支出111.7亿元，占全省GDP的0.61%。二是创新成果不断涌现。2000年以来，全省共获省级奖励的科技成果2730项；国家级奖励成果108项；2008年，全省专利申请量18411件，专利授权量为9133件。

三　加快转变河南经济发展方式面临的制约因素

多年来，从"转变经济增长方式"到"转变经济发展方式"一再被强调，但迟迟难以解决，对于河南来说，既存在思想观念的制约，也存在体制机制的问题，更与河南经济的历史发展阶段有关。

（一）思想观念的制约

思想观念的突破，是实现经济发展方式转变的首要条件。对河南而言，首先是缺乏科学的发展理念，盲目追求总量扩张。简单地把经济增长等同于经济发展而忽视经济社会的全面进步，相应地把GDP作为衡量各级政府成绩的单一标尺而忽视人文的、资源的、环境的指标。特别是在应对国际金融危机中又曲解"保增长"目标，使得部分地区"以GDP论英雄"思想有所抬头。其次是缺乏竞争意识，市场观念淡薄。中原文化包含的"正统保守"的宗法观念、"贵中商和"的处世之道、"循规蹈矩"的思维方式和"稳固执著"的本位精神，导致河南人思想保守，缺乏开放性、开拓性和创新性意识，市场竞争的观念意识淡漠。再次是缺乏危机意识，节约意识较弱。在企业经营方面，"大而全"、"小而全"观念盛行，经济增长方式粗放，认为地大物博，资源丰富；在资源利用上，对节约资源的重要性和紧迫性缺乏足够认识，高耗能、高污染、低产出，为了提高利润水平，不断增加投入、扩大规模，由此形成恶性循环。

（二）体制机制的制约

转变经济发展方式，解决深层次体制问题是关键。体制因素是多年来制约河南经济发展的一大顽疾。首先，市场经济体制不够健全。在完善的市场经济体制中，价格在其中发挥着举足轻重的作用，调节着资源的配置。然而，我国正处在转型过程中，市场不成熟，市场秩序的完善还存在着一些制度真空和政策缺失。在现行体制下，各级政府在土地、劳动力、资本等经济要素的资源配置中享有过大的权力，妨碍了市场中价格信号作用的发挥，人为扭曲了自然资源的真实成本和价格，造成了资源的滥用和浪费。其次，现代企业制度尚待完善。河南主导经济发展的仍然是国有企业，由于产权的限制，国有企业的经营管理还没有完全市场化，企业的生产经营活动受到许多行政性干预，使企业无法真正成为独立经营的市场主体，造成企业无法在追求利润的内在动力和市场竞争的外部压力下，顺利实现经济发展方式的转变。再次，政府职能改革不到位。各地政府在土地、劳动力、资本等经济要素的资源配置中享有过大的权力，妨碍了市场根据效益原则实行要素的优化配置，并人为扭曲了自然资源的真实成本和价格，造成资源的滥用和浪费。而在应当由政府发挥作用的领域，政府作用发挥不足，造成市场秩序不良、价格体系扭曲和社会资源配置效率低下。

（三）发展阶段的制约

理论与实践证明，不同的经济发展阶段对经济发展方式的选择不同。河南正处于城市化、工业化双加速阶段，经济发展还处于较低水平，靠提高生产效率推动经济增长的条件尚不充分，客观上还要依靠投入较多的劳动力和初级资源。根据国际经验，当城市化水平达到70%左右时，才进入城市化的稳定阶段。2008年河南城市化水平刚达到36%，还有34个百分点的差距，按每年平均提高1.5个百分点来估算，我们至少还有22年的城市化加速期。另外，按照《河南省全面建设小康社会规划纲要》要求，到2020年建成全面小康社会时，要基本实现工业化，也就是说还有10年的工业化加速期。在工业化和城市化双加速的特定阶段，意味着会有大量的投资，特别是随着郑州新区、许昌新区、新乡新区等一系列城市发展规划付诸实施，会带来城市和工业基础设施、高速公路、铁路等的大规模建设，必然会使河南现阶段的增长呈现物质消耗特征。还要看到，虽然河南经济发展迈上了新台阶，但与东部发达省份相比，发展质量和发展水平都存在很大差距，这就要求我们必须保持较快的经济增长速度，进一步提高居民收入水平，才能缓解就业压力，保持经济社会稳定，这在很大程度上导致我们过度关注经济总量的增加而忽视了经济发展方式的选择。在这种情况下，依靠较多劳动和初级资源投入的传统经济发展方式还有一定空间，不可能在短时期内完全改变。

四　加快转变河南经济发展方式的政策建议

当前，河南转变经济发展方式已刻不容缓，必须紧紧抓住机遇，把加快经济发展方式转变作为深入贯彻落实科学发展观的重要目标和战略举措，深化经济体制改革，优化经济结构，加强自主创新，推进节能减排，促使河南加快转变经济发展方式取得实质性进展。

（一）更新发展观念，深入贯彻落实科学发展观

观念是一个人的行动指南。解放思想，更新观念是加快转变经济发展方式的首要条件。当前，更新观念就是要统一思想，牢固树立科学发展观理念。当前正是河南工业化与城镇化高速推进时期，在人口多尤其是农村人口多、经济总量大但是人均水平低、经济发展较快但是发展基础较薄弱、人均资源水平低同时能耗水平与排放水平相对较高的情况下，在加快转变经济发展方式的进程中，当务之急就是要统筹推动经济与社会协调发展、城市与农村协调发展、人口与资源环境协调发展、当前与长远协调发展。要结合河南省情，深入实施可持续发展战略，通过积极转移过剩产能，加快淘汰落后产能，大力发展循环经济。深入开展环境整治监管，认真做好应对气候变化工作，不断提高经济、社会、生态的可持续性。加快转变经济发展方式不仅要求全面、协调、持续发展，更重要的是要以民为本、和谐发展，要通过经济发展方式的不断优化以提高财富结余的真实价值和社会福利水平，逐步缩小城乡发展差距和收入分配差距，重民意保民生，让人民群众更多更好地享受发展成果。

（二）深化体制改革，增强转变经济发展方式的活力

要着力消除制约经济社会发展的深层次矛盾和问题，构建有利于科学发展、

加快经济发展方式转变的体制机制，消除改革不到位、体制机制创新不足等问题。一要继续深化农村改革，把发展农业合作组织与推进适度规模经营、发展高效农业、建设农业特色产业基地结合起来，努力提高土地产出率、资源利用率、劳动生产率。二要继续推进国企改革，指导企业建立现代企业制度，引导企业引进战略合作者，通过联合、重组，焕发新的生机与活力。三要继续开展投融资体制改革，发挥金融保险机构作用，创新信贷融资方式，广开融资渠道，提高融资水平。四要全面推进文化体制改革，加快经营性文化事业单位改革，深化公益性文化事业单位内部改革，加快推进教育、卫生、文化、旅游、公交等领域的资源整合，引进竞争和激励机制，激发内在活力。总之，深化经济体制改革，要最终形成有利于加快经济发展方式转变的体制机制和利益导向。

（三）优化经济结构，强化转变经济发展方式的方向

转变经济发展方式，第一，要调整和优化产业结构。尤其要大力发展服务业，积极发展生活性服务业，加快发展生产性服务业，特别是支持具有较高科技含量的现代服务业发展，不断提高服务业的比重和水平，使服务业成为河南经济发展的新增长点，当是转变经济发展方式的要务。第二，要优化投资结构。一是政府主导的公共投资应主要投向经济社会发展薄弱环节、重大民生工程、关系全局和长远发展的重大基础设施；二是优化产业投资结构，注重发展有利于增加就业和开发利用人力资源的产业，提高投资的综合效益；三是要引导和带动社会资金投入，鼓励支持民间资本投向符合国家产业政策的领域；四是要规范政府投资行为，提高资金使用效率。第三，要统筹城乡发展。进一步巩固和加强农业基础地位，搞好农业结构调整。要充分挖掘耕地、林地、水域等多种资源潜力，拓宽农业内部增收空间，同时也要积极扩大农民工就业，促进农民增收。要遵循城镇化发展规律，协调推进城镇化和新农村建设。第四，必须实施区域发展的总体战略，促进区域协调发展。河南区域经济发展水平差距较大，不解决区域经济协调发展问题，将难以产生强大的合力，影响经济整体发展水平。为此，应大力推动"中原经济区"的建设和发展，实现中原崛起。

（四）推动自主创新，夯实转变经济发展方式的动力

要大力推进自主创新平台建设，推动科技成果向现实生产力转化，推动建设

一支宏大的创新型科技人才队伍，为加快经济发展方式转变提供强有力的科技支撑。在实施举措上，第一，根据河南产业的集中度比较低，大型高科技企业较少，一些重点产业的产能过剩问题较为明显，传统产品的竞争力偏弱等问题，必须层层狠抓科技创新，并在政府引导下选择重点行业的重点企业集中人力、财力开展重点项目攻关。第二，基于河南省情，要把集成创新和引进消化吸收再创新作为提高河南自主创新能力的重要途径，缩短研发周期、节约研发资源并迅速与市场需求对接，争取在较高起点上实现技术突破的捷径。第三，以各产业集聚区为主要平台，着力整合创新资源，加快推进科技孵化器、科技中介服务机构和公共服务平台等创新载体发展。第四，要积极扶持中小企业技术创新，成立专门的服务机构，加强财政资助和完善风险分散机制，综合运用财税、金融、价格等经济激励手段，重点扶持优秀的、创新能力强的中小企业并争取做强做大。

（五）推进节能减排，提速经济发展方式的转变进程

扎实推进节能减排工作，对于加快转变经济发展方式，大力推动经济进入创新驱动、内生增长的发展轨道，具有十分重要的现实意义。要深入贯彻落实中央精神，建立健全有利于节能减排、保护环境的长效机制，不断强化节能减排目标责任制，加强重点产业节能减排工作，坚决管住产能过剩行业新上项目，开展低碳经济试点，努力控制温室气体排放，加强生态保护和环境治理，加快建设资源节约型、环境友好型社会。此外，还要以节能、降耗、减排、增效为切入点，在继续抓好工业节能降耗的同时，更加重视建筑业、交通运输业、公用事业、政府机构和居民生活等领域的节能降耗，加快建设资源节约型社会。鼓励开发应用先进节能技术、回收再利用技术和环保技术。推广排污权许可和交易制度。完善出口政策，继续严格限制高耗能、高污染产品和资源密集型产品出口。狠抓节能减排责任落实和执法监督，努力形成全社会节约资源的消费模式。

参考文献

安伟：《河南省节能减排政策研究》，华中科技大学博士论文，2008。
郭文轩：《河南经济发展战略问题探讨》，《中州学刊》1985 年第 1 期，第23～26 页。

喻新安：《推进河南经济增长方式转变的思考与对策》，《学习论坛》2007 年第 2 期，第 57~60 页。

姜山清：《关于加快转变河南省经济发展方式的思考》，《学习论坛》2008 年第 1 期，第 50~52 页。

金碚：《科学发展观与经济增长方式转变》，《中国工业经济》2010 年第 5 期。

雷瑛：《加快河南外贸增长方式转变的思考》，《对外经贸实务》2007 年第 10 期，第 28~30 页。

林宪斋：《危机倒逼机制与河南经济结构调整》，《河南师范大学学报（哲学社会科学版）》2010 年第 2 期，第 158~160 页。

吕军：《推进河南省经济发展方式转变的路径探讨》，《河南工程学院学报（社会科学版）》2010 年第 1 期，第 16~20 页。

孙翠勇：《浅谈我国经济增长方式转变——理论回顾与实践探讨》，《北方经济》2007 年第 11 期。

王玉梅：《辽宁转变经济发展方式问题研究》，辽宁大学硕士论文，2008。

王玉珍：《实现河南工业经济增长方式转变的现实选择》，《决策探索》1996 年第 11 期，第 2~6 页。

姚雁雁：《略论河南省转变经济发展方式的着力点》，《企业活力》2007 年第 10 期，第 68~69 页。

B.29

承接产业转移与河南产业结构调整研究

王芳*

摘 要：科学地承接产业转移是调整优化产业结构、提升地区产业竞争力的重要途径。当前国内产业转移呈现诸多新特点、新趋势，在下一步产业承接中，河南应结合自身发展特点与优势找准承接点，着力延伸农产品加工链条，改造提升传统农业；加快传统产业技术改造，提高主导产业竞争力；大力扶持民营企业发展，增强工业经济活力；加快产业集聚区建设，提升产业配套水平。在承接过程中，还应注意发挥主导产业的比较优势，增强自主创新能力，加强区域合作，努力实现错位发展，培养内生性经济增长机制以及生态环境保护等问题。

关键词：产业转移 结构调整 产业承接

产业转移是经济发展的必然规律。在经济全球化和区域经济一体化进程加快的大背景下，积极主动地承接产业转移，已成为后发展地区调整优化产业结构、转变经济发展方式的重要助推器。当前新一轮产业转移的进程逐步加快，随之也出现了许多新特点及新问题，河南作为中西部地区经济大省，如何把握好当前产业转移的新趋势，积极寻求正确的应对措施，构建本地区产业链条，加快产业结构调整，谋求承接产业转移与自身产业结构转型升级的融合互动发展，进而实现河南经济的持续快速发展至关重要。

一 当前东部地区产业转移的趋势及特点

（一）东部地区力推本地企业就地转型升级与省内转移

从国际产业转移的经验来看，产业转移往往是在市场扩张的时候进行，并且

---

* 王芳，河南省社会科学院助理研究员。

涉及许多问题，包括产业链是否完整，工资成本、劳工供应、物流情况等相关配套条件是否完善等。一方面，多数地区承接地产业转移的配套条件并不理想，使得东部企业转移的意愿和可能性皆不大。多数低端企业也都认识到，如果不能实现产业转型升级，不论走到哪个城市都会面临被淘汰的危险，不同的只是时间的早晚而已，只有就地转型升级，通过改进技术、改良工艺、丰富产品结构和内涵、提升产品品牌价值，才能有更好的出路。另一方面，东部一些产业输出省份出于对企业外迁后可能会带来的产业"空心化"、结构性失业增多、税源流失、财政收入减少等问题的担心，也往往对企业外迁、对外投资并不积极。因此，东部各省纷纷出台"留商政策"，帮助企业实现就地转型升级或是推动本省市发达地区产业向本省市欠发达地区转移。如广东省的政策基调从"腾笼换鸟"转变成"扩笼壮鸟"，从"产业转移"转变为"就地升级、就近转移"，并准备在未来5年内安排400余亿元资金扶持引导"珠三角"企业向粤北山区和两翼进行劳动力和资本的"双转移"，这些都对河南承接产业转移起到了直接的拦截作用。

（二）企业组团式或产业链整体转移的趋向日益明显

随着社会分工的发展，现代企业的竞争逐步演绎为企业所加入的产业链之间的竞争。原本分散的企业根据产业链条进行分工协作，形成紧密的产业配套关系，从而改善企业运作效率，提高整个产业链的运作效能，实现交易成本的节省和集聚效应的产生，最终提高整个产业链的竞争优势。近年来，东部地区产业转移呈现明显的"抱团"流动趋势，以纺织服装业为例，浙江、广东等地的纺织服装产业集群在国际金融危机影响下开始收缩，基于降低成本、贴近市场、降低风险等方面的考虑，更多的企业采取组团式转移，一些服装企业及相关配套的企业结伴到中西部投资建厂，产业转移已经由单个企业转移转向以产业链条为纽带的整体转移和配套转移。同时，在产业转移的过程中，地区之间的产业分工也逐渐表现出按产品价值链分工的趋势，突出表现为一些企业在东部大城市做研发、设计、品牌等上游环节，而把生产基地转移到中西部地区，形成国内"雁行"分工模式。面对这一趋势，结合河南自身实际，认真研究并做好区域产业规划和制订招商中短期计划显得异常必要和紧迫。

（三）各承接地间竞争日趋激烈，承担风险加大

由于现阶段我国资本的稀缺性，广大的中西部地区作为主要的产业转移承接

地，纷纷实施强力招商引资的发展策略，以更高的发展定位、更大的政策优惠来比环境、争客商、引项目，形成了一种赶超挤压的竞争态势。其中尤以中部六省的竞争最为激烈，中部六省区位相近，资源禀赋相似，政策环境相同，发展基础处于同一起跑线上，相互之间各有所长，面对东部地区有限的产业转移资源，中部六省各显神通，各使绝招，竞争更是趋向白热化。激烈的竞争迫使各省份必须为转移企业创造更好的投资环境，降低商务成本，这样一来，就很可能会出现不顾本地实际情况和条件，"大规模、高起点"地大搞开发区建设，缺乏切合实际的可行性规划论证，盲目引进、无序竞争的情况，造成低层次的产业同构，低水平重复建设，资源浪费甚至生态环境的破坏，从而加大产业转移承接地所承担的风险。

（四）"两高一耗"企业使承接地生态环境恶化压力加大

不可否认，我国沿海地区产业转移中的企业不乏技术、资本密集型企业，这样的企业转移到承接地，可以带动当地产业进步，促进当地经济发展。但在产业转移中较为突出的问题是由于一些高污染、高能耗、资源消耗过大的企业的转移，将对产业承接地区造成严重的生态破坏和环境污染问题。目前，中西部地区为了在承接东部产业转移的竞争中处于有利地位，非常强调本地区在土地资源、劳动力成本、生态环境承载能力等方面的优势。事实上，如果不顾土地、资源、生态以及劳动力等方面的承载能力，过分地夸大在这些方面的优势，就会加大承接地在承接产业转移过程中的盲目性，使其重新走入东部地区在承接国际产业转移过程中的一些误区。例如，东部沿海地区由于在早期承接世界产业转移的过程中缺乏必要的选择、约束和调整，当前在土地成本、环境成本等方面都面临着非常大的约束。因此，在下一步承接产业转移的过程中，必须是科学地有选择地承接，为我省未来的经济发展留有空间，从而实现长期、健康、可持续的发展。

二　河南产业结构现状与承接产业转移的着力点

（一）河南产业结构现状

改革开放以来，河南持续不断地推进产业结构调整，尽管取得了明显的成效，但长期形成的产业结构粗放、发展水平低、质量效益差等问题依然是影响河南产业结构优化升级的深层次矛盾，总体来说，全省主导产业竞争力不强、技术水平低和过于依赖能源原材料行业的状况尚未有根本性改变。

1. 产业发展不均衡，第三产业发展滞后

改革开放以来，河南产业结构实现了由"二、一、三"到"二、三、一"的历史性转变，2009 年，河南三次产业结构为 14.3∶56.6∶29.1，与 1980 年相比，第一产业下降了 26.4 个百分点，第二产业与第三产业则分别提高了 15.4 个百分点和 11 个百分点。但与全国平均水平相比，第一产业比重过高、第三产业比重过低，其中，第一产业高出全国平均水平 3.7 个百分点，第三产业低于全国平均水平 13.5 个百分点，第三产业比重在全国居各省市区最后一位。

2. 工业结构偏重，经济增长代价较大

从工业结构看，起重要支撑作用的仍然是资源能源型行业和传统优势行业，在全国产量排名靠前的工业产品主要是煤、铝、纱、水泥等初级产品，汽车、集成电路、电脑、手机、空调、冰箱等中高端工业品产量排名均比较靠后。其中，采掘工业、资源加工和农产品初级加工业占规模以上工业增加值的比重达 70%。工业结构重，技术含量少，综合利用程度低必然导致高物耗、高能耗、高污染的"三高"问题突出，使得经济增长代价增大。2005 年以来，河南单位 GDP 能耗均高于全国平均水平 10% 以上，与广东省相比，河南建设用地是广东的近两倍，但创造的 GDP 却仅为广东的 1/2，效益仅仅是广东的 1/3。

3. 产业链条短，产品结构层次较低

河南在产品层次上整体偏低，大多是附加值不高的资源类粗加工的初级产品和中间产品，煤炭、电力、冶金、建材等能源、原材料基础产业和以农产品为原料的初级加工业所占比重依然过大，产品科技含量低，中高端产品较少。对经济增长具有较大拉动作用的行业主要集中在加工链条短且综合利用程度低的原料加工、燃料动力工业和农产品加工领域，如有色金属、煤采选、食品加工、电力、造纸业等。主要的重工业产品大多属于基础性上游生产资料产品，终端产品比重较小，高附加值、高技术含量、高环保的产业还未成为主导产业，缺乏在国内外市场拥有广泛影响力的名牌产品群，市场竞争力与产业带动力较弱。

4. 自主创新能力弱，综合竞争力不强

近年来，河南通过对外开放利用技术资源，一定程度上促进了产业结构的优化升级。然而，在大量利用外部技术资源的同时，省内企业的创新能力并未得到同步的提升，总体上产业自主创新能力不足，科技总体水平明显偏低，技术进步带动经济增长的能力不强。据有关资料显示，2010年河南全社会研发费用占GDP的比例将达到1.5%，相比2009年0.7%的水平有了很大的提高，但是与全国2%的平均水平相比还有不小的差距，更是远远低于北京市6%的水平。作为创新主体的工业企业整体规模偏小，许多企业缺乏具有强大业务能力的技术和管理人才，研究开发能力较为薄弱。另外，支持和鼓励企业自主创新的环境还有待进一步优化，支持创新人才脱颖而出的社会环境尚未形成。

（二）河南承接产业转移与提升产业结构的着力点

1. 延伸农产品加工链条，改造提升传统农业

河南是传统农业大省，截至2009年粮食产量已连续4年稳定在1000亿斤以上，与油料产量均居全国首位，肉类产量则排名全国第三，棉花和奶类产量也都位居全国第四。依托河南丰富的农产品资源优势，积极承接食品加工和纺织服装企业，除了增加当地工业经济产值、增加农民就业机会和收入外，还将对当地农业发展发挥直接的拉动作用。尤其是具有竞争力和带动力的龙头企业参与到农业产业的循环之中，会给传统农业改造注入新鲜的活力，它将促进农业内部结构调整，提高种植业和饲养业在农业生产中的比重，提升种养业的技术含量和管理水平，加快传统农业改造升级的步伐。因此，当前和今后一个时期，在承接产业转移中要依托农业主导产业，大力培育和引进科技型、流通型、加工型龙头企业，拉长农产品加工链条，提高产品质量和档次，不断增加农产品的科技附加值，增强市场竞争力。

2. 加快传统产业技术改造，提高主导产业竞争力

经过多年的努力，河南已培育形成了食品、有色、化工、装备制造、汽车及零部件、纺织服装等六大传统优势产业，未来较长时期内这些传统产业仍将是具有较大市场需求量的重要产业，围绕这些产业发展配套产业，形成规模集聚效应，具有很大的市场发展空间。在承接东部产业转移时，要坚持以我省传统优势产业为依托，紧紧围绕提升产业竞争力，想方设法吸引更多发达地区的技术、资金、人才等来改造提升传统产业，提高行业的市场竞争力，使其成为承接沿海产业梯度转移的标志性企业，并带动东部地区更多的优势产业向我省

转移和聚集,在产业链的上下游配套,以进一步延伸产业链条,形成产业集群,促进我省工业向高水平、宽领域、纵深化方向发展;要注重引进带动力强、关联度高的龙头企业和大企业,发挥龙头企业和大企业的带动作用,进而带动整个产业链的转移和中小企业的发展,形成大中小企业齐头并进、产业多元发展的格局。

3. 大力扶持民营企业发展,增强工业经济活力

近年来,民营经济已成为全省经济的重要组成部分,是支撑全省经济增长的重要力量。承接产业转移要充分发挥民营企业现有的基础与潜力,利用其在发展经济合作方面所具有的体制上的灵活性和运作上的高效性,大力承接产业转移的资金、技术、品牌、管理、营销等生产要素,与民资民力交融,汇成强劲的经济发展驱动力,推动民营经济跨越式发展,为实现新的腾飞充分发挥作用。因此,在产业转移中,要从政策和体制上保护、支持、鼓励、帮助多种形式的民营经济发展。放宽国内外民间资本的市场准入领域,在投融资、税收、土地使用以及对外贸易等方面实现公平竞争。对产品前景好、市场潜力大、经济效益好、发展后劲强的重点企业,给予人力、物力、财力及政策等多方面的倾斜。与此同时,要提高自主创新能力,增强民营企业整体素质,做大做强一批龙头骨干企业,力争形成一批产业突出、主导产品市场占有率高、拥有国家名牌名标的大型企业或企业集团,从而实现工业发展规模效益和经济效益的明显提高。

4. 加快产业集聚区建设,提升产业配套水平

各种类型的产业集聚区,是承接产业转移、加速产业集聚、培育产业集群的主要载体。加快承接产业转移,优化河南产业结构必须采取切实措施,加强产业集聚区建设,把产业集聚区打造成为承接产业转移的主要平台。一是要完善集聚区基础设施。根据集聚区发展需要,大力推进以道路、供水、供电、排污、通信为主的基础设施建设,以及生产、商务服务建设,改变园区"孤岛"现象。二是要加强规划的导向作用。在全省主体功能区和产业发展规划的总体框架之下,做好集聚区的产业发展规划,按照"大项目—产业链—产业集群"的思路,引导相互关联的企业集中集约发展,积极承接先进制造、现代服务、服务外包等知识技术密集型产业,加快推动食品、纺织、服装、轻工等劳动密集型产业集群式转移,严禁引进能耗高、污染重的低水平项目,提升产业集聚区发展水平。三是

要创新开发运行机制和管理模式。以项目建设为重点，有针对性地规划和储备承接产业转移型项目；积极推行集聚区建设市场化运作、企业化管理的开发机制，鼓励有实力的投资者参与集聚区建设。

三　河南承接产业转移与提升产业结构应注意的问题

（一）选准承接点，实现产业有效对接

承接产业转移，必须立足河南发展实际，通盘考虑，兴利除弊，充分发挥自身的比较优势，利用传统优势特色资源以及区位优势主动承接产业转移，促进产业结构调整和产业升级。要以现有产业基础为依托，通过吸纳发达地区的资金、先进设备、管理方法、经营理念、高新技术和先进适用技术，形成产业结构调整的新思路和新机制，加快产业升级步伐；要充分发挥后发优势，在强化产业配套和环境兼容等发展环境的基础上，有的放矢地开展承接工作，以更加节约的资源和更快的时间向先进地区看齐。

（二）错位发展，把承接产业转移与发展特色优势产业相结合

产业转移的动因在于发挥区域比较优势，节约生产经营成本，把产业资源配置到最经济的地方。因此我省在承接过程中应注意因地制宜、因时制宜，结合本地区实际，找准区域特色，发挥比较优势，培育发展区域特色产业。在实施产业链招商过程中，要引导产业的差别化竞争，体现区位特点和资源特色，杜绝低水平产业同构和恶性竞争，逐步实现各地区主导产业之间的错位发展，形成优势互补、分工协作、布局合理的区域经济结构。

（三）增强自主创新能力，提升产业市场竞争力

世界经济发展经验表明，只有在创新中承接国际产业转移才能真正获得产业转移国际化的利益，达到自身产业升级的目的。当前，创新能力不足使河南在国内分工中层次较低，无法实现通过引进产业和技术促进本地产业升级和技术进步的根本目的，也制约着承接产业转移的能力和竞争力的提升。为此，必须进一步完善我省自主创新体制机制，充分激发企业自主创新的内生动力，增强对引进技

术的消化吸收和再创新能力，争取在立足自身特点的基础上实现生产流程关键环节的技术突破与创新，通过做大做强产品价值链上的某个环节来提升企业的核心竞争力，进而促进全省产业结构的调整和优化升级。

（四）转变发展模式，培育内生型经济增长机制

实践证明，片面的外向型经济虽然使东部地区率先走上富裕道路，但也因被长期锁定于制造业低端，造成了严重的生态价值外溢、市场资源外溢等国民福利流失。当前，河南所面临的宏观背景及国家赋予的战略使命与东部地区当初是不同的，必须走出一条实现发展与环境保护同步进行、科学与发展一步到位的路子。"外向型"改革固然重要，但立足于本土资源开发的内生型改革同样重要。我省在充分利用省外资本、技术和市场的同时，应更注重挖掘自身潜力，更多地开发和利用本地区的资源、资本、技术和市场，探索以内生型为主的发展模式，这对于保持全省经济的平稳持续发展具有极其深远的意义。

（五）坚持可持续发展道路，避免较大环境污染代价

经济发展是以环境的良性循环为前提和保证的，若只为追求发展速度和短期经济利益而盲目承接高污染、高能耗项目，势必会恶化区域生态环境，最终阻碍地区经济的可持续发展。因此，在承接转移项目时，必须处理好发展经济与环境保护、眼前利益与长远发展的关系。要认真做好承接转移产业规划和环境保护规划，对所有项目都要进行环境影响评估，坚决防止低水平重复建设和"两高一耗"的项目引入，做好节能减排工作，对于承接以优势资源为依托的产业，则要注重提高资源的综合利用率，确保承接产业的可持续发展。

（六）加强区域合作，构筑区域产业合作平台

在区域合作与区域一体化已成为当前我国区域经济发展主流的趋势下，中部各省需要放眼长远和全局，更新发展思维，化解区域冲突，深化区域合作，增强区域发展合力，各省不仅要积极参与东部地区的区域分工与合作，还要结合各自的资源禀赋条件科学规划产业布局，整合区域资源，构筑产业合作平台，以谋求中部地区的协调发展，助推中部板块的快速崛起。

参考文献

徐燕、李翠军：《对中西部城市承接产业转移的思考》，《科技创业月刊》2009 年第 6 期。

李晓西：《东部产业转移趋势与承接机遇》，《中国国情国力》2009 年第 2 期。

张安忠：《河南省承接东南沿海地区产业转移研究》，《经济研究导刊》2009 年第 22 期。

张先进、容宁：《中西部地区承接产业转移应注意的问题与对策研究》，《改革与战略》2008 年第 4 期。

李晓颖：《欠发达地区承接产业转移的障碍与对策》，《特区经济》2009 年第 2 期。

B.30

培育河南经济增长内生动力研究

郭小燕*

　　摘　要：经济长期增长不是由于外部力量，而是经济体系内部力量作用的结果。长期以来，河南省消费需求不足，民间投资不旺，科技创新能力不强，体制机制改革滞后等造成经济发展内生动力和活力匮乏，由此制约着河南省经济持续发展、均衡发展和创新发展。必须加快改变传统的经济增长依赖路径，培育并构建拉动经济持续增长的内生机制，推动河南经济发展向"内需驱动、消费支撑、均衡发展、创新驱动"的模式转变。

　　关键词：河南省　经济增长　内生动力

　　经济发展是多种因素共同作用的结果，既需要经济系统自身内生动力的持续推动，也需要政府政策的外生拉动。由此可见，经济的内生动力与政府政策在推动经济发展的过程中发挥着不同的作用。经济系统自身的内生动力是最根本的推动力量，处于决定性地位；而政府政策起着引导性作用。目前，河南省经济内生增长动力不足，制约着全省经济的可持续发展。需要从扩大居民消费需求、大力发展民营经济、加大自主创新、开发人力资本等方面出发，尽快培育河南经济增长的内生动力和活力，以促进河南经济实现持续、平稳、较快发展。

一　河南省经济发展内生动力不足的主要表现

　　近年来，河南省经济保持了持续、高速的增长。2001～2009 年，河南省地区生产总值年均增长 12.1%，高于全国 10.5% 的平均水平。究其原因，其快速

＊ 郭小燕（1978～ ），女，河南禹州人，河南省社会科学院城市发展研究所副研究员。

增长主要是依靠以政府为主导的投资的快速增长拉动，而支撑经济增长的内生动力不强，具体表现在消费需求不足，民间投资增长缓慢，科技创新能力不强，高素质人才匮乏等方面。

（一）居民消费需求不足

投资、消费和出口是拉动经济发展的三驾马车，而河南的经济增长主要依靠内需，特别是投资的快速增长来实现的，消费对经济的拉动作用尚未发挥出来。由于河南地处内陆，尽管近几年的进出口总额等得到高速增长，但是由于基数较低，与东部地区相比，河南外贸指标还很低，外向型经济发展还很滞后，出口对经济的拉动作用还比较弱。河南这种"重投资、轻消费"的经济增长模式可以从投资和消费的关系中表现出来。近几年来，河南投资需求大幅度增加，消费需求增长不明显。2001～2009年，河南省地区生产总值年均增长12.1%，全社会固定资产投资总额年均增长26.5%，社会消费品零售总额年均增长16.3%，城镇居民人均消费性支出和农民人均生活消费支出年均分别增长10.7%和11.1%。显示出固定资产投资的增长速度远远高于地区生产总值的增长速度，而居民消费支出增长速度低于地区生产总值的增长速度。

由此可见，投资是当前拉动河南经济增长的主导力量。消费需求不足制约了河南经济的进一步发展，消费需求内部构成也存在着不合理的现象。从居民消费与政府消费的关系来看，居民消费比重较低，且呈递减趋势。从居民消费与政府消费的关系来看，与全国平均水平相比，居民消费比重较低。2009年，河南居民消费支出与政府消费支出的比例为71.5：28.5，而全国这一比例为73.2：26.8。从农村居民与城镇居民消费的关系来看，河南城镇居民消费居主导地位，涨幅高于农村居民，并且占居民消费支出的比重呈逐年上升趋势，而农村居民消费严重不足。2009年，河南省城镇居民人均消费支出为4142.02亿元，农村居民人均消费支出为2106.90亿元，前者是后者的1.97倍。此外，2001～2009年，河南城镇居民消费占居民消费支出的比重由43.8%上升到66.3%，而农村居民消费占居民消费支出的比重由56.2%下降到33.7%。

由上述分析可知，河南投资与消费比例不协调，经济增长主要依靠投资拉动，消费特别是居民最终消费不足，对经济的拉动作用较弱。

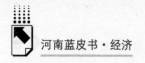

（二）民间投资增长缓慢

投资作为经济增长的三驾马车之一，具有见效快、乘数效应大的优点，当前河南省经济增长主要靠政府投资和政策推动，而民间投资和市场机制明显不足。2009年，河南省全社会固定资产投资总额13704.65亿元，较2008年增长30.6%。按资金来源分，国家预算内资金增长75.9%，国内贷款增长8.3%，利用外资增长－46.6%，自筹资金增长16.8%，其他资金增长9.2%。由此可见，政府投资增长速度远远高于民间投资增长速度，河南省民间投资不足，"政府热、企业冷；公共投资热，民间投资冷"的现象比较严重，致使经济增长的内生动力和活力不强。

河南省民间投资不足的另外一个重要表现是民营经济发展缓慢，存在着规模总量偏小，总体实力不强，资金短缺，融资困难，观念落后，发展环境不够宽松等一系列问题。与沿海发达地区相比，河南省民营经济发展存在着较大差距。一是组织规模小，自身竞争力不强。在经济总量上，河南省非公有制经济总量占全省经济总量比重与非公有制经济发展较快的沿海地区相比还比较低。在组织规模上，河南省非公有制经济主要由个体工商户和私营企业组成，个体组织形式偏小。在产业分布上，河南省非公有制经济集中在第三产业，大多从事批发、零售和住宿、餐饮等行业，进入工业领域的户数相对较少，龙头企业更少，缺乏引导行业发展的骨干力量。二是发展方式粗放。总体上看，河南省民营企业受技术和人才等方面的制约比较突出，从事低技术产业的比重较高，绝大多数工业企业分布在一般加工工业领域，产品档次低，市场竞争力弱，产品、产业高级化进程不快。三是发展过程中的瓶颈制约特别是融资困难问题更为突出。河南省民营企业规模普遍较小，缺乏与之相适应的资本市场支持，加之企业自身的财务制度不完善、信用担保体系不健全等因素，融资难的问题相当突出。

（三）自主创新能力不强

世界各国和地区的实践表明，自主创新是推动区域经济发展的内在动力，是区域核心竞争力的源泉。绝大多数区域在发展初期，以技术引进为主的模仿创新是区域创新的主导模式，但随着区域经济的进一步发展，创新主体尤其是企业的创新能力进一步增强，它就有可能吸纳国内其他地区乃至国际性的创新资源包括知识、技术、人才、资金等，实现技术上的突破，完成向以自主创新为主的创新模式的转换，从而实现可持续发展。相反，一个缺乏自主创新能力的区域，在国际和地区竞争中将始终处于受制于人的被动境地，从而在产业分工中处于低端环节。自主创新在区域经济发展中的核心地位，决定了区域经济发展的关键在于培育和提升自主创新能力。

近年来，河南省创新成果数量持续增长，高新技术产业迅速发展，自主创新能力不断提高，但也应该看到，河南省创新基础总体还比较薄弱，缺乏核心技术和自主知识产权，自主创新能力不强。首先，河南高技术制造业比重过低。而且，高技术产业技术含量不高，市场竞争力不强。许多高技术企业只具有高技术产品加工功能，缺少核心技术。其次，河南企业缺乏自主创新意识，创新投入、创新产出等指标与先进省份都存在较大差距。2009 年，河南大中型工业企业研究与试验发展（R&D）经费 122.18 亿元，仅占全国的 3.8%，分别为广东、江苏、山东的 24.4%、27.0% 和 29.7%；大中型工业企业新产品销售收入 1631.30 亿元，仅占全国的 2.8%，分别为广东、江苏、山东的 20.8%、22.4% 和 23.9%。河南在知识产权方面也存在巨大差距。2009 年，河南申请专利 19589 项，仅占全国受理数的 2.2%；获得授权专利 11425 项，其中发明专利 1129 件，占全国的比重分别为 2.3% 和 1.7%，远低于河南省地区生产总值占全国 5.7% 的比重。

（四）高素质人才匮乏

进入知识经济的时代，国家和地区间的竞争将不再单纯依赖于物质资本，而是越来越依赖于人力资本。在人口数量有足够保障的前提下，劳动力的素质对经济发展起到越来越重要的作用。人力资本学说认为，现代经济发展的速度与质量主要取决于人力资本的丰裕程度，人力资本是促进经济可持续发展的重要内生动力。在发达国家，国民收入增长要远远快于生产要素投入量的增长，其秘诀就在于人力资本的迅速增长。在经济欠发达的国家和地区，经济之所以落后，根本的原因在于人力资本的匮乏，劳动力素质不高。

河南是人口大省，但不是人力资本大省和强省。随着经济快速发展，人口素质较低的问题将会越来越突出。首先，文化素质较低。2009 年，河南省文盲人口占 15 岁及以上人口的比重为 6.59%，略低于全国平均水平，远高于北京、上海、广东、天津等地区。高学历人才较少。2009 年，河南省共有普通高等学校 99 所，在校学生 1368813 人，分别占全国的 4.3% 和 6.4%；每十万人口高等学校平均在校生数为 1774 人，远低于全国 2128 人的平均水平。这与河南省人口大省的地位极不相称。其次，健康素质较低。"五普"数据显示，河南省现有各类残疾人口 523 万人，约占全国总人口的 5.5%。在每年出生的 110 万人口中，出生缺陷的婴儿总数高达 7.8 万人，约占每年出生人口的 7%，比全国平均水平高 1 个百分点。在 5 岁以下儿童中，高度营养不良患病率为 6.08%。再次，部分人道德素质不高，诚信意识差，缺乏社会责任感。此外，人口素质城乡差异较大。农村人口的身体和文化素质远低于城市人口。

二 河南省经济发展内生动力不足的原因分析

对河南省经济发展内生动力不足的原因进行深层次分析，主要有以下几个方面。

（一）居民收入增长缓慢抑制消费需求

在市场经济国家，家庭消费需求是整个社会总需求中最重要、最稳定的需求，企业投资、生产的最终目的也是为了满足家庭的最终消费。而河南省由于国民财富分配机制和工资收入形成机制不合理，大多数劳动者收入增幅较慢。2009 年，河南省在岗职工平均工资在全国所有省市区中排第 23 位。广大居民可支配收入增长缓慢，2001~2009 年，城镇居民人均可支配收入与农民人均纯收入年均分别增长 10.4% 和 7.1%，分别比同期 GDP 的平均增长速度低了 1.7 个和 5.0 个百分点。收入增长速度过缓势必引起居民消费能力的不足，最终导致国内消费需求的下降。此外，居民收入结构不合理，贫富差距拉大，抑制国内消费市场扩大的潜力。社会财富被集中在少数人手中，大部分人收入水平偏低，形成了一个"丁"字形的收入分配结构，就造成了高收入者有消费能力而无消费欲望，而广大低收入者有消费欲望而无消费能力的局面，无法形成有效需求。收入结构与消费结构脱节，抑制了国内消费市场的发展潜力。

（二）公共服务体制不完善降低人们消费预期

河南省的公共服务体制不完善，个人消费缺乏公共保障，降低了人们的消费预期，从而制约了消费需求。首先，社会保障体系建设滞后影响了人们的消费需求。健全、完善的社会保障体系是市场经济得以平稳、有序运行的重要前提和保证。随着市场经济体制的建立和市场化程度的不断提高，人们所面对的竞争压力和风险进一步增大，而目前作为一种"安全网"社会保障制度尚不完善。在这种情况下，即使是那些收入水平较高、拥有较强消费能力的消费者，也往往有着较强的"安全动机"——把增加的收入更多地进行储蓄以防范未来的风险。其次，公共财政制度建设滞后，致使一些原本由国家财政负担的消费项目现在也要由百姓个人"买单"，家庭支出负担加重，巨额的教育、医疗和商品房购买等费用使得普通工薪家庭不堪重负，为应付上述大宗消费支出，百姓只好把有限的货币暂时储存起来以备使用。这不仅增加了社会公众的支出，更严重的是出于未来看病和教育下一代的需要，便大量压缩即期消费而转向储蓄，从而制约了消费水平的提高。

（三）民间投资难以启动制约民间活力发挥

民间资本难以启动的原因是多方面的。一是市场准入存在障碍，民间投资领域受限。民营经济在高回报率的垄断行业、社会事业、基础设施和公共服务等领域存在市场准入障碍，而传统竞争性行业又已产能过剩，民间资本缺乏有效投资领域。二是金融体系不健全，投融资渠道不畅。银行等金融机构对民营企业存在"重大轻小"、"嫌贫爱富"的"规模歧视"和"重公轻私"的"所有制歧视"，而多层次资本市场体系又不健全，既使民间资本难以转化为民间投资，也使民营企业缺乏资金支持。三是创业活动不足，民间投资缺乏载体。由于居民创业意愿低、社会创业服务不足、创业者资金和能力存在瓶颈，使得中国创业活动不足。四是缺乏有效的财税扶持，民间投资激励不足。民间投资在审批、财税、土地、外贸等方面待遇不公，税外负担沉重。五是市场需求不足，民间投资缺乏动力。内需不足，将会导致产品滞销、投资回报减少和投资积极性降低。六是投资服务体系不完善，投资环境不优。目前，民间投资存在监管多、服务少的问题，缺乏政府产业政策支持和投资信息指导，商会和行业协会对民间投资的支持作用不够，同时缺乏系统、专业的社会中介服务，民间投资风险较大。

（四）体制机制改革滞后形成制度束缚

部分重点领域和环节的改革滞后，一些体制机制性障碍影响着全省经济可持续发展内生动力的形成。例如，政策对民间投资领域存在很多限制；对民间投资政策扶持不足；国民收入分配制度改革滞后；对个体民营经济和中小企业金融服务体系不健全。市场体系不健全，农村市场化改革的步伐大大落后于城市；鼓励自主创新的政策不完善；城乡二元结构突出，户籍等制度限制人才流动；社会保障体系不完善。另外，一些领域的配套改革措施落实不够，存在"政策棚架"现象。各种体制壁垒都制约了消费需求扩大、民营经济发展、自主创新能力提高、高素质人才发挥作用，对经济增长内生动力的培育和增强形成了一种制度束缚。

三 培育河南省经济增长内生动力的途径

在后危机时代，促进河南经济可持续发展，必须改变传统的经济增长依赖路径，启动民间投资，刺激居民最终消费，加大自主创新力度，培育并构建拉动经济持续增长的内生机制，推动经济发展向"内需驱动、消费支撑、均衡发展、创新驱动"的模式转变。

（一）提高居民消费能力，扩大居民消费需求

从社会再生产看，消费需求是真正的最终需求，消费需求从需求的角度对投资需求产生引导作用，拉动投资需求的形成与扩大，而投资需求只能在消费需求限制的空间范围内得到扩张，且投资效率的高低取决于投资结构能否适应消费需求结构变化。河南省人口众多，消费潜力巨大，要积极扩大消费需求，使消费真正成为经济增长的内在第一动力。

首先，协调消费与投资的关系，确保经济稳定长远发展。明确扩大内需推动经济增长和增进人民福利的双重目标，并将促进消费增长提高到扩大内需的战略高度来认识；以投资促消费，例如财政加大面向消费的投资力度，促进消费平稳较快增长。其次，完善收入分配体制，提高居民购买力。调整收入分配格局，逐步提高居民收入在国民收入分配中的比重，提高劳动报酬在初次分配中的比重，并进一步调整收入分配差距过大的状况，逐步缩小行业间、部门间收入差距，扩大中等收入阶层在整个社会中所占的比重。再次，拓展农村市场，扩大农村内需。要创新农村土地流转制度，继续加大支农力度，落实各项惠农政策，加快农

业产业化经营，多渠道提高农民收入和增加农民财富。深化农村商品流通改革，构筑良好的农村市场体系。继续加大对包括农村基础设施建设在内的公共物品的投入，实现公共服务均等化，为农村市场的启动和农民消费的增加提供有利的消费环境。同时，要增加农村消费信贷项目，积极开展汽车、电脑、农用机具、教育等各类消费信贷服务，拉动农民消费。最后，健全社会保障制度，稳定居民消费预期。应抓住公平和效率两个重点，运用政府和市场两种手段，调动全社会力量，共同建设适合河南省省情、覆盖城乡全体居民的多层次、多支柱的社会保障体系。由此调整公众对经济的信心，提高收入预期。

（二）鼓励和促进民间投资，进一步激发民间活力

民营经济是激发经济发展内生动力的主要源泉，经济增长的内生动力和经济活力有赖于积极的民间投资和充分的市场机制。扩大民间投资是构建经济增长内生动力机制的重要途径。要创新发展思路，转变发展方式，破解发展难题，鼓励和促进民间投资，大力发展民营经济，进一步激发民间活力。

第一，大力发展特色优势产业，扩大民营经济规模。立足于本省的资源优势，借助发达地区产业优势，坚持外部引进和内部培育两手抓，形成具有河南特色的优势产业集群，扩大民营经济的规模和总量。第二，加强技术和管理创新，提升民营经济质量和水平。鼓励民营企业组建技术研发机构，加大科研投入，重视人才引进和培育，积极开发具有自主知识产权的核心技术和特色产品，提高竞争力；鼓励民营企业探索适应社会化大生产和市场经济发展更高要求的经营管理之路；注重经营理念的创新，在捕捉市场信息、提高产品质量、打造产品品牌、市场营销等方面创新理念，发挥后发优势，实现跨越式发展。第三，加强企业家队伍建设，增强民营经济发展后劲。努力提升民营企业家的整体素质，营造民营企业家成长的体制、机制和环境，造就一支优秀的民营经济经营管理者队伍。第四，拓宽民间投资领域，防止政府投资对民间资本的挤出效应和大规模"国进民退"。要引导民间非正规金融发展中小民营金融机构，让民间资本参与金融业务，用中小金融机构支持中小企业。要健全民间投资服务体系，建立专业化的投资服务机构，充分发挥市场中介组织的积极作用。第五，优化投资环境，维护民营企业权益。提高认识，创新思维，坚决破除影响民营经济发展的思想障碍，毫不犹豫地鼓励、支持民营经济发展；进一步落实政策，认真抓好国家和省政策的

配套和落实，防止政策棚架；在投资核准、融资服务、财税政策、资源使用、对外贸易等方面，要对民营企业和国有企业一视同仁，使之享受同等政策待遇；进一步加强服务，切实帮助民营企业解决发展中的困难和问题；进一步加强环境整治，维护民营企业的合法权益。

（三）加快科技创新，大幅度提高自主创新能力

经济学理论认为，经济增长的过程可以分为要素驱动、投资驱动、创新驱动和财富驱动四个阶段。这就迫切需要实施自主创新战略，转变现有的经济发展模式，使创新成为驱动经济发展的内在动力。要加快科技创新，大幅度提高自主创新能力，推动科学技术跨越式发展，推动经济发展由资源依赖型向创新驱动型转变、由粗放型向集约型转变，推动经济社会全面协调可持续发展，建设创新型河南。

一要着力培育壮大自主创新主体。突出企业在自主创新体系中的关键地位，培育一批拥有自主知识产权和自主品牌的"双自"创新型企业，鼓励和支持"双百"企业率先发展成为创新驱动型企业。发挥科研院所骨干作用，强化高等院校生力军功能。二要着力打造自主创新载体。加快发展企业研发中心，切实加强重点实验室建设，大力发展创新型产业集聚区和其他科技园区，积极发展创业孵化基地，探索建立产业技术创新战略联盟。三要加强科技创新人力资源建设。大力实施人才强省战略，造就一支门类齐全、梯次合理、素质优良、规模宏大的创新人才队伍，改善人才结构，提升人才层次。四要着力改革自主创新体制机制。坚持市场导向机制，完善科技成果权益保护机制，强化科技成果转化机制，创新产学研用紧密结合机制。五要着力突破一批科技专项关键课题，支撑现代农业发展，推动工业主导产业振兴升级，加快高新技术产业化，引导支持现代服务业，改造提升基础产业，加强民生科技创新。六要加强组织协调，强化政策支持，营造支持创新、鼓励创新、勇于创新的良好氛围，促使创新人才脱颖而出、创新成果竞相涌现。

（四）加快各类教育发展，提升人力资本价值

人力资源是第一资源，人力资本是现代经济增长的核心动力。全面提高人口素质、提升人力资本价值是促使河南把人口压力转变为人力资源优势，并进而形

成人力资本强省的有力途径，也是促进人的全面发展的基本举措。

首先，全面发展教育事业，促进各级各类教育全面、协调、健康发展。积极推进义务教育均衡发展，促进教育资源配置的合理化、均衡化，高水平、高质量普及九年义务教育；以就业为导向，大力发展职业教育，推进职业教育从政府直接管理向宏观引导、从计划培养向市场驱动、从传统的升学导向向就业导向转变，更好地面向社会、面向市场办学；坚持规模与质量并重，加快发展高等教育，继续扩大高等教育规模，进一步优化高等教育结构。其次，积极引进高层次人才。制定引进高层次人才的优惠政策，创建有利于高层次人才干事创业的良好环境。拓宽高层次人才引进渠道，建立人才特别是高层次人才信息库，选择合适人员，通过各种方式密切联系。以公开招聘的方式，面向国内外及时引进或者通过技术攻关、技术合作等形式引进各类高层次人才。再次，开展多层次、多渠道人才培训，特别要加强对城乡实用技术、专业技术创新和企业经营管理人才的培训。建立和完善人才市场体系，破除人才流动限制，落实吸引人才政策，改革人才管理体制，尊重劳动、尊重知识、尊重创造，壮大人才队伍、提高人才素质、优化人才结构，推进河南由人口资源大省向人才资源大省、进而向人力资本强省的转变。

（五）深化改革，形成有利于培育经济内生增长动力的体制和机制

改革是经济社会发展的主要动力，培育经济增长的内生动力，必须深化重大相关领域改革，形成和完善有利于增强经济增长内生动力的体制和机制。

首先，进一步深化收入分配制度改革。深化收入分配制度改革，形成合理分享经济增长成果的机制，是扩大内需和消费的根本。一是根据全省经济发展的整体状况，合理确定工资收入的总体水平，通过收入提高带动消费扩大、投资增长和经济增长，进而促进收入的进一步提高，从而形成经济发展的良性循环。二是加大对劳动力市场的调控与干预，不断完善劳动者利益保护法规并加大执行力度，以法律的手段并辅以行政指导等方式推动工人工资水平的合理增加，改善劳动环境和条件。三是在强化个人所得税征管的基础上，通过加大公共转移支付，增强政府对收入分配的调控能力，调节过大的收入差距，实现二次分配的更加公平，以更好地向低收入者转移，增加中低收入者的购买能力，提高个人消费倾向。

其次，进一步优化所有制结构，完善市场竞争机制。坚持和完善公有制为主体、多种所有制经济共同发展的基本经济制度，毫不动摇地巩固和发展公有制经济，毫不动摇地鼓励、支持、引导非公有制经济发展，坚持平等保护物权，形成各种所有制经济平等竞争、相互促进的新格局。继续推进国有经济布局和结构战略性调整；加快推进垄断性行业改革，推进公用事业改革，切实放宽市场准入，积极引入竞争机制；着力营造多种所有制经济公平竞争的市场环境，更好地促进非公有制经济发展，增强非公有制经济和小企业参与市场竞争、增加就业、发展经济的活力和竞争力，放宽市场准入，保护民间投资者的合法权益。

再次，完善基本公共服务体系。基本公共服务既是重要的利益平衡机制，也是市场运行和经济发展的基础性支撑。完善的基本公共服务体系能够有效地避免"弱势群体"的扩大和需求萎缩，促进人力资源的合理流动。要把完善基本公共服务、在经济发展基础上提高社会普遍福利水平作为政府的主要职能，加快推进建设型政府向服务型政府的转变。加快推进基本公共服务均等化，改变公民因身份、等级的不同在享有基本公共服务上的差异和歧视。加强基本公共服务财力支持。财政支出应进一步压缩经营性投资，更多地增加包括教育、医疗、社会保障、城市低收入居民住房补贴等社会公共支出；完善和规范转移支付制度，逐步加大一般性转移支付的比重，减少专项拨款比重，确保公共财政资源切实用于公共领域。

参考文献

辜胜阻、武兢：《培育内生动力　保障经济持续成长》，2009 年 12 月 1 日《中国经济导报》。

谭文华：《自主创新：区域经济发展的内在动力》，《科技管理研究》2008 年第 11 期。

B.31

河南产业集聚区建设中存在的
问题与对策研究

杨兰桥*

摘　要： 产业集聚作为一种新的产业组织形式，是未来产业发展的主要趋势。作为其有效实现载体，河南把产业集聚区作为优化经济结构、转变发展方式、实现集约发展的基础工程进行建设，并取得显著成效，呈现快速发展的良好态势。进一步推进河南产业集聚区建设，促进集聚区快速发展，应在完善规划编制、推进产业集聚、加强创新体系建设、强化项目支撑、完善基础设施建设、健全社会服务体系、加强体制机制创新上下工夫、做文章。

关键词： 河南　产业集聚区　对策研究

产业集聚是产业发展的内在规律，是市场经济条件下工业化发展到一定阶段的必然产物。作为一种新的产业发展组织形式，产业集聚对于促进产业发展、提升产业竞争力、推动人口集中、提高城镇化水平等具有十分重要的意义。为加速河南产业发展，促进中原崛起，实现河南振兴，河南省提出建设产业集聚区的战略决策，并把其作为优化经济结构、转变发展方式、实现集约发展的基础工程，作为构建现代产业体系、现代城镇体系和自主创新体系的有效载体。然而，产业集聚区的建设与发展是一项系统工程，不可能一蹴而就，在发展的过程中必然会存在着一些困难与问题。因此，弄清产业集聚中产业发展存在的问题，发现其过程规律，促进产业集聚区的建设与发展，对于加快河南经济发展具有重要意义。

---

* 杨兰桥，河南省社会科学院助理研究员。

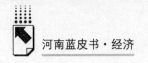

一　河南产业集聚区建设现状

近年来，各产业集聚区按照省委、省政府的统一部署，紧紧围绕"企业（项目）集中布局、产业集群发展、资源集约利用、功能集合构建和人口向城镇转移"的要求，坚持以规划为龙头，以基础设施为先导，以产业为支撑，以项目为抓手，以政策为驱动，多管齐下、多策并举、全力推进，产业集聚区建设取得了突破性进展，呈现快速发展的态势。

（一）规划编制工作基本完成

科学规划是产业集聚区建设和快速发展的重要保障。截至 2010 年 3 月底，全省 180 个省定产业集聚区规划编制工作基本完成，其中，178 个产业集聚区编制完成发展规划，175 个产业集聚区发展规划通过专家评审，并进入审批程序；175 个产业集聚区完成空间规划和控制性详细规划的编制，136 个通过专家技术审查；150 个产业集聚区完成规划环评，124 个已完成规划环评审查。

（二）政策支持进一步增强

为更好地促进产业集聚区的建设与发展，河南省政府进行了全省统一部署，先后出台了《关于加快推进产业集聚区科学规划科学发展的指导意见》、《关于加快产业集聚区科学发展若干政策（试行）》、《关于进一步促进产业集聚区发展的指导意见》、《关于建立完善产业集聚区推进工作机制的通知》和《河南省产业集聚区考核办法》等意见、通知和办法，在建立完善产业集聚发展、基础设施投资建设等十个方面加大了政策扶持力度，进一步明确了省直有关部门的职责分工和年度重点任务。根据全省统一部署，省发改委、财政厅、国土厅、环保厅、商务厅等相关部门，相继出台了有关政策和措施，全力支持产业集聚区建设。省发改委、国土厅、环保厅、商务厅、通信管理局等部门制定出台了 2010 年工作方案，省财政厅报请省政府印发了《关于完善促进产业集聚区加快发展财政激励政策的实施意见》，省国土厅制定了《服务五大工程和七大行动计划的保障措施》，省环保厅制定了《关于进一步支持产业集聚区发展的意见》，省人保厅制定了《关于在产业集聚区建立博士后研发基地的实施意见》，等等，为产业集聚区发展创造了良好的政策环境。

（三）投资大幅增长

近年来，随着产业集聚区建设的快速推进，全省产业集聚区投资大幅增长，项目建设加速推进，呈现快速发展的态势。2010 年 6 月份，全省产业集聚区完成投资 616.1 亿元，比 5 月份增加 146.9 亿元，环比增长 31.3%，其中，基础设施完成投资 149.7 亿元，标准厂房完成投资 29.9 亿元，工业项目投资完成 416.1 亿元，环比分别增长 42%、31.6% 和 30.4%。在总投资 1000 万元以上的项目中，新开工项目 407 个、投产项目 197 个。实际引进省外资金 260.9 亿元，比 5 月份增加 110.1 亿元，环比增长 73%，招商引资项目 374 个。新安县、汤阴县、孟州市等 13 个产业集聚区当月完成投资超过 8 亿元。整个上半年，全省产业集聚区累计完成投资 2090.4 亿元，其中基础设施完成投资 461.7 亿元、标准厂房完成投资 114.1 亿元、工业项目完成投资 1445.7 亿元；新开工项目 1956 个，投产项目 928 个，在建项目 3225 个；实际引进省外资金 985.8 亿元，招商引资项目 1779 个。

（四）主导产业日益明晰

主导产业是产业集聚赖以生存和发展壮大的基础。各产业集聚区根据地域特色、资源禀赋、区位优势、发展基础以及未来发展趋势和潜力，培育形成了各具特色的主导产业。如沁阳市沁北工业集聚区内已初步形成有色金属、化工两大支柱产业，并已形成 16 万吨电解铝和 5 万吨高精铝板带的产能；新安县产业集聚区形成了以有色金属等新材料精深加工业为主导的支柱产业，现有企业 162 余家，其中规模以上工业企业 76 家；长葛产业集聚区形成了以食品加工、机械装备制造为支柱产业的发展格局；临颍产业集聚区形成了以食品产业为特色的主导产业集群发展态势；沈丘产业集聚区形成了以聚酯网业为主导的特色产业发展格局。

（五）基础设施加快推进

基础设施是促进产业集聚区快速发展的重要支撑和载体。目前，全省各产业集聚区以基础设施为突破口，通过政府投入为引导，市场化运作为主体的融资模式，不断加大路网、给排水、电力设施、标准厂房等基础设施建设力度，提升集聚区承载能力。以焦作市产业集聚区为例，2010 年上半年，全市产业集聚区基础设施累计投入 20 亿元，占年度计划的 67%。目前，焦作市 9 个省定集聚区已建成道路 296.5 千米，管网 259 千米，标准厂房 275 万平方米。在配套设施建设方面，已建成 19 座变电站和 3 个自备发电厂，建成 5 座自来水厂、6 座污水处理厂。

（六）服务水平逐步提高

优质、高效、诚信服务是推动产业集聚区快速发展的有效平台。在高质量服务产业集聚区发展上，各产业集聚区以优化发展环境、提高产业集聚区承载能力为目标，重点突出封闭管理、全程服务、贴身跟踪等主要服务环节和内容，从项目准入条件、土地利用政策、投融资平台搭建、服务管理办法等方面制定切实可行的政策措施，全力为企业创建优良环境，有效推进产业集聚区快速发展。沁阳市出台了《沁阳市沁北产业集聚区投资服务程序》，成立企业服务部，对区内重点项目，实行"四个一"，即：一个项目、一个领导、一套班子、一抓到底；孟州市产业集聚区成立了零距离服务中心，以主动上门服务为特色，实施全程代理服务，确保区内企业各项手续办理不出区；沈丘县产业集聚区采取政府主导、规范运行，"一站式"办公，"一条龙"服务，建立了由县主要领导牵头的联席办公会议制度，县四个班子领导分包重点企业，定期到产业集聚区现场办公，帮助企业解决运行中的困难和问题；等等。

二 河南产业集聚区建设中存在的问题

河南省产业集聚区建设工作开局良好，总体进展顺利，呈现出快速发展和稳步推进的良好势头。但应该看到，在工作推进和产业集聚区建设中还存在一些突出问题。

（一）发展不平衡，部分集聚区处于初级阶段

目前，河南省产业集聚区建设中存在的突出问题就是发展的不平衡，一些产

业集聚区开工项目和完成投资偏少，影响了全省整体进度。截至 2010 年 4 月份，濮阳市、登封市等 17 个产业集聚区累计完成投资尚不足 1 亿元；66 个产业集聚区当月投资总额环比下降，平顶山化工、陕县、安阳市新东、新安县、平顶山平新、固始县史河湾、鲁山县、南乐县、郏县、鹤壁鹤淇、鹤壁金山、平顶山高新、濮阳县、舞钢市、上蔡县和巩义市等 16 个产业集聚区环比下降幅度超过 50%；新乡工业、延津县和汤阴县等 63 个产业集聚区当月新开工项目数环比不同程度减少，新乡、郑州、平顶山和安阳市的产业集聚区新开工项目数分别减少 36 个、12 个、12 个和 6 个。同时，由于部分产业集聚区起步较晚，发展比较滞后，总体上尚处于初级阶段。如开封市 7 个省定产业集聚区，其建成区面积较小，建成区面积占规划区面积比重偏低，其中最大的也仅占到 30% 左右，尚处于起步阶段。

（二）产业集聚程度不高，产业层次较低

由于缺乏科学规划与合理引导，多数产业集聚区没有按照主导产业进行项目布局，而是有项目就抓，使集聚区产业集中度不高，产业链条短，上下游和外围服务企业配套不紧密，企业间的产业关联不强，往往是以"堆"代"群"。企业仅仅是空间的集聚，而缺乏关联、配套与协同效应，缺乏从产业链角度出发的整体设计，因而无法发挥产业集群外部规模经济和范围经济的优势。同时，部分产业集聚区的主导产业发展还处于起步阶段，仅仅是确立一两个龙头企业，缺乏产业集聚度高的龙头带动型项目和基地型项目，产业集聚区发展缺乏战略支撑点。比如，周口川汇区产业集聚区几乎还没有形成明显的主导产业，产业布局分散。

（三）产品技术含量、附加值低，技术创新能力不强

目前，全省大部分产业集聚区主导产业多属于传统的劳动密集型产业，高新技术产业所占比例偏低，多数产业处于产业链末端，产业结构层次较低，产业素质不够高，绝大部分行业是低技术行业，产品技术含量、附加值较低，行业整体利润率偏低。特别是研发、人才、品牌等对产业发展的支撑能力较弱，创新能力滞后于生产能力的发展。多数中小企业缺乏自己的科研力量，民营科技服务企业培育有待加强，致使许多产业发展缺少技术支持。以三门峡市产业集聚区为例，2009 年，三门峡市 7 个产业集聚区中具有高级技术职称的人数为 1479 人，占区

内从业人员的 2.5%。由于缺乏高素质人才，自主创新能力不足，多数产业集聚区发展仍处于模仿阶段，直接影响产业集聚的发展和升级。

（四）土地资源利用粗放，项目建设用地不足

目前，全省部分产业集聚区土地利用比较粗放，土地利用率不高，土地资源浪费现象比较严重，部分企业存在着圈地嫌疑。部分产业集聚区为加快发展，对一些重大项目不计成本的供地，造成项目投资强度过低，浪费了大量宝贵的土地资源。有的地方不按照投资强度供地，入驻企业征用的土地大量闲置，仅建设少量的单层厂房，存在企业圈地行为。据统计，2009 年前 5 个月，45 个集聚区标准化厂房建设面积不足 1 万平方米，10 个集聚区没有开展这项工作。同时，由于前期规划用地较少或土地利用较为粗放等原因，部分产业集聚区项目用地紧张，土地瓶颈制约较为突出。有的产业集聚区甚至出现了"有项目无土地"的现象。用地缺口较大，影响着项目的落地和基础设施的完善，也制约着产业集聚区快速发展和建设。

（五）部分产业集聚区融资较为困难，基础设施建设比较滞后

资金短缺成为制约多数产业集聚区经济发展的主要瓶颈之一。产业集聚区的建设需要大量的资金投入，由于政府财力有限，同时多元投资体制、市场化运作机制尚未形成，致使部分产业集聚区基础设施投入不足，建设比较滞后，难以满足集聚区经济发展的需要。2010 年上半年，焦作循环经济、卢氏县、固始县史河湾、信阳金牛物流、驻马店装备等 42 个产业集聚区基础设施累计投资不足 1 亿元，漯河、许昌、商丘和新乡等 4 市月度基础设施投资总额环比分别下降 38%、36.2%、19.9% 和 11%。同时，集聚区内多数企业融资较为困难，一些有市场、有效益、有发展潜力的项目无法及时实施，错失发展良机。这种财政无力、贷款无着、融资无路的状况已严重制约了集聚区经济的进一步发展。

（六）服务保障体系不健全，体制机制创新滞后

当前，部分产业集聚区内产业服务保障体系不健全，大多数集聚区只注重发展核心产业本身，金融、研发、营销、广告等外围服务业发展严重滞后，特别是专业培训机构、法律服务、融资服务、资产评估、市场咨询、物流配送等中介服

务机构普遍缺乏，商业、文化娱乐、医疗等配套设施建设比较滞后，现有的中介组织也存在服务水平低、质量差等缺点。同时，由于多数集聚区建设起步较晚，没有比较成熟的经验，且产业集聚区涉及的部门多、范围广、协调繁杂，"编制不统一、人员不到位、机构不健全、职能不清晰、权限不明确"的问题比较突出，工作效率低，制约了产业集聚区的发展。

三 促进河南产业集聚区发展的对策建议

建设产业集聚区是推动河南产业发展、促进经济社会快速发展的战略工程，也是实现中原崛起、河南振兴和中部崛起的战略举措。近年来，河南省产业集聚区建设取得了显著成效，呈现出快速发展的良好态势。但在推进集聚区建设过程中，还存在着一些突出矛盾和问题。如何破解矛盾，解决发展中存在的问题，更好地推进产业集聚区建设，实现产业集聚区的快速发展，应成为我们关注的焦点。为此，要突出抓好以下几个方面的工作。

（一）完善编制规划，实现科学发展

科学规划是先导，只有注重规划的科学性、针对性、前瞻性、协调性，才能以规划的高起点实现建设的高水平、发展的高效益。加快产业集聚区建设和发展，要以科学规划引领科学建设和科学发展。各产业集聚区要在编制完成发展规划的基础上，结合本地实际，完善产业发展规划、控制性详细规划、土地利用总体规划、环境保护与生态保护规划等相关规划。同时，要充分发挥各产业集聚区区位优势条件、基础资源、人文环境等有利条件，科学确定产业集聚区的发展定位和方向，明确功能，优化布局，为集聚区的开发建设与管理奠定良好基础。要努力提高发展定位和规划层次，规范细致、特色鲜明，打造自身优势明显的特色产业集聚区，实现科学发展。

（二）推进产业集聚，提升产业层次

集约、集聚、集群发展是产业集聚区发展的主要目标，也是提升产业集聚区发展水平的重要因素。加快产业集聚区发展必须注重集中布局、集聚要素，致力打造产业集群，提升产业层次，提高产业发展水平。一是培育主导产业。根据地

域特色、发展基础等要素，全力培育主导产业，同时围绕主导产业，加强招商引资和项目，全力做大做强主导产业。二是做大做强龙头骨干企业。积极培育壮大龙头骨干企业，着力引进一批关联性大、带动性强的大企业、大集团。三是推动集群发展。围绕主导产业和龙头企业，加强产业分工与协作，促进产业上下延伸、侧向配套，推进相关企业集聚，拉长产业链条，打造产业集群。四是提升产业层次。运用高新技术和先进适用技术，改造提升现有传统产业，加快资源型、原材料型产业向先进制造业、高新技术产业和现代服务业转型，加强产业配套体系建设，大力发展现代物流、科技研发、商务及信息咨询等生产性服务业，提升产业层次。

（三）加强创新体系建设，增强自主创新能力

自主创新能力是实现集聚区快速发展，推动集聚区产业优化升级，提升产业和企业竞争力的有效途径。加快集聚区建设，一定要把加强创新体系建设放在更加突出的位置，切实加强自主创新能力建设。一是加强聚集区自主创新能力建设。鼓励在产业集聚区设立研发机构，对新设立的国家级和省级研发中心，在科技项目立项、科技经费资助等方面给予优先支持。支持产业集聚区建设各种形式的产业孵化基地、科技创业中心和质量检测中心，完善功能，提高服务能力，促进科技成果转化。支持高校和科研机构在产业集聚区组建产业技术创新联盟，建立面向企业和社会的开放性公共创新平台。二是增强企业自主创新能力。鼓励集聚区企业建立研发中心，支持企业开发新技术、新产品、新工艺，应用新设备。三是加强人才引进力度。对产业集聚区引进的高层次和紧缺人才，在科研启动经费、岗位津贴以及级别待遇、住房补贴、家属随迁等方面实行优惠措施。鼓励科技人员以技术成果、知识产权等无形资产入股的方式，参与产业集聚区内中小科技型企业建设。加快技能人才培养，对产业集聚区内企业通过校企联合、订单培训等形式开展职工职业技能培训的，给予培训补贴。

（四）加强招商引资力度，强化项目建设

招商引资和项目建设是推动产业集聚快速发展的关键和基础。加快产业集聚区建设，推动集聚区快速发展，要把招商引资和项目建设作为突破口和着力点，放在更为突出的位置。要抓住国内发达地区产业结构调整、转移、资本转移的机

遇，创新招商引资模式，探索新兴产业"龙头项目＋产业配套＋产业基地"、支柱产业"龙头项目＋产业链＋产业集群"等产业集聚、集群发展的特征和模式，以东南沿海为重点区域，瞄准世界500强、国内500强、行业100强企业，集中引进一批科技含量高、附加值高、市场前景好的大项目，资源节约、循环利用、环境友好型的大项目，经济贡献大、群众受惠多、运营成本低的大项目。要强化项目建设，积极推进在建项目、续建项目建设，谋划、启动一批重大项目，切实增强项目的支撑能力，扎实推进产业集聚区建设。

（五）完善基础设施建设，健全社会化服务体系

加大基础设施建设力度，不断完善综合配套功能，为加快产业集聚区发展提供更加坚实的载体。优先安排产业集聚区内基础设施建设列入城市基础设施建设计划，并充分考虑城市基础设施与产业集聚区的共享和相互衔接。积极争取国家、省资金，优先安排省、市产业集聚区扶持资金支持产业集聚区内道路、环保、通信、消防、污水垃圾处理和水、电、气等基础设施项目建设，充分发挥产业集聚区的产业承载和人口承载功能，推动产城一体、实现企业生产生活服务社会化。健全服务体系，优化发展环境。采取政策引导、市场化运作的方式，在集聚区大力发展服务型的出口代理商、生产力中心、技术信息中心、质量检测控制中心、行业技术中心等集群发展机构，建立资产评估、物业管理、法律服务、信息咨询等方面的中介服务机构，发展和完善社会化服务体系，形成功能健全、网络覆盖、服务到位的社会中介服务体系。

（六）加强体制机制创新，完善制度保障

按照小机构、大服务和精简高效的原则，优化职能配置，创新管理体制，提高管理水平，创造优质、高效的管理体制和运行机制。一是完善管理体制。各县区要成立相应的领导机构，全面加强对产业集聚区规划建设工作的组织领导。同时应建立产业集聚区发展联席会议制度和管理机制，负责研究、协调、解决产业集聚区发展中的重大问题，定期组织观摩考核讲评，推进产业集聚区健康发展。二是完善工作推进机制。各市、县、区和产业集聚区要根据不同分工，成立相应的领导机构，切实加强产业集聚区管理，形成统筹、高效、富有活力的工作机制。三是建立健全考核激励机制。将产业集聚区建设和发展情况纳入各级政府目

标考核体系，与领导干部绩效挂钩，建立产业集聚区发展指标体系，并纳入统计部门年度和季度统计范围，对产业集聚区发展进行监测，为各级政府全面掌握产业集聚区发展动态、指导产业集聚区发展提供依据。四是完善评价机制。按照科学发展观的要求，对产业集聚区的发展质量、发展速度、发展水平、发展态势进行量化，以客观公正的指标体系对各个产业集聚区发展状况进行衡量，建立科学的评价机制。

参考文献

杨贞、李剑力：《河南产业集聚区建设中存在的问题与对策》，《郑州航空工业管理学院学报》2009 年第 6 期。

蒿慧杰：《河南省产业集聚区科学发展问题研究》，郑州大学硕士论文，2009。

B.32
以自主创新推进河南经济
发展方式转变研究

林园春*

摘　要：自主创新与加快经济发展方式转变有着必然的内在联系，以自主创新推动经济发展方式转变是河南贯彻落实科学发展观的必然要求，是提升区域竞争力的关键举措。培育自主创新社会环境、构建产学研合作体系、加强自主创新人才队伍建设、完善以企业为主体的自主创新体系是以自主创新推动河南经济发展方式转变的重要路径。

关键词：自主创新　河南　经济发展方式

长期以来河南省的经济增长主要依赖劳动密集型和资源密集型产业的发展，随着资源环境压力的增大以及各种社会矛盾的突出，这种传统的增长方式越来越难以为继。无论是从现实出发还是从未来着眼，加快转变经济发展方式才是河南破解深层次矛盾和问题的最根本途径。河南转变经济发展方式的根本出路在自主创新，自主创新是突破河南发展的现实困境、实现未来科学发展的必然选择。

一　以自主创新加快河南经济发展方式转变的重要意义

转变经济发展方式，是党在改革开放 30 年的实践进程中，不断总结实践经验，完善理论体系，科学分析中国在新时期、新形势、新阶段所面临各种新课题、新矛盾而提出的重大的战略方针和战略决策。实现这一根本性转变的关键是

---

* 林园春（1984~），女，河南濮阳人，河南省社会科学院研究人员。

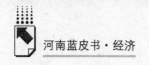

要提高自主创新能力，走上科学发展的轨道。加快河南经济发展方式转变，根本出路在自主创新。

（一）自主创新是河南转变经济发展方式的必然要求

加快转变经济发展方式是现阶段河南经济社会发展的客观要求，是保持河南经济持续健康发展的必由之路。实现这一根本性的转变，关键是要提高自主创新能力，把自主创新作为河南现代化建设的战略要求，落实到各个地区、各个行业。

提高经济发展质量和效益要求大力加强自主创新，迫切需要把自主创新摆在战略要求的位置，大幅度提高科技进步对经济增长的贡献率。大规模的自主创新通过改变生产的可能性空间，改善和提高经济增长的质量，自主创新所带来的生产可能性空间的扩展，将会通过经济增长产出水平的提高，吸纳更多的劳动力，减少失业，促进劳动生产率的提高，抑制物价上涨，形成低失业与低通胀并存的良好局面。因此，无论从科技竞争加剧的趋势看，还是从河南经济发展阶段来看，河南都已经到了必须依靠自主创新带动经济发展的新阶段，自主创新是实现河南经济发展方式转变的战略要求。要大力加强集成创新能力，形成单项相关技术的集成创新优势，努力实现关键领域的整体突破。要加快引进消化吸收再创新，充分利用全球科技存量，形成后发优势加快发展。

（二）自主创新是河南加快转变经济发展方式的根本动力

加快经济发展方式转变要求从传统的依靠增加物质资源消耗向主要依靠科技进步、劳动者素质提高转变，而依靠科技进步的关键是依靠自主创新。自主创新是科技发展的灵魂，是一个经济发展的不竭动力。河南加快转变经济发展方式，要坚持以科学发展观为统领，深入贯彻"自主创新、重点跨越、支撑发展、引领未来"的指导方针，以提高自主创新能力为核心动力，更好地发挥科技的支撑引领作用，推动河南经济尽快走上创新驱动、科学发展的轨道。河南要继续保持中部优势、看齐沿海发达地区，就要牢牢把握自主创新这一内在动力，推动经济发展方式转变。

（三）自主创新是河南转变经济发展方式的中心环节

一个地区的经济发展方式取决于诸多因素，如经济发展阶段、国家发展战略、资源禀赋条件和体制环境，但自主创新无疑是其中最关键的中心环节。河南能否通过提高自主创新能力，推进经济发展方式加快转变，是关系到河南能否继续走在中部地区前列，能否保持区域竞争力的关键。要把推进自主创新作为转变经济发展方式的中心环节，依靠科技进步推动产业结构优化升级，不断提高河南产业的竞争力；要积极发展河南战略性新兴产业，强化政策支持，加大财政投入；大幅度提高科技进步和创新对经济增长的贡献率，促进经济增长由主要依靠资金和资源要素投入带动向主要依靠科技进步和劳动者素质提高带动转变。

二　以自主创新加快河南经济发展方式转变的制约因素

近年来，河南省各级党委和政府始终高度重视自主创新工作，科教兴豫战略日益深入实施，科技进步和创新在推动河南省经济社会发展和人民生活改善等方面发挥了显著成效。但是，从总体上看，河南自主创新能力还不强，以自主创新加快经济发展方式转变存在多重制约。

（一）自主创新环境有待优化

首先，由于历史原因，河南的自主创新基础较为薄弱，现行地方法规和科技政策对于河南研究与试验发展经费投入不足、自主创新人才队伍建设相对滞后、公共科研结构整体水平不高等无法形成有力的促进措施，缺乏加快河南自主创新体系发展的环境。其次，河南大多数省辖市在自己独立的行政区范围内，更多的考虑各自城市自主创新体系的完整性，在创新项目、支柱选择、布局定位和园区的建设上缺乏空间响应和产业错位，自主创新目标不一致，自主创新项目缺乏规划，自主创新资源也不能高效共享，从而导致自主创新政策体系的混乱与不协调。再次，在贯彻落实自主创新政策方面，各部门缺乏主动意识，并未建立起行之有效的自主创新体系协调机制，与河南省相关政策执行部门的沟通协调不够，导致一些地区对自主创新相关政策的不重视，以及在执行政策时存在认识上的差异，贯彻执行力度不大，有利于培养、吸引、留住人才，支持创新人才脱颖而出的社会环境尚未形成。如，国家现行《企业所得税法实施条例》规定，企业按当年实际发生的技术开发费用的150%抵扣当年应纳税所得额。仪器和设备的单位价值在 30 万元以上的，可采取适当缩短固定资产折旧年限或加速折旧的政策等，但是当这些政策涉及河南省各地区部门利益时，难以落到实处。

（二）技术市场不活跃

科技与经济越来越紧密地结合在一起，科技进步和技术创新对经济社会发展的支撑作用日益增强，其中技术市场的发展对 GDP 的贡献作用也越来越大。但是河南的科技市场却并不活跃。从河南技术市场交易额（见图 1）来看，北京、上海等发达地区的交易额是河南的几倍甚至几十倍。同为中部地区的湖北，2009 年技术市场交易额也大幅度上升，远远超出河南。技术市场成交额过低，必将导致河南不能充分发挥技术市场对技术资源的有效配置和基础性作用，不能充分利用国内外科技资源，不利于推进企业与高校、科研机构之间的技术流动和交易，不利于创新资源的流动和创新成果的转移与转化，不利于经济发展方式转变。

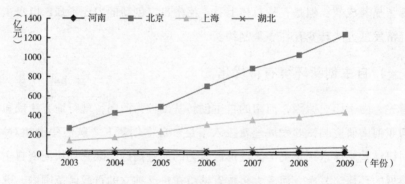

图 1　2003～2009 年河南技术市场成交额与其他地区的比较

（三）自主创新人才严重缺乏

人才集聚程度、自主创新能力、经济社会发展水平这三者之间存在一种循环关系，河南转变经济发展方式，所面临的一个关键问题是能否打破三者的恶性循环。人才集聚与自主创新是相互推动的，一方面通过人才集聚可以促进自主创新，加快经济发展方式转变；另一方面，通过自主创新培养和吸引人才，才能更好地实现人才集聚，加快经济发展方式转变。2009 年，河南省 R&D 投入占 GDP 比重为 0.77%，低于全国平均水平 0.85 个百分点。根据国家全面建设小康社会统计监测体系，2020 年我国 R&D 投入占 GDP 比重要达到 2.5% 以上，河南省要达到这一目标，还要提高 1.73 个百分点以上，实现的难度较大。目前，长期在河南工作的两院院士共 15 人，而据不完全统计，在湖北、山东、陕西、河北、安徽专职工作的院士分别是 70 人、40 人、40 人、25 人和 25 人。国家"863"和"973"项目首席专家、国家有突出贡献中青年专家、国务院特殊津贴专家等高端人才的数量，均低于周边省份。同时，河南的高端人才主要集中在郑州，其中硕士占全省 70% 以上，博士占全省比重达到 60% 以上，而且这些人才的 80% 主要集中在科研院所、大专院校和事业单位，中小企业人才普遍缺乏，尤其是民营企业高科技人才严重不足。

（四）科研体制改革滞后

近年来，河南省在科研体制改革方面还存在诸多问题。首要问题就是，在重大科技和创新规划制定方面仍然延续原有模式，缺少企业参与机制，产学研合作也缺乏企业参与的积极性。从事应用研究与技术开发的科研机构原则上都要转为科技型企业，整体或部分进入企业，或转为企业性的中介服务机构。其次，科技资源配置不够优化，缺乏一批拥有自主知识产权、具备国内、国际两个市场竞争能力的高科技企业或企业集团，科研院所面临求生存问题和社保问题，相应的带来了人才流失等问题。要从根本上优化科技资源配置，提高科技水平和科技资源的使用效益。使科研机构和科技人员适应市场经济体制，增强自我发展的能力和活力。在国际科学技术的竞争中增强实力并取得应有的地位。总之，河南身处经济发展方式转变的关键时期，科研机构应端正科技指导思想，抓住以自主创新推动河南经济发展方式转变的机遇，认真搞好科研体制的改革，使科研体制的改革同经济发展方式转变同步进行，推动河南自主创新，加速经济协调发展。

（五）企业自主创新资源不足

通过分析自主创新资源，可以反映出某区域内的自主创新能力，主要通过大中型企业 R&D 人员、R&D 经费、R&D 项目、发明专利数、新产品项目数、开发新产品经费、新产品产值等指标进行描述。通过河南省大中型企业自主创新资源与其他省份比较（见表 1）可以发现，与发达地区相比，河南省大中型企业的 R&D 经费过少，R&D 项目数不足，新产品开发的经费、产值也较低，这都表明河南企业总体自主创新能力的不足，与国内其他经济发达城市相比仍处于低水平，河南企业还没有真正成为有竞争力的技术创新主体，研发投入仍显不足。

表1　河南省大中型企业自主创新资源与其他省份比较

	河南	北京	上海	山东
R&D 人员（人）	68061	31010	60695	122934
R&D 经费（万元）	122176	857518	2070546	4111741
R&D 项目（项）	5665	4393	6439	15724
发明专利数（项）	2512	2742	7166	4791
新产品项目数（项）	5445	4905	8844	16951
开发新产品经费（万元）	1267888	1025233	2528770	4223025
新产品产值（万元）	14331092	20996833	45670713	68490916

三　以自主创新能力加快河南经济发展方式转变的路径选择

（一）优化自主创新环境

以自主创新推动河南经济发展方式转变，不仅需要硬件基础设施的建设，更需要的是软环境的建设，是自主创新的社会环境，但是这方面却被忽视了。自主创新环境的营造是一个综合性的系统，涉及政治、经济、文化、科技和教育等各个领域。自主创新环境培育的核心是自主创新要素充分流动、创新资源整合及合理配置。首先，省政府要完善服务体系建设，为河南的企业提供个性化服务，推行服务承诺制、反馈督查制、考核奖惩制等制度，优化机关办事规划，改善机关工作作风，同时对一些重大科技项目及战略性新兴产业要开展多部门联合办理，加快行政审批速度。其次，完善保护知识产权的法律制度及一系列保护政策，切实做到有法可依、有法必依，有力地促进河南自主创新保护模式的持久和深入。最后，要营造公平、公正的竞争环境，建立健全各方面的配套政策，通过政策落实对于创新主体的回报，注重扶持中青年科技骨干，建立高等院校、科研院所的科研人才向企业流动的机制。

（二）培育自主创新载体

创新载体是聚集创新资源、开展创新活动的平台，是以自主创新推动河南经济发展方式转变的依托。首先，河南省应围绕自主创新体系建设的需要，以加快经济发展方式转变为目标，建设和发展农业科技创新服务平台、大型科学仪器设备共享平台、自然资源共享平台、科技文献资源共享平台、科学数据共享平台、科技成果转化和推广公共服务平台、公共检测技术平台、科技和人才信息服务网络、技术贸易和技术产权交易网络、生产力促进网络、知识产权服务网络等能有效服务各类创新主体，帮助完成创新目标任务的创新载体。其次，高新开发区、经济开发区等各类园区具有体制优势、企业优势、政策优势和技术优势，是河南经济发展的主战场，也是河南科技创新的主战场，要充分发挥高新开发区、经济开发区等各类园区的科技创新主平台作用。最后，健全河南知识产权保护体系，加大保护知识产权的执法力度，严厉查处和打击各种侵权、假冒等违法行为，切实保护创新载体的有效性。

（三）加强自主创新人才队伍建设

自主创新人才，应该具有富于独创性，具有创造能力，有较强的永不满足的求知欲和永无止境的创造欲望，能够提出、解决问题，能对社会物质文明和精神文明建设作出创造性贡献。河南是人口大省，却是教育弱省，更是匮乏自主创新人才的大省。加强自主创新，人才至关重要。河南要通过自出创新推动经济发展方式转变，必须要加快创新型人才队伍的建设步伐：一是要积极引进一批河南省急需的创新型人才，立足于河南的特色资源和优势产业，用各种聘用和合作方式吸引高层次人才来河南，吸引国际上一流的设计人才、研发人才，全面提升河南企业的科技竞争力，加快突破制约自主创新能力的人才"瓶颈"；二是要建立健全政府投入为引导，有利于形成用人单位和个人投入为主体，社会投入为补充的多元化的人才开发投入机制，推进自主创新人才的培育体系建设，鼓励高校、科研机构与企业间的技术合作与交流，探索人才联合培养的新模式；三是健全自主创新人才发现评价、遴选资助和激励保障机制，使人才培养模式更加科学化，努力营造有利于人才成长和发挥作用的体制机制和文化环境。总之，培育自主创新人才是河南加快经济发展方式转变的迫切需要，经济和社会发展要依靠自主创新，自主创新要依靠人才。

（四）构建产学研合作体系

技术创新涉及多个环节、多个部门，但是目前河南省官产学或产学研之间缺乏密切合作，各个环节之间相互脱节，没有形成有效的运行网络。要提高河南自主创新能力、推动经济发展方式转变，就要鼓励创新主体间的合作，加强它们之间的沟通与协调。为此，河南应建立地区创新合作研究中心，打破条块分割，拆除各县市之间，各单位之间，产学研等之间的鸿沟，加强自主创新网络的形成。

首先，加大力度发展以大学为中心的产学研合作科技园区，促进产学合作研究的开展，将高校创造的科技成果尽快转化为产业优势，从而推动河南积极发展方式转变。其次，鼓励一些实力雄厚的大公司，通过向高校等科研机构提供资金援助和赠予或收取费用等方式向教育、科研机构转让科研设备，以同它们建立永久合作，为进一步开展研究打下基础。最后，鼓励河南事业单位的研究人员和民间企业的研究人员就共同课题开展合作研究，将科研机构的研究能力和企业的技术能力结合起来，鼓励跨部门研究人员一起从事大型项目或跨学科领域的研究。

（五）完善以企业为主体的自主创新体系

在自主创新体系中，企业、高校、科研机构都是重要的角色，都不可或缺。但是，企业更是自主创新中最重要主体。河南省大多数的大中型企业还没有真正建立起自己的研发机构，而发达国家重点企业基本上都建有高水平的创新研发机构。河南目前还没有像发达国家那样能够集应用性基础研究与技术开发为一体的大型企业，政府集中力量培育和扶持一批拥有自主知识产权和知名品牌、国际竞争力较强的大公司和企业集团的任务还很重。在提高自主创新能力推动河南经济发展方式转变的过程中，真正应发挥主体作用的其实是企业，政府扮演的则是提供相关服务及基础建设的角色，努力营造出能充分激发企业自主创新的环境，引导、支持和推动企业进行自主创新。在这个过程中，企业要在各个生产领域内努力获得更多的科学发现和重大的技术发明，在积极引进国外先进技术的基础上，充分进行消化吸收和再创新，打造高科技含量产品；政府则要注重加强对科技型企业的支持力度，突出加强集成创新，使各相关技术成果融合汇聚，引导形成具有创新活力和良好的成长潜力的科技型行业、产业。

参考文献

赵振华：《加快经济发展方式转变十讲》，中共中央党校出版社，2010。

吴忠泽：《科技创新是 21 世纪城市可持续发展的源泉和动力》，《中国软科学》2006 年第 9 期。

齐振虎：《切实增强工业企业的自主创新能力》，《济南工业》2008 年第 1 期。

中共中央文献研究室：《十六大以来重要文献选编》（下），中央文献出版社，2008。

胡锦涛：《紧紧抓住历史机遇承担起历史使命，毫不动摇地加快经济发展方式的转变》，2010 年 2 月 4 日《人民日报》。

B.33

以体制机制创新促进河南经济
发展方式转变研究

陈 萍*

摘 要: 经济发展方式难以实现根本转变,关键在于体制机制性根源难以改变。河南省经济运行中还存在许多阻碍发展方式转变的体制机制障碍,深化重大领域的体制机制改革,加快河南经济发展方式转变。

关键词: 体制机制 河南 经济发展方式转变

一 以体制机制创新促进河南经济发展方式转变的战略意义

经济发展方式,指推动经济发展的各种生产要素投入及其组合和作用的方式。从要素配置状况出发,经济发展可以衍生出两种不同的方式,一是以增加投入和扩大规模为基础、强调发展速度的粗放型经济发展方式,二是以提高效率为基础、强调发展质量的集约型经济发展方式。从现实来看,实现经济发展方式的转变就是实现经济增长由主要依靠投资、出口拉动向消费、投资和出口协调拉动转变,由主要依靠增加物质资源消耗向主要依靠科技进步、劳动者素质提高、管理创新转变。

改革开放以来,河南在经济发展上取得了很大的成绩,2009 年河南地区生产总值 19367.28 亿元,在全国位列第五。但要看到,河南产出的增加大多依赖"两高一资"产品,经济发展方式粗放型明显,随着经济的发展,发展中不平

---

* 陈萍,河南滑县人,河南省社会科学院研究人员。

衡、不协调、不可持续的问题却更加突显，经济发展方式由粗放型向集约型转变成为河南经济发展的当务之急。从制约经济发展方式转变的众多因素来看，随着河南经济发展水平和技术应用程度的提高，体制机制因素越来越制约着经济发展方式的转变。经济发展中屡屡出现的过度投资、低水平重复建设、资源过度浪费等现象，很大程度上源于体制机制的不健全，目前经济领域内的多项体制机制内在地决定了经济发展方式的粗放型特征。从这种意义上来说，体制机制创新是经济发展方式转变的动力。

体制机制通过制度安排对经济发展方式发生作用，这种作用主要有三条传导机制，一是通过利益机制，如产权制度、分配体制等，引导人们的经济活动和经济资源的配置，在客观上促进或阻碍经济发展方式的转变。二是通过生产要素的社会结合，影响生产资料与劳动者的结合方式，影响生产要素的社会流动，影响产业结构和社会经济结构的调整变化，进而影响经济发展方式的转变。三是通过经济手段、法律手段和其他手段作用于经济活动，影响经济发展及其方式的转变。① 因此，只有体制机制的完善，包括行政管理体制、经济管理体制、社会管理体制、文化管理体制以及民主法制建设，才能够使加快发展方式转变成为政府、企业和个人的自觉行为，也才能最终实现经济发展方式的转变。

二 河南加快经济发展方式转变的体制机制约束

（一）市场经济体制不完善，制约经济发展方式转变

在市场经济体制中，价格作为供求的指示器配给产品的余缺。从资源配置来看，土地、劳动力、资本等要素市场价格形成机制过多地受到行政干预，市场机制还不能充分发挥作用，价格不能反映资源的稀缺程度。以土地市场为例，地方政府垄断土地一级市场，土地成为政府的主要财政收入来源和招商手段。为了招商引资，不惜人为压低土地出让价格，结果就是鼓励企业扩张规模，大量土地被低效利用，浪费严重。

---

① 卫兴华、侯为民：《中国经济增长方式的选择与转换途径》，《经济研究》2007 年第 7 期。

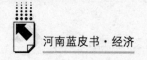

（二）财税体制不健全，制约经济发展方式转变

改革开放 30 年来，河南省财政收入总量大幅增长，2009 年全省财政收入达 1921.6 亿元，同比增长 7.8%。一般预算收入完成 1126.1 亿元，增长 11.6%，其中税收收入完成 821.5 亿元，增长 10.7%；一般预算支出完成 2902.6 亿元，增长 27.2%，财政管理支出管理体系基本形成。但是近年来，以基本公共服务均等化和主体功能区规划为主轴、建立完善财政配套政策体系越来越成为新形势下经济体制改革的新要求，旧有的某些财政体制制度安排严重制约着经济发展方式的转变。

目前，我国的财税体制采用的分税制，在国家各级政府之间明确划分事权及支出范围的基础上，按照事权和分税制财权相统一的原则，结合税种的特性，划分中央与地方的税收管理权限和税收收入，并辅之以补助制的预算管理体制模式。分税制的实施使得地方政府为了获得更多的税收收入，可以接受甚至鼓励某些大型的污染项目。河南省氧化铝、电解铝、铝加工产品国内市场占有率分别达到 38.7%、24.3% 和 13.9%，氧化铝和电解铝产量居全国第一位。而国内原铝市场 2011 年预计过剩 70 万吨，面临着产能的严重过剩，省政府出台相应文件要求压缩富余的生产能力，但是仍然很难，因为这些大型项目往往是当地税收的主要来源，一旦减产，必将影响到地方政绩，影响到税收，影响到劳动力就业，因此即使项目污染环境，浪费资源，依然存活在现实中。

（三）政府职能转变不到位，阻碍经济发展方式转变

由于长期计划经济体制的惯性，政府掌握着大量的资源配置权限，政府通过审批项目、管制价格、行政垄断、地区保护等途径，严重影响市场配置资源功能的发挥，特别是随着近年来财政收入大幅度增加，政府配置资源的权限越来越大。各级政府的大部分精力和资源都用在具体的经济活动上，而不是放在为经济发展营造良好的行政环境上，放在提高宏观调控能力、公共服务效率和水平上，所以难以集中资源、精力、时间去贯彻中央关于加快经济发展方式转变的政策，积极引导、激励和约束企业加快经济发展方式转变。政府应该着力解决的专门领域的行政管理体制，如财税管理体制、科技管理体制、环保执法体制、人才管理

体制、知识产权管理体制、价格管理体制、资源管理体制、金融管理体制、市场监管体制等方面改革非常滞后，不利于调整工作的顺利进行，极大地阻碍了经济发展方式的转变。

（四）金融体制发展落后，制约经济发展方式转变

经济的发展需要大量的资金支持，多种形式的融资是获取资金的保障。因此金融成为现代经济的核心，成为推动经济发展方式转变的重要力量。然而河南的金融发展非常落后，金融组织结构不完整，金融创新不足，无法有效支持经济发展和发展方式转变。

首先，金融体系组织结构不均衡。在各种金融机构组成中，银行业所占比例过大，证券和保险机构的发展较为缓慢。截至 2009 年末，河南省共有各类银行业金融机构网点 11660 个，证券经营机构 123 家，共有省级保险公司 42 家，市级及以下分支机构 5342 家，非银行金融机构 9 家，信托公司 2 家、企业财务公司 2 家。[①] 在银行业内部，银行网点大多集中于中心城市，向县（市）的延伸不够，网点的布局还不尽合理，河南中小城市和农村金融市场亟待加强。其次，金融市场发育不完善。河南金融市场长期以间接融资方式为主，股票、债券等直接融资方式所占比例较小，资本市场层次单一，企业直接融资动力不足。从股票市场、债券市场和中长期信贷市场三大部分的发育来看，债券市场和中长期信贷市场的发展明显滞后，股票市场和债券市场内部也存在发育不平衡的问题。2009年，河南金融机构年均新增各项贷款达 3068.9 亿元，同期河南企业以新发、配股、增发等方式从 A 股市场筹集资金仅几十亿元，所占比重极小，金融市场结构尚需完善。

（五）科教体制不健全，阻碍经济发展方式转变

实现经济发展方式向集约型转变，要靠科学技术创新来提高效率，带动结构的优化和能源的节约。科学技术创新是集约型经济发展的基础与核心，而科技创新的前提是重视公共教育和科学技术的应用，提高对科技和教育的公共支出。从这个意义上讲，河南还存在诸多影响科技和教育发展的制约因素。

---

① 聂娜：《河南省金融业发展现状研究》，《当代经济》2010 年第 12 期。

首先是科技管理的行政化问题。政府对科技的管理体制基本是用各种计划，最主要的表现就是"立项—申请—研究—报奖—评奖"这样一个过程，政府对科技活动的操纵能力极强，但管理手段非常传统，计划色彩相当浓厚。①同时，科技管理的行政化问题，决定了人才的评价、选拔、流动都被一些行政人员把持，科研机构普通的行政人员，常常能领导和指挥专家。其次，对知识产权的保护欠缺。一个人辛辛苦苦做出来一项发明创造，很轻易地就被人仿冒、伪造，这种行为还往往得不到惩罚，结果必然挫伤人们进行科学研究的积极性。

教育体制的落后集中表现在教育投入不足，教育机会不均等上。2008 年，全省教育总投入 444 亿元，相对于 18407.7 亿的 GDP 收入与较大的教育需求来说，这些投入可谓杯水车薪。财政性教育经费占 GDP 比例仅为 2.41%，远低于同期世界 4.4%的平均水平，处于低收入国家水平。这在一定程度表明，政府宏观调控教育能力的弱化，很不利于促进教育公平。

三 以体制机制创新加快河南转变
经济发展方式的对策建议

（一）完善市场经济体制，引导经济发展方式转变

市场机制是一定市场形态下价格、供求、竞争等相互作用、相互影响，由此推动经济运行和资源配置的机能。理论和实践都充分证明，市场机制是迄今为止最能有效地配置资源的一种方式，完善的市场经济体制可以促进生产要素的自由流动，可以保障要素所有者的合法权益不受损失，可以实现国家和地区对经济发展的支持和保护，这是引导经济发展方式转变的关键。市场经济体制的完善最主要的标志就是价格在资源配置中的基础性作用，制定健全合理的价格机制和价格管理体制，对社会物质资源进行安排和搭配，可以使资源得到合理配置，使全社会资源生产总量与使用总量平衡，资源的生产结构与需求结构相一致。同时，针对河南省"两高一资"重点产业的发展方式转变总量，可以利用价格杠杆，加

---

① 陈志武：《科技创新体制亟需检讨》，2005 年 11 月 18 日《市场报》。

强对高耗能、高污染行业中限制类、淘汰类企业的制约，对能源消耗超过国家和地方规定的单位产品能耗限额标准的，实行惩罚性价格，这些措施都可以优化资源配置，引导经济发展方式转变。

（二）转变政府职能，创造有利于经济发展方式转变的制度环境

政府的职能应该是为各类市场主体服务和建立健全与市场经济相适应的体制、政策、法律环境上，完善市场体系，规范市场法规，改善市场环境，加强市场硬件建设，拓展市场运作领域，营造有竞争力的投资、创业和发展环境。我们现在政府的职能更多地放在对具体经济活动的干预上，比如对主要经济资源和生产要素进行直接和间接控制，对市场和企业的行政干预，以及对行政垄断、价格和市场准入方面的行政审批、地方保护等，这在一定程度和范围内扭曲了市场机制配置资源的功能，还造成大量的寻租、贪污和资源浪费。只有转变政府职能，才能将政府主导的经济发展模式转换为政府调控、市场主导、企业创造的经济发展模式。因此为经济发展营造良好的行政环境，提高宏观调控能力、公共服务效率和水平，把政府职能转到以提高公共服务为主的管道上来，创造有利于经济发展方式转变的制度环境，积极引导、激励和约束企业加快经济发展方式转变，成为经济发展方式转变成败的重大挑战。

（三）加快财税体制改革，积极构建有利于经济发展方式转变的制度安排

党的十七届五中全会通过的"十二五"规划建议中明确提出要"加快财税体制改革，积极构建有利于转变经济发展方式的财税体制"，这对河南财税体制提出了改革的方向。首先，财税体制要做出战略调整。转变经济发展方式要求建立鼓励消费的长效机制，经济发展方式转变必然提高产品附加值，而升级换代的产品要有市场规模。市场不能仅仅靠政府支出支撑，这就要求在初次分配和再分配中做出有利于个人收入的调整，要在财政收入增量中使国家、企业、个人收入同步提高。同时，把财政收入增长控制在与经济发展同步的水平，相应提高个人收入的比重。其次，要从制度上推进公共服务均等化。重要的措施就是要将分税制改革进行到底，完善分税制改革方案，以减少财政层级和政府层级，建立健全财权与事权相呼应、财力与事权相匹配、转移支付合理而有力的财政体制。最

后，进一步完善转移支付办法，健全县级基本财力保障机制。提高均衡性转移支付办法，健全县级基本财力保障机制，巩固完善省直管县财政管理方式改革，按照财政部和省政府统一部署，积极稳妥推进省直管县改革。

（四）推动金融体制改革，以金融创新推动经济发展方式转变

加快金融改革和创新，要采取政府扶持、政策引导、市场化运作的方式，充分发挥信贷结构调整对转变发展方式的带动作用，促进产业结构优化升级，助推经济结构调高调新，有力推动经济发展方式的加快转变。

一方面积极引入有实力的金融企业，一方面要加快培育本地金融机构，"招引"与"内生"相结合，建立多层次、多元化、广覆盖的金融服务体系。重点推进多层次资本市场体系建设，扩大直接融资规模和比重。稳步发展股票市场，加快发展债券市场，积极稳妥地发展期货市场。进一步加强市场基础性制度建设，推进股票、债券发行制度市场化改革，切实提高上市公司质量，加强市场监管。通过激活金融机构竞争，创新金融产品，加快产业优化升级和企业战略转型，为经济发展方式转变提供资金保障。

大力推进农村金融服务体系建设，构建分工合理、投资多元、功能完善、服务高效的农村金融组织体系，加快农村金融改革，推动城乡金融一体化进程。充分发挥中国农业银行、中国农业发展银行在农村金融中的骨干和支柱作用，继续深化农村信用社改革，增强中国邮政储蓄银行为"三农"服务的功能，积极推进股份制商业银行向县域延伸，形成多层次、广覆盖、多元化、竞争性的农村金融体系。

（五）创新科技体制，支撑经济发展方式转变

科技创新直接作用于生产活动，优化提高生产活动的投入产出效率，引起生产方式的变革，从而可以提高资源利用率，降低物耗和能耗，发展清洁生产和循环经济，缓解资源和环境对经济发展的制约。[①] 因此，推动科技创新是促进产业升级、加快经济发展方式转变的核心环节。实现科技创新，一个重要的前提是推动科技和经济的结合，改变目前科技人员主要集中在科研院所和高校、企业缺乏

---

① 张晖明：《科技创新与经济发展方式转变》，《发明与创造》2008 年第 9 期。

技术创新能力和动力、科研成果转化难、科技研发与企业生产经营在很大程度上相脱节等现象。克服这一弊端，一是要通过科技体制改革，建立以企业为主体、市场为导向、产学研相结合的技术创新体系，使企业真正成为研究开发投入、技术创新活动和创新成果应用的主体；二是完善自主创新机制，健全科技成果转化机制，引导和推动产业技术创新战略联盟发展，提升科技成果转化效率，推动实施重大自主创新项目；三是加强职业和技术培训，提高劳动力素质，提高企业对科技产品的消化吸收能力。

（六）深化教育体制改革，助推经济发展方式转变

随着教育的不断发展，教育不仅能够直接通过自身的发展拉动经济发展，还能够通过增加人力资本存量影响经济发展的方式。教育及其人力资本存量的不断提高是影响经济发展模式的选择和转变的决定性因素之一。[①] 因为教育为经济发展方式转变提供高素质的劳动力队伍，提高劳动者的"配置能力"，使劳动者减少失业风险并获得更高的收入，教育是科学技术创新和转化的基础。鉴于河南在教育体制方面存在的问题，还应在以下几方面做出努力。要加大财政教育经费投入，改善教育资源紧缺状况。改革现行的教育管理模式和教育模式，解决教育"应试化"问题。适时出台教师和校长异地任教、任职管理办法，促进全省教育均衡化发展。大力发展民办教育，提供选择机会。深化高等学校教学改革，探索符合学校实际、体现时代特点、具有地方特色的多元化人才培养模式。建立高等院校与科研院所、行业企业联合培养创新人才的新机制。加快推进职业教育投融资体制改革。围绕实施职业教育攻坚计划，建立职业教育创新机制，促进职业教育和科技事业实现跨越式发展，助推经济发展方式转变。

参考文献

卫兴华、侯为民：《中国经济增长方式的选择与转换途径》，《经济研究》2007 年第

---

① 赖德胜、李长安：《转变经济发展方式：教育改革发展新课题》，2010 年 7 月 6 日《中国教育报》。

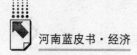

7 期。

聂娜：《河南省金融业发展现状研究》，《当代经济》2010 年第 12 期。

陈志武：《科技创新体制亟需检讨》，2005 年 11 月 18 日《市场报》。

张晖明：《科技创新与经济发展方式转变》，《发明与创造》2008 年第 9 期。

赖德胜、李长安：《转变经济发展方式：教育改革发展新课题》，2010 年 7 月 6 日《中国教育报》。

图书在版编目（CIP）数据

河南经济发展报告：2011：转变发展方式与河南经济增长/
张锐，谷建全主编 . —北京：社会科学文献出版社，2011.1
（河南蓝皮书）
ISBN 978 - 7 - 5097 - 2009 - 7

Ⅰ.①河… Ⅱ.①张… ②谷… Ⅲ.①地区经济 - 经济分
析 - 河南省 - 2010 ②地区经济 - 经济预测 - 河南省 - 2011
Ⅳ.①F127.61

中国版本图书馆 CIP 数据核字（2010）第 245142 号

河南蓝皮书

河南经济发展报告（2011）
—— 转变发展方式与河南经济增长

主　　编／张　锐　谷建全
副 主 编／完世伟

出 版 人／谢寿光
总 编 辑／邹东涛
出 版 者／社会科学文献出版社
地　　址／北京市西城区北三环中路甲 29 号院 3 号楼华龙大厦
邮政编码／100029
网　　址／http：//www. ssap. com. cn
网站支持／（010）59367077
责任部门／皮书出版中心（010）59367127
电子信箱／pishubu@ ssap. cn
项目经理／任文武
责任编辑／任文武
责任校对／郭红生
责任印制／蔡　静　董　然　米　扬
品牌推广／蔡继辉

总 经 销／社会科学文献出版社发行部
　　　　　（010）59367081　59367089
经　　销／各地书店
读者服务／读者服务中心（010）59367028
排　　版／北京中文天地文化艺术有限公司
印　　刷／北京季蜂印刷有限公司

开　　本／787mm×1092mm　1/16
印　　张／22.25　字数／379 千字
版　　次／2011 年 1 月第 1 版　印次／2011 年 1 月第 1 次印刷

书　　号／ISBN 978 - 7 - 5097 - 2009 - 7
定　　价／49.00 元

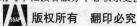

盘点年度资讯，预测时代前程

从"盘阅读"到全程在线，使用更方便
品牌创新又一启程

· 产品更多样

    从纸书到电子书，再到全程在线网络阅读，皮书系列产品更加多样化。2010年开始，皮书系列随书附赠产品将从原先的电子光盘改为更具价值的皮书数据库阅读卡。纸书的购买者凭借附赠的阅读卡将获得皮书数据库高价值的免费阅读服务。

· 内容更丰富

    皮书数据库以皮书系列为基础，整合国内外其他相关资讯构建而成，下设六个子库，内容包括建社以来的700余种皮书、近20000篇文章，并且每年以120种皮书、4000篇文章的数量增加。可以为读者提供更加广泛的资讯服务；皮书数据库开创便捷的检索系统，可以实现精确查找与模糊匹配，为读者提供更加准确的资讯服务。

· 流程更方便

    登录皮书数据库网站www.i-ssdb.cn，注册、登录、充值后，即可实现下载阅读，购买本书赠送您100元充值卡。请按以下方法进行充值。

充值卡使用步骤：

第一步
· 刮开下面密码涂层
· 登录 www.i-ssdb.cn
  点击"注册"进行用户注册

第二步
登录后点击"会员中心"进入会员中心。

第三步
· 点击"在线充值"的"充值卡充值"，
· 输入正确的"卡号"和"密码"，
  即可使用。

SSDB
社科文献资源库
SOCIAL SCIENCE
DATABASE

社会科学文献出版社 皮书系列
SOCIAL SCIENCES ACADEMIC PRESS (CHINA)

卡号：52198184729431
密码：

（本卡为图书内容的一部分，不购书刮卡，视为盗书）

如果您还有疑问，可以点击网站的"使用帮助"或电话垂询010-59367071。